Das elisabethanische Zeitalter

Ulrich Suerbaum

Das elisabethanische Zeitalter

Mit 62 Abbildungen

Philipp Reclam jun. Stuttgart

RECLAMS UNIVERSAL-BIBLIOTHEK Nr. 8622
© 1989 Philipp Reclam jun. GmbH & Co., Stuttgart
Durchgesehene und bibliographisch ergänzte Ausgabe 2007
Gesamtherstellung: Reclam, Ditzingen. Printed in Germany 2007
RECLAM, UNIVERSAL-BIBLIOTHEK und
RECLAMS UNIVERSAL-BIBLIOTHEK sind eingetragene Marken
der Philipp Reclam jun. GmbH & Co., Stuttgart
ISBN 978-3-15-008622-3

www.reclam.de

Inhalt

Kapitel 2
England unter Elisabeth (1558–1603)

Kapitel 3
Lebensbereiche

Kapitel 4
Das Theater

Kapitel 5
Weltbild und Selbstbild

Einführung

Elisabethanisches Zeitalter und Gegenwart

Das elisabethanische Zeitalter ist eine historische Epoche mit einer ungewöhnlichen und in mancher Hinsicht sogar verwunderlichen Präsenz in der Gegenwart. Das lebendige Interesse an dieser Zeit ist naturgemäß in Großbritannien am stärksten ausgeprägt, existiert aber auch in den anderen englischsprachigen Ländern und wird auf dem Wege über Unterrichtstexte überall dahin vermittelt, wo Englisch als Fremdsprache gelehrt und die englische Welt als Fremd- und Modellkultur studiert wird.

Die besondere Popularität der Zeit äußert sich auf unterschiedlichen Ebenen der Rezeption und hat mancherlei Gründe. Das Zeitalter unter Elisabeth I. wird als historischer Komplex für attraktiver und relevanter gehalten als die meisten jüngeren Epochen. Die vorherrschende Betrachtungsweise ist dabei nicht die eines historischen Prozesses mit bemerkenswerten Ereignissen und Veränderungen, sondern die eines konstanten Zustandes von Nation und Gesellschaft. Dieser Zustand, der das »elisabethanische Zeitalter« heißt, vereinigt die Attraktionen des Fremden und des Vertrauten: Die Buntheit der Figuren, Kostüme und Sitten vermittelt den Eindruck einer inzwischen nicht mehr mit dem Begriff des Englischen verbundenen Sinnlichkeit und Exotik; zugleich repräsentieren die Elisabethaner als Individuen und in ihrem Zusammenhalt als Gemeinwesen in den Augen moderner Betrachter ein ursprüngliches und im Wesen noch immer normatives Engländertum.

Aufmerksamkeit erheischt die elisabethanische Epoche auch als der historische Kontext und Erklärungshin-

tergrund jener großen Gruppe von Werken der Literatur
und Kunst, die das Zeitalter überdauert haben und – zumeist ohne die Bemühungen einer angestrengt-künst-
lichen Traditionspflege zu beanspruchen – zum mitbe-
stimmenden Teil späterer Phasen der englischsprachigen
Kultur geworden sind. Viele moderne Betrachter interessiert das Zeitalter Elisabeths in erster Linie als die Shakespearezeit. Diese Sichtweise verengt die Perspektive;
natürlich kann ein Dramatiker nicht im gleichen Maße
Gestalter und Exponent einer Epoche sein wie die Monarchin. Die Koppelung des Interesses an diesem Autor
und an seiner Zeit entspringt aber nicht nur der Neugier
nach der Heimatepoche des meistgespielten und meistge-
lesenen Dramatikers der Weltliteratur. Shakespeares
Charaktere, bekannter als die meisten historischen Gestalten der Epoche, sind allesamt Elisabethaner, ehe sie
Römer, Venezianer oder Dänenprinzen sind; als Kunstfi-
guren, die nach elisabethanischen Konzeptionen geschaffen wurden, sind sie nicht weniger zeittypisch als ihre
realen Zeitgenossen. Außerdem ist das Theater, anders als
der Schreibtisch, ein unübersehbarer Bestandteil der historischen Szene. Neben Shakespeare lenken auch andere
Dramatiker, deren Werke noch gespielt und studiert werden, vor allem Christopher Marlowe, Ben Jonson und
John Webster, das Interesse auf die elisabethanische Zeit.

Neben dem Drama gehört die Lyrik – mit Sonetten
und Liedgedichten von Sidney und Spenser bis zu den
Metaphysical Poets – zu den heute noch vielgelesenen Teilen der elisabethanischen Literatur. Die Sprache der Bibel
und der religiösen Zeremonien ist – trotz mancher Modernisierung – noch heute im Kern elisabethanisch. Fast
alle Modelle für hochkomplexe, kunstvoll strukturierte
und metaphernreiche Textformen gehen im Englischen
direkt oder indirekt auf die elisabethanische Zeit zurück.

Außer der historischen und der auf Literatur und Kunst bezogenen Ausrichtung des Interesses an der elisabethanischen Zeit gibt es noch eine dritte Weise der Vergegenwärtigung, die ganz unspezifisch ist und nur von der nostalgischen und fast magischen Attraktivität der Begriffe und Vorstellungskomplexe ›Elisabeth‹, ›elisabethanisch‹ und ›Tudor‹ lebt. Überall, wo Englisch gesprochen wird, gibt es moderne Gebäude in pseudo-elisabethanischem Stil, von den einförmigen Reihen englischer Vorortvillen mit aufgemaltem oder echtem Fachwerk bis zu der kunstvoll-absurden elisabethanischen Stilisierung der Hochhäuser von Tudor City in New York. Pubs und Gasthäuser heißen nach elisabethanischen Größen, auch wenn sie gar nicht alt sind, und schmücken sich mit Schildern in Schriftarten und Schreibweisen – »Ye Olde Inne« –, die man für elisabethanisch hält. Das Bild der Königin Elisabeth ist fast so allgegenwärtig wie die Mona Lisa; man findet das maskenhaft-hoheitsvolle Gesicht über der Halskrause und unter dem toupierten und juwelenbesetzten Haaraufbau bei Kostümpuppen im Souvenirgeschäft, auf Einkaufstüten, in Kinderbüchern mit den zwölf schönsten Kleidern Elisabeths zum Ausmalen. In die Nähe dieser Phänomene gehört es auch, wenn Engländer sich heute aufgrund der Namensgleichheit der heutigen und der damaligen Königin als Neue Elisabethaner feiern und immerzu Parallelen zwischen der eigenen Zeit und dem Goldenen Zeitalter unter Elisabeth I. entdecken.

Das elisabethanische Zeitalter existiert gegenwärtig nicht nur als historische Realität, sondern auch – und vor allem – als Mythos. Von diesem Mythos gibt es schlichtere und komplexere Versionen, die sich in den Grundzügen gleichen: Das elisabethanische Zeitalter war ein Goldenes Zeitalter, die beste Zeit, die England je hatte. Es war eine Zeit der Einheit der Nation und der

Eintracht der Stände unter einer geliebten Herrscherin.
Das England Elisabeths war *Merry Old England*, ein
Land der Lebensfreude, der Lust, des Feierns und Spie-
lens. Das Zeitalter war eine Epoche der Offenheit, der
Kreativität, der kulturellen Blüte. Ein friedliches England
besiegte die Weltmacht Spanien in einem aufgezwungenen
Kriege. Die Vorbildlichkeit Englands wurde aller Welt
offenbar. Das elisabethanische England war England
schlechthin.

Es ist keineswegs ungewöhnlich, daß populäre und
patriotische Gattungen der Geschichtsdarstellung ein
Zeitalter mythisieren und glorifizieren. Das Besondere an
diesem Mythos vom Goldenen Zeitalter unter Elisabeth
ist jedoch seine Unentrinnbarkeit. Es gibt keine Ebene der
Elaborierung oder der Professionalität, auf der sich die
Darstellung der Zeit vom Mythos emanzipiert. Es gibt
keine Trennung von historischer Realität und histori-
schem Mythos. Stets spielt beides ineinander. Die Fakten
ordnen sich wie von selbst dem Muster des Geschichts-
mythos ein.

Als Beispiel für die Durchdringung von faktischer und
mythischer Sicht eine typische Kurzdarstellung der Epoche aus einem wohlrecherchierten und unter wissen-
schaftlicher Fachberatung edierten Handbuch historischer Bildquellen:

»The Elizabethan Period is regarded as the Golden Age in
British history. Queen Elizabeth, who was known with
affection as the ›Virgin Queen‹, ›Gloriana‹ and ›Good
Queen Bess‹, ruled for 45 years, from 1558 to 1603. With
pride and cunning she defied the might of Spain, and her
little ships battled against the proud Armada and sent the
broken remnants of the great fleet scurrying back to
Spain. Sailors such as Frobisher and Hawkins went adven-

turing on the high sea, and Francis Drake's *Golden Hind* was the first British ship to sail round the world. At home poets like Edmund Spenser and Walter Raleigh wrote some of the finest poems in the English language. Christopher Marlowe's plays are still read and acted. And it was during these golden years that many of Shakespeare's plays were written.[1]

»Die elisabethanische Zeit wird als das Goldene Zeitalter der britischen Geschichte betrachtet. Königin Elisabeth, die voll Zuneigung als ›Jungfrau-Königin‹, ›Gloriana‹ und ›Gute Königin Betty‹ bezeichnet wurde, herrschte 45 Jahre lang, von 1558 bis 1603. Mit Stolz und List trotzte sie der Macht Spaniens, und ihre kleinen Schiffe kämpften gegen die stolze Armada und jagten die geschlagenen Reste der großen Flotte hastig flüchtend nach Spanien zurück. Seeleute wie Frobisher und Hawkins suchten Abenteuer auf hoher See, und Francis Drakes Goldene Hindin umsegelte als erstes britisches Schiff die Welt. Daheim schrieben Dichter wie Edmund Spenser und Walter Raleigh einige der schönsten Gedichte der englischen Sprache. Christopher Marlowes Dramen werden noch immer gelesen und aufgeführt. Und während dieser goldenen Jahre wurden auch viele der Stücke Shakespeares geschrieben.«

Der Text enthält nichts Unwahres; alle einzelnen Aussagen beruhen auf nachprüfbaren Fakten. Das resultierende Bild der Epoche aber, die Gesamtaussage der Stelle, ist ein Artefakt, ein künstliches und kunstvolles Gebilde, das der Auswahl, Anordnung und sprachlichen Darbietung der Fakten (und der Beschreibungstradition) ebensoviel verdankt wie den Fakten selbst. Die Epoche, die dem Text zufolge als Goldenes Zeitalter betrachtet wird – das Wort *golden* kommt leitmotivisch am Anfang, in der Mitte und am Schluß vor – wird von einer Person dominiert, so wie auch die *aetas aurea* des antiken Mythos unter der Schirmherrschaft einer Göttin steht. Die Königin er-

scheint unter drei Attributen, die zugleich Entrückung
und vertraute Nähe ausdrücken. Alles was das Zeitalter
ausmacht, geschieht unter ihr, durch sie – sie selbst
kämpft ja siegreich gegen Spanien – oder durch andere in
ihrem Namen. Alles ist personalisiert: Für jede Einzel-
heit, die das Zeitalter prägt, läßt sich eine prominente
Figur namhaft machen.

Der Text ist mit auffälliger Symmetrie gestaltet: Er handelt je zur Hälfte von Triumphen zur See und daheim; in
jedem Teil figurieren vier Personen. Im ersten Teil folgen
auf Königin Elisabeth drei Seehelden, ein Paar (Frobisher/
Hawkins) und eine größere Einzelfigur (Drake). Im zweiten Teil folgt ebenfalls auf ein Paar (Spenser/Raleigh) eine
Einzelfigur (Marlowe). Die krönende Schlußfigur, Shakespeare, steht in spiegelsymmetrischer Beziehung zur
Anfangsfigur Elisabeth. Die Tatsachen stimmen, werden
aber durch die Sprache vergoldet. Der Kampf gegen die
Armada zum Beispiel erscheint wie ein Kampf zwischen
David und Goliath, obwohl – wie jeder Historiker weiß –
die englische Flotte der spanischen mindestens ebenbürtig
war und die kleineren Dimensionen der englischen
Kriegsschiffe ein Zeichen ihrer moderneren Bauweise
waren.

Der Autor hat sein Bild der elisabethanischen Epoche
weder abgeschrieben noch selbständig entworfen. Er
steht vielmehr – mutmaßlich ohne besondere Reflexion –
in einer Darstellungstradition, die über eine von den Elisabethanern faszinierte Geschichtsschreibung im 19. und
frühen 20. Jahrhundert auf die elisabethanische Zeit selbst
zurückgeht.

Das Zeitalter ist gut erforscht. In den letzten hundert
Jahren haben fast alle Strömungen und Teildisziplinen der
historischen Wissenschaften den Kenntnisstand erwei-
tert: Nach der politischen Geschichte und der Biographie

der wichtigsten Persönlichkeiten die Verfassungs- und Parlamentsgeschichte und die *History of Ideas*; in jüngerer Zeit dann die Verwaltungs- und Organisationsgeschichte, die Regionalgeschichte und eine die pauschalere Sozialgeschichte älteren Typs ablösende Erforschung des Alltagslebens in konkreten sozialen und beruflichen Bereichen.

Für fast alle Ansätze liegt reichliches Quellenmaterial vor. Die Engländer der Tudorzeit, und unter ihnen besonders die Elisabethaner, gehören zu den ersten Generationen, die darauf aus sind – manchmal geradezu besessen –, ihr individuelles und korporatives Leben zu dokumentieren und in Akten, Bestandsaufnahmen und Analysen schriftlich zu fixieren.

Aber die Dokumentationen und Selbstzeugnisse der Elisabethaner sind nie bloße Materialien zur Deutung der Zeit, sondern sie bilden stets selbst entschiedene Deutungen und Sinngebungen. Alle Fakten sind eingebunden in ordnende und wertende Kategorien und Systeme. Das elisabethanische Zeitalter ist sowohl auf der Ebene der zeitgenössischen Quellen als auch auf der Ebene der Geschichtsdarstellungen späterer Zeiten niemals eine Masse von Fakten, sondern stets ein Komplex von Interpretationen – und nicht zuletzt darin liegt der Reiz der Beschäftigung mit der Epoche.

Vorhaben

Ziel des Buches ist eine Gesamtdarstellung des elisabethanischen Zeitalters, die keinen wesentlichen Teilbereich oder Aspekt ausläßt. Es wird aber nicht beabsichtigt, alle Bereiche gleichmäßig zu berücksichtigen und die Epoche sozusagen als maßstabgerechtes Miniaturmodell zu re-

konstruieren. Vielmehr sollen die Schwerpunkte da liegen, wo sich die Interessen der Moderne an der elisabethanischen Zeit verdichten, das heißt zum einen beim Theater
und bei der Dichtung und deren Sitz im politischen, kulturellen und geistigen Leben, und zum andern bei der
Existenzweise der Epoche als Mythos und historische
Utopie.

Die Bildung von Schwerpunkten verfolgt auch den
Zweck, bei den zu näherer Betrachtung ausgewählten
Bereichen eine konkrete und im Detail faßbare Darstellung zu ermöglichen, die der Perspektive der Zeitgenossen gebührende Beachtung schenkt. Wie die Elisabethaner der verschiedenen Stände ihre eigene Zeit und ihre
Geschichte sahen und wie sie zu den politischen Ereignissen und zu den gesellschaftlichen Zuständen und Entwicklungen standen, wird eines der durchgehenden Themen sein, wodurch zugleich das Interesse des modernen
Publikums und die Hinwendung der neueren Geschichtswissenschaft zu Sozialgeschichte, Geschichte des Alltags
und Mentalitätsforschung reflektiert werden.

Bei der Rekonstruktion des Zeitalters aus diesem Blickwinkel wird, wie ich hoffe, deutlich werden, daß zwischen den Schwerpunkten des modernen Interesses an
dieser Epoche und den Prioritäten der Zeitgenossen ein
enger Zusammenhang besteht. Wenn man die Epoche mit
den Augen der Geschichtsschreibung des 19. und frühen
20. Jahrhunderts betrachtet, für die eine Schlacht oder
ein Abkommen ein wichtiges historisches Faktum, eine
Königskrönung oder ein Hoffest aber historische Belanglosigkeiten waren, dann hat es den Anschein, als seien von
der Epoche mit dem Drama und der Dichtung aus Gründen, die den Historiker nicht zu interessieren brauchten, geschichtliche Nebensachen und Randphänomene am
lebendigsten geblieben. Für die Elisabethaner selbst, und

zwar auch für die, denen die öffentlichen Theater mißfielen und die sich aus Gedichten nichts machten, war das, was diese kulturellen Phänomene beinhalten – Rollenspiel, symbolische Handlung, Überhöhung der Wirklichkeit durch Sprache –, von zentraler Bedeutung. Die Rezeptionsgeschichte des elisabethanischen Zeitalters ist mitsamt ihren Mißverständnissen und ihrer Legendenbildung ein getreuer Reflex der historischen Epoche – wie sie war und wie sie sich gab.

Bilder aus dem 16. und 17. Jahrhundert und Texte aus der elisabethanischen Zeit – in einigen Fällen auch aus der Rezeptionsgeschichte – werden als zusätzliche Ebenen der Präsentation des Zeitalters eingesetzt. – Die Epoche ist bis zur Besessenheit von Sprache fasziniert, und zwar von der Macht der Sprache ebenso wie von der Sprachkunst und vom Sprachspiel. Die meisten Texte der Zeit sind elaborierte sprachliche Kompositionen. Ihre Hauptformen – vom Lehrbuch bis zur Thronrede – sollen durch Beispiele vorgestellt werden (jeweils im Original und in Übersetzung).

Das Visuelle hat für das Zeitalter eine ähnlich herausgehobene Bedeutung wie die Sprache; der Formenreichtum des Bildlichen, der ebenfalls durch charakteristische und aussagekräftige Beispiele illustriert werden soll, reicht von den beispiellos zahlreichen Porträts der Königin über Stadtansichten, Kostümskizzen und Sinnbilder bis zu choreographierten lebenden Bildern bei öffentlichen Anlässen.

Mein herzlicher Dank für ihre Mitarbeit bei der Entstehung dieses Buches gilt Herrn Privatdozent Dr. P. Wenzel, Herrn M. Goch, Frau M. Heede-Hollender, Frau B. Müller, Herrn W. Spiegel und Frau R. Westermann.

Zeittafel

England unter den Tudors (1485–1603)

Heinrich VII. (1485–1509)

1485 Richard III. (Haus York) wird von Heinrich Tudor, Graf von Richmond, bei Bosworth besiegt und fällt. Der Sieger macht sich als Heinrich VII. zum König von England.

1486 Heirat mit Elisabeth, Erbin des Hauses York. Geburt eines Thronfolgers, Prinz Arthur.

1487 Versuch einer yorkistischen Machtergreifung unter Lambert Simnel scheitert.

1491 Prinz Heinrich (= Heinrich VIII.) geboren.

1491–97 Thronprätendent Perkin Warbeck versucht, an die Macht zu kommen.

1492 Feldzug in Frankreich.

1501 Prinz Arthur wird mit Katharina von Aragon verheiratet.

1502 Prinz Arthur stirbt. Die Witwe wird mit Prinz Heinrich verlobt.

Heinrich VIII. (1509–47)

1509 Heirat mit Katharina von Aragon.

1515 Thomas Wolsey, Erzbischof von York und später Kardinal, wird Lordkanzler und Leiter der englischen Politik.

1516 Prinzessin Maria (die spätere Königin) geboren.

1520 Festliches Treffen mit Franz I. von Frankreich auf dem »Güldenen Feld«.

1527 Beginn der Versuche, beim Papst die Annullierung der Ehe mit Katharina zu erreichen.

1529 Wolsey wird entlassen und entmachtet. Nachfolger als Lordkanzler: Sir Thomas More.

1532 More tritt als Kanzler zurück. Thomas Cromwell steigt zum wichtigsten Mitarbeiter des Königs auf.

1533 Lösung der englischen Kirche von der Oberhoheit des Papstes (*Act of Appeals*).
Annullierung der Ehe mit Katharina durch englischen Kirchengerichtshof.
Heirat mit Anne Boleyn.
7. September: Geburt einer Tochter, Elisabeth (= Elisabeth I.).

1534 Suprematsgesetz (*Act of Supremacy*) macht den König zum Oberhaupt der Kirche von England.

1535 Sir Thomas More und Bischof John Fisher, die der Lösung von Rom nicht zustimmen, werden hingerichtet.

1536 Anne Boleyn zum Tode verurteilt (wegen Hochverrat und Untreue) und hingerichtet.
Heinrich heiratet Jane Seymour.
Aufstand gegen die Trennung von der römischen Kirche in Nordengland (*Pilgrimage of Grace*).
Festlegung der Glaubenslehre in den (vorwiegend katholisch-orthodoxen) *Ten Articles*.

1536–39 Aufhebung der Klöster und Einziehung des Klosterbesitzes durch die Krone.

1537 Prinz Eduard (= Eduard VI.) geboren. Jane Seymour stirbt im Kindbett.

1539 Neue, noch stärker orthodoxe Festlegung der Religionsgrundsätze (*Six Articles*).

1540 4. Ehe Heinrichs: Anna von Kleve. Annullierung.
Thomas Cromwell wird entmachtet und hingerichtet.
5. Ehe: Catherine Howard.

1542 Anklage gegen Catherine Howard (wegen Unsittlichkeit), Verurteilung und Hinrichtung.

1543 6. Ehe: Catherine Parr.
Gesetzliche Regelung der Thronfolge (1. Eduard, 2. Maria, 3. Elisabeth).

Eduard VI. (1547–53)

1547 Für den neunjährigen König regiert der Herzog von Somerset als *Lord Protector*.

1549 Erstes *Book of Common Prayer* (Kompromiß zwischen reformatorischen und katholischen Strömungen).
Fall Somersets. Der Herzog von Northumberland übernimmt die Macht.

1552 Das zweite, eindeutig protestantische *Book of Common Prayer* wird erlassen.

1553 Nach Eduards Tod versucht Northumberland vergeblich, eine Verwandte, Lady Jane Grey, zur Königin zu machen. Maria setzt sich durch.

Maria (1553–58)

1553 Beginn der Maßnahmen zur Rückführung Englands zum römischen Katholizismus.

1554 Heirat Marias mit Philipp II., König von Spanien.

1555 Protestantenverfolgungen. Viele Geistliche und Bischöfe werden als Häretiker verbrannt.
Prinzessin Elisabeth im Tower inhaftiert.

1557/58 Krieg mit Frankreich. Verlust von Calais, der letzten Besitzung Englands auf dem Kontinent.

Elisabeth (1558–1603)

1558 Zusammenstellung der Regierung mit Sir William Cecil (später Lord Burghley) als führender Persönlichkeit.

1559 Krönungsfeiern.
Elisabeths erstes Parlament einberufen.
Krone und Parlament handeln eine umfassende (gemäßigt protestantische) Regelung der Religionsfragen (*Settlement*) aus (*Act of Uniformity, Act of Supremacy*, neues

Book of Common Prayer; später auch *Thirty-Nine Articles*).

Beendigung des Krieges mit Frankreich.

1560 Geldreform restauriert Finanzwesen.
Lebhafte Diskussion und Verhandlungen über eine Heirat Elisabeths mit ausländischem Fürsten oder einheimischem Adligen.

1561 Maria Stuart, Königin von Schottland und verwitwete Königin von Frankreich, kehrt nach Schottland zurück.

1562 Zweites Parlament. Regelung des Arbeits- und Gewerberechts (*Statute of Artificers*).

1565 Fortdauer der hinhaltenden Heiratsverhandlungen Elisabeths mit europäischen Höfen.
Maria Stuart heiratet Henry Stuart, Lord Darnley.

1566 David Riccio, der Sekretär Maria Stuarts, wird auf Betreiben Darnleys ermordet. Prinz Jakob (= Jakob VI. von Schottland und Jakob I. von England) als Sohn Maria Stuarts und Darnleys geboren.

1567 Darnley wird ermordet. Maria Stuart heiratet einen der Attentäter, den Grafen von Bothwell. Ein Aufstand der Bevölkerung und des Adels erzwingt ihre Abdankung zugunsten ihres Sohnes.

1568 Maria Stuart flieht nach England.

1569 Eine Rebellion des Herzogs von Norfolk und nordenglischer Adliger gegen Elisabeth und zugunsten von Maria Stuart scheitert.

1570 Der Papst exkommuniziert Elisabeth und erklärt sie für abgesetzt. Vorbereitung einer Gegenreformation von Frankreich (Douai) aus.

1571 Ein mit ausländischer Hilfe geplanter Staatsstreich (*Ridolfi plot*) wird aufgedeckt.

1576 Der erste feste Theaterbau (The Theatre) wird in London errichtet.

1577–80 Erste englische Weltumsegelung unter Francis Drake. Reiche Beute aus spanischen Handelsschiffen.

1578–83 Letzte und intensivste Heiratsverhandlungen Elisabeths. Verhandlungspartner: François, Herzog von Alençon.

1581 Elisabeths siebtes Parlament verschärft Gesetze gegen praktizierende Katholiken (Rekusanten).

1584 Der spanische Botschafter wird ausgewiesen. Verschärfte Spannungen. Aus Furcht vor weiteren Attentaten schließen englische Adlige einen Pakt zur Verfolgung von Staatsfeinden (*Bond of Association*).

1585/86 Walter Ralegh gründet die Kolonie Virginia, die sich nur kurze Zeit hält.
Drake greift spanische Häfen und Schiffe an.

1586 Elisabeth entsendet ein Expeditionskorps unter dem Grafen von Leicester zur Unterstützung des Kampfes der protestantischen Niederländer gegen Habsburg-Spanien. Rückruf der Truppe nach Fehlleistungen Leicesters.
Der englische Geheimdienst deckt das auf die Ermordung Elisabeths zielende Babington-Komplott auf, in das auch Maria Stuart verwickelt ist.
Maria Stuart wird vor Gericht gestellt und verurteilt.

1587 8. Februar: Enthauptung Maria Stuarts.
Philipp II. läßt seine Kriegsflotte, die Große Armada, zum Einsatz gegen England ausrüsten. Drake greift spanische Häfen an.

1588 Mai: Auslaufen der Armada in Lissabon; 20. Juli: vor Plymouth, Beginn der Seegefechte; 28./29. Juli: erfolgreicher englischer Angriff auf der Reede von Calais; schwere Verluste der Spanier durch Stürme auf der Rückfahrt.

1589 Erfolgloses Seeunternehmen Drakes gegen Spanien und Portugal.

1591/92 Ein englisches Expeditionskorps unter dem Grafen von Essex operiert in Frankreich zur Unterstützung Heinrichs IV. Militärische und diplomatische Mißerfolge.

1594 Erhebung in Irland unter Hugh O'Neill, Graf von Tyrone.

1597 Erfolglose Azorenexpedition unter Essex (*Islands Voyage*); neuer Angriff der Armada auf England durch Schlechtwetter vereitelt.

1598 Lord Burghley stirbt; sein Sohn, Robert Cecil, wird Nachfolger.

1599 The Globe, bekanntestes und erfolgreichstes öffentliches Theater, wird errichtet.

1599/1600 Der Graf von Essex scheitert beim Versuch, den Aufstand in Irland mit einer großen Streitmacht niederzuschlagen.

1601 Rebellionsversuch des Grafen von Essex schlägt fehl. Prozeß und Hinrichtung.
Letztes (13.) Parlament unter Elisabeth. *Golden Speech*. Gesetz über Armenfürsorge (*New Poor Law*) verabschiedet.

1603 24. März: Tod Elisabeths im Alter von 69 Jahren.
Jakob VI. von Schottland, Sohn von Maria Stuart, wird als Jakob I. englischer König (1603–25).

Kapitel 1
Die Tudors und ihr Staat (1485–1558)

Grundlagen

Elisabethanisches Zeitalter und Tudorzeit

Das elisabethanische Zeitalter ist Teil der Tudorzeit. Die Zuordnung der Regierungszeit eines Monarchen als Teilepoche zur Regierungsperiode eines Herrscherhauses als Gesamtepoche, oft nicht viel mehr als ein bequemes, aber vordergründiges Verfahren der Unterteilung des geschichtlichen Prozesses, verweist in diesem Falle auf einen engen Zusammenhang.

Die fünf Tudormonarchen, die England von 1485 bis 1603 regieren, bilden nicht nur eine genealogische Linie, sondern eine wirkliche Familie. Von Elisabeth, der letzten Tudor, her gesehen sind ihre Vorgänger der Großvater, Heinrich VII., der Vater, Heinrich VIII., der jüngere Bruder, Eduard, und die ältere Schwester, Maria. Elisabeths Lebenszeit, in der sie von Anfang an eine wesentliche historische Rolle spielte – wenn auch zunächst nur als Objekt der Politik anderer –, umfaßt etwa zwei Drittel der Ära.

Entwicklungen vollziehen sich im 16. Jahrhundert nicht im Handumdrehen. Sowohl die außenpolitischen Konstellationen als auch die Problemfelder der Innenpolitik sind für Elisabeth im wesentlichen die gleichen wie für den ersten Tudorherrscher. Unter den Besonderheiten und Errungenschaften der elisabethanischen Zeit sind nur wenige, für die der Grund nicht schon unter früheren Monarchen gelegt wurde.

Besonders wichtig für den Zusammenhang der Epoche ist das Entscheidungs- und Administrationssystem, das die Tudors entwickeln und dessen sie sich alle bedienen. Es ist ein Ensemble von Institutionen, Gremien und Verfahrensweisen, das es in dieser Form vorher nicht gegeben hat, so daß es die Epoche nicht nur eint, sondern auch abgrenzt.

Weil die Verbindungen so vielfältig und unübersehbar sind und weil die Betrachtung der Zeit Elisabeths vor dem Hintergrund der gesamten Tudorzeit so schöne und befriedigende Muster der Entwicklung und Steigerung ergibt, wird das elisabethanische Zeitalter fast immer in engem Zusammenhang mit den voraufgehenden Phasen gesehen und dargestellt. Das gilt sowohl für die Spezialuntersuchungen oder Gesamtdarstellungen der Historiker, die normalerweise ihren Fokus auf die gesamte Tudorzeit einstellen, als auch für die breite Rezeption. Im allgemeinen Geschichtsbewußtsein ist die elisabethanische Zeit Höhepunkt und triumphaler Abschluß des *Tudor Age,* und auch das Bild der Königin Elisabeth wird immer durch Vergleich und Kontrastierung mit den anderen Tudors profiliert: sie ist zugleich typisch und anders.

Ein modernes Bild der Epoche

Um einen ersten Überblick über das Gerüst an Fakten der Tudorzeit zu gewinnen, aber auch um ein Beispiel für die Schemata der modernen Erfassung und Darstellung des Zeitraums vor Augen zu haben, betrachten wir Auszüge aus einem Schulbuch, *Looking at History: Tudors and Stuarts,* von R. J. Unstead.[1]

Das bereits 1953 erschienene Buch war für damalige Verhältnisse revolutionär und wirkt auch heute noch modern. Es will keine Geschichte von Königen und Helden sein, sondern das Leben der normalen Menschen schildern, »wie sie lebten, arbeiteten und sich vergnügten, wie sie sich kleideten, wie sie ihre Häuser bauten und wie

sie zu Land und zu Wasser reisten«.[2] Die herkömmliche
Große Geschichte wird auf ein Grundgerüst der wichtigsten Ereignisse und Personen reduziert, wobei überholte
Stereotypen ausgemerzt werden sollen. Am Schluß des
Buches wird in Bild und Text zusammengefaßt, was der
junge Leser über die Tudorzeit im Kopf behalten soll (vgl.
die folgenden Seiten 32–35).

Angesichts der fortschrittlichen Zielsetzung des Buches
ist man baß erstaunt, in welchem Maße bei diesem Ele-
mentarbild der Tudorzeit traditionelle Betrachtungswei-
sen durchschlagen. Zwar erkennt man bei genauem Hin-
sehen in der Zusammenfassung (und noch deutlicher im
Hauptteil des Buches) eine Reihe von Korrekturen alter
Klischees: Zum Beispiel ist Heinrich VII. weniger unsym-
pathisch und kleinlich-despotisch als in vielen anderen
Darstellungen, und die Verteufelung Marias als *Bloody
Mary* und römisch-katholisches Monstrum unterbleibt.
Viel auffälliger aber als solche Änderungen ist die durch-
gehende und offenbar unvermeidliche Beibehaltung jener
stilisierenden und mythisierenden Darstellungsweise, die
wir schon von dem in der Einleitung zitierten Beispiel für
eine moderne Charakterisierung des elisabethanischen
Zeitalters kennen.
  Die Perspektive ist der Intention des Buches zum Trotz
durch und durch herrscherbezogen. Die fünf Tudors
haben offenbar fast alles, was in ihrem Zeitalter an Mer-
kenswertem geschah, eigenhändig gemacht oder bewirkt.
Dabei werden den Herrschern unterschiedslos und in
ungefähr gleicher Zahl solche Handlungen zugeschrieben, an denen sie tatsächlich maßgeblich beteiligt waren,
als auch solche – wie Schulgründungen oder Entdek-
kungsreisen –, die sie nicht nennenswert beeinflußt haben
und an denen sie kaum persönlichen Anteil nahmen.

Let's remember

Here are the Tudors

Henry VII
(1485)

HENRY VII

restored peace after the Wars of the Roses, by reducing the power of the barons. He saved money for the Royal Treasury and he sent Cabot to Newfoundland.

Henry VIII
(1509)

HENRY VIII

built a navy and made England stronger and more important in Europe. He quarrelled with the Pope and closed the monasteries, making himself Head of the Church of England.

Edward VI
(1547)

EDWARD VI

was a boy-king. He founded some Grammar Schools. He died when he was only sixteen years old.

Wir merken uns

Dies sind die Tudors

HEINRICH VII.

stellte nach den Rosenkriegen den Frieden wieder her, indem er die Macht der Barone verringerte. Er sparte Geld ein für den Kronschatz, und er sandte Cabot nach Neufundland.

HEINRICH VIII.

baute eine Kriegsmarine auf und machte England stärker und wichtiger in Europa. Er stritt mit dem Papst, schloß die Klöster und machte sich selbst zum Oberhaupt der Kirche von England.

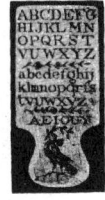

EDUARD VI.

war ein Knabenkönig. Er gründete einige Gymnasien. Er starb, als er erst sechzehn Jahre alt war.

Mary
(1553)

MARY

was a devout Roman Catholic. She married Philip, King of Spain. She persecuted the Protestants.

Elizabeth I
(1558)

ELIZABETH I

skilfully avoided war with Spain for thirty years, until 1588, when Howard, Drake and the "sea-dogs" defeated the Armada. She ruled her people well and encouraged voyages of discovery and trade.

Most of Shakespeare's plays were written in her reign and were performed at theatres such as *The Globe*.

The people were merry, brave and cruel.[3]

MARIA

war eine fromme Katholikin. Sie heiratete König Philipp von Spanien. Sie verfolgte die Protestanten.

ELISABETH I.

vermied mit Geschick dreißig Jahre lang einen Krieg mit Spanien – bis 1588, als Howard, Drake und die »See-Doggen« die Armada besiegten. Sie regierte ihr Volk gut und förderte Entdeckungs- und Handelsreisen.

Die meisten Stücke Shakespeares wurden in ihrer Regierungszeit geschrieben und in Theatern wie dem *Globe* aufgeführt.

Das Volk war fröhlich, tapfer und grausam.

Die Charakterisierung der einzelnen Phasen der Epoche erfolgt fast ausschließlich über die Charakterisierung des Monarchen. Dabei entsteht, auf Tatsachen gestützt, aber keineswegs durch sie erzwungen, ein symmetrisches, ästhetisch und rational ansprechendes Gesamtmuster der Tudorzeit. Auf den Gründervater, eine verdienstvolle, aber farblose Figur – Sparsamkeit und Friedfertigkeit sind keine Heldentugenden – folgt die farbkräftige und strahlende Figur des Sohnes, erfolgreich, aber auch streitbar. Die nächste Generation bringt zunächst einen doppelten Niedergang: den Knabenkönig als ganz blasse und die Protestantenverfolgerin als ganz böse Figur. Dann folgt Elisabeth, »the greatest of the Tudors«[4]. – Die Tudorzeit ist somit eine Epoche mit zwei Gipfeln, die jeweils in einem Anlauf erreicht werden und von denen der zweite, der elisabethanische, der höchste ist.

Das Bild der elisabethanischen Zeit ähnelt in seinen Elementen und Strukturen in auffälliger Weise dem früher zitierten Beispiel: Es werden ähnliche Aspekte herausgehoben – die maritimen Ereignisse werden beispielsweise auch hier überbetont –; die Personenkonstellation Monarchin – Seehelden – Kulturheld ist gleich; beide Texte betonen die besondere Beziehung zwischen Souverän und Untertanen.

Bei dieser Darstellung der elisabethanischen Zeit im Rahmen der umfassenderen Epoche wird trotz der extremen Knappheit deutlich, in welchem Maße das stilisierte und mythisierte Bild des elisabethanischen Zeitalters in das stilisierte und mythisierte Bild der Tudorzeit eingebunden ist. Elisabeths Platz wird durch den Rhythmus des fünfteiligen Prozesses bestimmt. Ihre Charakterisierung ist auf alle vier Vorgänger rückbezogen. Sie übertrifft die beiden Geschwister, obwohl sie die Rangletzte in der Sukzession ist. Sie ist die würdige Tochter ihres Vaters.

Sie vollendet, was er begonnen hat: Die Marine, die er geschaffen hat, erringt unter ihr den epochalen Sieg. Sie ist größer als er, weil sie die Friedensliebe des Großvaters mit der Streitbarkeit des Vaters vereint. Unter ihr wirken die prominentesten Persönlichkeiten; zum internationalen Ansehen tritt die Nähe zum Volk; zur politischen Blüte kommt die kulturelle hinzu.

Wie die Texte haben auch die Illustrationen – ebenfalls eine Zusammenfassung und Wiederholung des Wichtigsten – einen faktischen und einen sinnbildlichen Aspekt. Die Bilder der Monarchen geben offizielle Porträts wieder. Wenn die Personen trotz Verkleinerung und Vereinfachung leicht zu identifizieren sind, dann deshalb, weil autorisierte Herrscherbilder, ob tatsächlich ähnlich oder nicht, zur Vorlage für andere Bilder dienten und das Bild der Person fixierten. Bei den Nicht-Monarchen ist das anders. Hier kann man nur sehen, daß der erste ein Mann in Kaufmannskleidung, der zweite ein Herr in Hoftracht und der dritte ein *gentleman* ist. Welche bestimmte Person dargestellt ist – ob zum Beispiel das auf S. 34 wiedergegebene sogenannte Chandos-Porträt Shakespeare zeigt oder einen anderen Mann in ähnlicher sozialer Position – läßt sich meist nicht sicher sagen.

Die Bilder von Objekten – hier nur zum Teil reproduziert – beruhen auf Fotografien oder auf zeitgenössischen Stichen; sie zeigen reale Dinge, die zugleich Embleme für Lebensbereiche sind: Shakespeares Geburtshaus illustriert den Fachwerkstil der Tudorzeit und – ähnlich dem reichgeschnitzten Eichenschrank mit dem Zinngeschirr – den beginnenden Wohlstand in Bürgertum und *gentry*; das Flaggschiff Heinrichs VIII. verweist auf die Hinwendung zur See, das Hornbuch – eine ABC-Tafel unter durchsichtiger Hornschicht – auf den Bildungseifer, das die Bürgerhäuser überragende Turmgebäude des Globe auf die Bedeutung des Theaterwesens. Die Bilder sind meist allbekannt; sie brauchen nur zitiert, nicht erklärt zu werden.

Nur die beiden Ereignisbilder – eine Verhaftung von Protestanten unter Maria und eine Bärenhatz in einer elisabethanischen Tierkampfarena – beruhen nicht unmittelbar auf zeitgenössischer Evidenz. Darin liegt ein Hinweis auf ein Problem, das neben dem Sog der vorgeprägten Schemata zu den Hauptschwierigkeiten jeder Darstellung der Epoche gehört: Es gibt in der Tudorzeit, besonders im Zeitalter Elisabeths, nur wenige signifikante Ereignisse, die man verbal oder bildlich erzählen könnte. Das führt auf der einen Seite dazu, daß die wenigen punktuellen Begebenheiten von Bedeutung – wie zum Beispiel der Sieg über die Armada – ein überproportionales Gewicht in den Darstellungen bekommen; auf der anderen Seite fördert die Schwierigkeit einer narrativen Vermittlung die Tendenz, das Zeitalter und seine Phasen nicht als Prozesse, sondern als Zustände und Befindlichkeiten darzustellen.

Der Anfang der Tudorherrschaft

Die Tudorzeit begann mit einem markanten Ereignis. Am 22. August 1485 trafen in der Nähe des Städtchens Market Bosworth in Leicestershire die Truppen des Königs Richard III. aus dem Hause York und des seit zwei Wochen aus dem französischen Asyl zurückgekehrten Thronprätendenten Henry Tudor, Graf von Richmond, aufeinander. Es war keine große Schlacht und keine Sternstunde der Kriegskunst. Richmond, ohne Erfahrung als Heerführer, befehligte eine zusammengestoppelte Armee, deren Kern 2000 auf Bewährung freigelassene Sträflinge aus Frankreich waren. Richard, der bessere Soldat, konnte sich auf große Teile seiner an sich überlegenen

Armee nicht verlassen, weil die adligen Kommandeure ihm die Loyalität verweigerten oder untätig abwarteten. Der Schlachtverlauf war verworren, das Ergebnis eindeutig. Der König fiel im Kampf. Richmond ließ sich Richards Krone, die man unter den Leichen gefunden hatte, aufs Haupt setzen, und alle auf dem Schlachtfeld riefen »King Henry! King Henry!«.

Kämpfe um die Krone hatte es in England zur Genüge gegeben, seit 1399 Henry Bolingbroke aus dem Hause Lancaster, ebenfalls als Heimkehrer aus politischem Exil, den letzten König aus dem Hause Plantagenet, Richard II., zur Abdankung gezwungen, und sich als Heinrich IV. zum König gemacht hatte. Fast das ganze 15. Jahrhundert hindurch hatten sich zwei Sippen des Hochadels, das Haus Lancaster und das Haus York, beides Nebenlinien des alten Königshauses Plantagenet, um die Macht im Staate gestritten, bald mit Gewalt und Gegengewalt, bald konspirierend und als feindliche Parteien manövrierend. In den ersten Jahrzehnten nach ihrer Machtergreifung behaupteten sich die Lancasters auf dem Thron: Heinrich IV. unter Niederschlagung mehrerer Aufstände (1399–1413), Heinrich V. fast unangefochten (1413–22), Heinrich VI. nur noch mit Mühe und zeitweise lediglich nominell (1422–61 und 1470–71). Von 1461 an dominierte das Haus York (Eduard IV. 1461–70 und 1471–83, Eduard V. 1483 und schließlich Richard III. 1483–85). In den letzten Jahren, als die Lancasters nicht mehr gefährlich erschienen, befehdeten die Yorkisten sich gegenseitig.

Man nennt die blutige Phase dieser Auseinandersetzungen heute nach den Emblemen der Parteien, der roten Rose von Lancaster und der weißen Rose von York, *Wars of the Roses*, Rosenkriege. Dieser Begriff, der erst im 19. Jahrhundert aufkommt – er wird von Sir Walter Scott im Anschluß an Shakespeares Deutung der Epoche geprägt –, ist insofern irreführend, als diese Wirren weder Bürgerkriege noch überhaupt Kriege im modernen Sinne waren. Es handelte sich um Fehden zwischen großen Häusern und ihrem Anhang, bei denen meist nur ein kleiner Teil der Nation direkt involviert war. Die Rosenkriege waren für England nicht so verheerend, wie es der Dreißigjährige Krieg für Deutschland war. Da aber der Hof immer involviert war, wurde jahrzehntelang nur in begrenztem Umfang und aus der Interessenlage einer Partei regiert. Der Konflikt verbrauchte den Großteil der nationalen Energien, schuf Unsicherheit und bewirkte, indem er zu Parteinahme, Parteienwechsel und zum Lavieren nötigte, einen Verfall der politischen Moral.

Was die Schlacht auf dem Feld von Bosworth aus der Reihe der Schlachten um die Krone heraushebt, ist einmal die Tatsache, daß es die letzte war und daß ihr Ergebnis ein Zeitalter hindurch hielt. Die Tudors regierten durchaus nicht unangefochten. Von der Zeit Heinrichs VII. an bis in die letzten Jahre Elisabeths zog sich eine lange Reihe von Komplotten, Attentaten und versuchten Rebellionen. Aber kein Umsturzplan hatte eine reelle Erfolgschance. Alle Tudors behaupteten ihren Thron bis zu ihrem natürlichen Tode. Jedesmal vollzog sich der Machtwechsel zum Nachfolger so, wie es zu Lebzeiten des Vorgängers festgelegt worden war, und sogar der Übergang der Krone an ein fremdes Haus im Jahre 1603 verlief nach dem Willen Elisabeths.

Die Schlacht als Initialereignis der Tudorzeit ist aber auch deshalb von Bedeutung, weil sich die Konstanz ihres Ergebnisses nicht erst nach Generationen aus der historischen Rückschau offenbarte. Die Tudors ließen es sich von vornherein angelegen sein, der Nation die Gewißheit zu vermitteln, daß dies die letzte Schlacht gewesen sei, in

der Engländer gegen Engländer standen, daß die Tudormonarchen die Garanten dieses inneren Friedens seien
und daß man es im Interesse dieser neugewonnenen
Sicherheit akzeptieren oder sogar begrüßen müsse, wenn
die Tudors in die Belange des Einzelnen und der Institutionen stärker regierend eingriffen, als es jemals zuvor in
friedlosen oder auch friedlichen Zeiten geschehen war.

Tudormythos

Vor der Beschäftigung mit den Maßnahmen des neuen
Königs zur Festigung des Ergebnisses von Bosworth ein
Blick auf das Resultat der Geschichtsbewältigung. Für die
Elisabethaner – und für die meisten Späteren, die sich mit
englischer Geschichte befaßt haben – stellt sich die Frage
gar nicht mehr, ob die Machtergreifung des ersten Tudor
gerechtfertigt war. Heinrich IV., der Richard II. den
Thron genommen hatte, galt als Usurpator, Heinrich
VII., der Richard III. das gleiche antat, galt als Retter der
Nation. Daß der Tudor so positiv gesehen wurde, lag vor
allem an dem finsteren Licht, in dem sein Gegner
erschien. Richard III. war ein Scheusal, körperlich verwachsen und psychisch abartig, ein Mann, der seine
eigene Familie dezimierte, um an die Krone zu kommen,
seinen Bruder unter das Richtschwert brachte, den rechtmäßigen König, den Knaben Eduard V., zusammen mit
seinem kleinen Bruder im Tower ermorden ließ und auch
nach der Erringung der Krone Untat an Untat reihte – ein
Monstrum also, dessen Beseitigung auf jeden Fall als gute
Tat zu werten war.

Den Status einer der großen Schurkenfiguren der Welt-
geschichte verdankt Richard III. vor allem Shakespeare,
der in seinem Königsdrama *The Tragedy of Richard the*

Third (1592/93) den Titelhelden zum Modellfall des politischen Verbrechers macht, monströs und abstoßend, aber auch – da das Böse hier geistig ist und auf pervertierten Tugenden wie Beherrschung, Beredsamkeit, Menschenkenntnis, Phantasie beruht – zu einem Wesen von dämonischer Anziehungskraft. Shakespeare hat die Figur am wirkungsvollsten gestaltet, aber er hat den Erzbösewicht Richard nicht erfunden, sondern von den Geschichtsschreibern der Tudorzeit übernommen, welche die Verteufelung des geschlagenen Gegners schon vom Jahre der Schlacht an betrieben hatten.

Übernommen aus der Historiographie der frühen und mittleren Tudorzeit haben Shakespeare und seine Zeitgenossen auch die historische Gesamtdeutung, in deren Zusammenhang der Kampf zwischen Richard und Heinrich steht, eine Geschichtskonstruktion, die man heute (mit einem von E. M. W. Tillyard geprägten Begriff) als *Tudor Myth*[5] bezeichnet.

Nach diesem Tudormythos, dessen wirkungsvollste Formulierung ein Werk des um die Mitte des Tudorjahrhunderts schreibenden Edward Hall, *The Union of the Two Noble and Illustre Famelies of Lancastre and Yorke* (1548), ist, demonstrieren die Kämpfe zwischen den beiden Sippen einen jener Kreisläufe von Schuld und Sühne, Sündenfall und Erlösung, die das Grundmuster der Menschheitsgeschichte ausmachen. Unter Richard II. zerfällt das bis dahin intakte Staatsgefüge, und die dadurch provozierte Machtergreifung des Hauses Lancaster unter Absetzung des rechtmäßigen und gottgesalbten Königs trägt den nachfolgenden Herrschern und der ganzen englischen Nation ein generationenlanges Strafgericht ein (das nur einmal, zur Zeit des Heldenkönigs Heinrich V., ausgesetzt wird). Die Heimsuchung gipfelt in der Herrschaft des Bösen schlechthin unter Richard III.; sie endet nach Gottes Heilsplan mit der bis in die Gegenwart fortdauernden Restauration der Ordnung durch das Haus Tudor, das die feindlichen Rosen vereinigt und die Nation befriedet.

Das Königshaus hat an diesem sein Handeln legitimierenden und seinen historischen Auftrag glorifizierenden Geschichtsbild nach Kräften mitgearbeitet, und zwar nicht etwa durch eigenhändige Geschichtsschreibung oder durch Vernichtung oder Fälschung von historischen Dokumenten, sondern durch gezielte Förderung von englischen und ausländischen Historikern, die den Tudors wohlgesonnen waren.

Wie wirkungsvoll die Geschichtsdeutung der Tudorzeit war, kann man noch heute an der Schwierigkeit historischer Korrekturen in dem von ihr erfaßten Zeitraum sehen. So sind beispielsweise inzwischen viele Historiker der Ansicht, daß Richard III. mit der Abstempelung als Bösewicht Unrecht geschehen ist, weil er – ein fähiger Administrator und ein von vielen Untertanen geliebter oder geachteter Herrscher – zwar sicherlich hart und blutig war, aber keineswegs in höherem Maße als andere Monarchen des gleichen Zeitalters. Es gibt in England sogar eine Gesellschaft zur Ehrenrettung Richards, deren Mitglieder ihn völlig rehabilitieren und die ihm zugeschriebenen Verbrechen anderen in die Schuhe schieben möchten. Aber weder die Historiker noch die Ehrenretter haben eine Chance. Es ist nicht nur außerordentlich schwer, gegen die machtvolle literarische Gestaltung der Figur durch Shakespeare anzukommen, sondern es ist schlicht unmöglich, eine ausgewogene Darstellung Richards III. zu geben, weil zu wenig für eine Korrektur des einseitigen Bildes geeignetes Material die Tudorzeit passiert hat.

Heinrich VII. (1485–1509)

Tudorpolitik – Familienpolitik

Die Politik der ersten Tudors war vor allem Familienpolitik. Was sie taten, diente dem Ziel, die Krone zum festen Familienbesitz zu machen. Wer in England im späten Mittelalter oder in der Tudorzeit König werden wollte, mußte zwei Voraussetzungen erfüllen: Er mußte sich erstens als König legitimieren, indem er einen glaubwürdigen Erbanspruch geltend machte, und er mußte zweitens genügend Macht haben und genügend Akzeptanz finden, um ohne Widerspruch und Widerstand sagen zu können: Ich bin der König.

Heinrich VII. erfüllte zunächst nur das zweite Erfordernis mit genügender Eindeutigkeit. Nach Sieg und Krönung auf dem Schlachtfeld bewerkstelligte er in kürzester Frist die Rituale der Anerkennung. Er zog im Triumph in London ein und ließ sich als König bejubeln: Die Akklamation durch die Bürger der Hauptstadt, rechtlich ohne Belang, war in der Tudorzeit eine der Grundlagen der Herrschaft. Dann berief er ein Parlament ein – ein Recht, das nur dem König zustand –; das Parlament folgte der Einberufung und bestätigte Heinrich als rechtmäßigen Monarchen.

Obwohl der Prozeß der Anerkennung sich ohne Probleme vollzog, bedurfte Heinrich weiterer Maßnahmen zur Sicherung der Krone und zur Legitimierung seines Anspruchs. Daß das nötig war und daß das überhaupt möglich war, lag an der Besonderheit der ungeschriebenen konstitutionellen Verhältnisse in England. Das Königsamt war erblich, aber wer aus der Verwandtschaft des Amtsinhabers sein Nachfolger sein sollte, das war nicht so klar geregelt wie heute, wo jedes Mitglied der königlichen Familie, vom *Prince of Wales* bis zum entferntesten Vetter, seinen festen Platz in der Thronfolge hat. Dem Herkommen nach erbte der älteste Sohn des Königs oder dessen ältester männlicher Nachkomme die Krone; es gab aber Präzedenzfälle für Abweichungen von dieser Regel. Männliche Nachkommen aus weiblicher Linie (also z. B. Söhne von Königstöchtern) waren nicht, wie in anderen Ländern, grundsätzlich ausgenommen, aber sie galten als nachrangig. Von welchem Verwandtschaftsgrad an einem Nachkommen aus weiblicher Linie der Vorzug vor einem nur weitläufig mit dem König verwandten Anwärter aus männlicher Linie zu geben sei, war nicht geregelt. Beim Fehlen männlicher Erbberechtigter konnte die Krone theoretisch auch einer Frau zufallen, aber ob das in der Praxis möglich sein würde, war umstritten.

Eine Erbordnung, in der nichts unverbrüchlich ist, gibt der Thronfolge eine gewisse Flexibilität und ermöglicht den Ausschluß ungeeigneter oder nicht akzeptabler Kandidaten. Die Kehrseite besteht darin, daß es zu allen Zeiten mehrere Personen gibt, die Ansprüche auf die Krone erheben können und die während einer Regierungszeit als Prätendenten (und damit als Nukleus oppositioneller Gruppen) und nach dem Tode eines Monarchen als Rivalen für den designierten Nachfolger (falls es einen gibt) in Frage kommen.

Die genealogische Position des Hauses Tudor reichte gerade hin, um einen Anspruch auf den Thron anmelden zu können; sie langte aber auch nach dem Ausscheiden des yorkistischen Amtsinhabers nicht zu einer überzeugenden Legitimierung der Anspruchspriorität.

Wenn wir die Probleme und Ziele der Tudorpolitik verstehen wollen, müssen wir uns der Mühe einer Vertiefung in den Stammbaum der königlichen Sippschaft unterziehen. Damit gewinnen wir im übrigen auch Zugang zu einer elementaren Betrachtungskategorie aller Menschen des 16. Jahrhunderts. Für moderne Menschen, deren Position in der Gesellschaft meist nicht primär durch die Familie bestimmt ist und für die der Begriff der Familie auf das Elternhaus reduziert ist, sind Stammbäume nicht wesentlich. In einer Epoche jedoch, in der nur eine Person von Familie etwas ist und etwas werden kann, sind Stammbäume ein Gegenstand brennenden Interesses, ob es sich nun um die Genealogie des Königshauses, um die eigene Linie oder um die Filiation Jesu aus der Wurzel Jesse – ein beliebtes Motiv der darstellenden Künste – handelt.

Im 15. und 16. Jahrhundert gehen alle Überlegungen und Spekulationen zu Fragen der Thronfolge auf Eduard III. (König 1327–77) zurück, den letzten Monarchen aus der Hauptlinie des Hauses Anjou-Plantagenet, der unangefochten regierte, und den Vater von sieben Söhnen (s. Stammtafel S. 48/49). Fünf dieser Söhne erreichten das Mannesalter und hatten selber Nachkommen. Da der älteste Sohn und designierte Nachfolger, Eduard, mit dem Beinamen *The Black Prince*, bereits vor dem Vater starb, wurde dessen Sohn nach dem Tode Eduards III. als Richard II. (1377–99) König. Diese Linie war mit der Ermordung Richards kurz nach seiner Entmachtung durch das Haus Lancaster erloschen.

Ob man von den Nachkommen der anderen Söhne dem Hause York oder dem Hause Lancaster den besseren Thronanspruch zusprechen wollte, war hauptsächlich eine Frage des Gutdünkens oder der Parteinahme. Das Haus York erklärte Lionel, Herzog von Clarence, den ältesten der Eduard-Söhne, von dem es noch Nachkommen gab, zu seinem Ahnherrn. Aber eigentlich, das heißt in direkter männlicher Linie, waren Richard III. und seine Geschwister Abkömmlinge von Edmund, Herzog von York, einem der jüngsten Söhne Eduards. Nur weil dessen Enkel eine Frau aus der Nachkommenschaft des Herzogs von Clarence geheiratet hatte – Anne Mortimer –, konnte das Haus York auf dem Wege über zwei Ahnherrinnen aus weiblicher Linie Thronrechte beanspruchen. Die Hauptlinie des Hauses Lancaster stammte in gerader Linie von Johann von Gent (John of Gaunt), Herzog von Lancaster ab, einem Sohn des Stammvaters Eduard, der jünger als Clarence und älter als York war. Die drei Lancasterkönige waren Sohn (Heinrich IV.), Enkel (Heinrich V.) und Urenkel (Heinrich VI.) des Johann von Gent. Mit dem Tode des Ururenkels Eduard Plantagenet (1471) war diese Hauptlinie erloschen; es existierten nur noch Nebenlinien.

Eine dieser Nebenlinien – und zwar nach genealogischen Gesichtspunkten eine der weniger wichtigen – war das Haus Tudor. Die Tudors waren eine Familie der landbesitzenden *gentry* in Wales – keine Aristokraten. Ein Mitglied der Familie, Owen Tudor, diente Katharina von Valois, der Witwe Heinrichs V., als Verwalter und heiratete sie – heimlich zunächst, weil die Verbindung für die Königinwitwe so wenig standesgemäß war. Die beiden Söhne aus dieser Ehe waren zwar Halbbrüder des jungen Königs Heinrich VI., der sie mochte und ihnen Grafentitel verlieh, aber sie waren mit der königlichen Familie nicht blutsverwandt. Eine Verbindung mit dem Stamm Eduards, wenn auch eine dünne, kam erst zustande, als der ältere der beiden, Edmund Tudor, Graf von Richmond, die junge Lady Margaret Beaufort heiratete, eine Urenkelin des Johann von Gent aus dessen Verbindung mit seiner Geliebten Katharine Swynford, eine zunächst uneheliche, dann aber legitimierte Linie. Heinrich VII.,

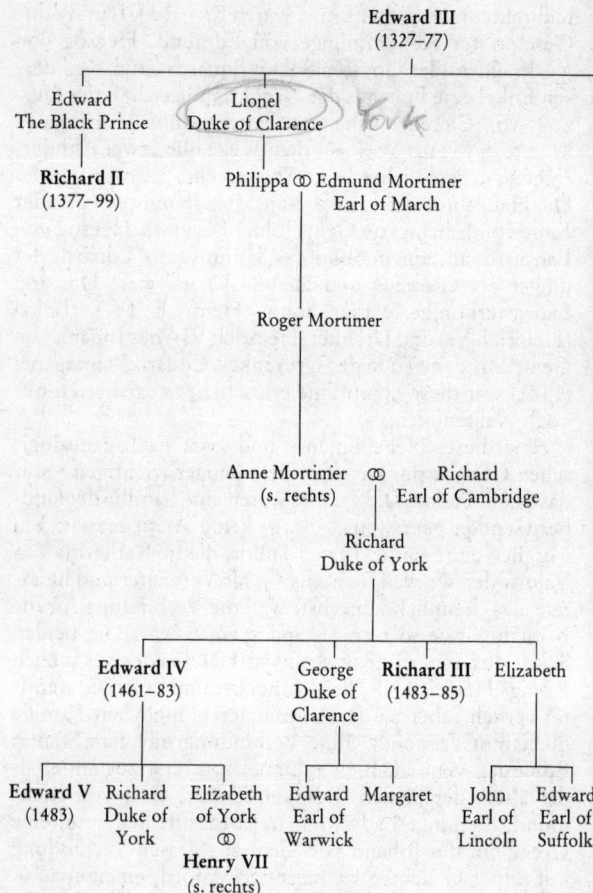

Edward III
(1327–77)

Edward
The Black Prince

Richard II
(1377–99)

Lionel
Duke of Clarence   *York*

Philippa ⚭ Edmund Mortimer
Earl of March

Roger Mortimer

Anne Mortimer   ⚭   Richard
(s. rechts)   Earl of Cambridge

Richard
Duke of York

Edward IV
(1461–83)

George
Duke of
Clarence

Richard III
(1483–85)

Elizabeth

Edward V
(1483)

Richard
Duke of
York

Elizabeth
of York
⚭
Henry VII
(s. rechts)

Edward
Earl of
Warwick

Margaret

John
Earl of
Lincoln

Edward
Earl of
Suffolk

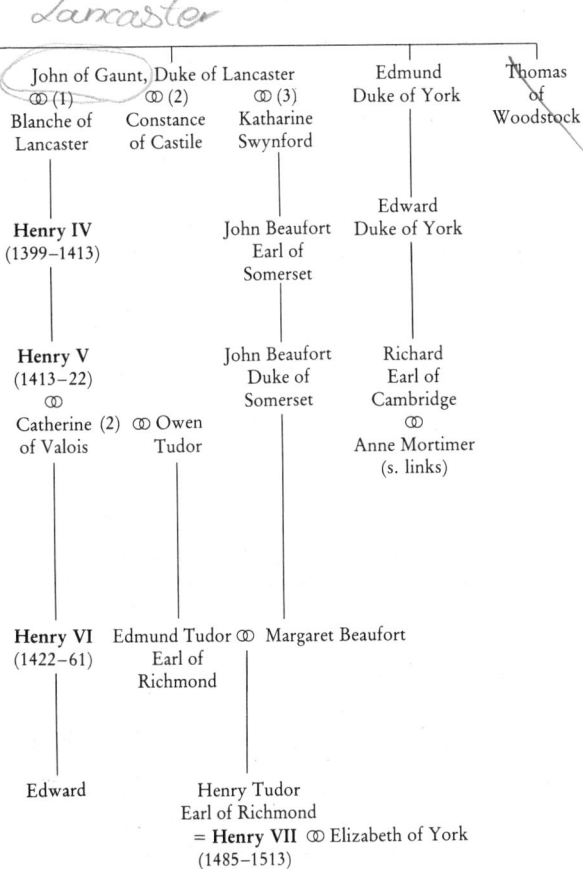

Lancaster

John of Gaunt, Duke of Lancaster
⚭ (1)   ⚭ (2)   ⚭ (3)
Blanche of   Constance   Katharine
Lancaster   of Castile   Swynford

Henry IV
(1399–1413)

John Beaufort
Earl of
Somerset

Edmund
Duke of York

Edward
Duke of York

Henry V
(1413–22)
⚭
Catherine (2) ⚭ Owen
of Valois   Tudor

John Beaufort
Duke of
Somerset

Richard
Earl of
Cambridge
⚭
Anne Mortimer
(s. links)

Edmund
Duke of York

Thomas
of
Woodstock

Henry VI
(1422–61)

Edmund Tudor ⚭ Margaret Beaufort
Earl of
Richmond

Edward

Henry Tudor
Earl of Richmond
= **Henry VII** ⚭ Elizabeth of York
(1485–1513)
(s. links)

1457 geboren, war der Sohn von Edmund Tudor und Margaret Beaufort.

Obwohl er schon seit Jahren als Haupt des Hauses Lancaster anerkannt war und obwohl die Mitglieder des Hauses York ihr Bestes getan hatten, sich gegenseitig auszurotten, konnte beim Regierungsantritt Heinrichs kein Kundiger übersehen, daß der Thronanspruch des Hauses Tudor schwach war und daß es nicht nur eine Reihe von Adligen mit ähnlich entfernter Verwandtschaft zu Eduard III., sondern auch mehrere mit eindeutig besserem Erbanspruch gab, vor allem zwei Mitglieder des Hauses York: Elisabeth, die von den Yorkisten als Erbin anerkannte älteste Tochter des letzten länger regierenden Königs Eduard IV., und der jetzt zehnjährige Eduard, Graf von Warwick, als Sohn eines jüngeren Bruders von Eduard IV. gegenüber Elisabeth nachrangig, aber als männlicher Erbe potentiell überlegen.

Die Friedensehe

Heinrich löste das Problem dieser Rivalen, indem er Elisabeth heiratete und den jungen Warwick im Tower festsetzte. Rivalen zu inhaftieren, war eine konventionelle Maßnahme. Daß Warwick seine Verhaftung vierzehn Jahre überlebte, ehe er im Zusammenhang mit einer Verschwörung (aber mutmaßlich unschuldig) hingerichtet wurde, kann man, wenn man will, sogar als Beispiel jener Milde werten, durch die Heinrich sich zunehmend einen Namen machte. Auch die Ehe mit einer Person aus dem gegnerischen Lager, halb Versöhnung, halb Geiselnahme, ist ein herkömmliches Mittel der Diplomatie. Ungewöhnlich und typisch für Heinrichs Begabung, eine realpolitische Handlung zu einer für alle begreifbaren symboli-

schen Kommunikation auszubauen, war die Inszenierung. Er hatte die Absicht dieser Verbindung schon im
Exil verkündet – feierlich, beim Weihnachtsgottesdienst
in der Kathedrale von Rennes – und so die geplante Invasion unter das Zeichen der Befriedung, nicht der Eroberung gestellt. Als er dann die Krone erobert hatte, zögerte
er die Heirat hinaus und vollzog sie erst zu Anfang des
nächsten Jahres (1486), nachdem er hinlänglich demonstriert hatte, daß er die Krone allein und aus eigenem
Recht trug. Als die Königin im Herbst den Thronfolger
gebar – als Ort des Wochenbetts wurde Winchester, die
alte Hauptstadt der sächsischen Könige gewählt –, da
erhielt der den programmatischen Namen Arthur – nach
dem legendären, wie die Tudors aus Wales stammenden
Herrscher über ganz Britannien – und wurde als Garant
eines Goldenen Zeitalters, als gemeinsamer Sproß aus den
Wurzeln Lancaster und York und als künftiger Herrscher
über ein vereinigtes Reich bejubelt.

In Shakespeares *Richard III* verkündet Heinrich
(= Richmond) in seiner Schlußrede nach dem Sieg (V,5,
16–37):

> Proclaim a pardon to the soldiers fled
> That in submission will return to us,
> And then as we have ta'en the sacrament,
> We will unite the White Rose and the Red.
> Smile heaven upon this fair conjunction,
> That long have frown'd upon their enmity!
> What traitor hears me, and says not amen?
> England hath long been mad and scarr'd herself:
> The brother blindly shed the brother's blood,
> The father rashly slaughter'd his own son,
> The son, compell'd, been butcher to the sire.
> All this divided York and Lancaster,

Divided in their dire division,
O now let Richmond and Elizabeth,
The true succeeders of each royal house,
By God's fair ordinance conjoin together!
And let their heirs (God, if thy will be so)
Enrich the time to come with smooth-fac'd peace,
With smiling plenty, and fair prosperous days!
Abate the edge of traitors, gracious Lord,
That would reduce these bloody days again,
And make poor England weep in streams of blood![6]

Verkündet eine Amnestie für die entflohenen Soldaten, die
sich unterwerfen und zu uns zurückkehren; und dann, wenn
wir das Abendmahl genommen haben, wollen wir die weiße
Rose und die rote vereinigen. Möge der Himmel, der lange
über ihre Feindschaft erzürnt war, dieser schönen Verbindung lächeln. Welcher Verräter hört mich und sagt nicht
Amen? England ist lange wahnsinnig gewesen und hat sich
selbst verwundet. Der Bruder hat blind des Bruders Blut vergossen; der Vater hat hitzig seinen eigenen Sohn abgeschlach-
tet; der Sohn ist gezwungenermaßen der Schlächter seines
Erzeugers gewesen. O mögen nun Richmond und Elisabeth,
die rechtmäßigen Erben beider königlicher Häuser, dies ganze getrennte York und Lancaster, getrennt in ihrer schrecklichen Entzweiung, nach Gottes schöner Anordnung wieder
vereinen. Und mögen ihre Nachkommen (Gott, wenn es
Dein Wille ist) das kommende Zeitalter mit freundlich blik-
kendem Frieden, mit lächelnder Fülle und mit schönen
Wohlstandstagen reich machen! Mach stumpf, gnädiger
Gott, das Schwert von Verrätern, die diese blutigen Tage
wieder herbeiführen und das arme England in Strömen von
Blut weinen lassen möchten.

Die friedenstiftende Heirat wird hier zu einer Apotheose
der Vereinigung und der Harmonie gesteigert. Vereinigt
werden die bislang feindlichen Rosen zur neuen Tudor-
rose, vereinigt werden York und Lancaster, jetzt gesehen

als zwei gleichberechtigte Königshäuser, die sich durch die Verbindung ihrer rechtmäßigen Erben zu etwas Neuem und offenbar Größerem zusammenfinden. Die Vereinigung von Richmond und Elisabeth zu einer Familie heilt die Familie England, die im Wahnsinn des Brudermords, Kindesmords, Vatermords sich selbst entstellte. Nach »Gottes schöner Ordnung« wird nicht nur der Ehebund der beiden, sondern der Neue Bund der Nation vollzogen; mit ihrer beider Fruchtbarkeit sollen Frieden und Wohlstand der Nation einhergehen. Alte Feinde sind in den Bund eingeschlossen; ausgeschlossen und dem Zorn Gottes unterworfen werden nur – so heißt es im Schluß der Rede – die neuen Verräter, die sich dem Friedensbund versagen.

Der Unterschied zwischen Fiktion und historischer Realität ist ebensowenig zu verkennen wie die Tatsache, daß die spätere und perfektere sprachliche Aktion des Dramenhelden Richmond auf der Inszenierung der Wirklichkeit durch den echten Tudor aufbaut. Der Tudormythos, der ja für die Elisabethaner ein lebendiger Glaube an die Bedeutung der Tudors als Bringer und Garanten des Friedens und der Gemeinschaft aller in der englischen Nation ist, wäre gar nicht möglich ohne die Fähigkeit der großen Tudors, vor allem Heinrichs VII. und Elisabeths, allen politischen Handlungen eine Dimension des Symbolischen zu geben und sie nicht nur als Taten, sondern auch als glaubwürdige Aussagen und Willensbekundungen zu planen und zu vollziehen. Handeln als Sprache gehört bei ihnen zu der Königsrolle, die sie so perfekt verkörpern. Die Tudors sind gute Propagandisten ihrer eigenen Belange, aber sie betreiben keine Propaganda im modernen Sinne einer Trennung zwischen der Art und Weise, wie etwas gemacht und wie es angepriesen wird.

Im Laufe der Regierungszeit Heinrichs VII. zeigte sich,

daß seine Sorgen um eine Anfechtung seiner Krone berechtigt waren und daß seine Neutralisierung der möglichen dynastischen Rivalen Erfolg brachte. Trotz des tatsächlich ungewöhnlich weitgehenden Amnestieangebots an alle ehemaligen Gegner kam es zweimal zu einer Vereinigung oppositioneller Gruppen, vorwiegend Yorkisten, in einer bewaffneten Rebellion, jedesmal mit einem Thronprätendenten als Galionsfigur. In beiden Fällen mußten sich die Verschwörer, da kein echter Thronanwärter zur Verfügung stand, um eine gefälschte Figur scharen.

Der erste Prätendent war ein einfältiger Junge namens Lambert Simnel, den man abgerichtet hatte, sich als den jungen (in Wirklichkeit im Tower gefangenen) Grafen von Warwick auszugeben. Nachdem Heinrich die in Irland zusammengestellte Invasionsarmee geschlagen hatte, beendete er die Angelegenheit mit einer seiner sprechenden Handlungen. Er demonstrierte Milde und Überlegenheit, indem er Lambert Simnel nicht hinrichten, sondern bei Hofe als Küchenjunge arbeiten und nach Bewährung vom Grillspießdreher zum Falkner avancieren ließ.

Der zweite Prätendent, der Heinrich in den neunziger Jahren zu schaffen machte, hieß Perkin Warbeck und gab vor, Richard, Herzog von York, – das heißt: einer der unter Richard III. im Tower ermordeten Prinzen – zu sein. Er war gefährlicher, weil er nicht manipuliert wurde, sondern selbst agierte, und auf dem Kontinent, in Irland, in Schottland und in England viel Unterstützung fand. Nach der endgültigen Niederschlagung dieser Rebellion – militärisch viel aufwendiger als die Machtergreifung 1485 – wurde Perkin Warbeck im Tower festgesetzt; einige Jahre später kam er im Zusammenhang mit einer neuen Verschwörung an den Galgen; bei dieser Gelegenheit wurde auch der echte Graf von Warwick, der seit vierzehn Jahren im Tower saß, wegen angeblichen Hochverrats verurteilt und enthauptet.

Elisabeth von York, über deren eigene Einstellung zu ihrer politischen und privaten Rolle wir nichts wissen, gebar dem König sechs weitere Kinder, von denen ein Sohn, Heinrich, und zwei Töchter, Margaret und Mary, die Kindheit überlebten.

Mehr Staat: Die Regierungsreform der Tudors

»He saved money for the Royal Treasury«, heißt es bei Unstead: Hinter der das Bild der Person Heinrichs VII. prägenden Zuschreibung einer Eigenschaft, die manche als löbliche Sparsamkeit, andere als unkönigliche Knauserei und Raffgier einstufen, verbirgt sich der Hinweis auf eine der größten und historisch einschneidendsten Leistungen der Tudormonarchie, die Neuordnung der Organisation und der Verwaltung des Staates. Die Reform ist ein bis zum Ende der Epoche andauernder Prozeß, und sie umfaßt alle Bereiche des staatlichen Lebens von der Gesetzgebung bis zum alltäglichen Verwaltungsakt, aber die Regierungszeit Heinrichs VII. ist die grundlegende Phase und das Finanzwesen ein zentraler und besonders augenfälliger Teil.

Zu Anfang der Tudorzeit ist England als Folge der inneren Wirren ein vergleichsweise schlecht regierter Staat. Unter Elisabeth ist England der am besten organisierte und am effektivsten regierte Staat in Europa. Die Maschinerie von Entscheidungsfindung und Gesetzgebung, Verwaltung und Verwaltungskontrolle, Rechtsprechung und Berufung funktioniert besser als irgendwo anders. Die Maßnahmen der Regierung erstrecken sich auf einen größeren Teil der Gesellschaft; umgekehrt nehmen größere

Teile der Bevölkerung Einfluß auf politische Entscheidungen, sei es durch aktive Mitwirkung, sei es durch
wirksames Geltendmachen von Interessen. Das Instrumentarium einer auf Konsens oder, falls der nicht erreichbar ist, auf vereinbarten Kompromiß zielenden Politik
wird ausgebaut.

Seit der grundlegenden Untersuchung von G. R. Elton,
The Tudor Revolution in Government (1953), wird darüber gestritten, wie neu und umwälzend die Staatsorgani-
sation der Tudors war. Inzwischen herrscht über zweierlei weitgehend Einigkeit: Einmal darüber, daß der Begriff
Revolution im Blick auf die Auswirkungen sicher keine
Übertreibung ist, zum anderen aber auch darüber –
scheinbar paradoxerweise –, daß die Tudors diese Wirkungen praktisch ohne Neuerungen erreichten. Die Tudorzeit ist ein Zeitalter der Fortschreibung – der konservativen wie auch der innovativen. Wie sich das neue
Königshaus als Fortsetzung des angestammten betrachtet,
so funktioniert auch das neue Regierungssystem unter
Benutzung der aus dem Mittelalter ererbten Institutionen,
Ämter und Gremien und weitgehend unter Berufung auf
alte Rechte und Gepflogenheiten. Die Tudors wandten
das übernommene System effektiver an, übten königliche
Befugnisse konsequenter aus und trieben Gelder, die
ihnen zustanden, tatsächlich ein.

Zu den Anachronismen, die wir fast automatisch in
unsere Betrachtung von Geschichte hineintragen, gehört
die Vorstellung, daß der Wirkungsgrad staatlich-politi-
scher Herrschaft in historischen Epochen dem unserer
eigenen Zeit ähnlich sei. Wir sind gewohnt, daß staatliche
Herrschaft greift. Auch wenn uns die Ausnahmen stärker
ins Auge fallen mögen als die Regel: Der Staat zieht seine
Steuern ein, setzt seine Sanktionen durch, behauptet sein
Gewaltmonopol. Die ganze Gesellschaft wird regiert. Die

Maßnahmen der Legislative und der staatlichen oder kommunalen Verwaltung umfassen alle sozialen Schichten. Wenn es einen Unterschied gibt, dann den, daß die unteren, sozial schwachen Schichten mehr verwaltet werden und spürbareren behördlichen Eingriffen unterliegen als die besser gestellten. Schließlich: Der moderne Staat operiert gleichmäßig über sein ganzes Territorium hin; ein neues Gesetz tritt im letzten Dorf genau so schnell und so wirksam in Kraft wie in der Hauptstadt.

Im England des ausgehenden Mittelalters ist das ganz anders. Nach der Theorie und nach seinem eigenen Anspruch hat der König größere Machtbefugnisse als jeder moderne Staat. Zwar gibt es einige Dinge, wie vor allem die Einführung neuer Steuern, die er nur im Zusammengehen mit dem Parlament bewerkstelligen kann, aber sonst ist er als Gottes Statthalter auf Erden nur seinem Gewissen Rechenschaft schuldig, und alle Untertanen schulden ihm absoluten Gehorsam. In der Praxis aber ist seine Herrschaft auf dreifache Weise begrenzt: durch verbriefte Ausnahmen von der Königsgewalt und durch strukturelle Beschränkungen der geographischen und sozialen Reichweite seiner Macht.

Auf die tatsächlichen Befugnisse des Königs und seiner Administration hin betrachtet, ist England ein Flickenteppich von Gebieten, die dem König uneingeschränkt unterstehen, und solchen, in denen er wenig oder nichts zu sagen hat und die ihm auch keinerlei Steuern oder Abgaben zahlen. Unter den privilegierten Bereichen steht die Kirche obenan. Zwar ist der Papst weit und sein Einfluß schon seit dem Mittelalter geringer als in kontinentalen Ländern, und der König kann in manchen kirchlichen Fragen – zum Beispiel bei der Besetzung von Bischofssitzen – entscheidend mitreden, aber im wesentlichen regieren und verwalten die Bischöfe und Äbte selbständig, üben Gebietshoheit und Gerichtsbarkeit aus und verwenden ihre Einkünfte, die höher sind als die der Krone, nach ihrem Gutdünken. Noch weitgehender dem Zugriff der staatlichen Gewalt entzogen sind die vielen königsfreien Gebiete (*franchises*), denen irgendwann einmal für eine besondere Leistung Autonomie und Abgabefreiheit gewährt worden ist.

Das Instrumentarium des Regierens ist primitiv. Der König verfügt über Soldaten – auch im Frieden kann er kleinere Kontingente aufbieten –, aber nicht über eine Polizei. Verstöße gegen Gesetze und Verordnungen können mit der Todesstrafe geahndet werden, aber nur in Ausnahmefällen mit Freiheitsstrafen: Eine aufwendige Maßnahme wie die Gefangensetzung im Tower ist nur bei wenigen hochgestellten Personen denkbar. Geldstrafen sind bei den ärmeren Untertanen sinnlos, da sie kein Geld haben; bei den höheren Schichten setzen sie die Bereitschaft zu zahlen voraus. Kommunikation über weitere Strecken dauert lange, ist unzuverlässig und erreicht nur einen Teil der Bevölkerung.

Das bedeutet zum einen, daß man nur schwer in die Ferne regieren kann. Mit wachsender Entfernung vom Hof nimmt die Königsmacht schnell ab. Die Einflußnahme auf die nördlichen, wegen der Nähe zur schottischen Grenze politisch wichtigen Grafschaften ist beispielsweise ein dauerndes Problem. Die Zentralgewalt kann einen Aufstand in Kent niederschlagen, ist aber gegen die Seeräuberei (die von den Küstenorten oft gefördert oder geduldet wird) so gut wie machtlos.

Eine andere Konsequenz der Bedingungen besteht darin, daß der König und seine Administration die unteren und breiten Schichten der sozialen Pyramide kaum erreichen. Wer regiert, hat es im wesentlichen mit dem Adel und mit den Magistraten der Städte zu tun, also gerade mit jenen Kreisen, die in der Zentralgewalt eine lästige Beschränkung ihrer Autonomie sehen. Die auf dem Lande lebende Mehrheit der Bevölkerung kennt im allgemeinen nur die Geistlichen und den lokalen Grundherrn als Obrigkeit und existiert im übrigen in einem staatsfreien Raum.

Haushaltsregiment

In der Tudorzeit – wie schon in der vorhergehenden Epoche – ist der Haushalt, die Organisationsform der Familie, die grundsätzliche Herrschafts- und Verwaltungseinheit. Jedes Familienoberhaupt regiert als Haushaltsvorstand in seinem Bereich. Je weiter man auf der sozialen Skala nach oben kommt, um so größer werden die Haushalte. Da die Familie immer die Großfamilie ist, der außer allen lebenden Generationen der eigentlichen Familie auch die Bediensteten (samt Nachwuchs und Alten) angehören, kann schon der Familienbetrieb eines Handwerkers oder Kaufmannes ein kompliziertes organisatorisches Gebilde sein. Es gibt kein anderes Herrschafts- und Organisationsmodell als den Familienhaushalt; auch Institutionen, in denen keine natürliche Familie im Mittelpunkt steht, sind nach diesem Muster strukturiert – die *colleges* in den Universitätsstädten beispielsweise oder die Klöster.

Die Schicht der Herrschenden, der Hochadel, ist die Schicht der Großen Familien und der großen Haushalte. Im Jahre 1519 gehörten zum ständigen Haushalt des Herzogs von Buckingham zum Beispiel 148 Personen, darunter außer Familienmitgliedern und Bediensteten auch siebzehn *gentlemen* und neun *gentlewomen*. In einem großen Haushalt zu leben bedeutet nicht nur ein Mehr an Macht und Prestige für das Familienoberhaupt, sondern

für alle mehr soziale Sicherheit, bessere Versorgung bei
Krankheit oder im Alter, mehr Information, mehr Unterhaltung, bessere Bildungs- und Aufstiegsmöglichkeiten –
kurz: ein Plus an Lebensqualität gegenüber dem Klein-
haushalt. Unten in der Gesellschaft ist der, der keine
Familie und keinen Haushalt gründen kann. Asoziale –
masterless men ist der stehende Begriff – sind Leute,
die keinem Haushalt zugeordnet sind.

Der königliche Haushalt ist der größte des Landes, normalerweise sogar der mit Abstand größte, aber er ist nicht
anders strukturiert als die anderen großen Haushalte. Der
König steht in erster Linie seinem eigenen Haushalt vor.
Er verwaltet die Besitztümer der eigenen Familie und die
der Krone. Die Kunst, einen großen Haushalt zu verwalten, ist recht weit entwickelt. Der König verfügt über eine
Reihe von Hofämtern, die zugleich Haushaltsabteilun-
gen sind: Liegenschaftsverwaltung, Finanzverwaltung,
Rechnungskontrolle, Garderobe, Marstall, Unterhaltung
und so weiter. Die Haushaltsressorts sind zugleich Regierungsämter. Ihre Leiter, Mitglieder des königlichen
Haushalts auf Dauer oder auf Zeit, sind auf ihrem Sachge-
biet sowohl für das Funktionieren des alltäglichen Lebens
bei Hofe als auch für Staatsangelegenheiten verantwortlich. Die Regierung des Landes ist in jedem Sinne des
Wortes ein Familienbetrieb. Königliches Regieren über
den eigenen Bereich hinaus ist in erster Linie das Agieren
eines großen Haushalts in Interaktion mit anderen.

Finanzwesen

In der historischen Rückschau sieht es so aus, als hätten
die Tudors die Verbesserung und Modernisierung der
Regierung im Interesse ihres Landes betrieben. Das mag

mitgesprochen haben, war aber sicher nicht das wichtigste Motiv. Die Tudors mußten die Effizienz der Regierung erhöhen, weil sie nicht im gleichen Maße aus dem Vollen wirtschaften konnten wie manche Königsfamilien vor ihnen; sie mußten sich stärker auf *gentry*, Bürgertum und auch auf Volksmengen stützen, weil ihre Hausmacht als Große Familie noch klein war; außerdem wollten sie, anders als viele Könige vor ihnen, mit aller Macht reich werden – gerade das ist ein Zeichen ihrer moderneren Mentalität.

Wie die Tudorregierung funktioniert, wie die Ressorts und Gremien – vor allem das *Privy Council* und das Parlament – arbeiten und kooperieren, welche Rolle der Monarch selbst spielt, das soll später anhand der Verhältnisse in elisabethanischer Zeit gezeigt werden. Hier soll nur die Handhabung des Finanzwesens unter Heinrich VII. konkretisiert werden, weil gerade dieser Teil der Regierungsmaschinerie und der Politik für die frühe Tudorzeit typisch und für die Nachfolger materiell und ideell grundlegend war.

»The king must live of his own«, »Der König muß aus eigenem leben«, hieß ein schon seit dem Mittelalter gern zitierter Grundsatz, an den sich freilich bislang kaum ein Monarch gehalten hatte. Unmöglich war es nicht, daß der König in normalen Zeiten von den Einkünften der Krone lebte, zu denen außer den Erträgen aus Kronländern eine lange Reihe von Gebühren und Abgaben, zum Beispiel bei Amtsantritt von Würdenträgern oder beim Todesfall von Lehnsleuten, gehörte. Außerordentliche Ausgaben, wie sie unvermeidlich durch Kriege oder Rebellionen entstanden, ließen sich nicht aus den regulären Einnahmen der Krone bestreiten; sie machten die Einberufung eines Parlaments zur Bewilligung von Sondersteuern erforderlich. Heinrich VII. lebte nicht nur von den Einkünften der

Krone, sondern bildete erhebliche Rücklagen. Während er in den unruhigen Anfangsjahren mehrfach Sondermittel brauchte, hatte er später das Parlament kaum noch nötig – er berief es in der zweiten Hälfte seiner Regierungszeit nur einmal ein –, weil er es gelernt hatte, außerordentliche Ausgaben prinzipiell zu vermeiden.

Das Revolutionäre an Heinrichs Finanzpolitik besteht einfach darin, daß er als König das Finanzwesen ernst nimmt und den Gesichtspunkt der Wirtschaftlichkeit auf allen Gebieten der Politik in das Kalkül einbezieht. Das klingt für uns selbstverständlich, bedeutet aber für einen Aristokraten im 15. Jahrhundert das Einnehmen einer Haltung, die zu seiner Erziehung in krassem Widerspruch steht. Großzügigkeit, *largesse*, definiert den Edelmann. »Noblesse oblige« – nicht nur zur generösen Hilfe für Arme und Schwache, sondern auch zu der Bereitschaft, Gäste und Gefolge auf das Großzügigste zu bewirten, bei besonderen Anlässen üppige Geschenke zu machen – kurz: den eigenen Besitz, soweit er aus Geld oder Geldwertem besteht, nicht zu horten, sondern es als Standespflicht zu betrachten, verschwenderisch damit umzugehen. Ein Aristokrat, der so lebt, wie er es gelernt hat, spart nicht; er macht Schulden. Heinrich VII. war nicht der erste Aristokrat, der die Umstellung auf ökonomisches Denken und Handeln vollzog, aber er war der erste König, der das tat.

Ein erstaunlich großer Teil der Mehreinnahmen wird durch organisatorische Schritte erreicht, beispielsweise durch Verbesserung der Rechnungslegung, der Rechnungsprüfung und des Mahnwesens. Zum erstenmal seit Generationen werden zuverlässige Aufstellungen über Außenstände und Fälligkeitstermine angefertigt. Zu den alten Gebrechen der königlichen Verwaltung, die sich in der Zeit der Unruhen noch verschlimmert hatten, gehörte neben der Bestechlichkeit der Amtsinhaber – auch der hohen – die Schlamperei der Amtsstuben.

Heinrich VII. und seine Administratoren ließen es nicht mit der Eintreibung von Schulden sein Bewenden haben; sie legten auch neu und sehr expansiv aus, was alles des Königs sei, und sie waren erfindungsreich beim Austüfteln von Tricks zur Erhöhung der Einnahmen. Ein typischer Einfall dieser Art war beispielsweise die häufige Versetzung von Bischöfen. Beim Amtsantritt eines Bischofs war eine hohe Abgabe an die Krone fällig. Wenn man einen kirchlichen Würdenträger von Bistum zu Bistum Karriere machen ließ, konnte man diese Summe mehrfach kassieren. Wenn man dann noch die Einsetzung eines Nachfolgers hinauszögerte, konnte man von der alten Regel, daß die Einkünfte vakanter Bischofssitze der Krone anheimfielen, zusätzlich profitieren.

Ein besonders einträgliches, folgenreiches und in geradezu frappierender Weise modernes Bündel von Maßnahmen war die Bußgeldpolitik. Heinrich VII. verhängte zur Ahndung von Verstößen gegen bestehende Gesetze, aber auch als Sühne für besiegte Aufständische Geldstrafen, die sehr hoch waren, aber doch die Zahlungsfähigkeit der Betroffenen – meist Mitglieder von Familien des Hochadels – berücksichtigten. Nach der Niederschlagung des Aufstands von Perkin Warbeck zum Beispiel gab es weniger Hochverratsprozesse und Hinrichtungen als je zuvor bei Fällen dieser Art, aber manche yorkistischen Familien, die auf seiten der Rebellen mitgemacht hatten, waren noch bis in die nächste Regierungszeit hinein mit der Abzahlung der Strafraten beschäftigt.

Heinrichs Bußgelder sollten nicht nur die Krone bereichern, sondern auch Verhalten ändern. Bestimmte Arten von Übertretungen wurden so teuer gemacht, daß sie kaum noch vorkamen. Das deutlichste Beispiel für die verhaltensändernde Kraft von Strafbefehlen war die Erledigung des sogenannten *retainer-* oder *livery*-Problems. In den Generationen schwacher Könige hatten es sich die Familien des Hochadels angewöhnt, Adlige, zu denen sie in keiner verwandtschaftlichen oder feudalrechtlichen Beziehung standen, einzustellen und ihrem Haushalt einzugliedern. Diese *retainers* – ›Zuwendungsempfänger‹, ›Bezahlte‹ – wurden mit barem Geld oder mit Einkünften aus Ländereien entlohnt; sie trugen eine *livery* genannte, mit den Abzeichen der Familie versehene Kleidung. Der Zweck des livrierten Gefolges, das insgesamt *retinue* hieß, bestand darin, die politische, soziale und militärische Größe des Haushalts zu erhöhen und zu demonstrieren. Schon lange war das den Vorrang des Hofes gefährdende und Zwiste zwischen Adelshäusern verschärfende *retaining* gesetzlich verboten, aber erst Heinrichs Strafbescheide bewirkten eine Reduzierung auf erträgliche Dimensionen.

Natürlich machte seine Finanzpolitik den König in den betroffenen Kreisen nicht eben populär; noch stärker als er selbst zogen die mit der Durchführung seiner Maßnahmen Beauftragten, insbesondere zwei Kommissare namens Empson und Dudley, viel Haß auf sich.

Auch in der modernen Geschichtsschreibung macht Heinrich VII. im ganzen keine gute Figur, und zwar nicht nur bei den älteren Historikern, die seine Bedeutung unterschätzten, sondern auch – meist ungewollt – bei den neueren, die ihn für den vielleicht fähigsten Tudor halten. Auch bei Königin Elisabeth, die ihrem Großvater in der Einstellung zum Geld und zu Fragen der Wirtschaftlichkeit am stärksten ähnelte, wirft die Betrachtung dieser Seite fast unvermeidlich Schatten auf das strahlende Gesamtbild.

Das liegt zum Teil in der Natur der Materie. Das Eintreiben von Geld läßt sich nicht als Heldentat beschreiben, und Verwaltungsreformen sind kein Stoff, der Begeisterung weckt. Unsere Schwierigkeiten, mit dieser Seite der Politik und der Einstellung der Tudors zurechtzukommen, hat aber auch einen speziellen Grund, der gerade in der Modernität der Tudors liegt. Die meisten der heute Lebenden haben eine negative Einstellung zu dem Ausmaß, in dem finanzielle und wirtschaftliche Aspekte die Moderne dominieren. Komplementär dazu erscheint die Welt des mittelalterlichen Feudalsystems mit seinen nicht auf einem *cash-nexus*, sondern auf einer Balance von gegenseitigen Rechten und Pflichten beruhenden sozialen Beziehungen in nostalgischem Licht als eine heilere und schönere Welt, zu deren Verderbern ein Mensch wie Heinrich VII. mit seiner Krämerseele gehört.

Niemand wird sich dieser Sichtweise ganz entziehen können – zumal die Tudors und ihre Administration in Ermangelung ausgebildeter Regeln der Moral und Fairness in Geldfragen oft Dinge tun, die nach unseren Maßstäben Erpressung, Nötigung oder Bestechung sind. Wir sollten aber bedenken, daß die Regelung sozialen Verhaltens durch finanzielle Sanktionen, so unschön sie sein mag, doch humaner ist als das alte System, das hauptsächlich mit Hinrichtungen und kriegerischer Gewalt operiert, und daß die Einführung gestufter wirtschaftlicher Strafen den Regierenden ein flexibles politisches Instrumentarium an die Hand gibt, das dem alten mit seiner primitiven Alternative zwischen drakonischen Eingriffen und notgedrungenem Gewährenlassen nach vergeblichen Befehlen und Appellen weit überlegen ist.

Da es uns mehr um die Grundlagen des elisabethanischen England als um die frühe Tudorzeit selbst geht, können wir die außenpolitischen Ereignisse unter Heinrich VII. auf einen Aufriß der Felder und Krisenherde in diesem Bereich und auf eine Skizze der Aktionsweise Heinrichs in der Außenpolitik reduzieren.

Schottland. Nach der nunmehr festen Angliederung von Wales gab es auf der Insel noch eine offene und gefährdete Grenze, die nach Schottland, einem wirtschaftlich weniger entwickelten, aber auf etwa gleicher Stufe der kulturellen Entwicklung stehenden Königreich. Schottland war fast permanent eine feindliche Macht. Die mächtigen Adelsfamilien beiderseits der Grenze waren häufig in Fehden verwickelt. Die schottische Außenpolitik war traditionell anti-englisch, so wie die englische anti-schottisch war. Schottland war stark nach Frankreich orientiert und lebte mit dem französischen Königshaus fast immer im Bündniszustand, während England nur selten ein friedliches Einvernehmen mit Frankreich hatte.

Heinrich VII., der eine Leidenschaft für das Aushandeln komplizierter Vertragswerke hatte, versuchte auf dem Verhandlungsweg zu einem friedlichen Verhältnis zu kommen. Sein größter Erfolg war ein Ehekontrakt über die Verheiratung seiner ältesten Tochter Margaret mit Jakob IV., dem schottischen König. Das durch die Ehe besiegelte Bündnis mit England hinderte den schottischen König nicht daran, zehn Jahre später wieder gegen England Krieg zu führen – er fiel 1513 in der Schlacht bei Flodden –, aber auf lange Sicht ging aus dieser Verbindung die friedliche Übernahme der englischen Krone durch das schottische Königshaus der Stuarts und die Vereinigung der beiden Länder hervor.

Irland. Zu Beginn der Tudorzeit war Irland für die englische Krone schon das, was es dann Jahrhunderte hindurch blieb: ein unlösbares Problem und ein ständiger Aderlaß. Irland, einst eine Pflanzstätte des Christentums und der christlichen Kultur, war im Mittelalter politisch und wirtschaftlich verfallen und zu einer der am weitesten zurückgebliebenen Regionen Europas geworden. Die Einwohner, die man gern als exotische Figuren am Rand von Landkarten abbildete, erschienen den zeitgenössischen Engländern als zottige Wilde, von keltischen Stammeshäuptlingen in ständige Kämpfe geführt, deren Beweggründe und Ziele kein Fremder verstehen konnte.

Die anglonormannischen Könige hatten schon hundert Jahre nach der Eroberung Englands mit dem Versuch begonnen, auch Irland ihrem Hoheitsgebiet anzugliedern. Es war nie ganz gelungen, obwohl man es mit allen Methoden versucht hatte, die man kannte: kriegerische Unterwerfung und Fremdherrschaft durch Engländer, Kooperation mit einheimischen Stammesführern, denen man englische Titel verlieh, Kolonisation durch Immigranten. Im 15. und 16. Jahrhundert beherrschte England, dessen König nominell ganz Irland regierte, außer einigen Hafenstädten im Süden und Südosten – vor allem Cork und Waterford – nur einen etwa vierzig Kilometer tiefen Küstenstreifen mit Dublin als Zentrum; dieses Gebiet hieß *the Pale*, ›der Zaun‹, ›das umzäunte Gebiet‹, und war wie ein Stück England in einer fremden Welt.

Die englische Krone konnte weder mit den irischen Verhältnissen fertig werden noch sich zum Rückzug entschließen. Auch die nüchtern kalkulierenden Tudors haben nie erwogen, Irland aufzugeben. Nach dem erzwungenen Verlust der französischen Besitztümer erschien der freiwillige Verzicht auf ›Britanniens zweite Insel‹ nicht vertretbar. Neben der Hoffnung, irgendwann

einmal über den Berg zu sein, spielte bei den fortgesetzten
Bemühungen um eine Lösung der Irlandfrage die strategi-
sche Gefährlichkeit der Insel eine Rolle. Irland war für
jeden, der eine Rebellion plante, ein idealer Ort zum An-
werben von Truppen und zu unbehelligter Vorbereitung einer Invasion. Heinrich VII. mußte erleben, daß die
beiden Kronprätendenten, die ihn herausforderten, vor
allem Perkin Warbeck, in dieser Weise von Irland aus
operierten.

Heinrich versuchte in drei Anläufen, Irland fester in die
Hand zu bekommen, zunächst mit einer Koalition von
anglo-irischen Adligen, dann durch Entsendung eines seiner fähigsten Administratoren, Sir Edward Poynings, als
Statthalter und schließlich wieder mit einem Vertreter der
einheimischen Nobilität, dem mächtigen Grafen von Kil-
dare. Als der englische Hof schließlich mit dem Anziehen
der Zügel aufhörte, war nichts auf die Dauer gelöst, auch
wenn Heinrich VII. bis zum Ende seiner Regierungszeit
Ruhe hatte.

Niederlande. Obwohl die englische Politik in der
Tudorzeit längst nicht so insular und nach innen gerichtet
war wie in einigen späteren Phasen, gab es auf dem Kontinent nur zwei Regionen, an denen England ein vitales
Interesse hatte, die Niederlande und Frankreich.

Die Interessen an einem guten Verhältnis zu den Niederlanden – damals kein Staat, sondern eine Region mit
mehreren und wechselnden politischen Herren und Herr-
schaftsformen – waren wirtschaftlicher Art. Englands
wichtigste Exportgüter waren Wolle und Stoffe, vor allem
Wollstoffe. Die Niederlande waren ein Zentrum des Textilgewerbes (spezialisiert auf die Herstellung und Ausrü-
stung kostbarer, für höfischen Bedarf geeigneter Stoffe)
und eine Drehscheibe für den europäischen Handel mit
Rohprodukten und Textilien. England brauchte gute

Handelsbeziehungen zu den Niederlanden. Nach mehreren Generationen relativ schlechter Bedingungen handelte Heinrich VII. mehrere Abkommen aus, die für englische Kaufleute günstig waren und die Zolleinnahmen des Königs mächtig steigerten.

Frankreich. Vier Jahrhunderte hindurch war Frankreich für die Engländer ein Land besonderer Nähe, besonderen Einflusses und besonderer Gegnerschaft gewesen. Als Wilhelm der Eroberer, Herzog der Normandie, sich zum König von England machte, hörten damit er und seine Nachkommen nicht auf, ihre Position als Gebietsherren in Frankreich zu behaupten und auszubauen. Die englischen Könige, denen zeitweise etwa die Hälfte von Frankreich unterstand, hatten kontinuierlich Ansprüche auf die französische Krone geltend gemacht und diese Forderung nicht nur mit erbrechtlichen Argumenten und diplomatischen Schritten, sondern auch mit Invasionen und Feldzügen in Nordfrankreich durchzusetzen versucht, zuletzt in den Kampagnen des Hundertjährigen Krieges (der sich mit Unterbrechungen von 1337 bis 1453 hinzog).

Als das Haus Tudor in England an die Macht kam, war Herrschaft in Frankreich längst ein Traum von gestern. Von den Besitzungen auf dem Kontinent war nur noch Calais übriggeblieben, ein symbolisches Relikt, aber auch ein wichtiger, durch seine englische Garnison geschützter Exporthafen. Heinrich VII. machte sich keine Illusionen über die Möglichkeit, in Frankreich größere Gebiete oder gar die Krone zu gewinnen, aber er akzeptierte, wie nach ihm sein Sohn, die politische Notwendigkeit, den Anspruch auf den französischen Königsthron aufrechtzuerhalten und eine aktive und aggressiv wirkende Frankreichpolitik zu betreiben. Der gemeinsame Kampf gegen Frankreich und das Sich-Messen-Können mit dem führenden Land des Kontinents war für die Engländer so lange eine identitätsstiftende, das Nationalgefühl geradezu definierende Konstante der Politik gewesen, daß es zu unpopulär gewesen wäre, sich von ihr abzuwenden und die historischen Helden der Nation gleichsam Lügen zu strafen.

Heinrich VII. ließ sich aber weder durch möglichen Status als Volksheld noch durch möglichen Gewinn – bei vergangenen Feldzügen hatten Hof, Adel und Kaufleute manchmal gut verdient – dazu verleiten, in Frankreich große Risiken einzugehen. Er beteiligte sich im Bündnis mit Spanien an dem Versuch, die Autonomie der Bretagne zu sichern. Nach dem Fehlschlag dieser Aktion – nicht durch englisches Verschulden – unternahm er persönlich mit einem Expeditionskorps einen Frankreichfeldzug, absolvierte als Pflichtübung die Belagerung einer Stadt, Boulogne, und schloß dann mit dem König von Frankreich einen vorteilhaften Vergleich: Für den Verzicht auf weitere Kriegshandlungen und auf das Weiterverfolgen der Thronansprüche erhielt er eine hohe jährliche Abstandssumme von Karl VIII. Ob er auch in diesem Falle, wie bei anderer Gelegenheit, das vom Parlament für Kriegszwecke bewilligte Geld zum Teil einsparte und dem Kronschatz zuführte, läßt sich nicht mehr nachrechnen.

Spanien. Ein gutes Einvernehmen mit den iberischen Königshäusern war traditionellerweise in der Politik des englischen Hofes das Gegenstück zum Gegnerschaftsverhältnis mit Frankreich. Unter der Oberfläche bereitete sich schon in der frühen Tudorzeit jene Verschlechterung des Grundverhältnisses vor, die dann in der elisabethanischen Zeit zum großen Krieg führte. Als die bislang zu Burgund, einem alten Alliierten Englands, gehörenden Niederlande an Spanien fielen (durch die Heiratspolitik des Hauses Habsburg), ergaben sich zum erstenmal Reibungsflächen zwischen den beiden Ländern, die bis dahin kaum kollidieren konnten. Es ließ sich außerdem voraussehen, daß der Ausbau der Schiffahrt und des Überseehandels in England auf die Dauer zu Konflikten führen mußte.

Heinrich VII. spürte noch keine Verschlechterung der Beziehungen. Bezüglich der Niederlande kam er mit den Habsburgern gut zurecht. Maritimen Unternehmungen maß er keinen großen Wert bei, auch wenn er den Plan der Kaufleute von Bristol, einen italienischen Seefahrer namens John Cabot (oder Giovanni Caboto) auf Entdeckungsfahrt zu schicken, guthieß und förderte. Cabot wurde angewiesen, auf keinen Fall Kurs nach Süden, in Richtung auf spanische Interessengebiete, zu nehmen.

Die Krönung der Spanienpolitik und der Verhandlungskunst Heinrichs VII. war ein kompliziertes Vertragswerk, das er zwischen 1488 und 1496 mit dem spanischen König, Ferdinand von Aragon, aushandelte. Im Mittelpunkt der Verträge, die auch eine militärische Allianz und ein Handelsabkommen enthielten, stand die Vereinbarung, den englischen Thronfolger, Prinz Arthur, der bei Verhandlungsbeginn drei Jahre alt war, mit der etwa gleichaltrigen Infantin Katharina von Aragon zu verheiraten, sobald der Prinz vierzehn Jahre alt und heiratsfähig sein würde. Die Höhe der Mitgift war sensationell: Ferdinand verpflichtete sich, den enormen Betrag von 200 000 Kronen zu zahlen. Die Prinzessin kam 1501 nach England, und die Hochzeit wurde mit üppigem Prunk gefeiert (Heinrich knauserte nie, wenn es darum ging, den Glanz des Königshauses zu demonstrieren). Fünf Monate später, im April 1502, starb Prinz Arthur plötzlich. Die Hinterbliebenen fanden sich in einer mißlichen Situation. Katharina mußte mit sechzehn Jahren nach einer Ehe, die

keine war, als Witwe in einem Land leben, dessen Sprache
sie nicht verstand. Der spanische König, der einen Teil der
Mitgift bereits gezahlt hatte, wollte seine Tochter nicht
unter Verlust dieser Summe heimholen. Der englische
König wollte weder das Geld noch den Plan einer Allianz
mit Spanien aufgeben. Die Väter verhandelten neu und
machten aus, daß der zweite englische Prinz, der beim
Tode Arthurs elfjährige Heinrich, die sechs Jahre ältere
Witwe seines Bruders heiraten sollte, sobald die für diese
Verwandtenehe erforderliche päpstliche Dispens erteilt
und Heinrich groß genug sein würde.

Die päpstliche Dispens war kein Problem. Die Beziehungen zwischen dem englischen Hof und dem Heiligen
Stuhl waren gut. Heinrich war ein frommer, von Glaubenszweifeln unangefochtener Katholik, und England
erschien in den Augen der Zeitgenossen als ein Bollwerk
der Rechtgläubigkeit, frei – jedenfalls dem Anschein nach
– von reformatorischen Gefährdungen.

Heinrich VII. erlebte die Heirat seines Sohnes mit
Katharina im Juni 1509 nicht mehr. Er starb zwei Monate
vorher mit 52 Jahren als alter Mann.

Heinrich VIII. (1509–1547)

Mächtige Figur

Als historische Figur ist Heinrich VIII., der 1509 mit
achtzehn Jahren König wurde, so eindrucksvoll, wie sein
Vater unscheinbar ist. Jeder kennt ihn; jeder kann sich von
seiner mächtigen Gestalt ein Bild machen, das meist auf

dem berühmten, nach einer Vorlage Holbeins gemalten Porträt beruht. Man weiß etwas über seine Liebes- und Ehegeschichten, sieht den Katalog seiner Frauen vor sich, die man trotz des erklärenden Etiketts – ›geschieden‹ oder ›enthauptet‹ oder ›gestorben‹ – nur schwer in die richtige Reihe bekommt. Man kennt mindestens eine seiner politischen Taten: wie er die englische Kirche von Rom löste, weil der Papst ihm die Scheidung verwehrte. Heinrich VIII. ist der Stoff für eine nicht endende Serie von Biographien, Dramen, Opern und Filmen.

Das historische Bild späterer Zeiten und die zeitgenössische Sicht, die sich so selten decken, stimmen in diesem Falle in den meisten Grundzügen überein. Heinrich VIII. war schon zu seinen Lebzeiten – als erster englischer Monarch seit Jahrhunderten – eine europäische Berühmtheit und eine der meistgepriesenen Gestalten der Epoche. Ein venezianischer Diplomat, Pasqualigo, beschreibt ihn einige Jahre nach der Thronbesteigung als den bestaussehenden Fürsten, den er je zu Gesicht bekommen habe, hochgewachsen, wohlgestaltet, von Gesicht schön wie eine Frau. Er sei ein Gebildeter von exzellenten Fähigkeiten, spräche Französisch, Englisch, Latein und ein wenig Italienisch, spiele recht gut auf der Laute und dem Virginal, könne vom Blatt singen. Er sei ein begeisterter Jäger, der acht oder zehn Pferde müde ritt, ehe er heimkehre. Er sei ein guter Tennisspieler und Bogenschütze. Sehr fromm sei er auch, höre drei Messen an Jagdtagen und manchmal fünf, wenn er zu Haus bliebe. Äußerst friedliebend sei er, ansprechbar und gnädig.[7]

Bei Beschreibungen wie dieser spielt natürlich die Lust des Zeitalters am Spiel mit allen Registern der Rhetorik eine Rolle: eine Eulogie will nicht in jedem Detail wörtlich genommen werden. Der Tenor aller Berichte läßt aber ganz eindeutig erkennen, daß Heinrich VIII. von allen

Beobachtern als eine Person mit einer ganz ungewöhnlichen Macht der Ausstrahlung empfunden wurde. – Wenn der Venezianer im übrigen Heinrich nicht in jener Rolle schildert, in der er heute vor allem gesehen wird, nämlich als großer Liebhaber, so deshalb, weil davon um diese Zeit noch wenig zu spüren war. Heinrich war in den ersten fünfzehn Jahren nach seiner Heirat mit Katharina von Aragon ein besorgter, freundlicher und relativ treuer Ehemann, auch wenn er gelegentlich ein Verhältnis mit anderen Damen bei Hofe hatte. Er machte sich mehr aus Jagd und Männerkumpanei als aus amourösen Abenteuern.

Wie bei allen historischen Gestalten, derer sich die Phantasie der Nachwelt bemächtigt hat und die seither in erster Linie als einzelne Figur betrachtet werden, ist auch bei Heinrich VIII. die Einordnung in den historischen Kontext nicht ohne Anstrengung und nicht ohne einige Korrekturen möglich. Manches an seinem politischen Handeln läßt sich als Fortsetzung der von seinem Vater begründeten Tradition des Hauses Tudor und als Vorbereitung der Politik Elisabeths, die in ihrem Vater ihr Vorbild sah, begreifen. In anderen Hinsichten ist er aber auch beim Blick aus dieser Perspektive eine singuläre Erscheinung – ein Tudormonarch, der aus der Reihe fällt.

Die Verbindung von Kontinuität und Diskontinuität zeigte sich sinnfällig bei einer der spektakulärsten Handlungen zu Anfang seiner Regierungszeit. Er ließ die allseits verhaßten Finanzkommissare seines Vaters, Empson und Dudley, vor Gericht stellen; obwohl sich herausstellte, daß sie nur nach königlicher Weisung und legal gehandelt hatten, wurden sie wegen Hochverrats verurteilt und hingerichtet. Das war eine typische Tudoraktion: eine populäre Maßnahme und ein Signal, daß jetzt andere Zeiten kommen würden (obwohl sich das Finanzgebaren der Krone kaum änderte). Es war ein perverser

Akt der Pietät gegenüber dem Vater, dessen Nachruf als Geldschneider durch die Exekution von Sündenböcken verbessert wurde. Es war zugleich ein Zeichen, daß Heinrich VIII. die Politik der kalkulierten Milde und der Beschränkung der staatlichen Gewalt auf den äußersten Notfall nicht fortzusetzen gedachte.

Kardinal Wolsey und der König

Anders war Heinrich VIII. vor allem in seiner Einstellung zum Regieren. Sein Vater hatte (wie später seine Tochter Elisabeth) Freude an der Arbeit des Regierens. Man kann die englische Politik von 1485 bis 1509 mit Recht als die Politik Heinrichs VII. bezeichnen, weil er sie bis in Einzelheiten hinein lenkte oder mitentschied. Was in der nächsten Regierungszeit geschah, kann man nicht im gleichen Maße seinem Sohn zurechnen. Heinrich VIII. liebte es, zu herrschen und Macht zu demonstrieren, aber er haßte Sitzungen und Alltagsarbeit; wenn es eben ging, ließ er andere für sich regieren. Als Regierungszeit im eigentlichen Sinne tragen daher die 38 Jahre, die er König war, verschiedene Handschriften, nämlich zunächst die des Lordkanzlers Thomas Wolsey (bis zu seinem Fall 1529), dann die von Thomas Cromwell (bis zu dessen Absetzung und Hinrichtung 1540) und zwischendurch und in den letzten Jahren Heinrichs eigene.

Das aus vielen, zum Teil relativ autonomen Ämtern und Gremien bestehende Regierungssystem der Tudors erforderte einen zentralen Lenker. Wenn der König diese Funktion nicht kontinuierlich ausübte, mußte eine andere Figur zur Dominanz aufsteigen. Von der Position in der Regierungsmaschinerie her war für eine solche Zentralfigur das Amt des *Lord Chancellor*, des Leiters der Haupt-

kanzlei, am besten geeignet. Aus dieser Position, die er
zusammen mit einem Dutzend anderer Ämter innehatte,
leitete Thomas Wolsey die englische Politik.

Wolsey war eine Figur vom Format Heinrichs VIII.,
auch wenn seine Ausstrahlung ganz anderer Art war. Er
demonstriert die Möglichkeiten, die das relativ starre
Gesellschaftssystem der Tudorzeit auf der Stufenleiter der
Ämter bot. Als Sohn eines Schlachters und Viehhändlers
aus der Provinzstadt Ipswich gelang es ihm, ein Stipen-
dium in Oxford zu erhalten. Er erwarb mit fünfzehn Jahren den *Bachelor*-Grad, wurde *Fellow* und dann Schatzmeister am Magdalen College. Obwohl in England hohe
Verwaltungsämter schon längst keine Domäne von Kleri-
kern mehr waren, bot die Kirche noch immer die besten
Karrierechancen. Wolsey durchlief eine Reihe geistlicher
Posten im Siebenmeilenschritt, wurde dann Hofkaplan,
Mitglied des Staatsrats, Bischof von Lincoln, Abt von
St. Albans, Erzbischof von York, Lordkanzler. Nur Erzbischof von Canterbury und damit Primas von England
konnte er nicht werden; der Amtsinhaber war langlebig.
Immerhin wurde er durch Heinrichs Fürsprache Kardi-
nal – der einzige in England – und Päpstlicher Legat.

Wolsey war ein besessener Arbeiter, ein ideenreicher
Stratege und ein listenreicher Taktiker der Politik, ein
Mann von gewaltigem Ehrgeiz. Nach ein paar Jahren
hatte er alle anderen Personen von Einfluß entmachtet.
Der König vertraute ihm fast blind, aber Wolsey ließ sich
dadurch nicht verleiten, ohne Heinrich oder hinter seinem
Rücken zu regieren; er weihte ihn in alles Wichtige ein
und versicherte sich seiner Zustimmung. Sonst freilich
zog er kaum jemanden zu Rate.

Wolsey war auch habgierig und geltungssüchtig. Mit
seiner Ämterhäufung kumulierte er nicht nur Macht, sondern auch Geld. Sein Einkommen war nach dem der

Krone das zweithöchste im Lande. Er führte einen Haushalt wie ein Monarch und baute wie ein König: Hampton Court, der größte erhaltene Baukomplex der Tudorzeit, war sein Palast, ehe er sich gezwungen sah, ihn dem König zu überlassen.

Die Bilanz dessen, was Wolsey mit all seinem Können und seiner Machtfülle erreicht hat, ist merkwürdig schmal. Das liegt, was die Innenpolitik angeht, zum Teil an der Person: an Wolseys Raffgier, an seiner Widerstände weckenden Arroganz, an seinem Desinteresse an der Fortführung der auf Ausgabenbeschränkung und Wirtschaftlichkeit ausgerichteten Finanzpolitik Heinrichs VII. In der Magerkeit des Resultats kommen aber auch zwei strukturelle Gegebenheiten des Regierungssystems der Tudors zum Ausdruck. Zum einen zeigte sich, daß dieses System die Vormachtstellung eines einzelnen, der nicht König und Haupt des königlichen Haushalts war, im Grunde nicht vertrug. Nur beim König können Eigeninteresse, Familieninteresse und nationales Interesse zusammenfallen und von den Regierten als zusammenfallend betrachtet und akzeptiert werden. Die zweite Lehre: Eine Politik ohne Konsens mit den Regierten und mit den Instanzen, die mitregieren wollen, kann keinen dauerhaften Erfolg haben. Die Staatsmaschinerie funktioniert nur, wenn alle (oder fast alle) kooperieren. Von Wolsey fühlten sich alle – von den Parlamenten bis zu den kleinen Exekutivorganen in den Grafschaften – ständig übervorteilt und erpreßt; sie reagierten, indem sie nicht mitspielten.

Die Außenpolitik unter Wolsey war spektakulär, neuartig, nicht ohne Folgen, aber letztlich doch wenig ertragreich. Wolsey verfolgte, auch wenn er im einzelnen wechselnde Kurse steuerte, das generelle Ziel, für das stärker gewordene England einen mitentscheidenden Part in der

kontinentaleuropäischen Politik zu beanspruchen. Es
gelang zwar, Englands Gewicht als Bündnispartner oder
Gegner stärker fühlbar zu machen, aber das Großmacht-
ziel war unerreichbar. Es fehlte England im Vergleich zu
den wirklichen Großmächten, Spanien-Habsburg und
Frankreich, an Macht (die englischen Staatseinnahmen
betrugen beispielsweise nur etwa ein Zehntel der französischen), an Erfahrung und an der Möglichkeit eines schnellen Zugriffs. Mehr als einmal sah Wolsey sich in der ungewohnten Rolle des Übervorteilten, und einige seiner
Pläne und Vorhaben – eine Kandidatur Heinrichs bei der
Kaiserwahl und seine eigene Anwartschaft bei zwei Papst-
wahlen – erwiesen sich als Seifenblasen.

Auch in der Frankreichpolitik, einem angestammten
Feld der englischen Außenpolitik, wurde wenig erreicht,
und zwar sowohl unter Wolseys Ägide als auch später.
Wolsey überredete seinen Herrn zu einer Verstärkung der
kriegerischen Aktivitäten, der König zog persönlich mit
einem großen und kostspieligen Heer nach Frankreich,
um zwei Kleinstädte zu erobern. Das bemerkenswerte-
ste Ereignis der Kontinentalaktionen war das »Güldene
Feld« (*Field of Cloth of Gold*) 1520, ein zwanzigtägiges
Gipfeltreffen zwischen Heinrich VIII. und Franz I. in
Nordfrankreich, bei dem die Monarchen, der eine »in
Silberdamast und Goldstoff auf goldgezäumtem Streit-
roß«, der andere »im kurzen Rock aus Goldfries, mit Dia-
manten, Rubinen und Smaragden sowie Gehängen von
Perlen übersät«, inmitten ihres in Goldstoffe gekleideten
Gefolges an Prachtentfaltung und Friedensliebe wetteifer-
ten,[8] um sich gleich darauf gegenseitig zu hintergehen.
Die Frankreichzüge endeten mit einer Kostenlast, wie sie
England noch nicht erlebt hatte.

Als Heinrich sich 1529 Wolseys entledigte und ihn
zunächst entmachtet nach York zurückschickte und dann

doch wegen Hochverrats anklagen ließ – der Tod auf der
Reise ersparte dem Kardinal das Schafott –, da war der Fall
nur zum geringeren Teil durch Mißerfolge der Innen- und
Frankreichpolitik begründet. Wolsey stürzte vor allem,
weil er es nicht vermocht hatte, »the King's great matter«
zu regeln und Heinrich auf legale Weise aus der Ehe mit
Katharina von Aragon zu lösen.

Lösung aus der Ehe

Das Leben Heinrichs VIII. ist ein Tatsachenroman, der in
vielen Versionen vorliegt. Moderne Biographen, nicht
nur solche mit popularisierender Tendenz, gehen dabei
bei der Darstellung der zentralen Episode, der Scheidung
von Katharina und der Heirat mit Anne Boleyn, meist so
vor, daß sie in den Rahmen der durch Verhandlungspro-
tokolle und zeitgenössische Berichte gut dokumentierten
Fakten Personen mit modernen Motiven und Verhaltensweisen einsetzen: Ein Mann auf der Höhe seines Lebens
ist nach langer Vernunftehe seiner frömmelnden, kränkli-
chen und wesentlich älteren Frau überdrüssig und verliebt
sich in ein junges und schönes Mädchen, das seiner Werbung nicht nachgibt, weil es wohl seine Frau, aber nicht
seine Geliebte werden will. Der Mann setzt alles daran,
die Scheidung zu erreichen, um das Mädchen heiraten zu
können. So dargestellt, folgt die Geschichte einem klassischen Muster der Literatur: Eine Angelegenheit unter
Menschen wie du und ich, eine normale Dreiecksge-
schichte, wird durch den Rang der Beteiligten zur uner-
hörten Begebenheit. Der Mann ist ein König, und das,
was er aufs Spiel setzt, die Scheidung zu erreichen, ist die
Religion seiner Untertanen und die politische Position
seines Landes in Europa.

Die Geschichte ist nicht unwahr, auch wenn sie an einigen Stellen zu gesicherten Fakten in Spannung steht; sie ist aber so einseitig, daß sie anachronistisch ist. Zu einem differenzierten historischen Verständnis gehört neben der privat-persönlichen Perspektive auch die der Familie, die Sicherung der Dynastie, und des Staates, die Regelung der Nachfolgerfrage.

Jeder König wünschte sich einen Sohn als Thronfolger – schon deshalb, weil es die am schwersten anzufechtende Regelung der Erbfolge war. Heinrich VIII. war auf einen legitimen männlichen Nachfolger geradezu versessen. Aus der ersten Ehe ging kein Sohn hervor. Katharina machte eine Schwangerschaft nach der anderen durch, aber nur ein Mädchen, Maria (die spätere Königin), überlebte das Säuglingsalter. Heinrich designierte die Tochter zur vorläufigen Thronfolgerin – gab ihr sogar den ungewöhnlichen Titel einer *Princess of Wales* –, hielt aber die Nachfolgefrage für unbefriedigend gelöst. Der Anspruch weiblicher Erben konnte leichter streitig gemacht werden; bei Heirat mit einem ausländischen Fürsten waren Probleme zu erwarten. (Beide Komplikationen traten später tatsächlich ein.)

Schon bevor Anne Boleyn auf den Plan trat, begannen bei Hofe vorsichtige Erwägungen, ob nicht eine Lösung von Katharina, die keine Kinder mehr bekommen konnte, und eine Wiederheirat des Königs erreichbar seien. Als der König sich bis zur Narrheit in Anne Boleyn verliebte – ein Teil seiner Liebesbriefe ist erhalten, ausgerechnet im Vatikan –, die als Mitglied einer der Großen Familien keine Mesalliance für den König war, wurde die Scheidungsfrage zum zentralen Problem der Politik. Wir wissen nicht, wie Anne Boleyn auf die Werbung des Königs reagierte und ob sie oder ihre Familie Konditionen stellten. Sicher ist, daß Heinrich es war, der sie nicht einfach besitzen, sondern sie zu seiner rechtmäßigen Frau machen wollte. Er hatte mit Duldung der Königin Liebesverhältnisse gehabt, davon eines mit der älteren Schwester der Anne Boleyn. Er hatte auch schon einen männlichen Nachkommen, der ihm nichts nützte: einen unehelichen Sohn, den er zwar als Kind zum Herzog von Richmond erhob, dessen Aufbau als Thronanwärter er dann aber nicht weiter verfolgte, weil die Anerkennung eines Bastards noch schwerer zu erreichen war als die einer Tochter. Was er brauchte, war ein in gültiger christlicher Ehe geborener Sohn – oder deren mehrere.

Was wir heute üblicherweise Heinrichs Scheidung nennen, war genau genommen keine Scheidung, also die Auflösung einer bis dahin existierenden Ehe, sondern eine Annullierung, das heißt die rechtswirksame Feststellung, daß eine Ehe von vornherein ungültig war. Eine Scheidung existierte nicht; die Ehe war (wie noch heute nach katholischem Kirchenrecht) unauflöslich. Eine Annullierung gab es in Sonderfällen sehr wohl; sie setzte voraus, daß die Ehe nicht vollzogen war oder daß bei der Heirat ein wesentliches Ehehindernis, beispielsweise ein Kontrakt mit einer anderen Person oder ein nahes Verwandtschaftsverhältnis, das Zustandekommen einer legalen Verbindung verhindert hatte.

Wolsey und Heinrich durften, als sie die langwierige Annullierungsprozedur einleiteten, mit einem Erfolg rechnen. Die Beweislage für die Nichtigkeit war einigermaßen dürftig, aber die für solche Fragen zuständige päpstliche Kurie hatte sich in ähnlichen Fällen entgegenkommend gezeigt. Diesmal erschien das besonders leicht, weil ja die Ehe aufgrund einer päpstlichen Dispens zustande gekommen war, die man jetzt nur für irrtümlich erteilt zu erklären brauchte. Es hätte schon genügt, wenn man dem englischen Monarchen, dem man gerade aus gutem

Grund den Ehrentitel »Fidei Defensor«, Verteidiger des Glaubens, verliehen hatte, die Durchführung des Verfahrens durch ein englisches geistliches Kollegium zugestanden hätte. Nach jahrelangem Taktieren beider Seiten wurde klar, daß der Heilige Stuhl sich nicht in der Lage sah, die Annullierung auszusprechen. Die Gründe waren politischer Art. Der Papst, Clemens VII., war seit der Eroberung und Plünderung Roms durch kaiserliche Truppen (*Sacco di Roma*, 1527) ein Gefangener des Kaisers, des Habsburgers Karl V., und von dessen Wohlwollen abhängig. Karl V. war ein Neffe der Katharina von Aragon; er dachte nicht daran, die Verstoßung seiner Tante zuzulassen.

Die englische Politik lief mehrere Jahre lang darauf hinaus, die römische Kurie durch Beschneidung von Rechten und Einkünften unter Druck zu setzen, aber keinen unwiderruflichen Schritt in Richtung einer Loslösung von Rom zu tun. Ende 1532 war Anne Boleyn schwanger; Heinrich mußte handeln, wenn das Kind – nach einhelliger Voraussage der Astrologen ein Sohn – ehelich geboren werden sollte.

Im Januar 1533 ließ sich der König heimlich mit Anne trauen. Im März verabschiedete das Parlament ein Gesetz (*Act in Restraint of Appeals*), das das Anrufen ausländischer Instanzen in englischen Rechtsfällen untersagte. Im Mai entschied ein englischer Kirchengerichtshof unter dem Vorsitz des Erzbischofs von Canterbury das Annullierungsverfahren positiv. Die Heirat, nunmehr legal, wurde publik gemacht, Anne im Juni zur Königin gekrönt. Als das Kind am 7. September 1533 geboren wurde, war es zur Beschämung der Astrologen und zur Enttäuschung des Königspaars ein Mädchen; es wurde nach der Großmutter Elisabeth genannt. Heinrich war jetzt, nachdem die ältere Tochter durch die Nichtigerklärung der elterlichen Ehe zum Bastard geworden war, wieder so weit wie vorher: Er hatte eine eheliche Tochter.

Lösung von Rom

Es ist nicht anzunehmen, daß Heinrich in seiner Auseinandersetzung mit der römischen Kirche über die Erledigung seiner Ehesache hinausgeplant hatte. Der Streit hatte jedoch längst seine eigene Dynamik entwickelt. Der Papst erklärte die neue Ehe für nichtig, Elisabeth für unehelich (was keine leere Geste war, sondern ihr ein Leben lang anhing). Die englische Kirchenpolitik, jetzt von Thomas Cromwell geleitet, vollzog 1533 und 1534 in einer Reihe von Parlamentsgesetzen die Trennung von Rom: Alle Abgaben an Rom wurden untersagt, dem Papst die Mitsprache bei Bischofswahl und Bischofsweihe verweigert; die kirchliche Legislative und die kirchlichen Gerichtshöfe wurden der Kontrolle des Königs unterworfen. Das Suprematsgesetz (*Act of Supremacy*) setzte den englischen König als »Supreme Head of the Church of England« endgültig an die Stelle des Papstes als Oberhaupt einer nationalen Kirche. Die Trennung von Rom ist nur eine Seite dieses Prozesses, die andere und einschneidendere ist die Unterstellung der Kirche, ihrer Besitztümer und ihrer als einzige alle Untertanen erreichenden Organisation unter die Gewalt des Königs und seiner Regierung.

In England gab es erstaunlich wenig Widerstand, und zwar sowohl gegen die Lösung von Rom als auch gegen die Übernahme der kirchlichen Gewalt durch den Staat. Das lag einmal daran, daß es im Lande schon seit dem Mittelalter starke antipäpstliche und antiklerikale Tendenzen gab. England war das weltlichste Land in Europa und neigte schon durch seine Lage am Rand und auf der Insel zum Isolationismus. Eine Rolle bei der bereitwilligen Akzeptanz spielte aber auch, daß die Engländer sich an die Gierigkeit gewöhnt hatten, mit der die Tudors Befugnisse und Einkommensquellen an sich zogen; breite Kreise, etwa das Gros der Bürgerschaft und der *gentry*, sahen sogar wohlgefällig zu, weil sie selbst profitierten.

Hauptsächlich der Bereicherung diente die ein paar Jahre später durchgeführte Auflösung der Klöster und die Einziehung der ausgedehnten Klostergüter und -einnahmen. Die Krone sah sich nicht in der Lage, den ganzen Klosterbesitz selbst zu vereinnahmen und wirtschaftlich zu nutzen. Ein großer Teil wurde verkauft, verpachtet oder verschenkt. Dauerhaft bereichert gingen hauptsächlich einige Familien des Hochadels und Teile der *gentry* aus der Aktion hervor.

Die Aufhebung der Klöster und der Verlust ihrer Funktionen als Arbeitgeber und Fürsorgeinstitutionen löste mehr Widerstand aus als die Trennung vom Papst. In den nördlichen Grafschaften, wo die Tudors schon lange schlechter gelitten waren als im Süden, kam es sogar zu einem bewaffneten Aufstand mit viel Zulauf einfacher Leute (der sogenannten ›Gnadenwallfahrt‹, *Pilgrimage of Grace*, 1536/37), dessen Niederschlagung und Abwiegelung nicht einfach war.

Schon die Durchsetzung des Supremats war nicht ohne Blut abgegangen, auch wenn es, wie die traditionelle Geschichtsschreibung beschwichtigend sagt, nur wenige (nämlich etwa 45) Hinrichtungen gab. Zwei der Opfer erregten Aufsehen. Bischof John Fisher und Sir Thomas More, der berühmte Humanist, der Heinrich nach dem Sturz Wolseys zweieinhalb Jahre als Lordkanzler gedient hatte, konnten es nicht mit ihrem Gewissen vereinbaren, dem König den verlangten Suprematseid uneingeschränkt zu leisten, weil sie damit die Legalität der ersten Ehe des Königs und die Autorität des Papstes als Nachfolger Petri hätten leugnen müssen. Sie wurden aufgrund eines neuerlassenen Gesetzes wegen Hochverrats verurteilt und hingerichtet.

Es ist bequem und üblich, Fälle von Unrecht wie diese durch den Vergleich mit blutigeren Ereignissen in Frankreich oder Deutschland zu relativieren und die Schuld zu lokalisieren, indem man sie ganz auf die Perfidie Cromwells und die Grausamkeit Heinrichs schiebt. Wir sollten aber nicht verdrängen, daß ein beträchtlicher Teil der herrschenden Schicht sich durch aktive Hilfe bei Heinrichs Schafottpolitik mitschuldig gemacht hat. Heinrich VIII. war ein Fetischist der Legalität. Alle Todesurteile, ob sie angeblich verräterische Politiker oder angeblich untreue Königinnen betrafen, wurden von Tribunalen aus Aristokraten und Amtsträgern verhängt, die sehr wohl in der Lage waren, die mangelnde Stichhaltigkeit oder Farcenhaftigkeit vieler Anklagepunkte zu durchschauen. Man duckte sich, man schwieg, man machte mit.

Church of England

Heinrich VIII. wollte beileibe kein Reformator sein. Er war in Glaubensfragen ein Erzkonservativer. Er hatte sich das Prädikat *Defensor Fidei* durch eine großteils eigenhändig erarbeitete Verteidigung der katholischen Sakramentenlehre gegen die Ketzerei Luthers verdient, und er behielt sowohl den Titel als auch die dogmatische Position nach der Lösung von Rom bei. Eine Kirche wird jedoch nicht nur durch ihre Dogmen definiert, sondern auch durch Organisationsformen und Amtshierarchie, durch die Art und Weise des Gottesdienstes, der Seelsorge und der Einwirkung auf die Gläubigen. Die Kirche in England war unter dem König nicht mehr die gleiche wie unter dem Papst in Rom.

Die Änderung drückt sich schon im Titel des neuen Oberhaupts aus. Nach der Übernahme des Supremats lautet er: »The most excellent prince Henry by the grace of God, King of England and of France, defender of the faith, Lord of Ireland and in earth supreme head under Christ of the Church of England«.[9] Die »Kirche von England« ist etwas von jeder die Grenzen übergreifenden Katholizität Abgeschlossenes; sie wirkt wie eine der Domänen, die dem Herrscher unterstehen. Der Titel des kirchlichen Oberhaupts dient hauptsächlich dazu, Heinrichs Erhebung über alle anderen Menschen (und Könige) und seine Unmittelbarkeit zu Gott zu betonen: »auf Erden oberstes Haupt unter Christus«. Auch der übernommene Titel »Verteidiger des Glaubens« besagt in diesem Kontext etwas anderes als in dem der ursprünglichen Verleihung; er kann sich hier ja nur auf den Glauben der Kirche von England beziehen und hebt hervor, daß der Titelträger zugleich weltlicher und geistlicher Oberherr und höchste spirituelle Instanz ist (so daß logischerweise etwa das Vertreten einer anderen Glaubensauffassung Hochverrat sein muß).

Zwei der hier sichtbaren Tendenzen, die Verstaatlichung, die immer eine Verweltlichung im Sinne einer Dominanz der weltlich-politischen Ziele ist, und die Anglisierung, die Ablösung der *Church of England* von der *Church Universal*, deren Teil sie theoretisch noch ist, machen sich schon in der Regierungszeit Heinrichs bemerkbar. Die Kirche wird straffer regiert; Rom war immer fern, Westminster ist nah. Ämterbesetzungen erfolgen noch stärker als früher nach politischen Gesichtspunkten. Die geistliche Laufbahn wird zum Staatsdienst schlechthin.

Die Doktrin bleibt katholisch. Nachdem sich in den *Ten Articles* von 1536, einer Zusammenfassung der Glaubenssätze in Gesetzesform, gewisse Rücksichtnahmen auf protestantische Positionen erkennen lassen, kehren die *Six Articles* von 1539 ganz zur alten Lehre zurück: Sieben Sakramente, darunter die Eucharistie (Abendmahl) nach katholischer Transsubstantiationslehre und die Beichte als Ohrenbeichte, Messe nach herkömmlichem Ritus, Zölibat der Geistlichkeit. Auf anderen Gebieten der Religionsausübung jedoch, die im Bewußtsein der meisten Gläubigen ebenso wichtig waren wie die Dogmen, verhielt sich Heinrichs Kirche wie protestantische Kirchen auf dem Kontinent. Das gilt vor allem für die Frage der Bibelübersetzung und des Gebrauchs der Landessprache im Gottesdienst. Im ersten Teil der Regierungszeit Heinrichs mußten englische Bibeln, die von William Tyndale, dem bedeutendsten englischen Übersetzer, im Exil in Deutschland fertiggestellt und gedruckt worden waren, unter Gefahr nach England eingeschmuggelt werden. Nach 1536 wurde die englische Bibel zuerst erlaubt, dann für alle Kirchen vorgeschrieben. Für Teile des Gottesdienstes wurde das Englische eingeführt.

Auch die Heiligenverehrung, die überall als etwas spezifisch Katholisches und Papistisches galt, wurde rigoros abgestellt. Wallfahrten zu Reliquienschreinen und Gnadenstätten wurden verboten, die Votivschätze der Wallfahrtskirchen konfisziert, die Marienkapellen der Kathedralen zerschlagen, Heiligenfeste abgeschafft.

Obwohl auf der Ebene des dekretierten Glaubens nichts von einer Reformation zu spüren war, hatte Heinrich VIII. unfreiwillig selbst dafür gesorgt, daß reformatorische Strömungen unter der Oberfläche zunahmen.

Hauptbollwerk gegen die Reformation war nun einmal das Papsttum, von dem man sich getrennt hatte. Bei dem Prozeß der Lösung von Rom hatte der König sich naturgemäß auf jene englischen Kirchenmänner stützen müssen, die romfeindlich und damit reformatorischem Gedankengut gegenüber offen waren. Eine konservative Besetzungspolitik nach erfolgtem Bruch konnte nichts mehr grundsätzlich ändern.

Die Formel der Geschichtsbücher, daß die Reformation der englischen Kirche noch nicht unter Heinrich VIII. stattfand, ist richtig, soweit die Glaubensartikel betroffen sind. Aber das, was bis heute die Besonderheit der Kirche von England ausmacht, wurde doch schon jetzt etabliert: eine relativ straff und uniform organisierte, zentral gelenkte Organisation mit vorwiegend staatlichen Funktionen (zuerst ordnungspolitischer, dann auch kultureller und sozialer Art); eine Kirche, die im Vergleich mit anderen nicht-katholischen Religionsgemeinschaften einerseits besonders kirchlich (oder katholisch) wirkt, andererseits aber auch besonders weltlich und an theologischen Fragen, außer an der Aufrechterhaltung eines Rahmens der Orthodoxie, nicht sonderlich interessiert ist.

Heinrichs Frauen und die Jugend Elisabeths

Die zweite Königin – Anne Boleyn – wurde im Mai 1536 hingerichtet, nachdem ein Tribunal aus 22 Peers sie des Hochverrats, begangen durch Ehebruch mit fünf Männern, darunter ihrem eigenen Bruder, für schuldig befunden hatte. Die unvollständig erhaltenen Prozeßmaterialien lassen erkennen, daß die Anklage, die auf zweifelhaften Spitzeleien beruhte, fingiert war; es ist nicht auszumachen, ob ein wahrer Kern zugrunde lag. Heinrich hatte sich schon länger von ihr abgewandt. Nach einer Totgeburt glaubte er nicht mehr an weitere Nachkommen aus dieser Ehe. Am Tage nach der Hinrichtung heiratete er – heimlich zunächst – Jane Seymour, wieder eine junge Frau von Adel, die er an den Hof geholt hatte. Jane Seymour gebar dem König 1537 endlich den erhofften männlichen Erben, Eduard. Sie starb im Kindbett.

Die weitere Ehegeschichte des Königs betrifft das Nachfolgeproblem nicht mehr. Stichworte genügen:

4. Anna von Kleve (1540). Ausnahmsweise eine dynastische Verbindung. Anna, Schwester des regierenden Herzogs von Kleve, galt als schön. Ein bei Hans Holbein bestelltes Gemälde und diplomatische Inspektionsberichte – übliche Mittel der Heiratspolitik – schienen das zu bestätigen. Als die Braut kam, fand man sie häßlich und dick, eine »flandrische Stute«. Heinrich ließ sich mit ihr trauen, um nicht vertragsbrüchig zu werden, vollzog die Ehe aber nicht. Da inzwischen auch die politischen Gründe für eine Verbindung mit Kleve entfallen waren, einigte man sich gütlich: Annullierung gegen stattliche Pension.

5. Catherine Howard (1540–42). Wiederholung der Boleyn-Geschichte mit Variationen. Catherine, Nichte des Herzogs von Norfolk, wurde wegen unsittlichen Vorlebens und Ehebruch verurteilt und hingerichtet. Die Vorwürfe waren offenbar stichhaltiger als im Falle Boleyn.

6. Catherine Parr (1543–47). Die letzte Frau, eine nicht mehr junge Witwe, war den königlichen Kindern eine gute Stiefmutter und dem alternden und kränkelnden König eine geduldige Pflegerin.

Wie die elisabethanische Zeit ihre Prägung durch ihre Monarchin empfing, so wurde Elisabeth durch das Aufwachsen unter Heinrich VIII. geprägt. Eine Kindheit in dieser Familie wäre unter modernen Bedingungen eine Kette von traumatischen Erlebnissen: die Mutter hingerichtet, der Vater für ihren Tod verantwortlich, viermal eine neue Stiefmutter. Aber in einer königlichen Familie des 16. Jahrhunderts spielen sich die Beziehungen zwischen den Generationen anders ab. Selbst wenn Eltern und Kinder im gleichen Haushalt leben, sind die Kontakte auf wenige zeremonielle Minuten beschränkt. Für Elisabeth wurde aber schon einige Wochen nach der Geburt ein eigener Haushalt eingerichtet, zu dem unter der Leitung von Angehörigen des Hochadels je nach den Zeitläufen zwischen zwanzig und vierzig Personen gehörten. In einem solchen Kinderhaushalt bekamen die Prinzen und Prinzessinnen ihre Nestwärme – von der Amme, von den *ladies-in-waiting*, von der Vorsteherin des Haushalts – und ihre Erziehung, zuerst von den Frauen, dann von im Haushalt lebenden Tutoren.

Haushalte sind keine Häuser, sondern mobile Institutionen. Der Haushalt Elisabeths residiert im Laufe der Jahre auf allen möglichen Besitzungen der Krone, am häufigsten in Hatfield, etwa eine Tagesreise nördlich von London. Wenn die Entfernung zum Hofe, der auch die Domizile wechselt, es erlaubt, gibt es Besuche hinüber und herüber. Bei dem mehrere Tage währenden Fest zum Beispiel, mit dem Heinrich VIII. den Tod der Katharina von Aragon (1536) feierte, wurde die kleine Prinzessin geholt, gehätschelt und vom Vater auf dem Arm herumgetragen und stolz vorgezeigt. Sonst waren die Kinder von allem, was das Leben der Eltern betraf, weitgehend abgeschirmt.

Mit ihrem Bildungsgang hatte Elisabeth in mehrfacher

Hinsicht Glück. Im Mittelalter hatte die formale Förderung geistiger Fähigkeiten für Königskinder in England nicht immer eine wichtige Rolle gespielt, und nach dem Ende der Tudorzeit hat es bis ins 20. Jahrhundert gedauert, ehe die Mitglieder der königlichen Familie eine Ausbildung erhielten, die der ihrer gebildeteren Untertanen auch nur entfernt vergleichbar war. Die Tudors lebten in einer Epoche, in der man unter dem Einfluß des *New Learning*, wie man den Humanismus in England nannte, der Überzeugung anhing, daß der Herrscher zu den gebildetsten Personen seiner Zeit gehören müsse und daß dem Prinzen ein Erziehungsprogramm gebühre, das von den führenden Geistern im Staat zu entwerfen und durchzuführen sei.

Der englische Hof galt als eine der Hochburgen des Humanismus; Erasmus von Rotterdam pries ihn als eine königliche Universität. Man sollte das nicht allzu wörtlich nehmen. Die Humanisten sind wortgewaltige Lobredner; und die Tatsache, daß Heinrich VIII. den führenden Humanisten seines Landes, Sir Thomas More, ohne einen Gedanken an den Verlust einer intellektuellen Größe hinrichten ließ, macht deutlich, wie relativ und anderen Prioritäten unterworfen die Hochschätzung der Neuen Gelehrsamkeit war.

Solange jedoch nichts Wichtigeres dazwischenkam, konnte die Prinzenerziehung durch Humanisten und nach humanistischen Idealen erfolgen. Bei Elisabeth kam nichts dazwischen, obwohl sie ein Mädchen war. Die Humanisten spielen zwar mit der Idee, Jungen und Mädchen die gleiche Erziehung zu geben – in Morus' *Utopia* geschieht das zum Beispiel –, aber sie reden in ihren Fürstenspiegeln doch vorwiegend von männlichen Prinzen und denken nicht im Ernst daran, den Rückstand der Frauen in der höfischen Erziehung abzubauen. Elisabeth

kam in den Genuß der vollen humanistischen Bildung,
weil es kein brauchbares Konzept der weiblichen Prinzenerziehung gab und weil man nie wußte, ob sie als eine der
Figuren in der Thronfolge nicht doch die Bildung eines
Herrschers brauchen würde. Im Endeffekt war ihre intellektuelle Bildung sogar der aller männlichen Tudorprin-
zen überlegen, eben weil sie eine Frau war. Bei der Män-
nererziehung spielte nämlich doch, allen Bekenntnissen
zum *New Learning* zum Trotz, die Ausbildung in den
traditionellen, inzwischen zu sportlichen Disziplinen gewordenen Fertigkeiten wie Reiten, Jagen, Lanzenstechen und Bogenschießen eine zentrale Rolle – wie man an
den Katalogen der Fähigkeiten ihres Vaters sehen kann.

Die Hauslehrer, die sie unterrichteten, kamen alle aus
Cambridge und waren als junge Gelehrte und als Autoren
renommiert: zunächst die Tutoren ihres Bruders, Richard
Cox und John Cheke, dann ihre eigenen, William Grin-
dal und – als berühmtester von allen – Roger Ascham. Die
Modernität des Unterrichts bestand vor allem darin, daß
neben dem Lateinischen, auf dessen Klassizität und Freiheit von nachantiker Verballhornung geachtet wurde, das
Griechische die Hauptrolle spielte und daß die modernen
Sprachen nicht ganz an den Rand gedrückt wurden. Auch
New Learning ist im übrigen Paukerei, ein Kinderleben
auf der Schulbank vom Hellwerden bis zur Dunkelheit.
Der Kanon der klassischen Texte wird im Lateinischen
vollständig, im Griechischen in reichlicher Auswahl
durchgenommen; einige Kirchenväter in beiden Sprachen
kommen hinzu. Wichtigste Lehrmethode ist die Übersetzung: aus dem Griechischen ins Lateinische beispielsweise, dann in eine der neueren Sprachen und wieder zurück.

Die Ergebnisse sind beeindruckend, nicht nur nach
damaligen Maßstäben, sondern auch nach heutigen. Als

Elisabeth sechzehn Jahre alt ist und den Ausbildungs-
stand eines Universitätsabschlusses erreicht hat, schreibt
Ascham an seinen Humanistenfreund Sturm in Straßburg:

»Ihr Verstand hat keine weibliche Schwäche; ihre Beharr-
lichkeit kommt der eines Mannes gleich; ihr Gedächtnis
behält dauerhaft, was es schnell auffaßt. Sie spricht Französisch und Italienisch so gut wie das Englische; sie hat
sich oft mit mir in fließendem und richtigem Latein und in
befriedigendem Griechisch unterhalten. Wenn sie Griechisch und Latein schreibt, gibt es nichts Schöneres als
ihre Handschrift. [...] Ich tue nichts hinzu, mein lieber
Sturm; es ist nicht nötig.«[10]

Natürlich zieht der stolze Lehrer doch ein paar Register
des Lobes mehr, als es die schlichteste Form der Wahrheit
erfordern würde, aber von dem Andachtsbüchlein, das
die Elfjährige als Geschenk für die Stiefmutter Catherine
Parr anfertigte – aus dem Italienischen übersetzt, in
Schönschrift kopiert und mit Stickereien verziert –, über
Berichte von Gesandten, mit denen sie in deren Sprache
verhandelte oder Galanterien austauschte, bis zu den letzten der zahllosen autographen und diktierten Texte lassen
sich die Früchte ihres Bildungsfleißes eindrucksvoll dokumentieren.

Was sie alles kann, ist einerseits (wie bei ihrem Vater)
Teil eines Bewunderungskatalogs, der persönlichen Status
einbringt und dem Königshaus und dem Lande Ehre
macht. Es ist zum anderen auch (viel stärker als bei ihrem
Vater) ein Ensemble von Fähigkeiten, die den Funktionen
eines Monarchen dienlich sind. Regieren heißt in der
Tudorzeit vor allem, Macht über Sprache haben: über die
verschiedenen internationalen Sprachen in der Außenpolitik, über die verschiedenen Ebenen und Formen der

Landessprache in der Innenpolitik. Elisabeth beherrschte alle Stile, vom *sermo familiaris* der kollegialen Kommunikation mit der Regierungsmannschaft bis zum opulenten *genus grande* der Proklamationen und Verträge. Keiner der Männer, die unter ihr arbeiteten, konnte besser oder vielfältiger formulieren als sie. Zum Metier des Herrschers gehörten aber auch Repräsentation, zeremonielles Rollenspiel, Feiern und das Vorzeigen einer spielerischen Mußekultur. Elisabeth verfügte auch über diese Kompetenzen: Sie spielte Laute und komponierte ein bißchen, sie las als Erwachsene zum Vergnügen mit Ascham griechische Redner, sie schrieb Gedichte, verfertigte Wortspiele und bastelte Texte mit breit ausgesponnenen Metaphern.

Die Kinder des Königs waren zwar vom Auf und Ab des väterlichen Ehelebens abgeschottet, aber nicht von den Auswirkungen auf ihren eigenen Status. Als das Baby Elisabeth einen eigenen Haushalt erhielt, wurde der ihrer gerade für illegitim erklärten Schwester aufgelöst und Maria gezwungen, sich dem Haushalt der neugeborenen Thronfolgerin als Hofdame einzuordnen. Nach der Hinrichtung der Anne Boleyn wurde Elisabeth ebenfalls für unehelich erklärt; Maria als die ältere Illegitime ging ihr jetzt im Rang vor. (Der Botschafter des Kaisers, für den Anne Boleyn nur eine Konkubine war, hatte Elisabeth in seinen Berichten immer schon mit penibler Korrektheit als »den Bastard« oder »die kleine Hure« tituliert.) Die Vorsteherin des Haushalts, Lady Bryan, beklagte sich in einem Brief an den Lordkanzler, ihre Schutzbefohlene habe ihren alten Rang verloren und niemand wisse, wie sie jetzt zu behandeln und einzustufen sei – außerdem fehle es an Kleidung, an Wäsche und an allem, und zum Überfluß sei die kleine Lady schwierig, weil sie zahne. Von all diesen Problemen blieb das des Status noch lange offen. Erst

1544, drei Jahre vor seinem Tode, legte Heinrich VIII.
sich endgültig auf eine Thronfolge fest, die dann das Parlament verabschiedete: Erstens Eduard, zweitens Maria,
drittens Elisabeth.

Eduard VI. (1547–1553)

Eduard wurde mit neun Jahren König und starb im Alter
von fünfzehn Jahren. Er hat niemals wirklich regiert,
glaubte aber, wie aus seinem Tagebuch hervorgeht, die
Zügel fest in der Hand zu haben und das Land mit seinen
Befehlen zu lenken. Eduard war physisch von schwacher
Konstitution und oft krank, und er war noch ein Knabe;
er war jedoch hochintelligent und – wie seine Schwestern
– vorzüglich ausgebildet. Wenn jemand wie er gar nicht
merkte, daß er manipuliert, überredet, mit falschen Informationen irregeführt wurde und mit seinen Anordnungen
nur bestätigte, was längst beschlossen und in die Wege
geleitet war, so wirft das ein bezeichnendes Licht auf die
Undurchsichtigkeit der Entscheidungsfindung und -aus-
führung in der Regierungsmaschinerie und auch auf die
Schwierigkeit, aus der Position einer Königsfigur, die
von Zeremoniellen der Ehrerbietung und der Untertänig-
keit umgeben ist, tatsächlich und kontrolliert zu herrschen.

Heinrich VIII. hatte für die Zeit der Minderjährigkeit
Eduards keinen Regenten designiert; nach seinem Willen
sollte das *Privy Council* in einer von ihm bestimmten
Zusammensetzung regieren. Der Kronrat regierte auch,
aber nur unter Führung einer starken Figur; zunächst

herrschte Edward Seymour, Herzog von Somerset, als
Lord Protector, dann, nach Somersets Entmachtung, John
Dudley, Herzog von Northumberland. Beide waren Mitglieder eines der mächtigen Clans der Aristokratie; stärker
als unter den anderen Tudors nahm die Politik unter Eduard wieder den alten Charakter eines Machtspiels zwischen Großen Familien und ihrem wechselnden Anhang
an.

Die äußeren Ereignisse dieser Regierungszeit – ein
Krieg mit Schottland, Verluste in Frankreich, zwei größere Rebellionen in England – sind für die Folgezeit nicht
von größerem Belang, sehr wohl aber die Veränderungen
auf dem Gebiet der Religion.

Schon bald nach dem Tode Heinrichs VIII. zeigte sich,
daß seine Formel ›König statt Papst; sonst alles beim alten‹
auf die Dauer nicht anwendbar war. Somerset, der *Lord
Protector*, sympathisierte selbst nicht mit protestantischen Ideen, aber er lockerte – teils aus liberaler Überzeugung, teils aus Einsicht in die Vergeblichkeit einer Fortsetzung von Heinrichs Religionspolitik – die Bestimmungen, die in den letzten Jahren eine Diskussion religiöser
Fragen als Häresie und Hochverrat unter Strafe gestellt
hatten. Das genügte, um eine intensive Rezeption protestantischer Ideen auszulösen. Namhafte Theologen vom
Kontinent lehrten als Gäste in England. Die meisten von
ihnen standen den schweizerischen, aus dem Kreis um
Zwingli in Zürich und Calvin in Genf hervorgegangenen
Positionen näher als denen der Lutheraner; sie waren also
von den Positionen der katholischen Theologie her gesehen extremer. Im Laufe der Diskussion, die einstweilen
kaum originäre englische Beiträge brachte, sondern sich
in der Übernahme kontinentaler Auffassungen oder im
Beharren auf alten Überzeugungen erschöpfte, rückten
einige der amtierenden Bischöfe, vor allem Thomas Cran-

mer, der Erzbischof von Canterbury, näher an einen Protestantismus Schweizer Prägung heran. Freiwerdende Bischofssitze wurden mit Vertretern ähnlicher Tendenzen besetzt. Familien der Aristokratie, die bislang unentschieden oder unerkennbar in ihrem religiösen Standort gewesen waren, bezogen in Lagern Stellung, die sich zunehmend als katholisch und antikatholisch polarisierten.

Die Struktur der englischen Königskirche erlaubte, im Prinzip jedenfalls, die Füllung mit nahezu beliebigen theologischen Inhalten – katholischen, lutherischen, reformierten nach Schweizer Mustern –, solange sie ein zentralistisches und hierarchisches Kirchenregiment zuließen. *Uniformity* aber, die Festlegung auf einheitliche Glaubenssätze und religiöse Formen, war aus strukturellen Gründen unverzichtbar. Ein Monarch, dessen Herrschaftsanspruch als König auf der allgemeinen, gleichen und absoluten Gehorsamkeitspflicht aller Untertanen beruht, kann nicht in seiner Eigenschaft als Oberhaupt der Kirche das Individuum von der Unterordnung unter Normen entbinden und die öffentliche Ausübung der Religion dem Belieben oder dem Gewissen der ihm geistlich Unterstellten überlassen. Gehorsam ist unteilbar; kein Politiker oder Kirchenmann der Zeit zweifelt daran, daß der Verzicht auf religiösen Gehorsam das Ende des staatserhaltenden zivilen Gehorsams bedeuten würde.

Zur *Church of England* gehört daher, daß es zu jeder Zeit drei klare gesetzliche Regelungen gibt:
– Die verbindlichen Glaubensinhalte und Formen der Religionsausübung müssen festgelegt werden. Das geschieht von Eduard VI. an in der Form eines einheitlichen Gebetbuches, *Book of Common Prayer*, das Glaubensinhalte, Liturgie und öffentliche Gebete fixiert. In der Regel wird zusätzlich ein Katalog der Glaubensartikel erlassen.

– Ein *Act of Uniformity* legt als Durchführungsgesetz
  fest, welche Abweichungen von der dekretierten Religion durch Sanktionen geahndet werden (also z. B. bei
  Geistlichen durch Entlassung aus dem Amt oder Strafprozeß). Dabei kann der stillschweigende Verzicht auf
  Strafandrohung bei bestimmten Arten des Nonkonformismus genauso wichtig sein wie die expliziten Vorschriften.
– Ein *Act of Supremacy* definiert das Verhältnis des
  Monarchen zur Kirche.

Nach der Aufhebung der *Six Articles* von 1539 und anderer Religionsgesetze Heinrichs VIII. wurde 1549 ein
erstes *Book of Common Prayer* verabschiedet, das als
Kompromiß gedacht war, aber in der Praxis so extrem
verschiedene Auslegungen zuließ, daß es unbrauchbar
war. Das zweite *Prayer Book* von 1552 bezog in der Doktrin eindeutig protestantische Positionen und schaffte in
der Liturgie die meisten der verbleibenden römischen Elemente ab (mit Ausnahme der liturgischen Gewänder).

Die neue Form des Gottesdienstes und seiner theologischen Sinngebung machte die Abkehr vom Katholizismus
besonders deutlich sichtbar. Es gibt keine lateinische
Messe mehr, sondern nur noch eine Abendmahlsliturgie
in englischer Sprache. Begriff und Sache ›Altar‹ verschwinden, der Gottesdienst wird vor dem Lettner vom
Geistlichen (der nicht mehr als Zelebrant eines Opfers
fungiert) und den Gläubigen in räumlicher Gemeinschaft
gefeiert. Höhepunkt der Liturgie ist keine Wandlung als
Transsubstantiation von Brot und Wein in Fleisch und
Blut Jesu Christi, sondern – als eines der beiden verbleibenden Sakramente, neben der Taufe – eine *communion* in
beiderlei Gestalt. Die unter den reformatorischen Richtungen strittige Frage, ob Christus in Brot und Wein präsent sei, nur spirituell zwar, aber doch real, oder ob die

Gemeinde beim Abendmahl nur sein Gedächtnis feiere, wird mit einem jener genialen sprachlichen Kompromisse beantwortet, die später die elisabethanische Religions- und Gesellschaftspolitik kennzeichnen. Die Formel bei der Austeilung des Abendmahls konnte jeder Protestant nach Belieben wörtlich oder metaphorisch verstehen: »Take and eat this in remembrance that Christ died for thee, and feed on him in thy heart with faith and thanksgiving«[11] (»Nimm hin und iß dies, eingedenk, daß Christus für dich gestorben ist, und zehre von ihm in deinem Herzen mit Glauben und Dank«). Die von Cranmer redigierten *Forty-Two Articles* (1553) formulierten ebenfalls eine rein protestantische, aber eklektische und auf breite Akzeptanz ausgerichtete Position. Das Uniformitätsgesetz konzentrierte sich auf die Durchsetzung der einheitlichen Form des Gottesdienstes in den einzelnen Gemeinden. In der Frage des Supremats blieb es bei der Definition Heinrichs VIII. England war jetzt auf der Ebene der Gesetzestexte ein genuin protestantisches Land. Aber niemand wußte damals oder weiß bis heute, wieweit neue Glaubensüberzeugungen sich gegenüber dem *Old Faith* durchgesetzt hatten und in welchem Verhältnis auf den verschiedenen Stufen der Gesellschaft bei der Einstellung zur alten und neuen Religion tiefere innere Bindungen zu oberflächlichen Dingen wie Sympathie und Abneigung, Gewohnheit und Neuartigkeit, Bequemlichkeit und Anstrengung oder Risiko standen.

Maria (1553–1558)

Bis heute bezweifelt niemand, daß die fünfjährige Regierungszeit Marias ein Trauerspiel war. Aber während früher die Königin der alleinschuldige Bösewicht in diesem Stück war, hat man sich in den letzten Jahrzehnten um mehr Verständnis für ihre Rolle bemüht. Maria war bei ihrem Regierungsantritt 37 Jahre alt; sie war ohne Mann, ohne englischen Freundeskreis, verbittert und wie eine Fremde im eigenen Land. Seit der Annullierung der Ehe ihrer Mutter mit Heinrich VIII. war sie herumgestoßen und oft gedemütigt worden. Ihr generelles Mißtrauen war nicht grundlos. Auch ihr Status als alte Jungfer war eher aufgenötigt als selbstgewählt; als illegitime Tochter des Königs war sie auf dem dynastischen Heiratsmarkt keine gute Partie. (Das galt auch für die junge Elisabeth; ihr Vater hatte sich bei dem Versuch, sie schon als Kind gewinnbringend zu verheiraten, überall eine Abfuhr eingehandelt.)

Maria war eine strenggläubige Katholikin. Sie hielt es für ihre vornehmste Pflicht als Monarchin, den Abfall ihres Landes vom Glauben und von der Kirche rückgängig zu machen und jenen Zustand wiederherzustellen, der in England bis vor zwanzig Jahren – bis zur Verstoßung ihrer Mutter durch ihren Vater – geherrscht hatte. Die englische Geschichtsschreibung, national und stockprotestantisch eingestellt, hat seit jeher konstatiert, daß dieses Vorhaben von vornherein zum Scheitern verdammt gewesen sei, weil der Protestantismus damals schon zu feste Wurzeln geschlagen habe, um noch ausgerottet zu werden.

Inzwischen sind Zweifel aufgekommen, ob das stimmt. Die Königin stieß nämlich bei den ersten Stufen ihres Programms zur Rekatholisierung, solange es um die Abschaffung des neuen *Prayer Book* und um die Wiedereinführung der Messe ging, nicht auf entscheidende Widerstände. Unter religiösen Aspekten mußte die Umstellung als genau so durchführbar erscheinen wie die vier vorhergehenden Änderungen der gesetzlichen Grundlage von Glauben und Ritus durch ihren Vater und ihren Bruder. Die Eskalation der Widerstände, die nach etwa zwei Jahren zur Gehorsamsverweigerung eines Teils der Bischöfe und Pfarrer und zu Ketzerprozessen und Hinrichtungen führten, begann auf Gebieten, die mit Religion nur mittelbar zu tun hatten. Viele einflußreiche Familien hatten sich an den enteigneten Klostergütern bereichert; sie opponierten aus Furcht, zu einer Rückgabe gezwungen zu werden. Ein Großteil der Geistlichkeit hatte inzwischen geheiratet (teilweise schon vor der gesetzlichen Abschaffung des Zölibats); die Amtsenthebung aller verheirateten Geistlichen, die Mary verfügte, war eine unkluge Maßnahme.

Die Königin war schlecht beraten; falls es überhaupt einen Hauptgrund für das Scheitern ihrer Politik gibt, dann dürfte es dieser sein. Die Beratung des Königs spielt schon seit dem Mittelalter in der Theorie und Praxis der monarchischen Herrschaft eine zentrale Rolle. Ein guter König ist ein König, der auf gute Ratgeber hört. Die wichtigsten Regierungsinstanzen neben dem König selbst, *Council* und Parlament, sind im Prinzip Beratungsgremien. Die Berater sind an ihrer Funktion interessiert, weil sie nur auf diese Weise Mitsprache für sich und ihre Gruppe erreichen können. Der Monarch ist auf Berater angewiesen, und zwar nicht so sehr ihrer Weisheit wegen, als vielmehr, weil er sie als Informanten braucht. Der König ist in seiner isolierten Situation nicht in der Lage, die Reaktionen der verschiedenen Schichten und

Regionen auf Maßnahmen der Krone richtig einzuschätzen.

Maria verließ sich nicht auf das (viel zu große und zerstrittene) *Privy Council*; sie hatte keinen englischen Berater, dem sie voll vertraute. Ihre wichtigsten Ratgeber waren die Botschafter der katholischen Mächte, vor allem der Vertreter Frankreichs und der Kaiserliche Botschafter, beides Landesfremde ohne wirklichen Einblick in die englischen Verhältnisse. Den Berichten ausländischer Diplomaten verdanken wir heute einen Großteil unseres Wissens über Interna der Tudorpolitik und über Aspekte des Lebens und der Kultur, die kein Engländer schriftlich festhielt. Die Diplomatenkorrespondenz ist aber auch voll von mitunter grotesken Fehlinformationen, Fehldeutungen und Spekulationen; England, dessen Sprache kaum ein Ausländer verstand, war für Besucher vom Kontinent ein sehr fremdes Land, von dem überdies nur ein kleiner Teil, der Hof und London, ohne Schwierigkeiten zugänglich war.

Ein Musterbeispiel für eine politische Handlung, bei der die Reaktion der Untertanen nicht einkalkuliert wurde, war Marias spanische Heirat. Wie alle Welt hielt auch die Königin selbst es für eine vordringliche Pflicht zu heiraten. Der Hof drängte auf einen Engländer als Ehemann; Maria wollte sich durch die Ehe mit dem katholischen Spanien, dem Heimatland ihrer Mutter, verbinden. Sie handelte mit Karl V. ihre Verheiratung mit dessen Sohn und Thronfolger Philipp, Erzherzog von Burgund, aus. Obwohl die Verbindung für England unter dynastischen und außenpolitischen Aspekten durchaus einen Sinn hatte, war die Reaktion in England so, als würde die Nation mit der Heirat eine habsburgische Kolonie. Das Unterhaus nahm sich die unerhörte Freiheit einer Protestresolution gegen den Heiratsplan der Monarchin heraus.

In Kent kam es unter Sir Thomas Wyatt zu einem Aufstand gegen politische und religiöse Fremdherrschaft; zum erstenmal in der Tudorzeit erreichte eine Rebellenarmee die Hauptstadt selbst. Als der Bräutigam im Sommer 1554 eintraf, war es im Lande wieder ruhig, aber für Mary begann eine persönliche Tragödie. Sie vergötterte ihren Mann, aber der war von ihr und von England enttäuscht und machte keinen Hehl daraus. Der erhoffte Erbe blieb aus; eine qualvolle Scheinschwangerschaft führte zu psychischem Trauma und internationalem Gespött. Philipp, der schon im Jahre nach der Heirat König von Spanien wurde, verbrachte nur kurze Zeit in England und ließ seine Frau mit ihren Problemen allein. Sein Krieg gegen Frankreich, in dem England sich zum Mitmachen genötigt sah, führte zum Verlust von Calais, der letzten englischen Besitzung auf dem Kontinent.

Fremdenfeindlichkeit als eine der Grundlagen des nationalen Zusammengehörigkeitsgefühls stellte sich der Königin am nachhaltigsten entgegen, als sie sich vom Winter 1554/55 an daranmachte, die englische Kirche wieder dem Papst zu unterstellen. Bischöfe, prominente Bürger und einfache Leute verweigerten den Gehorsam. Maria ließ ihnen wegen Häresie und Hochverrat den Prozeß machen; fast 300 Verurteilte wurden auf dem Scheiterhaufen hingerichtet, darunter Erzbischof Cranmer und die Bischöfe Hooper, Ridley und Latimer. Diese Protestantenverfolgungen waren zwar legaler als manche Hochverratsprozesse ihres Vaters und anderer Tudors, überschritten aber das Maß, in dem man in England nach 1550 noch die Todesstrafe als Mittel der Politik einsetzen konnte und erwiesen sich als folgenschwere Torheit. Maria zog den Haß der Nation auf sich und auf das Papsttum. Sie mobilisierte die Macht der Symbolik und der Legende gegen sich. Die Holzschnitte der brennenden

Märtyrer gehören in der Folgezeit zu den Leitbildern der nationalen Geschichte, und Aussprüche wie der Latimers auf dem Scheiterhaufen, »We shall this day light a candle which shall never be put out«[12] (»Wir werden heute ein Licht anzünden, das niemals mehr verlöschen soll«), verstärkten und befestigten auf Generationen hinaus die antikatholische und antipapistische Tendenz in England.

Für Elisabeth waren die Jahre unter Maria eine Lehrzeit eigenen politischen Handelns. Einziges Ziel war das Überleben, und zwar das Überleben als Thronfolgerin. Elisabeth nahm, ob sie es wollte oder nicht, die Position einer Gegenfigur zu Königin Maria ein. Als *Second Person* war sie nicht nur die designierte Nachfolgerin, sie war auch als neben Maria einziges überlebendes Kind Heinrichs VIII. die einzige realpolitisch mögliche gleichzeitige Alternative. In jeder oppositionellen Flugschrift figurierte sie als Gegenbild der verhaßten Monarchin. Jeder, der eine Rebellion vorhatte und tatsächlich in die Wege leitete, bezog sie in seine Pläne ein, berief sich auf sie in seiner Propaganda, versuchte, sie zu seiner Galionsfigur zu machen.

Auch bei einem freundlicheren Verhältnis der beiden Schwestern hätten Königin und Kronrat Elisabeth und ihren Haushalt als ein Problem der staatlichen Sicherheit betrachten müssen. Dem Verhältnis fehlte aber auf beiden Seiten jedes Vertrauen. Maria konnte es nicht mit ihrem Gewissen vereinbaren, Elisabeth, die Tochter des Schismas, als rechtmäßige Thronfolgerin anzuerkennen. Sie hielt die Schwester außerdem für eine eingefleischte Protestantin und ließ sich durch deren Beteuerungen der Bekehrung zum wahren Glauben zwar verunsichern, aber nicht überzeugen. Die katholischen Botschafter rieten dringend, Elisabeth durch Hochverratsprozeß und Hin-

richtung auszuschalten. Königin und Kronrat waren
schwankend und wußten nicht recht, was zu tun sei. Man
probierte im Wechsel alle Formen der Sicherheitsverwahrung
aus: Gefangenschaft im Tower, Quarantäne unter
strenger Bewachung im eigenen Haushalt auf entlegenem
Krongut, Zwangsaufenthalt bei Hofe zum Zwecke des
schnelleren Zugriffs. Auch das Projekt einer Verheiratung
ins Ausland wurde eine Zeitlang verfolgt.

Es ist leicht, aus der historischen Rückschau zu sagen,
daß die Königin wahrscheinlich nie Elisabeths Hinrichtung
ernsthaft erwog, weil das fatale Reaktionen der Bevölkerung
hervorgerufen hätte. Elisabeth hatte Angst,
oft verzweifelte, panische, krankmachende Angst, insbesondere
bei der Einlieferung in den Tower, den ihre Mutter
und zahlreiche Prominente ihrer Bekanntschaft nicht
mehr lebend verlassen hatten.

Elisabeth wurde durch Angst und Bedrohung nicht
gelähmt, sondern zu vielfältigen, manchmal hektischen,
aber nie unüberlegten Aktionen angetrieben. Die Politik
des Überlebens, die sie sich aneignete, ist keine erbauliche
Kunst. Manche der Schachzüge Elisabeths in der Konfrontation
mit Maria hören sich in der anekdotischen
Überlieferung wie Geschichten vom schlauen Fuchs und
dem Wolf an: wie Elisabeth die Schwester durch immer
neue Tricks – Anforderung von katholischen Büchern,
Meßgewändern und Kelchen beispielsweise – von ihrer
bevorstehenden religiösen Umkehr zu überzeugen versuchte
oder wie sie den Abtransport in den Tower um
einen Tag verzögerte, indem sie solange an einem Brief an
die königliche Schwester schrieb, bis es bei einsetzendem
Gezeitenstrom nicht mehr möglich war, mit dem Boot
London Bridge zu passieren. Elisabeth erwies sich tatsächlich
als listenreich, vor allem jedoch als skrupellos
gegenüber der ehrlicheren Schwester; sie log, heuchelte,

schmeichelte, spendete Lob für Handlungen – wie die
Ketzerprozesse –, die sie in Wirklichkeit verurteilte.
Gegenüber ihren eigenen Leuten – das ist die andere Sei-
te der moralischen Bilanz – wahrte sie unverbrüchliche
Loyalität. Sie verriet niemanden, hielt auch tagelangen
Verhören stand und paukte belastete Mitglieder ihres
Haushalts heraus.

Politisch war das Resultat ihres defensiven Überli-
stungspiels so glänzend, wie die Einzelaktionen unschön
und unheroisch waren. Obwohl sie es kaum vermeiden
konnte, Mitwisserin von Aufstandsplänen zu werden,
ließ sie sich in kein Komplott hineinziehen. Selbst wenn
ihre Geheimkorrespondenz abgefangen wurde, erwiesen
sich alle Schriftstücke als so vorsichtig formuliert, daß sie
nicht kompromittierend waren. Die Geheimhaltung ihrer
wahren Position in religiösen Fragen funktionierte nicht
nur gegenüber der Schwester, sondern auch gegenüber
Parteigängern und Freunden. Keine Gruppe konnte sie
für sich in Anspruch nehmen. Die Sympathie, die ihr
durch die Unbeliebtheit ihrer Schwester zufiel, baute sie
durch Gesten, Ansprachen und durch ihre Präsenz zu
fester Popularität aus: Sie galt als die wahre Tochter Heinrichs VIII. (die man auch im Aussehen dem Vater zunehmend ähnlich fand), sie war die Einheimische, die eigentliche Herrin.

Gegen Ende der Regierungszeit Marias vergrößerte sich
das Lager Elisabeths; ihr Haushalt in Hatfield war wie ein
zweiter Hof. Der Machtübergang war politisch und militärisch so perfekt vorbereitet, daß er sich nach dem Tode
der Schwester 1558 zum erstenmal seit Heinrich VIII.
völlig reibungslos vollzog.

Kapitel 2
England unter Elisabeth (1558–1603)

Etablierung

Wer war Elisabeth? Drei Präsentationen

Die Frage, wer die Person war, die als Nachfolgerin Marias Königin wurde, hat sowohl die Zeitgenossen als auch die Historiker in ungewöhnlichem Maße beschäftigt. Wer an die Spitze des Staates rückt, ist mit Notwendigkeit von der Zweiten Person, die er bislang gewesen ist, verschieden und gibt der Mitwelt die Frage auf, wie er fortan sein wird. In diesem Falle aber ist die Erschwerung der Erkennbarkeit und Durchschaubarkeit etwas, was der Person als charakteristische Eigenschaft anhaftet, so daß die Frage die ganze Regierungszeit hindurch immer wieder gestellt wurde und noch heute von jedem Historiker und Biographen neu und nicht ohne zu rätseln beantwortet werden muß.

Im folgenden sollen drei Darstellungen Elisabeths betrachtet werden, die alle auf den Zeitpunkt des Regierungsantritts bezogen sind: ein modernes Charakterbild aus einem Standardwerk über die Geschichte der Tudorzeit, eine zeitgenössische bildliche Darstellung, das sogenannte Krönungsporträt, und ein durch die Augen zeitgenössischer Beobachter gesehenes Ereignis, das vor allem Selbstdarstellung der Königin ist, der Krönungszug von der Londoner City nach Westminster. Wir werden sehen, daß das moderne Bild und die elisabethanischen sich sehr stark unterscheiden, und zwar nicht so sehr, weil die zugrundeliegenden Fakten differieren, als vielmehr deshalb, weil man die Antwort auf die Frage nach den wesentlichen Merkmalen und Aspekten einer Königin in ganz verschiedenen Richtungen sucht.

G. R. Elton, der einflußreichste unter den namhaften

modernen Erforschern der Tudorzeit, beginnt seine Darstellung der elisabethanischen Epoche mit einer ausführlichen Charakteranalyse:

»The young woman of twenty-five who ascended the throne of England on 17 November 1558 presented a much more formidable figure than her devout and blundering half-sister. A naturally imperious, self-willed and selfish character in the best Tudor tradition had been schooled by a hard childhood and adolescence into patience and calculation; even her rages were usually controlled by her mind. Elizabeth's character was of steel, her courage utterly beyond question, her will and understanding of men quite as great as her grandfather's and father's. She was a natural-born queen as her sister had never been – the most masculine of all the female sovereigns of history. At the same time she nourished several supposedly feminine characteristics. She was persistently dilatory, changed her mind as often as chance offered, exasperated everybody by her refusal to come to decisions, and charmed them all back again by some transparent piece of graciousness. Determined never to marry – her reasons seem to have been both political and personal – she developed two unpleasingly old-maidish traits: a show of permanent youthfulness and desirability on the one hand, on the other venomous jealousy of younger women who found husbands. Her parsimony has already been explained as the careful housekeeping of a poor queen faced with ruinous expenses, and it is certainly true that she needed to save all she could. But however justified she was in husbanding her resources, the shifts and deceits and broken promises she often resorted to came perilously near to genuine miserliness. She was a great queen and never less than queen: sagacious, brave, tolerant where it was wise, and tenacious of her rights where tolerance would have been weakness. But she fell far short of that standard of angelic perfection – that inability ever to do wrong – which some would like to ascribe to her, explaining even her errors of taste and judgment as superlative examples of political skill. After 350 years, the old spell is still at work.

What really matters, of course, is Elizabeth's ability in politics – her standing as a queen rather than her pretty obvious failings as a woman. One great difficulty in arriving at a fair verdict lies in her long association with her chief minister, Sir William Cecil, from 1571 Lord Burghley. [...] The two had much in common. Both were by nature secular, holding religion to be a matter of conscience which need not interfere with affairs of state, though Elizabeth may have gone further in this than Cecil who held to a moderate but consistent protestantism. Both were naturally cautious [...]. Cecil's mind was eminently judicious; he could never have committed a rash act. But if in this he was rather drabber than the brilliant queen, he could be brisk enough when the situation seemed to demand it [...]. Whether queen or minister was responsible for the great successes of the reign is not at present a question we can answer; those who should know come to different conclusions, and there is no adequate study of Cecil. As a team they were superb, matching caution for caution, diplomatic *finesse* for administrative ability, and a marvellous capacity for keeping six balls in the air at once for an equal skill in keeping a dozen strings from getting entangled.«[1]

»Die junge Frau von fünfundzwanzig Jahren, die am 17. November 1558 den englischen Thron bestieg, machte eine viel eindrucksvollere Figur als ihre fromme und stümperhafte Halbschwester. Ein von Natur aus gebieterischer, eigenwilliger und eigensüchtiger Charakter in der besten Tudortradition war durch eine harte Kindheit und Jugend zu Geduld und Berechnung erzogen worden; sogar ihre Wutausbrüche waren gewöhnlich vom Verstand kontrolliert. Elisabeths Charakter war stählern, ihr Mut stand völlig außer Frage, an Willen und Menschenkenntnis stand sie ihrem Großvater und ihrem Vater nicht nach. Sie war, anders als ihre Schwester, eine geborene Königin – der männlichste unter allen weiblichen Herrschern der Geschichte. Zu gleicher Zeit jedoch zeigte sie auch mehrere Eigenschaften, die man üblicherweise als weiblich anspricht. Sie zauderte immerfort, änderte ihre Meinung, sooft sich eine Gelegenheit bot, erbitterte alle durch ihre Weigerung, Entscheidungen zu treffen, und bezauberte sie dann alle wieder mit irgendeiner durchsichtigen Demonstration von Leutseligkeit. Entschlossen, niemals zu heiraten – ihre Gründe scheinen sowohl politischer als auch persönlicher Art gewesen zu sein – entwickelte sie zwei unangenehme altjüngferliche Züge: Eine Attitüde ewiger Jugendlichkeit und Begehrenswürdigkeit auf der einen Seite und auf der anderen eine giftige Eifersucht auf jüngere Frauen, die einen Mann bekommen hatten. Ihre Sparsamkeit war – wie bereits ausgeführt – das sorgfältige Haushalten einer armen Königin, die sich mit ruinösen Ausgaben konfrontiert sieht, und es ist sicher zutreffend, daß sie sparen mußte, soviel es nur ging. Aber wie gute Gründe sie auch haben mochte, mit ihren Mitteln haushälterisch umzugehen, die Tricks und Täuschungsmanöver und gebrochenen Versprechungen, zu denen sie oft ihre Zuflucht nahm, kamen doch echtem Geiz gefährlich nahe. Sie war eine große Königin und nie unter dem Format einer Königin: weise, tapfer, tolerant, wo es klug war, und hartnäckig auf ihren Rechten bestehend, wo Toleranz Schwäche gewesen wäre. Aber sie erreichte doch bei weitem nicht jenen Standard engelgleicher Vollkommenheit – jene Unfähigkeit, jemals etwas falsch zu machen –, den manche ihr zuschreiben möchten, wenn sie sogar ihre Geschmacksverirrungen und Fehlurteile als Beispiele politischen Könnens erklären. Nach 350 Jahren tut der alte Zauber noch immer seine Wirkung.

Worauf es wirklich ankommt, das ist natürlich Elisabeths Fähigkeit in der Politik – ihr Rang als Königin und nicht so sehr ihre ziemlich deutlichen Schwächen als Frau. Eine große Schwierigkeit, zu einem fairen Urteil darüber zu kommen, besteht in ihrer langen Verbindung mit dem wichtigsten Amtsträger in ihrer Regierung, Sir William Cecil, von 1571 an Lord Burghley. [...] Die beiden hatten viel gemeinsam. Beide waren von Natur aus weltlich und hielten die Religion für eine mit den Staatsangelegenheiten nicht zu vermischende Gewissensangelegenheit, obwohl Elisabeth in dieser Einstellung noch weiter gegangen sein mag als Cecil, der einen gemäßigten, aber konsequenten Protestantismus vertrat. Beide waren vorsichtig von Natur [...]. Cecil war ein vorzüglich abwägender Kopf; ihm hätte nie eine unüberlegte Handlung unterlaufen können. Aber wenn er in dieser Hinsicht eher farbloser war als die brillante Königin, so konnte er doch reaktionsschnell genug sein, wenn die Situation es zu verlangen schien [...]. Ob die Königin oder der Staatsdiener für die großen Erfolge der Regierungszeit verantwortlich war, ist eine Frage, die wir zur Zeit noch nicht beantworten können; die, die es wissen sollten, kommen zu unterschiedlichen Ergebnissen, und es gibt keine adäquate Untersuchung über Cecil. Als Team waren sie superb; sie paßten genau zueinander in ihrer Vorsicht; die diplomatische Finesse des einen paßte zum administrativen Können des anderen; ihrer staunenswerten Fähigkeit, sechs Bälle zur gleichen Zeit in der Luft zu halten, entsprach die Geschicklichkeit, mit der er ein Dutzend Fäden so in der Hand hielt, daß sie sich nicht verwickelten.«

Eltons Charakterisierung ist keine variierende Wiederholung des gängigen Bildes der Geschichtsbücher, sondern der Versuch einer durchgreifenden Revision und Ergänzung. Der Einfluß von *England Under the Tudors* beruht vor allem darauf, daß Elton nicht nur – wie alle guten Historiker – die innen- und außenpolitische Entwicklung aus kritischer Distanz gegenüber seinen Vorgängern neu darstellt, sondern auch aus seinem eigenen Forschungsschwerpunkt ein neues Gebiet in die Epochengeschichte einbringt: die Geschichte des Regierens und der Administration. Auch Elisabeth wird einerseits in Fortsetzung der Darstellungstradition als große und nahezu ideale

Herrschergestalt gesehen, andererseits aus der Perspektive derjenigen betrachtet, mit denen sie das Land regiert hat.

Aus dieser Sicht, die im übrigen unserer heutigen Vorliebe für den Blick hinter die Kulissen entspricht, erscheint Elisabeth als eine sehr konkrete, moderne und differenzierte Person, und es gibt keinen mystischen Schleier, der dem Leser die Figur entfremdet; aber die Darstellungsweise ist doch nicht ohne Probleme. Die Diskrepanz zwischen der Behauptung der historischen Größe und der banalen und irritierenden Alltagsfigur, die da mit anderen zusammen England regiert, geht fast bis zur Unvereinbarkeit. Kann man von einer Person, die in Gelddingen so kleinlich ist und die ihre Mitarbeiter durch solche Schwächen strapaziert, noch zu Recht sagen, sie sei »never less than a queen«?

Elton versucht, die Kluft zwischen Größe und Kleinheit zu überbrücken, indem er ihr andeutungsweise zwei Geschlechterrollen zuweist: als große Königin ist sie männlich (»the most masculine of all the female sovereigns of history«); ihre Schwächen sind dagegen weiblich (»supposedly feminine characteristics«). Dieser Ansatz verträgt jedoch das Weiterdenken nicht. Kann man sie als Herrscherin maskulin nennen, wenn gerade ihre Art zu regieren durch weibliche Eigenarten gekennzeichnet ist? Beruhen nicht ihre politische Stärke und ihr historischer Nachruhm zu einem guten Teil darauf, daß sie eine Frau auf dem Thron ist? Wenn sie – sagen wir einmal – Heinrich IX. gewesen wäre, hätte sie nicht so regieren können und hätte von der Krönung bis heute anders dagestanden. Schließlich: Sind wir berechtigt, generalisierend von »pretty obvious failings as a woman« zu sprechen und zu implizieren, daß sie in der Rolle der Frau versagte oder vorwiegend Schwächen zeigte?

Die Überlegungen führen zu der Einsicht, daß es gar nicht möglich ist, von Elisabeths Charakter und Persönlichkeit ein Bild zu zeichnen, das nach modernen Vorstellungen hinreichend vollständig ist. Während wir einige Bereiche ihres Lebens minutiös rekonstruieren können, wissen wir über andere sehr wenig. Wir wissen vor allem fast nichts über ihre Gefühlswelt und ihre emotionale Geschichte. Obwohl es in Elisabeths Politik jahrzehntelang um die Frage ihrer Heirat ging, können wir – wie Elton andeutet – nur raten, warum und wann sie sich zur Ehelosigkeit entschloß. Über ihren religiösen Standort, eine der wichtigsten politischen und persönlichen Determinanten für Menschen im 16. Jahrhundert, läßt sich nichts Genaueres sagen. Schließlich können wir – worauf Elton besonders verweist – nicht einmal sagen, wie ihr persönlicher Anteil an politischen Entscheidungen aussah, also wie sie selbst als Politikerin war.

Elton macht aus der Not eine Tugend, indem er das Team Elisabeth–Burghley charakterisiert und seine gemeinsame Leistung begeistert und ausführlich preist. Dabei betrachtet er Elisabeth wie einen modernen Regierungschef, dessen Funktion hauptsächlich darin besteht, zusammen mit seinem Kabinett Entscheidungen in politischen Sachfragen zu treffen, und dessen Rang durch die Qualität dieser Arbeit bestimmt wird. Für Elton ist Elisabeths »ability in politics« identisch mit ihrem »standing as a queen«. Die andere Seite ihres Amts, die Repräsentation, das Königin-Sein, geht bei ihm überhaupt nicht in das Gesamtbild der Persönlichkeit ein.

Hier unterscheidet sich die Perspektive Eltons und aller anderen modernen Historiker am deutlichsten von der eines Zeitgenossen. Für die Elisabethaner kommt die repräsentative, zeremonielle, spirituelle und semantische

Seite des Königsamts eindeutig vor der pragmatischen;
wenn sie eine Seite isoliert darstellen, dann ist es die, die
für Elton nebensächlich ist.

Das als *Coronation Portrait* bekannte Ölgemälde eines
unbekannten Künstlers, das sich (wie die Mehrzahl der
wichtigen Personenbilder aus elisabethanischer Zeit) in
der National Portrait Gallery in London befindet, zeigt
Elisabeth im Krönungsornat.[2] Es ist ein offiziöses Porträt, das als Modell für das Abbild der Königin in Dokumenten – z. B. als illuminierte Initialen in Verleihungsur-
kunden – und auf Münzen gedient hat und somit allgemein verbreitet war.

Das Bild ist nicht in erster Linie die Darstellung einer bestimmten Person, Elisabeth Tudor, als Königin.
Eigentlicher Gegenstand ist Königtum, königliche Majestät, inkarniert in einer Frau, und zwar in einer idealisier-
ten Frauengestalt, die gerade noch als Elisabeth identifi-
zierbar ist.

Jedes der akkurat gemalten Einzelobjekte ist nachweis-
bar authentisch: die Kronjuwelen, der Familienschmuck,
die Ringe, der Krönungsmantel, innen hermelingefüttert,
außen Goldbrokat, die gestärkte Halskrause, die Krö-
nungsrobe aus dem gleichen Brokatstoff, mit der gerade
zur Mode gewordenen enggeschnürten und in der Mitte
tief herabgezogenen Korsage über einem (aus der spanischen Hoftracht übernommenen) weitausladenden, auf
ein Traggestell aus Fischbein (*farthingale*) montierten
Rock.

Alle Details sind zugleich Bestandteile eines Programms symbolischer Aussagen. In der symmetrischen,
auf eine betonte Mittellinie vom Kreuz der Krone bis zur
Quaste der Mantelkordel zentrierten Komposition hat
das Dreieck der angestammten königlichen Insignien,

Elisabeth I. Das Krönungsporträt (Maler unbekannt)

Krone, Zepter und Reichsapfel (eine Weltkugel unter dem Kreuz), Symbole der Herrschaft unter Gott und der Kontinuität auf dem Thron, eine bestimmende Rolle. Der Mantel aus Hermelin, einer dem Herrscher vorbehaltenen Pelzart, rahmt den Körper. In den Goldstoff sind Tudorrosen und Lilien eingearbeitet, die emblematischen Blumen des englischen Königshauses und der französischen Krone, die Elisabeth in ihrem Titel nach trägt. Rosen und Lilien sind zugleich (mit der Heckenrose, *eglantine*) die persönlichen Blumensymbole Elisabeths. Die Perlen, die (hier wie auf allen späteren Porträts) unter den Juwelen dominieren, sind Zeichen der Jungfräulichkeit. Am linken Ringfinger sitzt der Krönungsring, den Elisabeth später als Zeichen der Vermählung mit ihrem Volke deutet und bis kurz vor ihrem Tode nicht mehr ablegt.

Das Gesicht, der merkwürdigste Teil des Bildes, tritt aus dem Rahmen von Krone, Haar und Krause hervor wie eine Maske aus einem Kostüm. Da fast alle Bilder Elisabeths autorisierten Modellen mit bestimmten symbolischen Intentionen folgen, wissen wir nicht, wie die meistgemalte Person der Zeit tatsächlich ausgesehen hat. Wir können nur sagen, daß dieses Gesicht dem Gesicht Elisabeths auf anderen Bildern, die einen anderen Typus verkörpern sollen (etwa dem Bild der frommen und gebildeten jungen Dame, das als frühestes Porträt erhalten ist), nicht ähnelt, wohl aber dem zeitgenössischen Schönheitsideal: weiße Haut, rote Lippen, kleiner Mund, dunkle Augen. Auch das goldene Haar ist vom Ideal abgeleitet; Elisabeth war in Wirklichkeit rothaarig. – Herrscherbilder werden meist en face gemalt; aber diesen Bildtypus des Frauenkopfes, der aus einer Umrahmung und aus leicht erhöhter Position den Betrachter fixiert, gibt es sonst in der englischen weltlichen Malerei nicht; er existiert nur in der Tradition des Madonnenbildes.

Die Krönung

Elisabeths Krönung ist nach modernen Vorstellungen eher ein höfisches Spektakel als eine historisch wichtige Begebenheit und wird daher von vielen Historikern – beispielsweise von Elton – nur beiläufig erwähnt. Für die Zeitgenossen dagegen war das Krönungsfest ein kulturelles und politisches Ereignis von grundlegender Bedeutung für die ganze Regierungszeit.

Welche Bedeutung der Krönung beigemessen wurde, läßt sich schon aus Umfang und Aufwand ersehen. Die Feierlichkeiten erstrecken sich über sechs Tage, von Donnerstag, den 12., bis Dienstag, den 17. Januar 1559. Den Beginn macht eine zeremonielle Wasserprozession von Westminster zum Tower und die Inbesitznahme der Festung. Dann folgt der große Krönungszug vom Tower durch die City zurück nach Westminster. Dritter und zentraler Teil ist die eigentliche Krönung in der Westminster Abbey. Ein Staatsbankett, das zehn Stunden dauert, umrahmt die Zeremonie des *champion* der Königin, der in voller Rüstung in den Festsaal einreitet, um Zweifler an der Rechtmäßigkeit der Thronbesteigung zum Kampf herauszufordern. Ritterspiele – eine nostalgische Wiederbelebung des mittelalterlichen Turnierwesens – bilden den letzten Teil.

Die Krone rechnete die eigenen Ausgaben für die Krönung (ohne das Bankett) mit 16 741 Pfund 19 Schilling 9 Pence und 3 Farthings ab – eine enorme Summe nicht nur in Relation zum Jahreslohn eines Handwerkers von 5 bis 10 Pfund, sondern auch zu den Jahreseinkünften großer aristokratischer Familien von 3000 bis 4000 Pfund. Die nicht überlieferten Aufwendungen der Stadt London und der einzelnen Aristokraten und Bürger, die an einer der Feiern teilnahmen, müssen die des Hofes insgesamt noch übertroffen haben.

Der Kleiderluxus ist die Lieblingssünde der Renaissance, und zwar aller Stände, die über Geld oder Kredit verfügen. Kleiderstoffe sind der größte Ausgabeposten anläßlich der Krönung. Die Königin kleidete ihren ganzen Hof bis zum letzten Küchenjungen neu ein. Ein Londoner Seidenhändler allein lieferte Stoffe, die £ 4000, also die Einkünfte eines Herzogtums, kosteten. Sonderbeauftragte besorgten aus Antwerpen Sonderanfertigungen von Brokaten – und einen Kredit für die Krone, deren Kassen leer waren. Kosten und Stoffmengen waren hierarchisch gestuft. Eine Robe für eine der 39 Hofdamen nahm 15 Meter Samt und 2 Meter Goldbrokat in Anspruch, die Kleider der Königin enthielten über 20 Meter Goldstoff. Sie hatte vier neue Staatsroben; während der Krönung wechselte sie zweimal den Ornat. Die 1000 Pferde, die im Krönungszug mitwirkten, hatten neue Prunkgeschirre und Schabracken. Der Weg vom Palast zur Abbey war mit einem Teppich aus blauem Tuch ausgelegt, den die Zuschauer stückchenweise als Andenken an sich rissen, noch ehe der Festzug verschwunden war.

Elisabeth war nicht von allen guten Geistern der Sparsamkeit verlassen, als sie dieses Fest inszenieren ließ, das den Rahmen früherer Krönungen beibehielt, aber in der Durchführung alles in den Schatten stellte. Die Ausgaben waren unabwendbar, und sie zahlten sich aus. Eine symbolische und sakrale Handlung wie die Krönung ist im 16. Jahrhundert kein bloßes Schaugepränge und keine Handlung zweiter Klasse, sondern ein wesentlicher, die Herrschaft konstituierender und legitimierender Akt. Die Krönungsfeierlichkeiten sind auch realpolitisch wichtig. Wer König oder Königin sein will, muß sein Königtum erweisen, nach außen sichtbar zeigen können. Dazu gibt in einem Zeitalter ohne Medien die Krönung eine erste Gelegenheit. Elisabeth tritt nicht nur als Königsfigur in

Erscheinung, sondern auch als eine Person, die Herrschaft ausübt, die sämtliche Großen des Landes zum Kommen und zur Huldigung veranlaßt hat, deren Farben und Wappen von Tausenden getragen werden, die also im wörtlichen Sinne an der Spitze des Landes steht. Die Krönung ist weiter ein Fest, an dem Adel und Bürger teilnehmen und das Zusammengehörigkeit und Identität als Nation stiftet und demonstriert.

Auch für die Grundlegung der Außenpolitik ist die Krönung relevant. Sie hat für die auswärtigen Mächte Aussagefunktionen, wie sie später Handelsbilanzen und Produktivitätsstatistiken haben: Die Prachtentfaltung ist Index des Reichtums und des wirtschaftlichen Potentials; die Durchführung des Festes spiegelt das kulturelle Können; aus der Art und Weise der Huldigung und des Jubels wird die Festigkeit des Sitzes auf dem Thron abgelesen. Wenn ein italienischer Diplomat in einem viele Seiten umfassenden Bericht die Wasserfahrt auf der Themse mit dem prunkvollen venezianischen Staatsritual der Vermählung des Dogen mit der Adria vergleicht, die Opulenz der Kaufleute, deren Zunfttracht kostbarer ist als die heimischer Universitätsrektoren, und den Festschmuck der Stadt bewundert und vom Krönungszeremoniell – trotz mäßiger Musikdarbietungen und eines gewissen Mangels an liturgischer Finesse – über die Maßen beeindruckt ist, dann erklärt das zum guten Teil, wieso sich in den nächsten Monaten an den kontinentalen Höfen die Meinung verbreitete, die neue Monarchin in England sei (leider) wesentlich durchsetzungsfähiger und mächtiger als ihre Vorgängerin.[3] Gerade die Wirkungen nach außen zeigen, daß die Krönung ihren Preis wert war: Für einen Bruchteil der Kosten eines Frankreichfeldzugs mit Belagerung von Boulogne erzielte sie einen besseren Effekt.

Der Zug durch die Stadt, *Recognition Procession* genannt, weil es seine Funktion ist, der Bevölkerung die Königin zu zeigen und Gelegenheit zur Anerkennung durch Akklamation zu geben, ist der innenpolitisch wichtigste und für uns interessanteste Teil der Krönungsfeierlichkeiten. Einvernehmen mit der Bevölkerung, und das heißt vor allem mit der Bevölkerung von London, gehört für die Tudors zu den Fundamenten des Throns, und Elisabeth ist die unübertroffene Meisterin des Umgangs mit den Bürgern.

Der stundenlange Zug, der sich vom Tower aus durch die Haus für Haus dekorierte und beflaggte City bewegt, zeigt den Londonern die ganze aristokratische und bürgerliche Führung des Landes in schöner protokollarischer Ordnung. Nach den Ratsherren der Stadt die Kronanwälte und Richter, dann die Ritter und Barone, der Hochadel und die Bischöfe. Der Zug ist nicht nur eine Prominentenschau, sondern auch eine Präsentation des Londoner Kunstgewerbes, denn die ganze Pracht an Kostümen, Juwelen, Waffen, Geschirren und heraldischem Zierat ist Produkt, meist ganz neues Produkt, des Londoner Handwerks. Daß die Königin als herausragender Höhepunkt der großen Schau erscheint, ist sehr sorgfältig inszeniert. Alle anderen Großen reiten oder gehen ohne ihr Gefolge im Zug; nur die Königin bildet mit einer großen *retinue* den Schluß des Zuges. (Die Abb. S. 123 gibt einen Teil der während der Vorbereitungen angefertigten Entwurfsskizze der Zugordnung wieder.) Ihre Position wird gerahmt von den livrierten Corps der Palastgarde, der *Gentlemen Pensioners* mit ihren Hellebarden, der Pagen und Lakaien und von den Hofdamen zu Pferde und in Wagen. In ihrer Nähe sind auch die höchsten Amtsträger ihrer Regierung mit ihren Amtsinsignien, darunter der Lordsiegelbewahrer, der Lordschatzmeister, der *Lord Mayor* und die beiden Staatssekretäre. Die Königin selbst

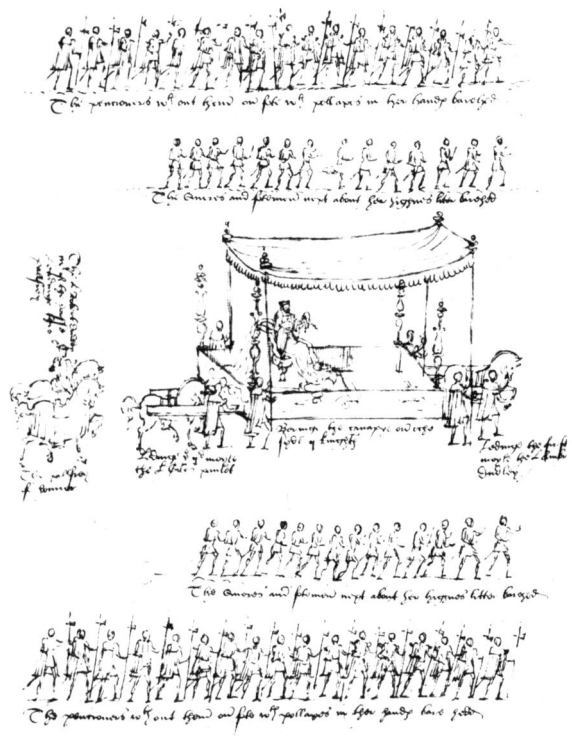

Die Krönungsprozession. Elisabeth in der Pferdesänfte. Hinter ihr der Oberstallmeister mit dem Leibroß. Unten und oben die Garde der Gentlemen Pensioners und Hofbedienstete (Detail aus dem Plan der Zugordnung)

benutzt weder Karosse noch Zelter (ihr Leibpferd wird
hinter ihr vom Oberstallmeister, Lord Robert Dudley,
am Zügel geführt); sie sitzt in einer goldenen Sänfte, die
von zwei Pferden getragen wird, unter einem von vier
Adligen getragenen Baldachin, inthronisiert und wie das
Krönungsbild anzusehen, aber zugleich den Zuschauern
ganz nahe.

Die Königin pflegt die ganze Zeit hindurch den Dialog mit ihren Untertanen. In den Worten eines jener Er-
innerungsbüchlein, die schon wenige Wochen nach dem
Ereignis im Handel waren:

»And entering the city, [she] was of the people received
marvellous entirely, as appeared by the assembly, pray-
ers, wishes, welcomings, cries, tender words, and all
other signs, which argue a wonderful earnest love of
most obedient subjects towards their sovereign. And on
the other side, her grace, by holding up her hands, and
merry countenance to such as stood far off, and most
tender and gentle language to those that stood nigh unto
her grace, did declare herself no less thankfully to receive her people's good will, than they lovingly offered
it unto her.«[4]

»Und beim Einzug in die Stadt wurde sie vom Volk auf eine
ganz unglaubliche Weise empfangen, wie es durch den Zulauf,
durch Gebete, Wünsche, Willkommensrufe, zärtliche Worte
und alle anderen Zeichen zum Ausdruck kam, die alle eine
wunderbar ernsthafte Liebe ganz gehorsamer Untertanen zu
ihrem Souverän erkennen ließen. Und auf der anderen Seite
machte sie selbst gegenüber den entfernt Stehenden durch ihr
gnädiges Zuwinken und ihre heiteren Blicke und gegenüber denen, die in der Nähe Ihrer Hoheit standen, durch ganz liebe-
volle und freundliche Worte deutlich, daß sie genau so dankbar
den guten Willen ihrer Leute entgegennahm, wie die ihn liebend darboten.«

Wo die Königin war, wurde der Zug zum Happening. Wie bei einer religiösen Prozession (der die *Recognition Procession* in vieler Hinsicht ähnelte) wurde der Zugweg durch Stationen unterbrochen, an denen es etwas Besonderes zu sehen oder zu hören gab. Die Königin ließ sich überall Zeit, schaute, fragte, ließ sich erklären. Sie brachte die Umstehenden zur Ruhe, damit man gemeinsam einem Kind zuhören konnte, das ein Gedicht über die »peerless sovereign Queen« aufsagte, oder den Scholaren der Rechtskollegien, die auf Latein darlegten, daß diese Monarchin (eine Kollegin an Bildung: »litteris Graecis et Latinis eximia«) England Blüte und ein Goldenes Zeitalter bringen werde: »Hac imperante, pietas vigebit, Anglia florebit, aurea secula redibunt«.[5] Auch zwischen den Stationen ließ Elisabeth anhalten, wenn sie sah, daß jemand unter den einfachen Leuten sie ansprechen oder ihr Blumen schenken wollte. Ein schlichtes Rosmarinsträußchen, das ihr eine arme Frau in der Fleet Street überreicht hatte, behielt sie die ganze Zeit bei sich – gut sichtbar, so daß es die Chronisten vermerken konnten.

Höhepunkte unter den Stationen waren die von der Stadt London errichteten Triumphbögen oder Ehrenpforten, keine aus Gerüsten und Tannengrün bestehenden provisorischen Tore, wie wir sie kennen, sondern aufwendige Konstruktionen, Gesamtkunstwerke, an denen die Architektur, die Malerei und Bildhauerei und die Literatur Anteil haben. Die Tore mit ihren drei Bögen, klassizistischen Säulen, Figuren, Bildtafeln und Inschriften sind nicht nur dekorativ, sondern sie haben ein zusammenhängendes Bild- und Wortprogramm, das man auf Englisch und Latein auf Tafeln nachlesen konnte und das ein Junge, der oben in der Pforte auf einem Podest hockte, in Gedichtform vortrug.

In der Form dieser Programme unterhält die Stadt über

das üppige Rankenwerk der Huldigungsemblematik und -metaphorik hinaus einen politischen Diskurs mit der Monarchin, der auf ein Angebot gegenseitiger Unterstützung hinausläuft. Die Stadt setzt sich nicht nur allgemein für diese Monarchin nach ihrem Herzen ein, sondern sie fördert nachdrücklich ihren Anspruch auf unbezweifelbare Legitimität. Die erste Ehrenpforte beispielsweise feiert Elisabeths Stammbaum in einer Weise, die schon dem späteren Tudormythos entspricht: drei Stockwerke mit Figuren, oben Heinrich VII. und Elisabeth von York, als Vereiniger der feindlichen Rosen dargestellt, in der Mitte Heinrich VIII. mit Anne Boleyn, unten Elisabeth als »justa haeres« des mächtigen Vaters und der ganzen Dynastie. Auch in den Zurufen und Ansprachen in der Stadt spielte die Formel »true daughter of Harry the Eighth«[6] immer wieder eine Rolle.

Was die Stadt dafür erwartet, ist eine Regelung der Religionsfrage in ihrem Sinne, das heißt im Sinne einer englischen protestantischen, nicht-katholischen Religionsform. Unter den bösen Geistern, die auf dem zweiten Triumphbogen unter Elisabeths Regierung von den guten Kräften Reine Religion, Liebe der Untertanen, Weisheit und Gerechtigkeit in den Staub getreten werden, steht Aberglauben – *superstitio* –, die übliche protestantische Umschreibung des Katholizismus, an vorderster Stelle. Aus einer anderen Pforte, die den Unterschied zwischen guter Regierung (Elisabeths) und schlechtem Regiment (Marias) allegorisch dartat, ließ der Erklärer an einem Seidenband eine Bibel auf Englisch zur Königin herunter, die das Buch leidenschaftlich in die Arme schloß.

Elisabeth akzeptierte und erwiderte das Angebot der besonderen gegenseitigen Beziehung zwischen Königin und Bürgern. Als der Stadtschreiber ihr als Gastgeschenk der City eine Börse mit 1000 Goldstücken überreichte,

antwortete sie mit einer ihrer kurzen, überaus leicht zu
behalten den und gut zitierbaren Reden:

»I thank my Lord Mayor, his brethren, and you all. And
whereas your request is that I should continue your good
Lady and Queen, be ye assured that I will be as good unto
you as ever queen was to her people. No will in me can
lack, neither do I trust that there lack any power. And
persuade yourselves that for the safety and quietness of
you all, I will not spare, if need be, to spend my blood.
God thank you all.«[7]

«Ich danke dem *Lord Mayor*, seinen Amtsbrüdern [den Ratsherren und Zunftbrüdern, denen er vorsteht] und euch allen. Und
sintemalen es euer Ersuchen ist, daß ich fortfahren möge, eure
gute Frau und Königin zu sein, so seid versichert, daß ich so gut
zu euch sein werde, wie es jemals eine Königin zu ihrem Volk
war. An Willen kann es mir nicht fehlen, und ich glaube fest, daß
es mir auch an Macht nicht fehlt. Und überzeugt euch, daß ich
um euer aller Sicherheit und Zufriedenheit willen nicht zögern
werde, wenn es not tut, mein Blut zu geben. Gott lohne es euch
allen.«

Die Ansprache verzichtet auf den rhetorischen Schmuck,
den Elisabeth sonst liebt, aber sie ist mit ihren bis in das
letzte Wort ausbalancierten zweigliedrigen Sätzen und
mit ihren pointierten Antithesen und Parallelen alles
andere als kunstlos. Inhaltlich konzentriert Elisabeth sich
auf zwei Thesen, die auch später in ihren Reden von
Bedeutung sind: Die Beziehung des Souveräns zu den
Untertanen als Pakt, dessen Verpflichtungen von beiden
Seiten willig übernommen werden, und das Zusammenfallen von gutem Willen, (weiblicher) Gnädigkeit und
(männlicher) Kraft und Bereitschaft zum Handeln in ihrer
Person.

Der Krönungszug ist ein Schauspiel; keiner der Beteiligten würde das in Abrede stellen. Während moderne Politiker die histrionische Seite am liebsten leugnen möchten, selbst bei zeremoniellen und deklamatorischen Ereignissen wie Gipfeltreffen und öffentlichen Parlamentsdebatten, leben Elisabethaner in dem Bewußtsein, daß die Welt ein Theater ist und Menschen, insbesondere Menschen im Amt, Schauspieler sind. Bei öffentlichen Auftritten wie diesem werden die theatralischen Aspekte – Schaugepränge, Publikumsunterhaltung, Rollenspiel und Rollenkleidung, Vortragen von fixierten Texten – mit Gusto ausgespielt. Es wäre aber falsch zu meinen, daß solche Schauspiele nur Theater seien, daß die Darsteller nicht hinter ihrer Rolle stünden und daß das Spiel ohne tiefere Bedeutung und ohne Auswirkungen in der Realität sei.

Wie unter Elisabeth regiert wurde

Die allgemein akzeptierten Merksätze über Elisabeths Regierungssystem lauten etwa so: Elisabeth erntete die Früchte der Regierungsreformen unter ihrem Großvater und Vater. In den Hofämtern, den Vorläufern der Ministerien, verfügte sie über eine wohlfunktionierende Regierungsmaschinerie, die es ermöglichte, den Staat zentralistisch und straff zu leiten. Wichtigstes Funktionsteil der Regierung war der Kronrat, *Privy Council* oder einfach *Council* genannt, ein kollegiales Gremium, aus dem das moderne Kabinett hervorgegangen ist; Elisabeths *Council* arbeitete mit Burghley als Leitfigur in unablässigem Einsatz und in unverbrüchlicher Loyalität. Das Parlament, dessen Verantwortlichkeit für die Gesetzgebung inzwischen nicht mehr umstritten war, machte der Königin mitunter Schwierigkeiten, kooperierte im ganzen aber ebenfalls gut.

William Cecil, Lord Burghley
Der wichtigste Mann in Elisabeths Regierung

Das ist alles richtig – oder jedenfalls so richtig, wie Verallgemeinerungen nur sein können –, aber es läßt Elisabeths Regierung als ein ganz unelisabethanisches und anachronistisches Gebilde erscheinen, was es keineswegs war. Über den Tatsachen, daß die Regierung wesentlich besser funktionierte als ein Jahrhundert vorher und daß fast alle Organisationsformen und Prozeduren der modernen Staatsführung bereits vorgebildet waren, darf man nicht übersehen, daß sich auch das Regieren in einem Zeitalter abspielt, in dem fast nichts genau und unverrückbar festgelegt ist, Mehrdeutigkeit vor Eindeutigkeit rangiert, Rationalisierung und Effizienz im modernen Sinne weder erreichbar sind noch angestrebt werden.

Um bei der beliebten Metapher der elisabethanischen *machinery of government* zu bleiben: Wenn es eine Maschinerie ist, dann ist es doch keine, in der die einzelnen Teile nach einem generellen Plan ineinandergreifen und eine feste Funktion haben. Die Hofämter oder Ressorts, für die es keinen allgemeinen Begriff gibt, sind aus der Doppelorganisation des mittelalterlichen Königshofs entstanden, der ein Ensemble von Ämtern für den mobilen, oft unterwegs befindlichen Haushalt des Königs (der auch haushaltsübergreifende Regierungsfunktionen wahrnahm) und ein anders strukturiertes Ämterensemble für die permanent in Westminster verbleibenden Regierungs- und Haushaltsfunktionen entwickelt hatte.

Das Resultat der Entwicklung ist eine erhebliche Ämterredundanz. Das elisabethanische England hat mehr Regierungsressorts als ein der Bevölkerungszahl nach um das Zehnfache größerer moderner Staat. Es gibt allein sechs Ämter, die sich mit Finanzverwaltung – dem Aufwand nach das wichtigste Gebiet der Administration – befassen; obwohl das Schatzamt (*Exchequer*) langsam die Oberhand gewinnt, können die meisten fiskalischen Vorgänge auch über Instanzen der Kammer, des königlichen Haushalts, abgewickelt werden. Die Ressorts überschneiden sich nicht nur in ihren Kompetenzbereichen, sondern sie sind von vornherein weniger auf die Wahrnehmung bestimmter Sachgebiete (wie Äußeres oder Handel) als vielmehr auf bestimmte Prozeduren und Typen von Vorgängen angelegt. Es gab beispielsweise drei Kanzleien zur Erledigung des Schriftverkehrs, die sich durch die Hierarchie der Siegel, mit denen sie ihre Schriftstücke beglaubigten, und durch den Grad der Formalität ihrer Dokumente unterschieden: *Signet*, ›kleines Siegel‹, ein Amt, das dem ersten *Secretary of State* unterstand, fertigte informelle, oft vom Monarchen direkt ausgehende Schreiben und Direktiven aus; *Privy Seal*, ›Kammersiegel‹, erledigte formellere Korrespondenz der Königin oder des Rats in der am Juristenenglisch orientierten Amtssprache; *Chancery*, das Kanzleramt, dem der *Lord Chancellor* vorstand, verwahrte das Große Siegel und war auf wichtige Dokumente wie Ernennungen, Verleihungen und internationale Verträge spezialisiert. Die meisten Regierungsvorgänge konnten von jeder der Kanzleien erledigt werden; welcher im einzelnen Fall die Bearbeitung übertragen wurde, hing vom Willen der Königin, vom Einfluß und Interesse des Amtsleiters oder vom Zufall ab.

Wie wichtig ein Ressort ist und was es macht, das ist keine konstante Größe, sondern hängt von Personen ab – vom Monarchen und vom Amtsträger. Kardinal Wolsey hatte das Land vom Amt des Lordkanzlers aus regiert, Cromwell, sein Nachfolger unter dem gleichen Monarchen, vom Amt des Sekretärs aus. Burghley war in den ersten fünfzehn Jahren unter Elisabeth zweitwichtigste Person nach der Monarchin als *Secretary of State*; dann gab er dieses Amt an Sir Francis Walsingham ab und wurde *Lord Treasurer*, ohne daß sich an seiner Bedeutung

oder an seinen Funktionen innerhalb der Regierung viel
änderte.

Fast alles hängt von Personen ab, nur wenig von Institutionen. Wenn Personen wechseln, können sich die
Institutionen völlig ändern – nicht zuletzt deshalb, weil
mit dem Amtschef das ganze Personal geht. Die elisabethanische Zentralregierung hat vom höchsten Amtsträger
bis zum letzten staatlichen Schreiber nur etwa 350 offizielle Mitglieder – also weniger als eine heutige Kleinstadt
Verwaltungsangestellte hat. Das ging nur deshalb, weil
trotz der Tendenz der Tudors, alle zu regieren und in alles
regelnd einzugreifen, eben doch viel weniger regiert und
verwaltet wurde als heute, weil die Regierungsmitglieder,
obwohl fast allesamt Produkte einer Mußegesellschaft,
zum großen Teil verbissene Arbeiter waren und weil sich
die Amtsträger aus privaten Mitteln einen Stab von Mitarbeitern hielten – eine Mannschaft mit eigenem Korps-
geist und eigener Loyalität –, die manchmal sogar nicht
am Hof, sondern im Haushalt ihres Herrn arbeiteten.

Finanziell waren die Ausgaben für Privatpersonal kein
Problem, denn die Regierungsämter waren sehr einträg-
lich, zwar nicht unmittelbar, denn die Krone entlohnte
ihre Bediensteten miserabel, mit nicht mehr als einigen
hundert Pfund auch für die höchsten Stellen, aber doch
mittelbar, durch Gebühren und Geschenke.

Die Mehrzahl der Regierungsvorgänge betraf die Anliegen und Petitionen einzelner Bürger – Bitten um Alters-
versorgung durch einen Ehrensold, Bestätigung oder Verlängerung von Vermögensrechten, Freistellung von einer
Steuerumlage beispielsweise. Für jeden Vorgang wurden
hohe, manchmal exorbitante Gebühren berechnet, die
zum Teil in die Taschen der zuständigen Bearbeiter flos-
sen. Wer Erfolg gehabt hatte, der erwies sich mit einem
Geschenk erkenntlich. Vielfach wurden Geschenke auch

schon vor der Erledigung des Antrags gemacht. Für einflußreiche Hofleute bot das Sammeln von Posten eine
Möglichkeit zur Multiplizierung der Einnahmen.

Die Einnahmen, die auf diese Weise zusammenkamen,
machten einen beträchtlichen Teil des Nationaleinkom-
mens an Geld aus. Ein einzelner Hofmann konnte so viel
verdienen, wie ein Herzogshaus aus seinem gesamten
Landbesitz bezog. Söhne von kleinen Grundbesitzern aus
der Provinz machten ihre Familien reich und bauten große
Schloßanlagen. Burghley zum Beispiel hatte ein geschätztes Jahreseinkommen von £ 4000; seine Familie konnte ein
stattliches Anwesen, Hatfield House, günstig von der
Krone erwerben und zu einem großen Palast ausbauen. –
Im übrigen sorgte Burghley (der vor dem Parlament zu
klagen pflegte, die Reichen bezahlten zu wenig Steuern)
dafür, daß seine eigene Steuerveranlagung auf ein nomi-
nelles Jahreseinkommen von £ 133 bezogen blieb.

Praktiken wie diese sind nach dem Rechtsgefühl der
Zeit nicht korrupt, solange sich der Staatsdiener nicht
durch Geld zu Rechtsbeugungen oder zum Handeln
wider die Interessen der Krone verleiten läßt. Sie sind
auch kein Problem, das nur die Amtsträger der Regierung
betrifft, denn auch Monarch und Aristokraten pflegen
durch freiwillige, aber erwartete Geschenke, Spenden und
Vergünstigungen den gegenseitigen *good will* aufrechtzuerhalten. Wenn zum Beispiel die Kammerbehörde eine
Liste der Neujahrsgeschenke für Königin Elisabeth für
1562 aufstellt, finden sich dort neben echten Geschenken
– einem Schachspiel aus Marzipan, einer silbernen Ge-
würzschale und vielen kostbar bestickten Taschentü-
chern – auch fixe Summen an Geld in schönen Beuteln:
£ 40 pro Herzog, £ 20 pro Graf und zwischen £ 10 und
£ 40 für Bischöfe und Erzbischöfe, insgesamt £ 1262
11s 8d.[8]

Privy Council

Das wichtigste Regierungsorgan ist das *Council* oder *Privy Council*. (Es heißt *Privy Counsel*, ›privater, engerer Rat‹, zur Unterscheidung von einem aus der gesamten Aristokratie bestehenden Großen Rat, der inzwischen nur noch als Parlament fortlebt.) Dieser Kronrat ist im Prinzip ein beratendes Gremium; Beschlüsse faßt nur der Monarch. Die Zusammensetzung des Rats – wie viele Mitglieder es gibt, welche Personen aufgenommen werden, welche Ämter oder Gruppen repräsentiert werden – steht im Belieben des Königs.

Nachdem unter ihren Vorgängern der Kronrat auf über vierzig Mitglieder angewachsen und in streitende Gruppierungen zerfallen war, reduzierte Elisabeth den Kreis um etwa zwei Drittel. Ihr *Council* hatte zwischen elf und neunzehn Mitglieder; es bestand zum größten Teil aus den Inhabern der wichtigsten Positionen in der Staatsregierung und im königlichen Haushalt, wie dem *Lord Chancellor*, *Lord Treasurer*, *Lord Marshal* und dem ersten *Secretary of State*. Die Staatskirche war meist nur durch ein Mitglied, den Erzbischof von Canterbury, vertreten. Nach dem Vorbild der frühen Tudors rekrutierte Elisabeth die Mitglieder des Rats und die Inhaber der wichtigsten Ämter aus zwei sozialen Gruppen, dem Hochadel und der *gentry*. Die Mitglieder der alten und mächtigen Familien, wie der Marquis von Winchester, der (bis 1572) *Lord Treasurer* war, oder der Graf von Arundel, der (bis 1580) als *Lord Steward* (Oberhofmeister) amtierte, waren zwar als Untergebene weniger gefügig und hatten weniger Zeit für ihr Amt als die Karrierepolitiker aus aufsteigenden Familien, aber ohne ständigen Kontakt zu den großen Clans der Magnaten konnte man kaum regieren. In der Schicht der einfacheren Herren von Stand, der neben

»*Your most lovinge soveraine Elizabeth R(egina)*«
Aus einem Handschreiben an Burghley

Burghley und Walsingham auch Elisabeths treuester Paladin, Sir Christopher Hatton, entstammte, gab es die größte Bewerberzahl und die stärkste Motivation durch persönlichen Ehrgeiz und Streben nach familiärem Aufstieg.

Neben der Kompaktheit war Kontinuität das Hauptmerkmal des Kronrats unter Elisabeth. Die Mehrzahl der Ratsmitglieder, mit denen sie die Regierungsarbeit begann, hatte schon unter ihrer Vorgängerin gedient. Wen sie einmal berufen hatte, den ließ sie in aller Regel auf Lebenszeit im Amt.

Der Kronrat tagte oft und lange, mindestens dreimal in der Woche, oft – besonders in den letzten Jahrzehnten unter Elisabeth – jeden Tag, nicht selten (mit wechselnder Präsenz) von morgens bis abends. Als echtes Kollegialgremium wurde ohne festen Vorsitz, ohne formelle Geschäftsordnung und in der Regel ohne förmliche Abstimmung verhandelt – wie in ähnlichen Institutionen bis heute üblich. Was das *Council* von einem heutigen Kabinett oder einem anderen modernen Leitungsgremium in seiner Arbeitsweise hauptsächlich unterscheidet, ist der hohe Anteil von Bagatellangelegenheiten. Der Kronrat kümmert sich um alles; er berät nicht nur über eine Note an den König von Schottland, sondern auch über die Gestellung von Pferden für den Kurier; über die Schulden eines Edelmannes in Gloucestershire wird ausführlich diskutiert; ein Londoner Bürger, der despektierlich über die Königin geredet haben soll, wird vorgeladen und nach Entschuldigung und Vermahnung entlassen.

Wenn jede Tagesordnung eine Mischung aus Wichtigem und Trivialem ist, so hängt das nicht nur mit einer unterentwickelten Kunst des Delegierens, sondern auch mit der prinzipiellen Auffassung zusammen, daß die königliche Regierung dazu da sei, in allen Fragen, die auf den unteren Ebenen nicht zur Zufriedenheit der Untertanen erledigt werden konnten, als Appellationsinstanz zu dienen. Der Tendenz der Krone, überall hineinzuregieren, entspricht eine Neigung der Bürger, sich in jedem Falle vermuteten Unrechts an die Königin zu wenden.

Berufungsinstanz, und zwar ganz offiziell, war der Hof auch im Rechtswesen. Eigentlich war das Parlament die letzte Instanz für die gesamte Gerichtsbarkeit. Da zwischen den Sitzungen des Parlaments aber Jahre liegen konnten, war die Revisionsbefugnis an den König und seine Administration abgetreten worden. Der oberste Gerichtshof hieß (nach dem gemalten Himmel im ursprünglichen Sitzungssaal) *Court of Star Chamber*; bis auf hinzutretende Juristen (darunter *ex officio* die beiden Oberrichter – *Chief Justices*) war seine Mitgliedschaft identisch mit der des *Council*. Neben Berufungssachen verhandelte dieses Tribunal als einzige Instanz alle Hochverratsprozesse.

Obwohl es auch Unternehmungen gab, die von der Königin und ihrer Regierung initiiert und über Jahre hinweg betrieben wurden, fällt insgesamt auf, daß die Regierung, so kompetent sie war, hauptsächlich reagierend tätig wurde. Sie erledigte, was an Tagesgeschäften auf den Tisch kam, und verzichtete weitgehend auf langfristige Planungen und Strategien und auf das Anstreben von Veränderungen. Regieren wurde nicht als gestaltende Politik aufgefaßt, sondern als regelnde Aufrechterhaltung oder Wiederherstellung einer durch Gesetz und Herkommen von alters her festgelegten Ordnung.

Elisabeth als Regierende

Das Regierungssystem der Tudorzeit ist so sehr auf den König ausgerichtet, daß in jeder Regierungszeit anders regiert wird, weil der Monarch seinen eigenen Arbeitsstil hat. Elisabeth verstand von allen Monarchen des Jahrhunderts am meisten vom Geschäft des Regierens, und sie arbeitete viel. Obwohl ihr niemand je Mangel an Kompetenz oder Einsatz vorgeworfen hat, gehörten bei ihren Mitarbeitern von Burghley bis zum letzten Schreiber Klagen über die Arbeitsweise der Königin zum Handwerk.

Elisabeth ließ bei allem Vertrauen ihre Regierung außer in reinen Routinesachen nicht einfach gewähren. Sie entschied selten unberaten, aber es war nicht ausgemacht, wessen Rat sie hörte und welchem Rat sie folgte. Sie nahm – außer in ihrer Lehrzeit nach der Thronbesteigung – selten an den Sitzungen teil. Sie ließ sich berichten und die Argumente für oder gegen eine Entscheidung vortragen, nicht nur von Burghley, sondern in kontroversen Punkten auch von anderen. Häufig diskutierte sie politische Streitfragen auch mit Personen, die nicht dem *Council* angehörten. Sie entschied in vielen Einzelfällen und in ein paar großen Fragen gegen den Rat des *Council* oder seiner Mehrheit. Die meisten Entscheidungen – nicht nur wich-

tige, sondern auch durchaus triviale – beruhten auf diese
Weise auf zwei Prozessen der Entscheidungsfindung,
einem regulären in den Ressorts und im Kronrat, und
einem zusätzlichen um die Königin herum und in ihrem
Kopf. Es ist nur natürlich, daß die anderen Regierenden
diesen zweiten Prozeß für redundant und unnötig zeitrau-
bend hielten; es läßt sich aber kaum bezweifeln, daß die
Doppelprozedur den Aktionen der elisabethanischen
Politik einen ungewöhnlich hohen Reflexionsgrad verlieh.

Elisabeth hatte nicht nur eine Passion für das Überden-
ken, sondern sie hatte auch eine Tendenz, angeratene
Schritte gar nicht zu tun. Sie war noch stärker als ihre
Regierung einer aktivistischen Auffassung des Königtums
abhold. Sie steuerte am liebsten einen Kurs des Abwartens
und Beobachtens und stellte besonders in allen Fragen der
Anwendung staatlicher Gewalt das Nichthandeln über
das Eingreifen.

Die meisten gravierenden Abweichungen Elisabeths
von der Meinung des *Council* resultieren aus solchen Entscheidungen für einen Handlungsverzicht. Im nachhin-
ein läßt sich erkennen, daß ihre Entscheidung meist klüger
war oder daß zumindest die befürchteten Nachteile der
Inaktivität ausblieben. Ihre Weigerung, alsbald zu heiraten, um Thron und Thronfolge zu sichern, führte nicht
zur Katastrophe; ihr schrecklicher Hang zur Milde und
ihr Abscheu vor der Anwendung der Todesstrafe zeitigten
keine fatalen Folgen, nicht einmal im kritischen Fall der
Maria Stuart; ihre Abneigung gegen Kriege und ihr Brem-
sen bei Präventivschlägen gegen Spanien schadeten nicht:
Sie gewann schließlich. Kritiker ihrer politischen Haltung
halten entgegen, daß ohne den unvorhersehbaren Umstand ihrer Langlebigkeit ihre Bilanz als Königin mager
ausgesehen haben würde, aber selbst dieser Umstand

hängt, wenn die Medizinhistoriker recht haben, mit ihrer Tendenz zu Vorsicht, Abwarten und Nichthandeln zusammen: Nach schweren Krankheiten als junge Frau hörte sie nur noch selten auf den Rat ihrer Ärzte; sie nahm keine der empfohlenen giftigen und lebensverkürzenden Arzneien ein und verließ sich auf Eigendiagnose und Hausmittel.

Das Parlament

Englands Parlament ist *Mother of Parliaments*: von dem Entwicklungsstadium, das es im 18. und 19. Jahrhundert erreichte, sind fast alle anderen modernen Volksvertretungen abgeleitet oder wesentlich beeinflußt. Das macht es schwierig, frühere Parlamente in ihrem eigenen historischen Kontext und nicht nur als Vorläufer von Späterem zu sehen.

Die historische Perspektive vergrößert die Bedeutung des *Parliament*. Die Elisabethaner sprachen gar nicht von dem Parlament als einer ständigen Einrichtung, sondern von einzelnen Parlamenten – dem letzten oder dem bevorstehenden – als wichtigen, aber kurzen und in langen zeitlichen Abständen stattfindenden Ereignissen. Elisabeth berief in 45 Regierungsjahren nur zehn Parlamente ein, deren insgesamt dreizehn Sitzungsperioden im Schnitt etwa zehn Wochen dauerten. In den Jahren zwischen den Parlamenten gab es meist wenig Druck seitens der vertretenen Gruppen auf Einberufung eines neuen Parlaments; wenn die Monarchie ohne parlamentarische Hilfe zurechtkam, war es der Nation im ganzen recht.

Um die Befugnisse des Parlaments gab es ständige Diskussionen und Streitigkeiten; ganz unumstritten war aber zweierlei:

– Ohne Parlamentsbewilligung konnte die Krone keine Steuern einziehen. Hierauf beruhte die Macht des Parlaments. Kein Monarch konnte ganz von den Eigeneinnahmen der Krone leben. Man brauchte ein Parlament kurz nach der Thronbesteigung, um sich für die Dauer der Regierungszeit die Import- und Exportzölle, einen wesentlichen Teil der Staatseinnahmen, zusprechen zu lassen. Außerdem machte nach wie vor jede Aufstellung von Streitkräften, und sei es nur zur Abwehr eines kleineren Einfalls schottischer Truppen, Sonderbewilligungen eines Parlaments erforderlich.

– Gesetze von Dauer und von allgemeiner Tragweite, sogenannte Statuten (*statute*, *statute law*), konnte der Monarch nur zusammen mit dem Parlament verabschieden. Das Parlament hatte dem König (1539) das Recht zugestanden, in Angelegenheiten, die keinen Aufschub duldeten, Verordnungen mit Gesetzeskraft, *proclamations*, zu erlassen. Aber die Statuten waren das höhere Recht; nur sie galten unbeschränkt; so wie heute Bundesrecht über Landesrecht geht, setzten sie alle anderen Rechtsnormen außer Kraft. Da man schon damals die Legislative als die höchste der staatlichen Gewalten betrachtete, war der Souverän Englands nicht die Königin allein, sondern »the Queen in Parliament«, die Monarchin, eingebunden in und gestützt auf die beiden Häuser des Parlaments.

Die Mitgliedschaft im Parlament gehörte zu den Dingen, die in elisabethanischer Zeit exakt geregelt waren. Im Oberhaus sind die weltlichen *Peers*, die Angehörigen des Hochadels, geborene Mitglieder; es sind insgesamt etwa sechzig, von denen aber unter Elisabeth höchstens etwa vierzig zu den Sitzungen erscheinen. Von den geistlichen *Peers* bleiben nach dem Ausfall der Äbte noch die 26 Bischöfe, von denen ebenfalls längst nicht alle tatsächlich teilnehmen.

Elisabeth im Parlament
Hinter ihr Regierungsmitglieder, vor ihr (auf Schemeln und
Wollsäcken) die Lords, vorn, vor der Schranke, die Abordnung
des Unterhauses (Sprecher in der Mitte)

Die zweite Kammer, das *House of Commons*, hat wesentlich mehr Mitglieder. Die *Commons* sind nicht etwa Vertreter der *commoners*, der Personen ohne Rang und Titel, sondern der *communities* oder *communes*, der regionalen Gebietskörperschaften, das heißt der Grafschaften (*counties*) und der Orte mit vollen Stadtrechten (*boroughs*). Jede der 37 Grafschaften entsendet zwei *Knights of the shire*, meist Angehörige der lokalen *gentry*. Die Städte haben ebenfalls meist zwei Repräsentanten; London hat vier. Da die Mitgliedschaft ehrenamtlich ist, machen Reise- und Aufenthaltskosten das Amt teuer. Viele Provinzstädte verzichten daher auf die Entsendung eigener Bürger und beauftragen Herren von Stand aus der Umgebung mit ihrer Vertretung, so daß die *gentry* im Parlament überproportional vertreten ist.

Auf dem langen gegenläufigen Weg des Abstiegs der *Peers* von absoluter Dominanz zur heutigen Bedeutungslosigkeit und des Aufstiegs der *Commons* von einem außerhalb des Parlaments tagenden, bei den Sitzungen nur durch Abgesandte bescheiden vertretenen Gremium zum eigentlichen Souverän ist zu Elisabeths Zeit etwa die Hälfte durchschritten. Nach der allgemeinen Vorstellung sind noch immer die *Lords* das angesehenste und mächtigste Haus. Für die Königin, für die Regierungsressorts und für jeden politisch Eingeweihten hat sich das Schwergewicht der Bedeutung aber schon auf die *Commons* verlagert. Zwar ist im Oberhaus noch immer die größere Summe an Macht und Einfluß repräsentiert, auch wenn die Kirchenmänner der Krone unterstellt sind und die weltlichen *Peers* seit dem Anfang der Tudorzeit an eigenständiger politischer Kraft verloren haben. Aber die Interessen der Hochadligen gehen meist in die gleiche Richtung wie die der Krone; sofern sie abweichen, sind sie bekannt und kalkulierbar. Widerstände und Überraschungen gehen eher von den *Commons* aus; sie sind die größere Herausforderung für die Königin und ihre Berater. Was das Unterhaus will, wie es zu einer bestimmten Vorlage steht, erfährt man erst (und weiß es selbst erst), wenn es tagt. Das Unterhaus ist auch am stärksten darauf aus, der Königin jenen umfangreichen Komplex von Herrschaftsbereichen zu beschneiden, den sie zu den *royal prerogatives*, den allein königlicher Zuständigkeit unterliegenden Fragen, rechnet: Außenpolitik, Gnadenerweise, Verleihung von Rechten und Standeserhöhungen, Interna der königlichen Familie wie Heirat und Nachfolgeregelung.

Aus der Vogelperspektive der historischen Entwicklung erscheint das Verhältnis der englischen Monarchen zum Parlament wie ein langer Rückzugskampf gegen ein aggressives Unterhaus, das dem König eine Befugnis nach der anderen abnimmt. Auch Elisabeths Auseinandersetzungen mit ihren Parlamenten haben zum Teil den Charakter von Abwehrkämpfen – meist erfolgreichen – gegen Angriffe auf Vorrechte der Monarchie. Aber in erster Linie ist es doch so, daß die Tudors die aus dem Mittelalter ererbte Institution des Parlaments, die in den kontinentalen Ländern in der Zeit des beginnenden Absolutismus von den Monarchen zurückgedrängt wurde, im eigenen Interesse gefördert, verstärkt und gepäppelt haben. Vor allem Heinrich VIII. hatte dem Parlament Zuständigkeiten übertragen, die es gar nicht beansprucht hatte: Die Umstellung der Religion hatte er durch *Acts of Parliament* durchgeführt, und er hatte die Nachfolgeregelungen – deren letzter Elisabeth den Thron verdankte – als Parlamentsgesetze verabschieden lassen. Elisabeth empfand die Erbschaft der Parlamentspolitik ihres Vaters manchmal als Last, so vor allem, wenn das Parlament immer wieder versuchte, ihre eigene Nachfolge zu regeln, indem es ihr das Versprechen zu heiraten abnötigte. Im großen und ganzen aber akzeptierte sie die vorgefundene Institution als Teil der politischen Realität und setzte sie als Mittel der aktiven königlichen Politik ein, vor allem, wenn es darum ging, in Fragen, deren Regelung durch den Staat unabdingbar war, einvernehmliche Lösungen oder tragfähige Kompromisse zu finden.

The Settlement: Die Regelung der Religionsfrage

Die bedeutendste Leistung der Politik Elisabeths und ihrer Berater in den ersten Jahren nach der Thronbesteigung ist die grundsätzliche und dauerhafte Regelung der Religionsfrage, die man einfach als *The Settlement* bezeichnet. Der Stellenwert der Religion macht einen Hauptunterschiede zwischen der elisabethanischen Zeit und der Moderne aus. Heutige Leser von Darstellungen der Tudorzeit begrüßen Elisabeths *Settlement* nicht zuletzt deshalb, weil damit die leidige Religionsfrage, die sich von Heinrich VIII. bis Maria so in den Vordergrund drängt, für eine Weile aus der Welt ist oder auf erträgliche Dimensionen schrumpft. Für die Zeitgenossen vor und nach der Regelung nimmt die Religion, auch wenn der Glaubenseifer früherer Jahre verebbt ist, immer noch breiten Raum im Leben und Denken ein. Der normale Elisabethaner verbringt jede Woche einen beträchtlichen Teil der arbeitsfreien Zeit im Gottesdienst oder beim Gebet; im Laufe des Lebens sitzt er viel länger in der Kirche als auf der Schulbank. Auf dem Buchmarkt kommen auf jedes der literarischen oder historischen Werke, die uns ausschließlich interessieren, fünf oder sechs religiöse Schriften – vom Erbauungsbuch über das Kampfpamphlet bis zur Predigtsammlung –, die wir ignorieren.

Die Regelung der Religionsfrage war dringend, nicht

nur weil nach viermaliger von oben verfügter Umstellung
der Religion – einmal unter Heinrich VIII., zweimal unter
Eduard, einmal unter Maria – endlich Ruhe eintreten
mußte, sondern vor allem auch, weil nach dem Tode
Marias niemand recht wußte, wo man stand und wie es
weitergehen sollte. ›Cuius regio, eius religio‹: Bislang war
die Nation, auch wenn die englische Nationalgeschichte
das ungern wahrhaben will, ein Modellfall für die Geltung
dieser Maxime gewesen. Die Nation war bei jeder Reli-
gionsänderung ohne breiteren Widerstand dem Monarchen gefolgt. Man erwartete allgemein, daß auch die neue
Königin den Anspruch stellen würde, die Nation solle ihr
in der Religion folgen. Das Niedagewesene an der Situation bestand darin, daß die Monarchin ihren religiösen
Standpunkt nicht preisgab und nicht klarmachte, auf welchem Wege man ihr zu folgen hätte.

Elisabeth hatte sich unter Marias Herrschaft ambivalent
verhalten; sie hatte äußerlich mit dem römischen Katholizismus konformiert, hatte aber auch zugelassen, daß die
Regimegegner sie zur Anti-Maria und zur Hoffnung des
Protestantismus stilisierten. Nach ihrem Regierungsantritt setzte sie die Linie der Uneindeutigkeit fort. Während sie beispielsweise im Krönungszug die englische
Bibel ostentativ ans Herz drückte, wurde sie am nächsten
Tag im Rahmen eines Hochamts nach römisch-katholi-
schem Ritus gekrönt, entzog sich aber – nachdem kein
Bischof bereit war, den Gottesdienst neutraler zu zele-
brieren – dem umstrittensten Teil der Liturgie durch Ab-
wesenheit bei der Wandlung.

Für die fällige Festlegung der Religion durch Königin
und Parlament standen fünf Möglichkeiten zur Debatte,
von denen vier im Lauf der letzten Jahrzehnte bereits einmal offizielle Geltung gehabt hatten. Jede der Möglichkeiten, die zusammen das ganze Spektrum der in Europa

existierenden Glaubenslehren und Religionsformen umspannten, hatte eine Gruppe engagierter Befürworter. Jede Befürwortergruppe glaubte, die Königin für ihre Position gewinnen zu können oder schon auf ihrer Seite zu haben. Es handelte sich um folgende Positionen:

1. Römisch-katholisch. Den meisten Engländern erschien es wenig wahrscheinlich, daß Elisabeth den Papst, der ihr die Legitimität absprach, als Oberhaupt der englischen Kirche anerkennen würde. Aber der römische Katholizismus war nicht nur der Glaube, in dem die Mehrzahl der jetzt Erwachsenen noch erzogen war, sondern es war auch die zur Zeit gesetzlich verankerte Religion, auf die alle Bischöfe und Geistlichen eidlich verpflichtet waren. Ausländische Beobachter hielten eine – mindestens vorläufige – Fortsetzung des Status quo auch der außenpolitischen Vorteile für Elisabeth wegen für möglich (Anerkennung durch die katholischen Mächte, leichterer Friedensschluß in dem von Maria geerbten Krieg gegen Frankreich, vielleicht auch eine Ehe mit Philipp II. von Spanien, dem keineswegs trauernden Witwer der Schwester).

2. Englisch-katholisch. Die Lösung ihres Vaters, Supremat in einer leicht anglisierten Kirche, galt vielen als besonders attraktiv für eine Königin, die sich immer als Erbin ihres Vaters fühlte und eine Vorliebe für kirchliche Feierlichkeit, liturgische Gewänder und Geistliche im Zölibat hatte.

3. und 4. Die beiden Positionen der edwardianischen Religionsregelungen, entweder die zwischen Protestantismus und Katholizismus lavierende des ersten *Prayer Book* von 1549 oder die dezidierter protestantische, aber noch immer auf Öffnung zur Anhängerschaft der alten Religion bedachte des *Book of Common Prayer* von 1552.

5. Extremer Protestantismus. Durch Königin Marias Zutun hatten sich in den vergangenen Jahren nicht nur die

extrem katholischen, sondern auch die extrem protestantischen Positionen verstärkt und verschärft. Die Protestantenverfolgungen hatten viele Geistliche in das Exil getrieben. Sie hatten ihre Theologie an den kontinentalen Hochburgen des Protestantismus weiterentwickelt. Unter den Emigrantengruppen, die keineswegs friedlich miteinander umgingen, gab es eine hauptsächlich in Frankfurt ansässige mit Richard Cox als Wortführer und eine wesentlich radikalere um John Knox, die vor allem vom Genfer Calvinismus geprägt wurde. Auf die Nachricht vom Tode Marias hin strömten die ›marianischen Exulanten‹ zurück, schlossen Burgfrieden untereinander und agitierten mit Leidenschaft für Religionsgesetze, die alle Relikte der alten Liturgie und des Priestertums beseitigen und in Fragen der Doktrin, beispielsweise mit einer klaren Verneinung der Realpräsenz beim Abendmahl, kompromißlos protestantisch sein sollten. Die Vertreter extremer protestantischer Positionen, die man jetzt als Puritaner, das heißt als rigorose Puristen, zu bezeichnen und zu beschimpfen begann, fanden in den Städten, besonders in London, viel Anhang.

Elisabeth regelte die Religionsfrage mit ihrem ersten Parlament, das vom 25. Januar – zehn Tage nach der Krönung – bis zum 8. Mai 1559 dauerte. Wir wissen nicht, wie die Lösung aussah, die Elisabeth anstrebte. Nach der klassischen Lesart von Sir John Neale, einem Altmeister der Tudorgeschichte, 1953 in *Elizabeth I and Her Parliaments: 1551–1559* dargelegt und zunächst allgemein akzeptiert, zielte die Königin anfänglich auf eine Lösung auf der Linie der Kirchengesetze ihres Vaters (also Position 2); als sie sah, daß dies nicht durchzusetzen war, lenkte sie ein und suchte nach einer mehrheitsfähigen Lösung, die möglichst viel von ihren konservativen Intentionen bewahrte; bei dem Kompromiß, der schließlich

verabschiedet wurde und der in der Nähe des *Prayer
Book* von 1552 (Position 4) lag, mußte Elisabeth größere
Konzessionen machen als ihre puritanischen Kontrahenten. Seit einiger Zeit nun wird diese Lesart angefochten,
und es zeigt sich, auch wenn Neales Version noch immer
die im ganzen plausibelste ist, daß man der dokumentarischen Evidenz auch ganz andere Erklärungen zugrunde legen kann, beispielsweise die, daß der Hof von
vornherein eine dezidiert protestantische Regelung im
Sinn hatte und diese dann in einem teilweise widerstre-
benden Parlament durchbrachte.[9]

Was im Parlament vor sich ging, wissen wir, von einigen Lücken abgesehen, ziemlich genau. Es ist besonders
aufschlußreich, den Verlauf zu verfolgen, ohne alles unter
dem Aspekt von Absichten und Verwirklichung zu sehen.

Abgesehen von der üblichen Maßnahme, eine Gruppe
von Mitgliedern des *Council* in das Unterhaus zu lancie-
ren, um die Argumente der Regierung deutlich zu vertreten, hatte Elisabeth (anders als ihre Vorgängerin) darauf verzichtet, die Zusammensetzung des Parlaments zu
beeinflussen. Die Eröffnungsrede des *Lord Chancellor*
über die Anliegen der Krone war rhetorisch glänzend
und inhaltlich vage. Die ersten Vorlagen betrafen Routi-
negesetze, wie sie zu Anfang einer Regierungszeit fällig
waren: Bestätigung der Thronbesteigung, Bewilligung
der indirekten Steuern. Beide Häuser waren kooperativ;
das Unterhaus war, wie immer, weniger gefügig und leistete sich ein Scharmützel mit der Königin, indem es die
Monarchin ersuchte, baldmöglichst zu heiraten, was
diese in einer wirkungsvollen Antwortbotschaft versprach und auch nicht versprach und freundlich als ihre
eigene Sache in Anspruch nahm.

Dann wurde die Vorlage eines *Act of Supremacy* im
Unterhaus eingebracht: Elisabeth sollte als Oberhaupt

einer englischen Nationalkirche den Titel ihres Vaters, »Supreme Head of the Church of England«, erhalten. Damit war die von den meisten erwartete Entscheidung Elisabeths gegen die Fortsetzung des römisch-katholischen Status quo (Position 1) gefallen. Nicht zu erkennen war, welcher der verbleibenden vier Möglichkeiten die Krone zuneigte. Man konnte nicht einmal sehen, ob es – vorläufig oder gar auf Dauer – etwa beim Suprematsgesetz bleiben sollte oder ob eine Festlegung von Doktrin und Kultus in einem *Book of Common Prayer* bzw. in *Articles of Religion* und in einem Uniformitätsgesetz folgen würde. Natürlich würde es irgendeine Art der Festlegung geben, aber die Suprematsvorlage enthielt an versteckter Stelle eine Bestimmung, die eigentlich in einem Gesetz über die Stellung der Königin in der Kirche nichts zu suchen hatte. Die Kommunion, so hieß es da, solle beim Gottesdienst als Brot und Wein gereicht werden. Nur eine Hostie oder aber Brot und Wein – was die Doktrin angeht, macht das keinen Unterschied, aber für alle Gläubigen galt das Abendmahl in beiderlei Gestalt als Fanal des Protestantismus. War der Einschub als eine Art Minimalregelung der Religionsfrage gedacht? Sollte es ein Kompromißangebot sein, eine für Anglokatholiken und Protestanten gerade noch akzeptable Lösung?

Bei den drei Lesungen im Unterhaus und bei der Redaktions- und Kommissionsarbeit zwischendrin stellte sich heraus, daß zurückgekehrte Emigranten, Vertreter extremer protestantischer Positionen, obwohl nur eine Minderheit von maximal zwanzig Personen in einem Haus von 404 Abgeordneten, die größte Aktivität entfalteten und viel Anhang fanden. Sie setzten durch, daß die Vorlage durch Zusätze zu einem protestantischen Manifest umgestaltet und praktisch zu einem völlig neuen Gesetz wurde.

Als die geänderte Version ins Oberhaus kam, warfen die *Lords* alle Zusätze wieder hinaus, bis schließlich nur noch die ursprüngliche Vorlage – Suprematsgesetz mit Kommunionsregelung – übrig blieb. Dieser Text wurde mehrheitlich angenommen, aber alle Bischöfe und einige der weltlichen *Peers* stimmten dagegen. Dem Unterhaus, das sich jetzt erneut mit der Vorlage beschäftigen mußte, blieb nichts anderes übrig als zuzustimmen, da Termindruck – es war wenige Tage vor Ostern, und die Königin plante, das Parlament zu beenden – eine längere Prozedur unmöglich machte und eine Ablehnung die Fortdauer der päpstlichen Oberhoheit bedeutet hätte. Elisabeth brauchte nur noch das Gesetz durch Zustimmung in Kraft zu setzen und das Parlament zu verabschieden.

Zu jedermanns Überraschung tat sie beides nicht. Am Karfreitag vertagte sie das Parlament bis nach Ostern, denn sie hatte sich entschlossen, ein neues Suprematsgesetz vorzulegen und die Religionsregelung durch ein Uniformitätsgesetz mit eingearbeitetem *Prayer Book* abzuschließen.

Es ist müßig zu mutmaßen, ob der bisherige Verlauf des Parlaments sie enttäuscht hatte oder nicht und wie es zu dem geänderten Beschluß kam. Wir können aber sehr wohl die faktische Entscheidungsgrundlage für den neuen Kurs rekonstruieren. Die Behandlung der Suprematsvorlage im Oberhaus hatte gezeigt, daß die amtierenden Bischöfe in ihrer achtbaren Loyalität gegenüber dem Katholizismus nicht kompromißfähig waren. Es war also politisch sinnlos, auf ihre Position besondere Rücksicht zu nehmen. Am Palmsonntag hatte die Königin erfahren, daß ihren Unterhändlern der Friedensschluß mit Frankreich gelungen war, was zugleich ihre Anerkennung als Königin durch die wichtigste katholische Macht bedeutete und die Gefahr einer Intervention bei einer protestantischen Regelung ausschloß. Adlige und Gemeine mit katholischen Präferenzen und Überzeugungen gab es natürlich in großer Zahl. Im Unterhaus hatte sich gezeigt, daß protestantische Strömungen bei den Bürgern der Städte und bei einem Teil der *gentry* aus den Grafschaften sehr stark waren. Die protestantischen Kräfte mußten zwangsläufig wachsen, denn bei der Verweigerung der katholischen Amtsinhaber würde es keinen anderen Weg geben, als die jetzt schon vakanten und durch zu erwartende Rücktritte freiwerdenden Bischofssitze mit Geistlichen aus dem Kreis der Heimkehrer aus Genf, Zürich, Straßburg und Frankfurt zu besetzen, mit dezidierten und ihrerseits wenig kompromißbereiten Protestanten also.

Das politische Ziel eines religiösen *Settlement* bestand darin, alle Untertanen mit einem Minimum an äußerem und innerem Zwang in die gleiche Kirche zu bringen und dem gleichen Kirchenregiment zu unterwerfen. Das ging nur, wenn das Zentrum der neuen Kodifizierung nicht in der Mitte zwischen den Extremen lag, sondern dem protestantischen Flügel näher war als dem katholischen.

Das neue *Book of Common Prayer*, das Elisabeth in aller Eile redigieren läßt, bezog in den meisten Fragen in der Nähe des zweiten edwardianischen *Prayer Book* von 1552 (Position 4) Stellung. In einigen Punkten, so in der Frage der kirchlichen Gewänder und der Natur der Kommunion – Realpräsenz Christi oder Akt des Gedenkens an das letzte Abendmahl –, kam Elisabeths Regelung der konservativ-katholischen Seite mehr entgegen als die Version von 1552.

Die wesentlichen Bestimmungen dieses *Book of Common Prayer*, das selbst nicht dem Parlament zur Entscheidung vorgelegt wurde, waren Teil des Uniformitätsgesetzes, das nach kurzen Debatten das Unterhaus glatt passierte und im Oberhaus, wo die Bischöfe dagegenstimmten, eine knappe Mehrheit fand.

Schon vorher war das Suprematsgesetz neu eingebracht worden, und zwar – nachdem sowohl konservative als auch progressive Kreise gegen eine Frau als Haupt einer Kirche Bedenken erhoben hatten – mit einer neuen Formel für die Position der Königin: Sie nannte sich nicht mehr »Supreme Head«, sondern »supreme governor as well in all spiritual or ecclesiastical things or causes as temporal«,[10] »oberster Gouverneur sowohl in allen geistlichen und kirchlichen Dingen und Angelegenheiten als auch in weltlichen«. Die Änderung ist mehr als ein Spiel mit Worten. Ein ›Oberstes Haupt‹ ist ein Monarch als höchster Geistlicher, ein englischer Papst; ein ›Oberster Gouverneur‹ ist ein (von Gott) mit der Leitung der Kirche Beauftragter, eine Instanz außerhalb der kirchlichen Hierarchie.

Politisch ist Elisabeths *Settlement* ein uneingeschränkter Triumph und ein historischer Meilenstein. Zum ersten Mal war eine Religionsregelung nicht vom Monarchen nach seinem Willen verfügt und dann vom Parlament bestätigt, sondern in einem echten parlamentarischen Prozeß unter dem Aspekt der Tragfähigkeit als Kompromiß erarbeitet worden.

Die Durchführung der Religionsgesetze bestätigte, daß man einen Kompromiß gefunden hatte, mit dem fast alle leben konnten; sie zeigte auch, daß Elisabeth und ihre Regierung sich glänzend darauf verstanden, sich durchzusetzen, ohne böses Blut zu schaffen. Statt Abschreckung und Härte wurde die verführerische Attraktivität des Konformismus zum Hauptmittel der Religionspolitik. Als Kompromiß konnte die verabschiedete Lösung eigentlich keiner der wirklich engagierten Gruppen behagen, aber die Zahl derer, die sich gezwungen sahen zu verweigern, war sehr gering. Die katholischen Bischöfe, denen noch einmal das Verbleiben im Amt angeboten wurde, traten mit einer Ausnahme zurück, aber fast 95 Prozent der übrigen Geistlichkeit blieben und paßten sich an, so daß die meisten Gemeinden ihre Pastoren behielten. Wer ausschied, der blieb unbehelligt; Mitverantwortung für die Protestantenverfolgungen unter Maria blieb in der Regel ohne gerichtliches Nachspiel. Die überzeugten Protestanten, insbesondere die »englischen Herren aus Genf« hatten starke Bedenken gegen eine Kirche, die ihnen nicht wahrhaft reformiert erschien. Aber die Mehrzahl derer, denen ein Bischofssitz angeboten wurde – typischerweise den extremsten Protestanten die entferntesten Diözesen –, entschlossen sich zur Annahme und damit zur Loyalität gegenüber dem *Settlement*. Auch wer kein Amt annahm, blieb in der Kirche; es gab einstweilen keinen Separatismus der Puritaner.

Elisabeths Einheitskirche vereinigte in ihrem Rahmen Geistliche und Laien sehr verschiedener Glaubensrichtungen und Glaubensintensität. Elisabeth förderte die breite Akzeptanz durch den Verzicht auf Gesinnungsschnüffelei, war aber keineswegs schon einer jener toleranten Souveräne, in deren aufgeklärtem Staat jeder nach seiner Fasson selig werden durfte. Die berühmte von Francis Bacon überlieferte Formel für Elisabeths Haltung lautet: »Her Majesty, not liking to make windows into men's hearts and secret thoughts, except the abundance of them did overflow into overt and express acts and affirmations, [...] in impugning and impeaching advisedly and maliciously her Majesty's supreme power [...]«[11] (»Ihre Majestät, die nicht gern Fenster in der Menschen Herzen und geheime Gedanken brechen will, solange nicht deren Überfließen in offene und ausdrückliche Handlungen und Bekundungen mündet [...] und sie vorsätzlich und bös-

willig Ihrer Majestät allerhöchste Macht bestreiten und in
Zweifel ziehen [. . .]«). Hier wird nicht auf das Prinzip der
einen Rechtgläubigkeit verzichtet und Glaubensfreiheit
zugestanden. Es wird lediglich religiöser Nonkonformismus straffrei gelassen, solange er nicht nach außen in
Erscheinung tritt und solange er nicht zur Konsequenz
eines politischen Nonkonformismus führt. Die Religion
wird damit beim Individuum dem Primat des Politischen
unterworfen, so wie die ganze Kirche der königlichen
Herrschaft unterstellt ist.

Hier wird schon erkennbar, daß Elisabeths *Settlement*,
optimal als politische Problemlösung und als Garant eines
gesellschaftlichen Burgfriedens zu einer bestimmten Zeit,
als religiöse Lösung und auch als langfristiger gesellschaftlicher Kompromiß durchaus problematisch ist. Was seit
der Nationalisierung der Kirche durch ihren Vater vorgezeichnet war, wird jetzt verankert: Staatstreue und politisch-gesellschaftliche Integrationsfähigkeit des Bürgers
sind an ein religiöses Kriterium geknüpft. Wer aus Glau-
bensgründen nicht konformieren kann – das sind vorerst
nur erklärte Katholiken, später (zur Zeit des Dissenter-
tums nach 1660) große Teile der Bevölkerung –, der ist
ganz draußen; er setzt sich Repressalien aus, kann weder
öffentliche Schulen und Universitäten besuchen noch
öffentliche Ämter bekleiden. Die Kirche muß nicht nur
als Organ der staatlichen Ordnung Dienste tun, sondern
sie muß auch all die beherbergen, die entweder gar nicht
kirchlich eingestellt oder insgeheim andersgläubig sind.
Ihre spätere Lauheit und Vordergründigkeit ist bereits angelegt.

Im übrigen bedeutete der grundsätzliche Erfolg des
Religionskompromisses nicht, daß Religionsfragen für
längere Zeit aus dem Katalog der inneren Probleme des
Landes verschwanden. Die interventionsfeindliche Köni-

gin sah sich schon nach wenigen Jahren immer wieder zu Interventionen gedrängt oder gezwungen. Von 1570 an wurde der Restkatholizismus in England durch gegenreformatorische Aktionen vom Kontinent aus unterstützt: Elisabeth wurde exkommuniziert; in Douai in Flandern wurde ein Priesterseminar für englische Katholiken gegründet, von dem aus missionarische Geistliche nach England geschmuggelt wurden, katholische Bibeln und Streitschriften wurden importiert. Die Reaktion war eine Verhärtung der antikatholischen Tendenzen in England: Verschärfung der Gesetze und Maßnahmen gegen Rekusanten, Verfolgung der Priester, hysterische Ausbrüche von Antipapismus in der Bevölkerung. – Von der anderen Seite her störten die puritanischen Gruppen innerhalb der Kirche von England in zunehmendem Maße den religiösen Burgfrieden und zogen disziplinierende Eingriffe der Regierung auf sich.

Probleme und Erfolge

Die Religion war nicht das einzige Gebiet, das dringend des regelnden Eingreifens der Königin bedurfte. Die Zeitgenossen sahen ihr Land ringsum von Sorgen bedrängt. In einer politischen Denkschrift aus der Zeit nach der Thronbesteigung wird die Situation so beschrieben:

»The Queen poor, the realm exhausted, the nobility poor and decayed. Want of good captains and soldiers. The people out of order. Justice not executed. All things dear. Excess in meat, drink and apparel. Divisions amongst ourselves. Wars with France and Scotland. The French king bestriding the realm, having one foot in Calais and the other in Scotland. Steadfast enmity but no steadfast friendship abroad.«[12]

»Die Königin arm, das Land am Ende der Kräfte, der Adel arm und heruntergekommen. Mangel an guten Offizieren und Soldaten. Das Volk ohne Zucht und Ordnung. Gerechtigkeit nicht hergestellt. Alles teuer. Exzesse bei Essen, Trinken und Kleidung. Innere Zwistigkeiten. Krieg mit Frankreich und Schottland. Der französische König rittlings über dem Land stehend, mit einem Fuß in Calais und dem anderen in Schottland. Beständige Feindschaft, aber keine beständige Freundschaft im Ausland.«

Zehn bis fünfzehn Jahre später waren solche Jeremiaden nicht mehr zu hören, obwohl bewegende Klagen über die Zeitläufte die ganze Epoche hindurch eine der beliebtesten rhetorischen Disziplinen blieben. Die meisten der aufgezählten Probleme waren gelöst oder auf das Maß politischer Routineangelegenheiten reduziert worden.

In der Außenpolitik hatten sich die Befürchtungen, daß von Frankreich die größte Gefahr ausgehen würde, nicht bestätigt. Elisabeths Frankreichpolitik war freilich nicht besonders ertragreich oder ruhmvoll. Nach dem beruhigenden, aber nicht sehr vorteilhaften Frieden von Cateau-Cambrésis (1559) bemühte sich die englische Regierung – meist auf diplomatischem Wege, einmal auch mit einem militärischen Unternehmen – hauptsächlich um die Rückgewinnung von Calais, dessen Verlust in Wirklichkeit eher eine Erleichterung war. Größere französische Aktionen gegen England blieben aus (und das Schreckgespenst eines Kreuzzuges aller katholischen Mächte gegen die abtrünnigen Briten erwies sich als gegenstandslos), weil Frankreich zur Genüge mit den inneren Religionskämpfen zwischen Katholiken und Hugenotten beschäftigt war.

Nicht zuletzt dank der Mithilfe des ersten Finanz- und Handelsexperten der Zeit, Sir Thomas Gresham, wurden die Staatsfinanzen saniert; die Kreditfähigkeit in den Niederlanden wurde wiederhergestellt, der schleichenden Inflation durch eine Währungsreform fürs erste Einhalt geboten. Elisabeth reduzierte die Ausgaben des Staates rigoros; die Einnahmen stiegen leicht. Sie hörte nicht auf, sich als arme Königin zu geben, aber sie erwirtschaftete im ordentlichen Haushalt Jahr für Jahr hohe Überschüsse, und die außerordentlichen Ausgaben ließen sich (bis zum Krieg gegen Spanien nach 1580) ohne besondere Schwierigkeiten aus Rücklagen und durch Parlamentsbewilligungen decken.

Der inneren Stabilität diente nicht nur die Religionsregelung. Im Laufe der Zeit wurde ein Ensemble von Gesetzen zur Etablierung der staatlich-gesellschaftlichen Ordnung verabschiedet, das man zusammengenommen als elisabethanisches *Settlement* im weiteren Sinne bezeichnen kann. Das *Poor Law* von 1598/1601, das im wesentlichen bis ins 19. Jahrhundert Geltung behielt, regelte zum erstenmal die Armenfürsorge als einen Bereich staatlicher und kommunaler Verantwortung; es löste das Prinzip der freiwilligen Mildtätigkeit durch Pflichtumlagen bei den Verdienenden und Besitzenden ab. Ein Gewerbegesetz, das *Statute of Artificers* von 1563, gab dem Handwerk, der Lehrlingsausbildung und dem Verhältnis von Arbeitgebern und Beschäftigten eine rechtliche Grundordnung. Auch der Hang des Adels und des wohlhabenden Bürgertums zu exzessivem Konsum blieb nicht ohne Respons der treusorgenden Regierung. Aufwandsgesetze legten fest, was die Angehörigen der einzelnen Stände sich an Kleidung leisten durften und welcher Luxus ihnen untersagt war (s. u. S. 510 f.).

Das klingt im Überblick perfekter und durchdachter, als es im Detail war. Auch unter Elisabeth griffen Gesetze und Regierungsmaßnahmen nur zum Teil. Es gab Leute, die sich nicht um die Aufwandsgesetze scherten, und es gab Regionen, in denen die Armenversorgung mangelhaft war. Außenpolitische Entscheidungen basierten gelegentlich auf mangelhaften Informationen oder eingefleischten Vorurteilen, und es wurde oft an der falschen Stelle gespart. Das ändert aber nichts an der Tatsache des uneingeschränkten Erfolges. Die Engländer und das Ausland waren sich in der positiven Einschätzung der inneren und äußeren Lage des Landes einig und hielten das Königreich für einen außerordentlich wohlregierten Staat.

Maria Stuart

Königin von Schottland und Frankreich

Aus dem Katalog der Sorgen zu Beginn der Regierungszeit präsentierte nur ein Problemkomplex noch nach Jahrzehnten ungelöste Fragen: Schottland. Als Elisabeth den englischen Thron bestieg, war in Schottland nominell Maria Stuart Königin, und zwar fast von Geburt an, denn ihr Vater, Jakob V., war gestorben, als sie erst ein paar Tage alt war. Seither, das heißt seit 1542, hatte ihre Mutter Maria, die aus dem mächtigen französischen Herzogshaus der Guise stammte, als Regentin die Herrschaft über Schottland.

Maria Stuart lebte gar nicht in Schottland, sondern in Frankreich, ihrer zweiten (und vom Gefühl her ersten) Heimat, wo sie seit dem sechsten Lebensjahr aufgewachsen war. Die kleine Königin von Schottland, brav, hübsch und recht gebildet (wenn auch längst nicht so vielseitig wie Elisabeth), war das Hätschelkind des französischen

Hofes, von Ronsard besungen und von jedermann geliebt. Im gleichen Jahr, in dem Elisabeth Königin wurde, heiratete Maria, inzwischen fünfzehn Jahre alt, den vierzehnjährigen französischen Thronfolger. Ein Jahr später wurde sie Königin von Frankreich, nachdem ihr Schwiegervater, Heinrich II., beim Lanzenstechen in einem sportlichen Turnier tödlich verunglückt war und ihr Mann als Franz II. den Thron bestiegen hatte. Es sah so aus, als würde Maria auch nach Erreichen der Volljährigkeit in Frankreich bleiben.

Für England war Maria Stuart auf jeden Fall eine wichtige politische Figur, selbst wenn sie Schottland nicht persönlich regierte, weil sie, wo immer sie leben mochte, an vorrangiger Stelle in der Thronfolge stand. Als Enkelin jener Margaret Tudor, die Heinrich VII. im Zuge seiner Heirats- und Friedenspolitik nach Schottland verheiratet hatte, mußte ihr nach allen Regeln der Genealogie die englische Krone zufallen, falls Elisabeth kinderlos starb. Wenn man Elisabeth als illegitim betrachtete, wie es katholischer Auffassung entsprach, mußte Maria sogar an Stelle von Elisabeth Königin von England sein. Um der englischen Königin, die ja ihrerseits den Titel *Queen of France* führte, einen Tort anzutun, ließ der französische Hof Maria Stuart als *Queen of England, Ireland and Scotland* titulieren. Für die meisten Engländer war die Aussicht, daß Maria Stuart, eine Schottin, eine Französin und eine fromme Katholikin, Königin von England werden könnte, eine unerträgliche Vorstellung.

In Edinburgh konnte Maria von Guise nur mit Unterstützung französischer Truppen die Herrschaft aufrechterhalten; Schottland war praktisch ein besetztes Land. Streben nach nationaler Befreiung und reformatorische Strömungen führten zum Aufstand, der hauptsächlich von einem Adelsbund, den *Lords of the Congregation*, getragen wurde. Elisabeth verfolgte die Entwicklung mit zwiespältigen Gefühlen; einerseits war ihr jede Rebellion gegen einen Souverän ein Greuel; andererseits war ein von Franzosen freies und protestantisches Nachbarland ein Wunschziel. Als die *Lords of the Congregation* drauf und dran schienen, gegen die Regentin und die Franzosen zu verlieren, entschloß Elisabeth sich zu aktiver Intervention. Von 1560 an war Schottland unabhängig von Frankreich und protestantisch, und zwar, da es kein ausbalanciertes *Settlement* geben konnte und da der rabiate Calvinist John Knox der maßgebende Reformator war, auf einer wesentlich extremeren Position der Religionsskala – streng reformiert und presbyterianisch – als die Kirche von England. Maria Stuart blieb Königin; das Regiment hatte ein Komitee aus protestantischen Adligen.

Im Dezember 1560 starb Franz II. nach einjähriger Regierungszeit. Maria Stuart war mit achtzehn Jahren Witwe. Da sich an dem jetzt von Katharina von Medici dominierten französischen Hof kein angemessener Platz für sie bot, entschloß sie sich zur Rückkehr nach Schottland. Als katholische Monarchin in einem ungeliebten protestantischen Land kam Maria nicht eben gut zurecht, aber doch besser, als man es allgemein erwartet hatte; sie war beim Volk beliebt; sie zeigte dem Kronrat gegenüber nicht zuviel Eigenwillen – manchmal wohnte sie den Sitzungen artig stickend bei; sie verzichtete auf gegenreformatorische Maßnahmen und begnügte sich damit, mit dem engsten Kreis ihres Haushalts zusammen nach katholischem Ritus zu leben, was die Toleranz der militant-protestantischen Umwelt schon genug strapazierte.

Als schicksalbestimmendes Problem erwies sich ihre Verheiratung. Man erwartete von einer Landesherrin ganz selbstverständlich, daß sie heiratete, um die Nachfolge zu sichern und um einen Herrn zu haben, der ihr

Stütze war und der mit ihr oder an ihrer Stelle regieren konnte. Maria Stuart hatte auch von sich aus den Wunsch nach Wiederheirat, Anlehnung und Teilung der Last des Amtes.

Eine Königin, zudem noch eine junge und schöne, war eine Partie, die niemand ausschlug. Dennoch schrumpfte das Feld der Möglichkeiten fast bis zum Ausschluß aller Kandidaten. Die Religion des Auszuwählenden konnte gar nicht passen: sowohl ein Katholik als auch ein Protestant als Mitregent mußte das unfeste Gleichgewicht im Lande stören. Außer dem eigentlichen Vertragspartner, dem Hause, aus dem der Bewerber kam, mußten mindestens drei Länder ihre Zustimmung geben: die schottische Regierung, der französische Hof und das Haus Guise; vor allem aber Elisabeth, denn Maria Stuart legte auf das Einvernehmen mit ihr den größten Wert, weil die Anerkennung als *heir apparent*, als derzeit nächste in der englischen Thronfolge, das Ziel ihrer politischen Sehnsucht war.

Das Mißtrauen der Höfe verhinderte eine hochrangige dynastische Verbindung mit einem kontinentalen Königshaus. Die englische Empfehlung, die schottische Königin möge Robert Dudley, den Grafen von Leicester, heiraten, den Favoriten Elisabeths, in dem viele schon den künftigen Ehemann der englischen Königin gesehen hatten, lehnten Maria Stuart und ihre Regierung ab. Plötzlich aber, im fünften Jahr der Bemühungen, verließ die Heiratsfrage den Weg durch die Mühlen der Diplomatie und kam unprogrammgemäß zu einem Resultat. Maria Stuart verliebte sich sterblich in einen blendend aussehenden und galanten zwanzigjährigen Mann, der mit Billigung des englischen Hofes als Bewerber zu ihr gekommen war, Henry Stuart, Lord Darnley, aus schottischer Familie, aber in England geboren und aufgewachsen. Sie heiratete ihn, obwohl Elisabeth sich umentschloß und Einspruch einlegte, weil die Ehe mit Darnley, der selbst mit den Tudors verwandt war, den schottischen Anspruch auf die englische Thronfolge verstärken mußte.

Diplomaten an den europäischen Höfen brachten insgeheim schlimme Befürchtungen zu Papier, denn Liebesheiraten oder, in der Terminologie der Zeit, Heiraten aus Fleischeslust, *nuptiae carnales*, galten als miserable Politik. Daß sie innerhalb von Monaten recht bekommen sollten, lag in erster Linie an Darnleys Charakter. Darnley taugte nichts; hinter seinem Charme kam eine eitle, verzogene, skrupellose und bösartige Person zum Vorschein. Darnley, dem Titel nach König, wollte überall mitreden ohne mitzuarbeiten. Maria merkte, daß sie ihn in politischen Fragen nicht ins Vertrauen ziehen durfte, weil er seine Informationen zu Intrigen nutzte. Sie verließ sich in zunehmendem Maße auf ihren Sekretär, einen Italiener namens David Riccio. Ob Riccio und die Königin ein Verhältnis miteinander hatten, gehört zu den vielen ungeklärten Rätseln in der Geschichte der Maria Stuart; sie waren auf jeden Fall enge Vertraute und brachten Darnley zur Raserei vor Eifersucht und gekränktem Stolz. Er tat sich mit einer Gruppe putschlüsterner Adliger zusammen (oder ließ sich von ihnen einspannen) und drang eines Abends mit einer Gruppe von Attentätern in das Privatgemach der hochschwangeren Königin ein, die mit Riccio und anderen beim Abendessen saß; der Sekretär wurde vom Tisch gezerrt und ermordet.

Maria behielt die Nerven; sie schaffte es zu verhindern, daß aus dem Mord an Riccio eine Machtergreifung der Verschwörer wurde. Sie erklärte Darnley öffentlich für unschuldig und wartete auf Gelegenheit zur Rache. Im Juni 1566 brachte sie das Kind zur Welt, den gewünschten männlichen Erben (der schon bald als Jakob VI. König von Schottland und viele Jahre später als Jakob I. König von England werden sollte).

Darnley war jetzt entbehrlich. Die Königin gab zu erkennen, wie sehr ihr daran lag, von der Last dieser Ehe befreit zu werden. Pläne zur Beseitigung Darnleys wurden in weiten Kreisen des politisch aktiven Adels diskutiert. Wie weit Maria Stuart über solche Absichten informiert oder an der Durchführung beteiligt war, ist offen. Am wahrscheinlichsten ist es, daß zwischen ihr und den Tätern ein stillschweigendes Einverständnis bestand und daß man sie mit einer Kenntnis des Wie und Wann verschonte.

Anfang 1567 flog das Haus am Rande von Edinburgh, in dem Maria ihren Mann nach einer Erkrankung gesundpflegte, in die Luft, als die Königin mit ihrem Stab gerade auf einer Hochzeitsfeier war. Darnleys Leiche wurde im Garten hinter dem Haus gefunden. Er war, wie sich herausstellte, nicht durch die Explosion umgekommen, sondern erwürgt worden.

Die genauen Konturen des Täterkreises waren nicht zu erkennen, aber Eingeweihte wußten und Nichteingeweihte mutmaßten, daß einer der starken Männer der schottischen Aristokratie, der Graf von Bothwell, eine Hauptrolle gespielt hatte. Ein Prozeß vor dem Parlament führte nur deshalb nicht zur Verurteilung, weil der Ankläger, Darnleys Vater, sich aus Angst um sein Leben nicht vor das Tribunal traute.

Politische Gewaltaktionen waren in Schottland etwas Gewöhnliches, und kaum jemand trauerte Darnley nach. Maria Stuart hätte sich vermutlich an der Macht halten können, wenn sie jede Komplizenschaft abgestritten und die gerichtliche Ahndung des Verbrechens wenigstens formell angeordnet hätte. Was sie dann tatsächlich tat, war – ob es aus freiem Willen oder unter Nötigung geschah – ein Akt der politischen Selbstzerstörung. Sie ließ sich mit Bothwell ein, zog mit ihm zusammen (oder ließ sich entführen); er machte sie zu seiner Geliebten (mit Gewalt oder mit Einwilligung); er ließ sich von seiner Frau scheiden und heiratete die Königin nach protestantischem Ritus.

Bothwells Selbsterhöhung und Marias Erniedrigung führten zum Aufstand des Adels und zum Verlust der Sympathie beim Volk. Die königlichen Truppen wurden geschlagen; Bothwell floh; die Königin wurde gefangengesetzt. Man zwang Maria Stuart zur Abdankung zugunsten ihres kleinen Sohnes, für den dann ein Regent und das *Privy Council* die Herrschaft ausübten. Im Jahr nach der Abdankung, 1568, gelang es Maria zu entfliehen, einige Tausend Anhänger zu sammeln und einen gewaltsamen Versuch zur Rückgewinnung des Thrones zu machen, aber ihr Heer unterlag den Regierungstruppen. Sie floh, und zwar nicht nach Frankreich, wo sie Freunde und Besitz hatte, sondern über die Grenze nach England.

Flüchtling und Gefangene

Elisabeth und ihre Regierung wußten sich keinen rechten Rat. Der schottischen Exkönigin mit Waffengewalt den Thron wiederzubeschaffen, wie sie es erbat und erwartete, erschien undurchführbar und – als ein Krieg für eine Katholikin gegen eine protestantische und englandfreundliche Regierung – politisch widersinnig. Zwang man sie, zum Kontinent weiterzufliehen, so würde sie – wie man befürchtete – die katholischen Mächte Frankreich und Spanien zur Invasion der britischen Insel zu gewinnen versuchen, um ihre Thronansprüche in Schottland und England durchzusetzen. Blieb sie in England, so müßte sie, die römisch-katholische, dem englischen Thron in der legitimen Erbfolge nahestehende Königin von erwiesener Anziehungskraft auf hoch und niedrig, fast notwendig zur Symbolfigur und zum Kristallisationspunkt von Opposition und Rebellion werden.

Man versuchte es zunächst mit der Politik des Hinhaltens und der undefinierten Standpunkte. Die Frage, ob Maria als Staatsgast (wie Elisabeth ursprünglich vorgeschlagen hatte) oder als Gefangene zu behandeln sei, wurde mit dem Zwitterstatus einer ehrenvollen Schutzhaft auf der Basis des Einverständnisses vorläufig beantwortet. Man erklärte gegenüber Maria Stuart, weder über ihren Wunsch nach einem persönlichen Treffen mit Elisabeth noch über weitere Maßnahmen könne entschieden werden, ehe nicht der schottische Vorwurf, sie sei an der Ermordung ihres Gemahls beteiligt gewesen, ausgeräumt sei. Man erwirkte ihre Zustimmung zu einer Untersuchung des Falles – nicht zu einem Gerichtsverfahren, wie man betonte – durch eine neutrale Kommission mit Königin Elisabeth als oberster Schiedsrichterin. Zu diesem Verfahren steuerte die schottische Regierung (die vom Grafen von Murray, einem Halbbruder Marias, geführt wurde) eine Fülle von Belastungsmaterial bei, darunter die berühmten *Casket Letters*, Kassettenbriefe, eine Schatulle mit einem Konvolut von 22 Dokumenten (acht Briefen, zwei Ehekontrakten, zwölf Liebesgedichten), angeblich von Maria Stuart selbst geschrieben. Falls die Briefe echt waren, bewiesen sie Marias Schuld an Darnleys Tod. Ob sie freilich authentisch oder gefälscht waren, ließ sich nicht entscheiden. (Es läßt sich auch heute nicht feststellen, da die Originale verloren sind und somit ein Schriftvergleich, die einzige sichere Beweismethode, nicht möglich ist.) Elisabeth war zu einem salomonischen Schiedsspruch gezwungen: Kein Beweis für die Schuld

Maria Stuarts, aber auch keine Erhärtung ihrer Gegenvorwürfe gegen Schottlands Adel und Regierung.

Die Hoffnung, daß Maria Stuart mit der Zeit wieder nach Schottland zurückkehren könnte – als Königin, als Mitregentin ihres Sohnes oder als Regentin auf Zeit – zerschlug sich. Die schottische Königin blieb auf Dauer, und zwar nicht als bewachter Gast, sondern als Gefangene. Neunzehn Jahre lang – fast die Hälfte ihres Lebens und fast die Hälfte der Regierungszeit Elisabeths – war sie mit einem eigenen Haushalt von dreißig bis fünfzig Köpfen und einer entsprechenden Wach- und Versorgungsmannschaft auf einer Reihe von nordenglischen Schlössern, nicht zu nah an der schottischen Grenze und möglichst fern von London, inhaftiert.

Die Befürchtungen bestätigten sich; Maria Stuart war die ganze Zeit hindurch für den englischen Staat ein Pfahl im Fleische. Sie konnte sich nicht frei bewegen, aber eine völlige Quarantäne war weder möglich noch beabsichtigt. Maria Stuart unterhielt eine umfangreiche Korrespondenz – teils im Klartext, teils chiffriert – mit europäischen Höfen und mit Personen im Inland. Bei jedem innerenglischen Umsturzplan und bei jedem der tatsächlich versuchten Aufstände von der Rebellion der katholischen Grafen in den nordenglischen Grafschaften im Jahre 1569 bis zu den letzten Anschlägen nach 1580 waren Maria Stuart oder ihre Umgebung treibende oder fördernde Kraft.

Die Gefährdungen, die von der schottischen Königin ausgingen, waren real genug, aber sie standen doch in keinem rechten Verhältnis zu der Bedeutung als Symbolfigur des Bösen und der Bedrohung schlechthin, die Maria in den Augen der meisten Engländer annahm. Für die Abgeordneten im Parlament war sie »der große und monströse Drachen«, »eine Feindin Englands, eine Ehebrecherin, eine Mörderin, eine Verräterin an der Königin, eine Verderberin des Staats«.[13] Selbst die nüchternsten Mitglieder des Kronrats waren überzeugt, daß es keine Sicherheit für die Königin und für den Staat gebe, solange Maria Stuart am Leben sei.

Es war die Königin, die sich fast zwanzig Jahre lang sträubte, den Weg zu gehen, den alle anderen für angebracht hielten. In keiner anderen Sache hat sie sich so beharrlich gegen den Willen von Kronrat und Parlament gestemmt wie in dieser. Im Jahre 1572, nach der Aufdeckung des Ridolfi-Komplotts, einer (nach einem der Drahtzieher benannten) Verschwörung, die Maria Stuart durch eine spanische Invasion und einen Aufstand auf den englischen Thron bringen sollte, setzte sie sich um den Preis einer Staatskrise durch, als alle den Kopf der Hauptbeteiligten, Maria Stuart, verlangten. Sie opferte lieber den wegen Hochverrats verurteilten Herzog von Norfolk, den ranghöchsten Aristokraten des Landes und ihren Verwandten, indem sie zum erstenmal auf eine Begnadigung verzichtete, als daß sie der schottischen Königin den Prozeß machen ließ. Auch in der letzten, mit Prozeß und Hinrichtung endenden Phase suchte sie, bis es nicht mehr ging, nach einem Weg, der ihr die Verantwortung für den Tod der Maria Stuart ersparte.

Die Mitglieder des *Council* führten die Weigerung der Königin, das nach ihrer Meinung Notwendige zu tun, auf Elisabeths fatale Tendenz zur Milde zurück, mit der sie sich und dem Land – so Burghley – schon mehr Schaden zugezogen habe als mit der härtesten Gerechtigkeit. Aber Milde und – wie manche modernen Historiker es sehen – menschliches Mitgefühl können wohl kaum alleinentscheidend gewesen sein, wie die Opferung Norfolks zeigt. Eine Rolle hat sicher Elisabeths wiederholt bekundete Überzeugung gespielt, daß es eine Loyalität aller gekrönten Häupter geben müsse und daß es an den Grundfesten der Monarchie rütteln hieße, wenn Souveräne einander richteten.

Ausschlaggebend für eine so starke Abweichung von den zeitgenössischen Regeln vernünftigen und verantwortungsvollen politischen Handelns waren nicht allgemeine Prinzipien oder Erwägungen, sondern das Bewußtsein einer besonderen und prekären Beziehung zwischen ihr und der Königin von Schottland.

Elisabeth Tudor und Maria Stuart sind nicht erst in der Sicht der dichtenden Nachwelt zwei Figuren, die einander zugeordnet sind, ähnlich und gegensätzlich zugleich. Sie wurden von ihrer Kindheit an ständig miteinander verglichen; später wurden sie von den gleichen Dichtern besungen, und die gleichen Prinzen bemühten sich um ihre Hand. Regierende Königinnen waren im 16. Jahrhundert eine Rarität: Hier waren zwei in benachbarten Reichen, miteinander verwandt, mit Thronansprüchen, die einander überkreuzten.

Die Position nebeneinander hob auch die Kontraste ins Licht: Sie waren Produkte unterschiedlicher Erziehungsziele, vorwiegend intellektuell die eine, vorwiegend musisch die andere. Beide betonten die Weiblichkeitsrolle, füllten sie aber völlig anders aus: Maria Stuart herkömmlicher, nämlich impulsiv, emotional, sich Männern anpassend und unterordnend, Elisabeth auf eine neue, aber keineswegs der Männerrolle angenäherte Art, nämlich als die ewig umworbene Herrin, zurückhaltend und abwägend, zugleich freundlich und unnahbar. Beide entwickelten sich im Laufe der Jahre zu verehrten und gehaßten Symbolfiguren für konträre Wertsysteme: einheimisch, englisch, britisch gegen ausländisch, französisch, fremdbestimmt (oder, aus der anderen Sicht: englisch-barbarisch gegen französisch-kultiviert); Königin des mächtigsten protestantischen Staates und Vorkämpferin gegen die römische Idolatrie (oder: die protestantische Hure) gegen die Vertreterin des Papismus und des Aberglaubens (oder: die Märtyrerin des reinen Glaubens).

Elisabeth war immer darauf bedacht, das Verhältnis zu Maria Stuart distanziert zu halten; es ging von ihr aus, daß es nie ein persönliches Treffen der beiden Königinnen gegeben hat, obwohl Maria sich seit ihrer Rückkehr aus Frankreich darum bemühte. Aber Elisabeth zeigte sowohl in ihrer Korrespondenz mit Maria als auch in Äußerungen gegenüber Dritten, daß sie ihrer beider Verhältnis in Freundschaft und Gegnerschaft als eine Beziehung der einmaligen Nähe und Gemeinsamkeit empfand und daß die Grußformel ihrer Briefe, »your good sister and cousin«, keine leere Floskel war. Elisabeth wurde sich auch zunehmend darüber klar, daß ihr Bild und das ihres Landes in den Augen der Welt entscheidend davon geprägt sein würden, wie sie sich gegenüber ihrer Gegenfigur, »one, not different in sex, of like estate, and my near kin«,[14] verhalten würde.

Das Ende

Die letzte Phase der Konfrontation ist ein Drama, und zwar nicht nur deshalb, weil die Geschichte so oft dramatisiert worden ist und weil jeder moderne Historiker bei der Darstellung auf die Terminologie des Dramas Bezug nimmt – Sir John Neale beispielsweise sieht die Konfrontation der Königinnen »as a Greek tragedy with a fatal parliamentary chorus incessantly chanting Mary's doom«.[15] Auch die Beteiligten selbst betrachteten und bezeichneten das, was sie taten, als Schauspiel vor den Augen der Weltöffentlichkeit. Sie planten und vollzogen

ihre Schritte nicht nur als Aktionen mit bestimmten pragmatischen Zielen, sondern zugleich als zeichenhafte, symbolische Handlungen mit bestimmten Aussageintentio-
nen. Es ging den beiden Hauptfiguren nicht nur darum,
die eigene Rolle konsequent und überzeugend zu verkörpern, sondern der anderen den Part der Siegerin zu verweigern.

Die Entwicklungen, die zum Ende führten, begannen
als absurdes Theater. Ein politischer Mord in den Niederlanden, die Ermordung Wilhelms von Oranien im Herbst
1584, führte in England zu panikartigen Befürchtungen
um das Leben der Königin. Tausende von Adligen und
Bürgern unterschrieben einen *Bond of Association* genannten Pakt, in dem sie sich im Falle eines Anschlags auf
die Königin zur Verfolgung der Täter und zur blutigen
Rache, also zu einer Art Lynchjustiz, verpflichteten. Ein
Parlament überführte 1584/85 diesen Pakt in ein Gesetz
zur Sicherheit der Königin, das unausgesprochen ein
Gesetz zur Ahndung von Komplotten der schottischen
Königin war. Sir Francis Walsingham, Erster Staatssekretär, einer der wichtigsten Köpfe im *Council*, setzte seinen
Geheimdienst, den besten der Welt, verstärkt darauf an,
Maria Stuart des Mordanschlags zu überführen. Er hatte
seine Agenten in allen Hauptstädten des Kontinents, in
wichtigen Häfen von Algier bis Konstantinopel, in den
Londoner Tavernen und in den Botschaften der ausländischen Mächte. Der Königin hatte er schon mehrfach über
konspirative Pläne berichtet, an denen Maria Stuart beteiligt war, ohne daß Elisabeth etwas unternahm. Er wollte
jetzt Beweise von solcher Konkretheit liefern, daß ein
Prozeß unumgänglich war.

Es gelang ihm, eigene Agenten in die Umgebung Marias
und in die Kreise, mit denen sie geheim verhandelte, ein-
zuschleusen und Agenten der Gegenseite umzudrehen. Es

gelang ihm auch, Maria durch Überwachung der offiziellen Post verstärkt auf Geheimkorrespondenz zu verweisen, den Zifferncode zu entschlüsseln, die eingehende und ausgehende Post – die über Stöpsel im Spundloch eines Bierfasses lief – abzuschreiben, zu dechiffrieren, manchmal umzuschreiben und sie dann weiterbefördern zu lassen. Seine Leute konspirierten mit den treuen Gefolgsleuten und Parteigängern Marias um die Wette, so daß sich nicht mehr ausmachen läßt, was an den wilden Plänen auf echte Verschwörer und was auf Provokateure zurückgeht. Es kam Walsingham entgegen, daß Maria Stuart, immer schon schwach in der Einschätzung von Menschen und Situationen, in den Jahren der Gefangenschaft jede Beziehung zur politischen Realität verloren hatte und daß der spanische Hof, auf den sie ihre größten Hoffnungen setzte, ebenfalls aberwitzige Vorstellungen über die Möglichkeit einer Invasion und einer katholischen Volkserhebung in England hatte.

Das Babington-Komplott, dessen Aufdeckung den großen Coup bildete, war eine ernstgemeinte, aber illusionistische Konkretisierung der permanenten (und im ganzen natürlich für Elisabeth nicht ungefährlichen) Umsturz- und Attentatspläne, durch die Maria Stuart befreit und zur Königin von England gemacht werden sollte; der konkreteste Teil des sonst eher nebulösen Plans, dessen Urheber Anthony Babington war, ein katholischer Herr von Stand mit einer Neigung zu romantischen Abenteuern, war die Beseitigung Elisabeths durch sechs Attentäter. Maria Stuart erteilte dem Vorhaben und damit auch dem Anschlag auf Elisabeth brieflich ihre eindeutige Zustimmung.

Der Brief wurde abgefangen. Babington und einige Komplizen wurden verhaftet, waren geständig, wurden verurteilt und hingerichtet. Der Druck, auch Maria Stuart vor Gericht zu stellen, verstärkte sich. Elisabeth gab schließlich dem Drängen des *Council* nach, berief ein vielköpfiges Tribunal ein, dem der gesamte Hochadel und alle Mitglieder des *Council* angehörten, und ließ Maria Stuart unter dem neuen Gesetz von 1585 wegen Anschlags auf die Königin anklagen.

Damit standen Schuldspruch und Hinrichtung fest, denn die einzige rechtliche Frage, die eine Verurteilung hätte verhindern können, nämlich die nach der Zuständigkeit eines englischen Gerichts in Sachen einer ausländischen Monarchin, war durch die Einleitung des Verfahrens entschieden.

Maria Stuart nahm ihre Rolle nach kurzem Sträuben an. Ihre Verhaltensweise änderte sich völlig; sie hörte auf zu klagen, zu bitten und zu taktieren. Sie war nur noch eine königliche Märtyrerin für den katholischen Glauben, die sich auf den vorbildlich ertragenen Opfertod vorbereitete. Sie erklärte den Anklägern schon vor dem ersten Verhandlungstag, daß sie nicht in einem englischen Prozeß die Angeklagte spielen, sondern auf der Bühne des Welttheaters agieren werde: »Remember that the theatre of the world is wider than the realm of England«.[16]

Es tut der Größe und Idealität ihres Sterbens, eines der großen Tode der Geschichte, keinen Abbruch, wenn man sagt, daß ihr Leben von der Eröffnung des Prozesses im Oktober 1586 bis zur Enthauptung am 8. Februar 1587 eine geschlossene und perfekte Inszenierung war. Ihre Reden im Prozeß, in dem sie ohne Rechtsbeistand gelassen wird, sind würdig und eindrucksvoll. Sie spricht dem Gericht die Zuständigkeit ab, bestreitet Anschläge auf das Leben Elisabeths, bekennt sich zu Bemühungen um den Katholizismus in England und um die eigene Befreiung. Sie hat in England Schutz gesucht; Elisabeth hat ihr Schutz versprochen und dann doch versagt. »I place my

cause in the hands of God«[17] ist ihr Schlußwort und der
Tenor ihrer Verteidigung.

In den Monaten des Wartens auf die Vollstreckung
richtet sie ihre Umgebung auf; sie führt einen Kampf der
Symbole gegen ihren Bewacher, den puritanischen Sir
Amyas Paulet – als er sie durch Wegnahme von Sessel und
Thronhimmel daran gemahnt, daß sie eine Tote und eine
Verurteilte ist, hängt sie ein Kruzifix an die leere Stelle; sie
schreibt beherrschte Abschiedsbriefe, in denen das Motiv
des Sühnetodes für die unglückliche, vom rechten Glauben abgefallene britische Insel dominiert. Das Schafott
nennt Maria in einem Brief »den Ort, an dem sie mich die
letzte Szene der Tragödie spielen lassen«[18]; es ist ihre
Szene, von den letzten Geschenken an die Hofdamen über
die verzeihenden Worte an die Henker bis zu dem
Moment, in dem sie nach Ablegung der schwarzen Staats-
robe, der Rosenkränze und des *Agnus Dei* im roten
Untergewand – der liturgischen Farbe der Märtyrer – das
Haupt für den Axtstreich beugt.

Der englische Kronrat setzt Maria Stuart mit gleicher
Konsequenz eine Anti-Inszenierung entgegen, deren Ziel
es ist, dramatisch wirkungsvolle Auftritte auf der Bühne
des Welttheaters zu verhindern. Der Prozeß findet in
der Provinz, auf Schloß Fotheringhay, statt; Anträge auf
ein Auftreten vor dem Parlament werden abgelehnt. Die
Platzanordnung im Gerichtssaal entwirft Burghley selbst
nach dem Muster einer Parlamentssitzung – seine Skizze
ist erhalten; Maria Stuart sitzt dem leeren Thronsessel der
englischen Königin gegenüber, isoliert auf einem einfachen Stuhl, an der Stelle des Saals, die den Personen niedrigen Ranges vorbehalten ist. Keine Verlautbarung der
schottischen Königin wird veröffentlicht; man hält Sekre-
täre, die ihre letzten Monate dokumentieren könnten, von
ihr fern. Die Abschiedsbriefe, die man aus diplomatischen

Gründen nicht konfiszieren kann, dürfen erst Monate nach ihrem Tode weitergeleitet werden. Alle Requisiten der Hinrichtungsszene werden verbrannt oder vergraben. Die Henker, denen ein Teil der persönlichen Habe als Andenken zusteht, werden mit Geld abgefunden.

In den Monaten zwischen der Verurteilung und der Hinrichtung Maria Stuarts spielte sich zwischen Elisabeth und ihren Mitregierenden, Parlament und Kronrat, ein Konflikt ab, der deutlich macht, daß das Verhältnis zwischen Monarchin und Nation nicht nur durch Harmonie, sondern auch durch grundsätzliche Spannung und durch eine unüberbrückbare Verschiedenheit der Positionen und Interessen gekennzeichnet war.

Während die Nation sich darüber einig war, daß die schottische Hexe, nachdem sie einen ordnungsgemäßen Prozeß gehabt hatte, unverzüglich einen Kopf kürzer gemacht werden müsse, war Elisabeth darauf aus, das Drama auf der Bühne des Welttheaters entweder nicht als Tragödie enden zu lassen oder wenigstens selbst keine Hauptrolle darin zu spielen. Sie schwankte zwischen dem besonderen Verhältnis zu Maria Stuart, auch als »wicked murderess«[19] noch Schwester und nächststehende Person, und dem besonderen Verhältnis zu ihren Untertanen, dessen Einmaligkeit gerade sie immer wieder betont hatte.

Zwischen dem Todesurteil des Tribunals und dem Vollzug lagen noch drei rechtliche Schritte: die Bestätigung durch ein Parlament, auf dessen Einberufung eigens zu diesem Zweck der Kronrat gedrängt hatte, um der Königin das Zurückweichen zu erschweren, die Proklamation des bestätigten Urteils durch die Königin, ein Akt, der Rechtskraft verleiht, und schließlich der Hinrichtungsbefehl, der ebenfalls von der Königin auszufertigen ist.

Das Parlament, das im Oktober 1586 zusammentrat,

mußte auf die persönliche Präsenz der Monarchin verzichten. Sie blieb in ihrem Palast in Richmond, um zu betonen, daß sie sich an den Verhandlungen gegen jemanden, der ihr nach Rang und Verwandtschaft so nahe stand, nicht beteiligen wollte. In Richmond empfing sie die sechzig Delegierten des Parlaments, die ihr die einstimmig verabschiedete Petition beider Häuser, das Urteil in Kraft zu setzen und zu vollstrecken, schriftlich übergaben und mündlich erläuterten. Während die voraufgegangenen Parlamentsdebatten fast nur aus rhetorischen Tiraden gegen die Schottenkönigin bestanden hatten, waren die improvisierten Ansprachen der parlamentarischen Sprecher und der Königin ein wirkliches Ringen um Verständnis für den jeweiligen Standpunkt.

Die Parlamentarier brachten vor, daß hinter ihrer Petition die Sorge um Leben und Sicherheit einer geliebten Monarchin stünde, zugleich aber auch die Furcht vor einem Ende der längsten Friedenszeit, die England je erlebt habe. Sie nahmen für sich eine engere Beziehung zur Königin in Anspruch, als Maria Stuart aufzuweisen hätte:

»She is only a cousin to you in a remote degree. But we be sons and children of this land, whereof you be not only the natural mother but also the wedded spouse. And therefore much more is due from you to us all than to her alone.«[20]

»Sie ist nur Eure Kusine in entferntem Grade, aber wir sind Söhne und Kinder dieses Landes, dem Ihr nicht nur natürliche Mutter, sondern auch angetraute Gemahlin seid. Und deshalb steht uns allen von Euch viel mehr zu als ihr allein.«

Elisabeth erkennt ihre Rolle als Mutter und Angetraute des Landes an und erklärt sich dankbar dafür, daß ihre Regierung nach 28 Jahren noch immer auf einer gegensei-

tigen Beziehung von Herzen beruht. Sie weist aber auch
darauf hin, daß Maria Stuart und sie nicht wie zwei Milch-
mädchen mit ihren Eimern am Arm sind, sondern daß ihr
Leben sich auf einer anderen Ebene vollzieht als das von
Untertanen. Wie Maria Stuart beschreibt auch Elisabeth
die besondere Ebene, auf der sich das Leben von Königen
abspielt, als eine Weltbühne:

»We Princes, I tell you, are set on stages, in the sight and
view of all the world duly observed. The eyes of many
behold our actions; a spot is soon spied in our garments, a
blemish quickly noted in our doings. It behoveth us,
therefore, to be careful that our proceedings be just and
honourable.«[21]

»Wir Souveräne, sage ich Euch, sind auf Bühnen gestellt, im
Angesicht und Blickfeld der ganzen Welt nach Gebühr beobachtet. Die Augen vieler nehmen unsere Handlungen wahr; ein
Fleck auf unseren Gewändern wird bald erspäht, ein Makel in
unseren Taten schnell festgestellt. Daher gebührt es uns, Sorge zu
tragen, daß unsere Amtshandlungen gerecht und ehrenhaft
sind.«

Der Auftrag des Parlaments, den Tod einer Königin anzu-
ordnen, bürde ihr eine schmerzende Last auf, die sie nicht
auf sich nehmen könne, ehe nicht noch einmal geprüft
worden sei, ob es keinen Weg gebe, das Leben Maria
Stuarts zu erhalten.

Die Delegation schied beeindruckt. Beide Häuser des
Parlaments prüften erneut und kamen zu dem vorhersag-
baren Ergebnis, daß alle moralischen und politischen Normen die Hinrichtung Maria Stuarts unvermeidbar machten. Eine neue Delegation trug der Königin die »unwider-
leglichen Gründe« vor. Elisabeth erkannte die Stichhaltigkeit der Argumente an, beklagte sich aber, daß sie, die
so viele Aufständische begnadigt und so viele Fälle von

Hochverrat ohne Strafverfolgung gelassen habe, nun ihren Ruf der Milde durch dieses Blutvergießen zerstören solle. Sie gab der Delegation keinen Bescheid, sondern zog sich mit einer charakteristischen Formel des Dankes für Beratung und Teilnahme und des Verständnisses für die vorgetragenen Argumente in ihr eigenes Reservat des Überdenkens zurück:

»And as for your petition: your judgment I condemn not, neither do I mistake your reasons, but pray you to accept my thankfulness, excuse my doubtfulness, and take in good part my answer–answerless.«[22]

»Und was Eure Petition angeht: Ich erkläre Euer Urteil nicht für falsch, und ich mißverstehe auch Eure Gründe nicht, aber ich bitte Euch, meine Dankbarkeit entgegenzunehmen, meine Unschlüssigkeit zu verzeihen und mir meine Antwort, die keine Antwort ist, nicht übelzunehmen.«

Kurz vor der Vertagung des Parlaments entschloß Elisabeth sich dann doch zur Proklamation des Todesurteils.

Während der Hinrichtungsbefehl, vom *Council* eilfertig aufgesetzt, wochenlang auf die Unterschrift wartete, suchte Elisabeth nach jemandem, der die Exekution ohne ihre ausdrückliche Order vollzog (etwa unter Berufung auf den *Bond of Association*); sie stieß aber nur auf rechtschaffene Empörung oder taube Ohren. Schließlich unterzeichnete die Königin den Hinrichtungsbefehl und gab ihn – so jedenfalls ihre Version – dem diensthabenden Staatssekretär zur Aufbewahrung während weiterer Bedenkzeit. Dieser, ein Neuling im Amt, hatte die Königin anders verstanden – so erklärte er später – und legte das Dokument dem Kronrat vor, der schleunigst und ohne weitere Rücksprache mit der Monarchin die Hinrichtung durchführen ließ.

Als Elisabeth auf die Todesnachricht mit Wut und Empörung über die Eigenmächtigkeit reagierte, hielten Burghley und Walsingham (wie manche späteren Historiker) das für ein reines Rechtfertigungsmanöver (was es zum Teil mutmaßlich war). Sie waren überrascht und verständnislos, als sie bemerkten, daß der Tod Maria Stuarts bei Elisabeth tatsächlich eine existentielle Krise und einen länger anhaltenden Verlust des Vertrauens in ihre Berater auslöste. Besonders Burghley wußte nicht, was sie hatte, denn politisch war alles aufs beste verlaufen. Alle Engländer waren froh; die kontinentalen Mächte beschwerten sich nur formell, und Jakob von Schottland hatte deutlich signalisiert, daß er nicht dumm genug sei, seine Anwartschaft auf die englische Krone durch ernsthafte Proteste gegen die Hinrichtung seiner Mutter zu gefährden.

Was Elisabeth – abgesehen von persönlicher Betroffenheit und dem Gefühl der Verantwortung für einen fatalen Präzedenzfall – mehr bewegte als ihre Berater, war die Unentrinnbarkeit einer negativen Rolle in einem historischen Drama, das trotz aller Gegenmaßnahmen im Laufe der Jahre doch rekonstruiert und fixiert wurde. In der Geschichte von der Konfrontation der beiden Königinnen ist – wie man sie auch gestalten will – immer Maria Stuart die tragische Heldin und Elisabeth die moralisch unterlegene Antagonistin.

*Die Hinrichtung der Maria Stuart, 1587
(Aquarell aus einer niederländischen Chronik)*

Virgin Queen

Heiratsfragen

In den ersten Jahren der Regierungszeit Elisabeths ging jedermann mit der größten Selbstverständlichkeit davon aus, daß die junge Königin, die ja offenkundig ihr Amt gewissenhaft wahrnahm, auch ohne Verzug ihrer fundamentalen Verpflichtung nachkommen würde zu heiraten, um damit sich selbst einen Herrn und dem Lande einen Mitregenten oder Hauptregenten zu geben, und vor allem, um die leidige Nachfolgefrage durch eigene Kinder zu regeln. Nicht nur der Kronrat gab den Problemen Ehe und Nachfolge eine hohe Priorität, sondern auch die Parlamente ließen sich durch den Vorwurf der Kompetenzüberschreitung nicht davon abhalten, der Monarchin dringende, bisweilen an Nötigung grenzende Aufforderungen zu alsbaldiger Verheiratung zuzuleiten. Es war, als hinge die Seligkeit der Nation außer vom rechten protestantischen Glauben nur noch vom ehelichen Status der Königin ab und als habe niemand mehr in Erinnerung, daß die Ehegeschichte des Hauses Tudor eine Abfolge von Kalamitäten war.

In den späteren Phasen der Regierungszeit sahen die Elisabethaner ebenso allgemein in der Ehelosigkeit der Königin ein charakterisierendes und auszeichnendes Element. Elisabeth war als *Virgin Queen* Gegenstand der Verehrung und des Kultes bei den Hofleuten und bei der breiten Bevölkerung. In der Konzeption des Verhältnisses zwischen Souverän und Untertanen spielte die Tatsache, daß die Königin keine eigene Familie hatte, sondern unmittelbar der Nation zugehörte, eine tragende Rolle.

Zwischen den beiden Positionen liegt einer der interessantesten und aufschlußreichsten Entwicklungsprozesse der elisabethanischen Mentalität. Dabei ist es typisch für dieses Zeitalter, das Neuerungen am liebsten als eine Form der Kontinuität deutete und die Ambivalenz der Eindeutigkeit vorzog, daß man diese Entwicklung gar nicht als einen Prozeß und als eine Bewegung von einer Einstellung zu einer anderen und gegensätzlichen begriff, sondern als eine zweifache Kontinuität. Auf der einen Seite erstrecken sich die Bemühungen und Verhandlungen um eine Verheiratung der Königin mit nachlassender Dringlichkeit über einen Zeitraum von fast dreißig Jahren, von der Thronbesteigung bis zu einer Zeit, in der Elisabeth nach den damaligen Verhältnissen schon fast eine Greisin war. Auf der anderen Seite war das Konzept der *Virgin Queen*, der Ehelosigkeit als des gemäßen oder sogar idealen Status einer Königin oder dieser Königin, schon von den frühen Regierungsjahren an vorhanden und wurde von Elisabeth selbst kultiviert, auch wenn es zunächst noch nicht in das allgemeine Bewußtsein drang.

Als Herrscherin über ein florierendes Königreich und als attraktive und vitale Person war Elisabeth die beste Partie auf dem Heiratsmarkt der Welt. Unter den zwei Gruppen, die als Kandidaten in Frage kamen, den Mitgliedern europäischer Fürstenhäuser und den englischen Aristokraten aus einer der Großen Familien, gab es niemanden, der sich desinteressiert zeigte.

Auf den beiden Teilmärkten des königlichen Heiratswesens, dem kontinentalen und dem einheimischen, waren sowohl die Chancen und Risiken als auch die Prozeduren recht unterschiedlich. Die englischen Aristokraten waren bekannt; sie verkehrten bei Hofe, und man konnte sie ohne formelles Verfahren mustern. Außerdem hatten sie die richtige Religion und kannten sich in der englischen Politik aus. Eben dieser Vorzug hatte aber auch seine Kehrseite. Ein englischer Ehemann würde auf jeden Fall kräftig mitregieren wollen; er brachte – wie die Erfahrungen englischer Könige mit einheimischen Partnern zeigten – nicht nur sich selbst ein, sondern seine ganze Sippe mit ihrem Hunger nach Posten und Einfluß. Er hatte nicht nur Anhänger, sondern auch Feinde. Eine englische Heirat hätte mutmaßlich das Ende der Position über den Parteien bedeutet.

Prinzen vom Kontinent waren höher im Rang als ihre englischen Rivalen; sie brachten die Chance internationaler Allianzen und der Beteiligung an der europäischen Politik mit sich. In England aber wären sie Fremde gewesen und geblieben; die Gefahr der Ablehnung durch die Nation war größer als bei Einheimischen. Da England der einzige größere protestantische Staat war, waren sie entweder Katholiken oder Abkömmlinge kleinerer und nicht ebenbürtiger Häuser. Internationale Heiratsverhandlungen, die meist von englischer Seite eingeleitet wurden, waren komplizierter und langwieriger als Friedensschlüsse und Staatsverträge. Schon das Einholen von Informationen über Aussehen und Beschaffenheit war ein mühsames Geschäft. Da persönliche Vorstellungen als unschicklich galten, war man auf Dritte angewiesen, auf Diplomaten, die ungern Unangenehmes berichteten, und auf Porträtisten, die schmeichelten. (War Karl von Habsburg verwachsen oder hatte er nur etwas runde Schultern? War der Herzog von Anjou so häßlich, wie erzählt wurde?) Auszuhandeln waren Fragen der Apanage und der Privilegien, der Kopfzahl des Haushalts und des religiösen Kompromisses (beispielsweise Versprechen der nominellen Konversion zur anglikanischen Kirche gegen die Zusicherung einer katholischen Privatkapelle). Der im Vergleich zum Erwägen einer einheimischen Verbindung enorme Aufwand an Zeit und Diplomatie bei internatio-

nalen Heiratsverhandlungen zahlte sich in den meisten
Fällen dadurch aus, daß man nicht schoß oder feindselig
handelte, solange man die Aussicht auf Elisabeths Hand
hatte. So schwer es war, bei den Ritualen der Diplomaten-
werbung die Ernsthaftigkeit der Absichten auf beiden Seiten auszumachen, so unverkennbar war, daß Elisabeth
und ihre Repräsentanten die fast permanenten Heiratsverhandlungen mit großem Geschick dazu nutzten, um
freundliche Kontakte zu europäischen Höfen zu vertiefen
oder zeitweises Wohlverhalten herbeizuführen.

Da nur schriftlich Niedergelegtes überlebt, sind wir
über die Handhabung der inländischen Heiratsmöglich-
keiten weniger umfassend und zuverlässig informiert als
über die auswärtigen Sondierungen und Verhandlungen.
Im Klatsch der Hofleute und in den Spekulationen der
ausländischen Diplomaten figuriert bald der eine, bald der
andere englische Aristokrat als angehender Mann Elisabeths. Nur in einem Fall kann man mit einiger Gewißheit
sagen, daß Elisabeth eine Ehe ernsthaft erwogen hat. Zu
Robert Dudley, dem späteren Grafen von Leicester, der
bei Hofe das Amt des Oberstallmeisters innehatte, entwickelte sich in den ersten Jahren der Regierungszeit ein
enges Verhältnis. Vermutlich war Dudley nicht, wie weithin geklatscht wurde, der Liebhaber der Königin, aber es
war doch eine besonders vertraute und auch amouröse
Beziehung. Die beiden waren dauernd zusammen, wenn
auch, wie Elisabeth gegen Vorhaltungen einwandte, niemals ohne Begleitung; sie scherzten, flirteten, tändelten
miteinander. Daß Dudley verheiratet war, machte die
Affäre vollends zu einem Skandal, den ganz England und
die europäischen Höfe genüßlich auskosteten.

Als Dudleys Frau 1560 unter mysteriösen Umständen
starb – sie wurde tödlich verletzt am Fuß einer Treppe
aufgefunden –, behaupteten Gerüchte, Elisabeth und ihr

Robert Dudley, Graf von Leicester
(Miniatur von Nicholas Hilliard)

Galan hätten sie aus dem Wege räumen lassen, um heiraten zu können; auch seriöse Beobachter, die diese Version
nicht glaubten, waren gespannt, ob die Königin den Weg
für eine Ehe mit Dudley frei sähe. Elisabeth tat jedoch
keinen erkennbaren Schritt in Richtung auf eine Heirat,
obwohl die engere Beziehung noch eine Weile anhielt. Sie
sah wohl, daß eine Verbindung mit Dudley gerade nach
dem ungeklärten Tod seiner Frau ausschied, weil eine

Heirat mit ihm ihr den Verdacht der Schuld oder Mitschuld an einem Mord als dauernden Makel eingebracht hätte. Dudley blieb ein besonders geschätztes (manchmal auch besonders gescholtenes) Mitglied des Beraterkreises der Königin, aber nach einigen Jahren nannten ihn nicht einmal die Gerüchte mehr als potentiellen Ehepartner.

Die wichtigsten internationalen Aktionen in der Heiratssache waren kürzere Verhandlungen mit Spanien (Philipp II. meinte, Gott das Opfer einer zweiten englischen Heirat bringen zu sollen) und längere, nacheinander mehrere Kandidaten betreffende mit dem Haus Habsburg und mit dem französischen Hof.

Während wir heute keine Schwierigkeiten haben, uns eine Ehe zwischen Elisabeth und Dudley (oder einem anderen englischen Adligen) vorzustellen, bereiten die internationalen Heiratsprojekte uns Verständnisprobleme, weil gerade die Verbindungen, über die am intensivsten verhandelt wurde, solche Disparitäten des Alters, der Religion und der Charaktere aufweisen, daß man sie nicht für ernstgemeint halten möchte. Kann irgend jemand wirklich geglaubt haben, der erzkatholische und in England verhaßte Philipp von Spanien könnte Elisabeths Mann werden? Empfand Jakob VI. von Schottland es nicht selbst als wahnwitzig, wenn er – kurz vor der Hinrichtung seiner Mutter übrigens – der 33 Jahre älteren englischen Königin einen Heiratsvorschlag machte? Ein Teil der Erklärung liegt in der allgemeinen Überzeugung der Zeit, daß bei dynastischen Verbindungen der politische Sinn wichtiger sei als das Zusammenpassen der Personen und daß man Differenzen durch vertragliche Regelungen und durch rationale Lenkung des Verhaltens minimalisieren könne. Ein anderer, spezieller Teil der Erklärung liegt in der Fähigkeit Elisabeths, jede ihrer Rollen, auch die der Umworbenen und Heiratswilligen, so glaubhaft zu spielen oder zu leben, daß sie alle Welt und sogar ihre engsten Berater auch gegen die nüchterne Wahrscheinlichkeit vom Ernst ihrer Absichten überzeugte.

Die letzte Werbung: Alençon

Das beste Beispiel für ein dynastisches Heiratsprojekt als Mischung aus zeremonieller Liebeswerbung und hartem Schacher, Spiel und Ernst, Absurdität und genauem politischem Kalkül ist die (mit Ausnahme des einseitigen Angebots von König Jakob) letzte größere Ehesache Elisabeths, bei der es um eine Heirat mit François, Herzog von Alençon, dem jüngsten Sohn der Katharina von Medici und Bruder des Königs von Frankreich, ging. Außenpolitisch ergab das Vorhaben, das insgesamt etwa fünfzehn Jahre hindurch verfolgt wurde, guten Sinn. Eine engere Bindung an das französische Königshaus konnte nur vorteilhaft sein. Vor allem: Alençon war Kommandeur einer Armee, die französische Interessen in den Niederlanden wahrnahm. Einvernehmen oder eine dauernde Verbindung mit ihm konnte ihn zur Wahrnehmung auch der englischen Interessen im Konflikt zwischen den niederländischen Freiheitsbestrebungen und der spanisch-habsburgischen Herrschaft veranlassen und die Entsendung eines eigenen Expeditionskorps ersparen. Religionsprobleme erschienen lösbar, da Alençon ein lauer und anpassungsbereiter Katholik war.

Sonst freilich paßte nichts zusammen. Alençon war 25, wenig mehr als halb so alt wie Elisabeth. Er war auffallend häßlich – pockennarbig und knollennasig – und so klein, daß er neben der hochgewachsenen Königin wie ein Gnom wirkte. Elisabeth war 45, als die intensive Phase der Verhandlungen begann, und 48, als sie endete. Es war mehr als unwahrscheinlich, daß sie noch Kinder bekommen und die Nachfolge sichern konnte. (Wenn dennoch Burghley in detaillierten Memoranden, gestützt auf ärztliche Gutachten und vereinzelte Präzedenzfälle, darlegt, daß nichts gegen eine Mutterschaft der Königin spräche, so zeigt das, in welchem Maße auch ein besonnener Politiker von dem spezifisch höfischen Wunschdenken beherrscht wurde, die Dinge möchten so sein, wie es dem Souverän gefiel.)

Zugleich mit dem Anlaufen der materiellen Verhandlungen – Alençon, der als Hochzeiter nicht zuletzt durch Geldnot motiviert war, forderte und erhielt hohe Vorschüsse – begann auch die Liebeswerbung durch einen Mittelsmann. Alençon schickte einen Freund als Unterhändler, Jean de Simiel, einen Herrn, der nach dem Urteil eines englischen Chronisten »von exquisitem Können in den Spielen der Liebe, in heiteren Einfällen und in höfischer Tändelei«[23] war. Elisabeth tauschte mit Simiel, den sie ihr Äffchen nannte, galant-verliebte Briefe und Komplimente aus. Man besuchte einander im Negligé von Schlafzimmer zu Schlafzimmer, und Elisabeth gestattete dem Brautwerber, ihre Nachtmütze zu rauben und seinem Herrn und Meister zu schicken.

Anders als die früheren Bewerber kam Alençon persönlich nach England zu Besuch, zweimal sogar. Im Sommer 1579 erschien er inkognito im Palast von Greenwich zu einem zweiwöchigen intensiven Liebeswerben. Elisabeth war entzückt und fröhlich, fand ihn längst nicht so häßlich wie erwartet und nannte ihn ihren Frosch und ihr Lieblingstier. Er schenkte ihr – von ihrem Geld – eine Brosche mit einem goldenen Frosch, in dessen Rücken sein Porträt als Miniatur eingelassen war. Als er abgereist war, schrieb Simiel, der zu weiteren Verhandlungen dablieb, an die Königin, sein Herr habe seither nicht mehr schlafen können, weil er ständig an ihre Lieblichkeit denken müsse. Alençon selbst schrieb von der Reise einen Brief um den andern, vier aus Dover und drei aus Boulogne, um als verzweifelter und doch treu liebender Sklave vom Gestade einer trostlosen See ihre Füße zu küssen.

Die Verhandlungen über die Heirat, gegen die sich in England bei einer Mehrheit des Kronrats und in der Bevölkerung Widerstände erhoben, zogen sich in die Länge. Erst zwei Jahre später standen sie, wie es schien, kurz vor dem Abschluß. Der englische Hof empfing eine Delegation von über 500 französischen Adligen, die mit einem an die Krönung erinnernden Aufwand in einem eigens errichteten Zeltsaal bewirtet wurden. Zum Festprogramm gehörte ein allegorisches Turnierspiel, in dem englische Ritter, unter ihnen der Dichter und Mäzen Philip Sidney, die Bestürmung der Festung *Beauty* (Elisabeth) durch *Desire* (Alençon) darstellten, wobei sich die Festung, wie es die Konzeption der Identität von höchster Schönheit und höchster Reinheit erfordert, als uneinnehmbar erwies. Im Oktober erschien Alençon selbst ein zweites Mal, ungeduldig auf eine Entscheidung und auf verlorene Zuschüsse für seine Armee drängend. Nach vierwöchigem Auf und Ab arrangierte Elisabeth zur Überraschung ihrer Höflinge eine Szene, in der sie mit Alençon Ringe, Kuß und Ehegelöbnis tauschte. War das schon die Eheschließung? Nein, gab Elisabeth Auskunft; die Ratifizierung des Ehekontrakts durch den König von Frankreich stand noch aus. Der Vertrag wurde nie ratifiziert, da die Bedingungen unannehmbar gehalten waren. Zwei Monate später zog Alençon widerstrebend ab, generös mit Geld versorgt und mit einem Abschiedsgedicht der Königin versehen, aber unverheiratet.

Elisabeth und die Frauenrollen

Die Vorgänge um Elisabeths Heirat, die nie stattfand, zeigen vordergründig, daß diese Herrscherin – wie es einmal ein französischer Botschafter ärgerlich formulierte – jede Rolle zu spielen vermochte, nach der ihr der Sinn stand. Sie verdeutlichen aber auch den Willen und die Fähigkeit, den Bereich der persönlichen Gefühle, Überlegungen und Intentionen hermetisch gegen fremde Einsicht und unmittelbare Einflußnahme abzuriegeln. Sie brachte es dadurch fertig – anders als die meisten Zeitgenossen in vergleichbarer Position, Maria Stuart zum Beispiel –, sich bei einer Existenzweise, zu der beständige Öffentlichkeit gehörte, eine unverletzbare Sphäre der Persönlichkeit zu erhalten, um den Preis freilich, daß sie nie einen wirklichen Vertrauten hatte.

Für den rekonstruierenden Historiker ist die subjektive Seite der Heiratsgeschichte wegen dieser Abschottung und wegen der Gewohnheit Elisabeths, sich in privaten Fragen uneindeutig zu verhalten und zu äußern, ganz ambivalent. Keine Annahme läßt sich falsifizieren, keine wahrscheinlich machen. In der Alençon-Geschichte zum Beispiel ist fast jeder Handkuß und jeder Schritt dokumentiert, und enge Mitarbeiter wie Burghley und Walsingham haben des langen und breiten niedergelegt, was sie über Elisabeths Gefühle und Absichten herausbekommen konnten. Dennoch gibt jeder wissenschaftliche Biograph den Vorgängen eine andere Deutung. Sir John Neale (*Queen Elizabeth I*, 1934) hält Elisabeths Absichten und vielleicht auch ihre Gefühle für anfangs ernsthaft, beim zweiten Besuch dann nicht mehr;[24] Paul Johnson (*Elizabeth I*, 1974) glaubt an ein taktisches Manöver von Anfang bis Ende;[25] Carolly Erickson (*The First Elizabeth*, 1983) sieht in Alençon Elisabeths letzte große

Liebe.[26] Es läßt sich weder entscheiden, welche dieser Lesarten die richtige ist, noch kann man mit Sicherheit sagen, ob eine Festlegung dieser Art überhaupt angemessen ist.

In ähnlicher Weise wie in diesem speziellen Fall müssen auch generelle Fragen offenbleiben. Man kann nicht wissen, ob Elisabeth von vornherein zur Ehelosigkeit entschlossen war oder ob sich dieser Beschluß erst spät ergab, und ob bei ihrem Verzicht auf Ehe und Mutterschaft politische oder persönlich-emotionale Motive den Ausschlag gaben. Es gibt jedoch mehrere Punkte in dem Komplex der Heirat und Nachfolge, in denen Elisabeth von Anfang an eine klare Position bezogen hat, auch wenn ihre Umgebung zunächst so von der Gewißheit der Verheiratung durchdrungen war, daß man nicht richtig hinhörte.

Einer dieser Fixpunkte war ihre Überzeugung, daß eine zu frühe Regelung der Nachfolgefrage, etwa durch die vom Parlament gewünschte Designation einer bestimmten Person zum derzeitigen Thronfolger, politisch nachteilig sei, weil damit dem Souverän schon zu Lebzeiten eine Alternative zugeordnet würde (wie sie selbst es gegenüber ihrer Schwester in deren letzten Regierungsjahren gewesen war). Wenn ihre Untertanen bewegt darüber klagten, daß das Leben der Königin der einzige Garant ihres Wohlergehens sei, so war Elisabeth die Konzentration des Interesses und der Hoffnungen auf die Person der regierenden Monarchin nur recht. Sie wollte, solange sie lebte, als konkurrenzloses Zentrum des Staates betrachtet werden müssen.

Zu dieser Einstellung paßt es, daß sie sich mit besonderer Vehemenz gegen die Ansicht wandte, die Königin müsse schleunigst heiraten, damit das Land einen Herrn bekäme und richtig regiert werden könne – eine Unterstellung, die in vielen Äußerungen führender Regierungs-

und Parlamentsmitglieder deutlich genug zum Ausdruck kommt. Sie hat ihre Auffassung ›Ihr braucht keinen Herrscher; ich regiere Euch‹ so oft und mit solchem Nachdruck vorgetragen, bis es ihr auch der letzte Mann glaubte. Als das Parlament von 1566 sie nötigen wollte, ihr Heiratsversprechen zu erneuern und die Thronfolge festzulegen, donnerte sie in ihrer Erwiderung:

»Though I be a woman, yet I have as good a courage, answerable to my place, as ever my father had. I am your anointed Queen. I will never be by violence constrained to do anything. I thank God I am endued with such qualities that if I were turned out of the realm in my petticoat, I were able to live in any place in Christendom.«[27]

»Und obwohl ich eine Frau bin, habe ich doch ebensoviel Courage, meiner Position angemessen, wie sie mein Vater je hatte. Ich bin Eure gesalbte Königin. Ich werde mich niemals durch Gewalt zwingen lassen, irgend etwas zu tun. Ich bin – Gott sei Dank dafür – mit solchen Eigenschaften ausgestattet, daß ich selbst dann, wenn ich im Unterrock aus dem Land getrieben würde, in der Lage wäre, an jedem beliebigen Ort in der Christenheit zu leben.«

Wenn Elisabeth als Frau auf dem Thron keinen Mann an ihre Seite oder über sich setzt, so handelt sie damit den herkömmlichen Erwartungen zuwider, aber sie strebt keineswegs eine männliche Rolle an. Es ist ihr Streben zu zeigen, daß sie als Frau das Königsamt genausogut wahrnehmen kann wie ein Mann, wenn nicht sogar besser. Sie benutzt zum Ausdruck ihres Konzepts des Verhältnisses von Person und Amt die andere Frauenrolle, die neben der einer Ehefrau und Mutter in der abendländischen Tradition seit jeher zur Verfügung steht, nämlich die der Jungfräulichkeit im Dienste Gottes.

Auch nach der Aufhebung der Klöster und nach der

Ausrottung des Kults der Jungfrau Maria ist die Vorstellung noch lebendig, daß der jungfräuliche Stand mit seiner Reinheit in der moralischen Hierarchie über dem Ehestand rangiere, und mit der Abschaffung der Zölibatspflicht für männliche Geistliche erlischt weder die Praxis der Ehelosigkeit als Regelfall für höherrangige Gottesdiener (wie Bischöfe) noch die Auffassung, daß der Mensch, der von der Sorge um seine Familie und von der Liebesbindung an eine andere Person befreit und durch die Abtötung seiner Begierden geläutert und vergeistigt ist, Gott am besten dienen kann. Elisabeth steht trotz des Wetterns der Puritaner gegen das Ideal der Ehelosigkeit als papistisches Relikt nicht nur das archetypische Muster der jungfräulichen Königin, sondern auch noch die konkrete Rolle der *sponsa dei*, der Frau, die sich Gott geweiht hat und den Ehering als Zeichen dieser Brautschaft trägt, zur Verfügung.

Die Antwort, die sie Anfang 1559 ihrem ersten Parlament auf eine Petition in Sachen Heirat und Nachfolgeregelung gab, enthält, eingebettet in den Kontext unbestimmter Versprechungen, eine Verheiratung wohlwollend zu erwägen, bereits das ganze Konzept einer *Virgin Queen* mit betonter religiöser Komponente und mit ideellen Äquivalenten für Ehe, Mutterschaft und Familie. Der Wortlaut der entscheidenden Passagen in einer berichteten Version:

»Concerning marriage which you so earnestly move me to, I have been long since persuaded that I was sent into this world by God to think and do those things chiefly which may tend to his glory. Hereupon have I chosen that kind of life which is most free from the troublesome cares of this world, that I might attend the service of God alone. From which if either the tendered marriages of most potent Princes, or the danger of death intended against me could have removed me, I had long ago enjoyed the honour of an husband. And these things have I thought upon, when I was a private person. But now that the public care of governing the Kingdom is laid upon me, to draw upon me also the cares of marriage may seem a point of inconsiderate folly, yea, to satisfy you, I have already joined myself in marriage to a husband, namely, the Kingdom of *England*. And behold, (said she, which I marvel you have forgotten,) the pledge of this my wedlock and marriage with my Kingdom, (and therewith she drew the ring from her finger and showed it, wherewith at her coronation she had in a set form of words, solemnly given herself in marriage to her Kingdom). Here having made a pause, And do not (says she) upbraid me with miserable lack of children; for every one of you, and as many as are Englishmen, are children and kinsmen to me: Of whom if God deprive me not (which God forbid) I can not without injury be accounted barren. [...] And to me it shall be a full satisfaction both for the memorial of my name and for my glory also if when I shall let my last breath it be engraved upon my marble tomb, *Here lies* ELIZABETH, *which reigned a virgin, and died a virgin.*«[28]

»Bezüglich der Ehe, zu der ihr mich so ernsthaft drängt, ist es schon lange meine Überzeugung, daß Gott mich auf diese Welt gesandt hat, um hauptsächlich jene Dinge zu denken und zu tun, die seiner Ehre dienen. Daraufhin habe ich jene Lebensform gewählt, die am ehesten frei von den lästigen Sorgen dieser Welt ist, damit ich mich ausschließlich dem Dienst Gottes widmen konnte. Wenn mich die angebotenen Heiraten mit höchst mächtigen Fürsten oder die Gefahr tödlicher Anschläge auf mein Leben davon hätten abbringen können, dann hätte ich mich schon längst der Ehre eines Ehemanns erfreut. Und diese Dinge habe ich mir überlegt, als ich noch eine Privatperson war. Aber nun, wo mir die öffentliche Aufgabe auferlegt worden ist, das

Königreich zu regieren, möchte es als ein Akt gedankenloser Torheit erscheinen, wenn ich auch noch die Sorgen des Ehestandes auf mich zöge. Fürwahr, um eurem Anliegen Genüge zu tun, habe ich mich bereits einem Ehemann angetraut, nämlich dem Königreich England. Und seht hier (sagte sie) – und ich wundere mich, daß ihr das vergessen habt – das Unterpfand dieser meiner Heirat und Ehe mit meinem Königreich (und dabei zog sie den Ring vom Finger und zeigte ihn vor, mit dem sie sich bei ihrer Krönung mit einer festen Formel feierlich ihrem Königreich anvermählt hatte). Nachdem sie hier eingehalten hatte, sagte sie: Und haltet mir nicht vor, ich hätte unglücklicherweise keine Kinder; denn jeder von euch und alle Engländer, die es gibt, sind für mich Kinder und Verwandte; und solange Gott mir die nicht nimmt (was Gott verhüte), kann mich billigerweise niemand für unfruchtbar halten. [...] Und ich werde völlig zufrieden sein, sowohl was das Weiterleben meines Namens als auch meinen Nachruhm angeht, wenn nach meinem letzten Atemzuge auf meinem Grabmarmor eingemeißelt steht: Hier liegt Elisabeth, die als Jungfrau regierte und als Jungfrau starb.«

Der Elisabeth-Kult

Die Parlamentarier und die königlichen Räte brauchten lange, bis sie sich mit einer alleinregierenden und nachkommenlosen Frau abfanden. Bei der breiten Bevölkerung dagegen war die Vorstellung einer königlichen Jungfrau, die mit der Nation verheiratet war und sich als Mutter ihrer Untertanen betrachtete, von Anfang an populär. Schon aus den ersten Regierungsjahren stammt eine Volksballade mit dem Titel »A song between the Queen's Majesty and England«[29], in der eine schöne Dame namens Bessy die Werbung ihres Verehrers England erhört und ihm Hand und Herz auf ewig gibt.
England ruft:

Come over the bourn, Bessy, / Come over the bourn,
    Sweet Bessy, come over to me,   ⌊Bessy,
And I shall thee take / and my dear lady make
    Before all other that ever I see.

»Komm über den Bach, Bessy, / Komm über den Bach, Bessy, / liebe Bessy, komm herüber zu mir, / und ich will Dich nehmen / und zu meiner lieben Frau machen / vor allen, die ich je sah.«

Bessy antwortet:

Here is my hand, / my dear lover England,
    I am thine both with mind and heart
Forever to endure / thou mayst be sure
    Until death do us two depart.

»Hier ist meine Hand, / mein teurer Liebster England, / Ich bin Dein mit Herz und Sinn / für immer und ewig, / des magst Du gewiß sein, / bis daß der Tod uns zwei scheidet.«

Wie in Elisabeths eigenen Verlautbarungen wird auch in dem allegorischen Liebesgedicht Gottes Auftrag an die jungfräuliche Braut und Königin hervorgehoben.
England betet:

Oh sweet virgin pure / long may ye endure
    To reign over us in this land,
For your works do accord / ye are the handmaid of the
                         Lord,
    For he hath blessed you with his hand.

»O süße, reine Jungfrau, / lange möge es währen, / daß Ihr über uns herrscht in diesem Land, / denn Eure Taten weisen es aus: / Ihr seid die Magd des Herrn, / denn er hat Euch gesegnet mit seiner Hand.«

So wie sich hier die Huldigung an Elisabeth der biblischen Terminologie der Verehrung Mariens, Jungfrau rein und Magd des Herrn, bedient, kommt auch in anderen Gedichten und in bildlichen Darstellungen unübersehbar zum Ausdruck, daß der Kult Elisabeths eine Stelle besetzt, die durch die Abschaffung des Marienkults freigeworden ist.

Neben dieser hauptsächlich durch religiös-christliche Vorstellungen geprägten Funktion gewinnt für Elisabeth eine zweite Rolle Bedeutung, die aus der Tradition der höfischen Kultur stammt: die Hohe Dame der Lyrik. Seit der Einführung des Sonetts als einer Gedichtform mit zugeordneten konventionellen Inhalten in der ersten Hälfte des 16. Jahrhunderts gibt es auch in England jene idealisierte und standardisierte Idealfigur, von der unzählige Gedichte handeln. Diese Dame, die man auch als *sonnet lady* bezeichnet, ist eine hehre, königliche und göttliche Gestalt, in der sich makellose Schönheit, intellektuelle Brillanz und reine Tugend vereinen. Sie ist so schön, daß jeder, der sie sieht, sie liebend verehren muß. Sie aber bleibt unnahbar auf ihrem Piedestal und erhört keinen ihrer schmachtenden Liebhaber, einmal deshalb, weil ewige Keuschheit zu ihrer Tugendhaftigkeit gehört, zum andern aber auch, weil ein Wesen von solcher Idealität nur allein über allen Sterblichen thronen kann.

Jeder elisabethanische Dichter stilisiert seine Geliebte, mag sie tatsächlich existieren oder imaginär sein, auf diese Weise. Bei keiner Person ist diese Stilisierung weniger unangemessen als bei der *Virgin Queen*. Ein beträchtlicher Teil der elisabethanischen Lyrik besteht aus Gedichten über die Königin und an die Königin.

Die Elisa-Dichtung, an der sich eine Reihe von prominenten Höflingen wie Sir Philip Sidney, der Graf von Essex und Sir Walter Ralegh, alle bekannten Dichter der Epoche und viele Namenlose beteiligten, ist ein poetisches Feld für sich, das seine eigenen Konventionen ent-

Volkskult. Elisabeth als Holzschnitt
Illustration einer Ballade zum 42. Jahrestag der Thronbesteigung

wickelt. So versuchen die Autoren, durch die Suche nach immer neuen Namen und Attributen der drohenden Monotonie zu entgehen. Die Königin wird mit Diana/ Artemis, der Göttin des Mondes, der Keuschheit und der Jagd, und mit Astraea, der himmlischen Jungfrau, identifiziert und als Gloriana, Cynthia, Belphoebe oder Flora gefeiert; sie ist der gute Pelikan und der mächtige Adler, Stern des Nordens und Herrin über die Meere, Patronin des Friedens und Vorbild der Fürsten, Begründerin eines zweiten Troja und Herrscherin über eine neue *aetas aurea*. Ihr Name wird kunstvoll in lateinische und englische Poeme verwoben. Als Beispiel eine der 26 *Hymnes of Astraea* von Sir John Davies, die alle mit ihren Zeilenanfängen den Namen der Adressatin, ELISABETHA REGINA, buchstabieren:

To Astraea.

E ternal Virgin, *Goddess* true,
L et me presume to sing to you.
I ove, even great *Jove* has leisure
S ometimes to hear the vulgar crew,
A nd hears them oft with pleasure.

B lessed *Astraea*, I in part
E njoy the blessings you impart,
T he *Peace*, the milk and honey,
H umanity, and civill *Art*,
A richer *Dower* than money.

R ight glad am I that now I live,
E ven in these days whereto you give
G reat happiness and glory;
I f after you I should be born,
N o doubt I should my birthday scorn,
A dmiring your sweet story.[30]

»Ewige Jungfrau, wahre Göttin, gestatte, daß ich mich erdreiste, Dir zu singen. Jupiter, sogar der große Jupiter, hat manchmal Muße, der gemeinen Schar [von irdischen Sängern] zuzuhören, und hört sie oft mit Vergnügen an.

Selige Astraea, auch ich genieße einen Teil der Segnungen, die Du erteilst: den Frieden, die Milch und den Honig, Menschlichkeit und zivile [= nichtmilitärische] Kunst – eine Mitgift, die wertvoller ist als Geld.

Heilfroh bin ich, daß ich jetzt lebe, gerade in jener Zeit, der Du großes Glück und Glanz gibst. Wenn ich nach Dir geboren wäre, würde, ich unzweifelhaft aus Bewunderung Deiner herrlichen Geschichte mein Geburtsdatum verfluchen.«

Der Lobpreis der Königin dehnt sich über die lyrischen Formen – Sonett, Lied und Pastorale vor allem – auch auf andere Gattungen wie Drama, Prosaerzählung und Epos aus. Das bedeutendste Epos der Epoche, Edmund Spensers *Faerie Queene*, gehört zum Korpus der Elisabeth-Dichtung. Das unvollendete Riesenwerk handelt auf der wörtlichen Ebene von einer Feenkönigin und den Abenteuern der Ritter in ihren Diensten, auf der Ebene der moralischen Bedeutung von den zwölf aristotelischen Tugenden und auf der Ebene der historischen Allegorie von Elisabeth und England.

Elemente des Elisa-Kults sind auch in den späten Porträts der Königin verarbeitet (– die alle unter Einflußnahme des Hofes entstanden, auch wenn sie von Privatleuten in Auftrag gegeben wurden). Dem sogenannten *Rainbow Portrait* zum Beispiel (Abb. S. 201) liegt ein Programm symbolischer Aussagen zugrunde, das viele Berührungspunkte mit Texten wie den Astraea-Gedichten von Sir John Davies aufweist.[31]

Das Bild, das dem Holländer Marcus Gheeraerts zugeschrieben wird, stammt, dem jugendlichen Aussehen der Dargestellten zum Trotz, aus den letzten Lebensjahren

Elisabeths. Der Sinnspruch »Non Sine Sole Iris« liefert den Schlüssel zur Gesamtbedeutung. Elisabeth trägt einen Regenbogen in der Hand. Sie ist die Sonne; alles Licht und alle Farbigkeit der Epoche gehen von ihr aus. Zugleich weist der Regenbogen, das alttestamentarische Symbol des Friedens und der Versöhnung mit Gott nach einer Heimsuchung, sie als Friedensstifterin nach dem Kriege aus.

In Gewandung und Schmuck wird auf mehrere der kultischen Identifikationen der Königin mit Göttinnen angespielt. Die Mondsichel im Haar verweist auf Diana, die Gloriole des Regenbogens und die Perlenkrone des Kopfputzes deuten auf Gloriana, die Frühlingsblumen auf dem Mieder auf Flora.

Drei Symbole weisen auf herrscherliche Qualitäten hin. Die Schlange auf dem Ärmel steht für Klugheit, *cunning*, und das Herz, das die Schlange im Maul hält, besagt, daß der Verstand der Königin über ihre Gefühle herrscht. Die Vielzahl der Augen und Ohren auf dem Überkleid symbolisiert Gesicht und Gehör als die königlichen Sinne: Elisabeth ist die Person, die (wie die Dreifaltigkeit) alles sieht, alles hört und damit alles weiß. Der Handschuh schließlich, der als Juwel an die Halskrause geheftet ist, ist ein Symbol aus dem Bereich des mittelalterlichen Frauendienstes. Der Handschuh, den der Ritter seiner Dame gibt, ist Zeichen seiner minnenden Dienstbarkeit; Elisabeth ist also eine Herrscherin, der ihre Ritterschaft liebend dient.

Als ein Lesebild, eine Art Text, den man entschlüsseln muß, macht das Porträt noch einmal den sprachlich-semiotischen Charakter der elisabethanischen Kultur und zugleich die Verbindung von Spiel und Ernst – Enträtselungsspiel und ernsthafte politische Proklamation – deutlich.

»Ohne die Sonne kein Regenbogen«
Das Regenbogen-Porträt. Symbole der Herrschertugenden

Das Porträt ist im Sinne einer zunehmenden Kanonisierung und einer immer stärkeren Umdeutung einer lebenden Person in eine zeitlose Idealfigur sicher weiter von der Realität entfernt als manche früheren Bilder Elisabeths. Es ist in einem anderen Sinne aber wesentlich realitätsnäher: Das symbolische Aussageprogramm, das hier dargestellt wird, ist ganz speziell auf Elisabeth bezogen und paßt nicht, wie vieles auf dem Krönungsbild, auf jede Königin. – Daß die greise Elisabeth nicht nur auf dem Bild, sondern auch in der Wirklichkeit glaubhaft die Rolle einer alterslosen Schönheit verkörperte, geht aus zeitgenössischen Audienzberichten hervor.

Daß die betagte Königin noch immer als Gestalt von jugendlicher Schönheit gemalt und besungen wird, stört niemanden; es ist schließlich die Aufgabe der Kunst, die Realität zu überhöhen und innere Werte als äußere Qualitäten sichtbar zu machen. Die gelehrten Arabesken der Astraea-Poeten sind aber nicht jedermanns Sache, und so bleibt die Verehrung Elisabeths als madonnenähnliche Figur die populärere Form.

Alle Ebenen des Kults vereinen sich in der jährlichen Feier des *Accession Day*, des Gedenktages der Thronbesteigung Elisabeths am 17. November, der nach 1570 in Aufnahme kommt und in den letzten Jahrzehnten der Regierungszeit zu einem der Höhepunkte im Jahreslauf wird. Auf dem Land ist *Accession Day* vor allem ein Kirchenfest mit Glockenläuten und Dankgottesdienst. In den Städten werden nach altem Brauch geistliche und weltliche Feiern vereinigt, es gibt nach dem Gottesdienst Umzüge, Theater, Musik und Feuerwerk. Das Hauptfest fand bei Hofe in Whitehall statt. Vor der Königin, den Höflingen und Diplomaten als geladenen Gästen und vor Tausenden von Londonern als zahlenden Zuschauern spielten sich die *Accession Day Tilts* ab, ein Schauturnier und Ritterkarneval nach Art der *Faerie Queene*. Jeder der Kombattanten – meist junge Lords und Offiziere der Leibgarde – hatte sich ein *device* ausgedacht, eine Ritterrolle; er trat kostbar gerüstet und kostümiert mit seinen Knappen als schwarzer Ritter der Melancholie, als Drachentöter oder als Neptun, der Herr der Meere, auf. Er erschien auf einem zur Rolle passenden Prunkwagen, der als Burg, Höhle oder Staatsschiff hergerichtet war, erklärte seine Rolle durch Vers, Rede oder Spielszene, ließ der Königin einen gemalten Schild mit dem *device* in emblematischer Kurzform überreichen und trat dann gegen einen anderen Ritter zum sportlichen Lanzenstechen an. Manchmal erdachte man auch für die Königin ein prächtiges *design*, beispielsweise einen Tempel der Vesta, in dem sie dann mit ihren Hofdamen als Priesterin der Keuschheit figurierte.[32]

Wie es bei anderen symbolischen, metaphorischen und rituellen Aktionen und Darbietungen der elisabethanischen Zeit der Fall ist, steht auch der Kult der *Virgin Queen* nicht neben der Realität oder ist ihr gar als Fiktion entgegengesetzt. Es gab Kritiker – einigen Puritanern roch die Verehrung der Monarchin zu sehr nach papistischem Götzenkult –, es gab Spötter und es gab Selbstironie – der deutsche Graf von Wedel, der 1584 England bereist, berichtet, daß die Königin und ihre Umgebung bei den Darbietungen am *Accession Day* immer wieder schallend gelacht hätten. Im ganzen aber fanden die Zeitgenossen den Kult durchaus angemessen, und auch aus moderner Sicht muß man anerkennen, daß dem vergrößernden und übersteigernden Modus der Huldigungen ein solides Substrat an Realität zugrunde liegt.

Elisabeths Verhältnis zu ihren Untertanen hat tatsächlich viel von einer Familienbeziehung an sich. Sie war die erste und einzige Tudor, die Königspolitik nicht in erster

Linie als Politik im Interesse der eigenen Familie ansah.
Während unter ihren Vorgängern, vor allem unter Vater
und Großvater, ein Großteil der königlichen Aktivitäten
auf Ziele des eigenen Hauses wie Sicherung des Erhalts der
Krone und Mehrung des Grundbesitzes gerichtet war,
hatte Elisabeth in der eigenen und in der jüngeren Generation niemanden, den sie als Mitglied ihres Hauses betrachtete. Da niemand im 16. Jahrhundert leben und handeln
kann, ohne sich als Angehöriger einer Familie zu begreifen, muß sie notwendigerweise den Hof und das ganze
Land als das Haus ansehen, dem sie vorsteht. Sie ist Mutter der Nation, und sie ist mit ihrem Amt verheiratet.

Selbst das höfisch-petrarkistische Rollenspiel um
Astraea und ihre Verehrer ist nicht etwas, was nur in
Gedichten und auf dem Papier stattfindet. Wir sahen
schon anläßlich der Heiratsverhandlungen mit Alençon
und seinem Vertrauten Simiel, daß die Fiktionen der Liebe zu einer Person von göttergleicher Schönheit auch in
einer sehr handfesten politischen Wirklichkeit ihren Platz
haben, und zwar nicht nur als müßig-kultiviertes Vergnügen neben der Hauptsache, sondern als der Rahmen,
innerhalb dessen sich das Kennenlernen und der Aufbau
einer noch unverbindlichen Beziehung, die ohne Wunden
wieder abgebrochen werden kann, bewerkstelligen läßt.

Auch in ihrer eigenen Umgebung war Elisabeth bis in
ihr Alter das Zentrum eines nach den Regeln des Petrar-
kismus ablaufenden Werbungs- und Verehrungsspiels, an
dem sich die gleichen Männer beteiligten, die mit ihr das
Geschäft der Politik betrieben. Man schrieb der Königin
liebende, bewundernde und verlangende Briefe, man
dichtete, war eifersüchtig aufeinander und auf fremde
Bewerber wie Alençon. Die Herren erfanden für ihre
Dame neue Ehrennamen und manchmal eine ganze
Mythologie; Elisabeth verlieh jedem ihrer Männer einen

Spielnamen, der auf seine Dienste für sie hinwies: Leicester hieß »Elizabeth's Eyes«, Hatton hieß »Lids«, Walsingham war ihr »Moor« und Burghley wurde »Sir Spirit« genannt. Manche taten sich im Petrarkisieren besonders hervor, Leicester und Hatton vor allem, die beide um der Beziehung zur Königin willen auf eine Heirat verzichteten; andere spielten unbegeistert mit, Burghley vor allem.

Für alle Beteiligten war die stilisierte Liebe zugleich kulturelle Aktivität und Lebensbewältigung. Es liegt auf der Hand, daß die distanzierte Liebe der Gruppe von Hofleuten für Elisabeth den Charakter eines Äquivalents für eine persönliche Zweierbeziehung hatte. Vermutlich war die Rolle des liebenden Verehrers für die Männer ebenso wichtig, weil sie ihnen half, ihre Unterordnung unter das Kommando einer Frau zu ertragen – ein Los, unter dem sie alle tüchtig litten.

Für die Nation im ganzen war der Kult der Königin so vorteilhaft, daß man in neuerer Zeit gelegentlich geargwöhnt hat, die elisabethanischen Politiker hätten ihn aus zweckrationalen Gründen erdacht und eingeführt. England war in der zweiten Hälfte des 16. Jahrhunderts nicht freier von religiösen und sozialen Konflikten und von Spannungen zwischen Landesteilen als kontinentale Staaten, aber es war das einzige Land, in dem solche Differenzen nicht zu einer Eruption von Unruhen und Gewalttätigkeiten führten. Die gemeinsame Beziehung zur Königin – in der zweiten Hälfte der Regierungszeit geradezu eine Fixierung auf diese Person – war das stärkste einigende Band. Das gilt in besonderem Maße für das konfliktträchtigste Spannungsfeld, das der Religion. Der Kult der *Virgin Queen* erleichterte nicht nur den Übergang vom Katholizismus mit seinen sinnlichen und volkstümlichen Formen der Marien- und Heiligenverehrung zu den strengeren und abstrakteren Formen des Protestantismus, sondern fungierte auch als gemeinsames Dach – wenn nicht gar als eine Art von Metareligion – für die im Grunde unverträglichen Strömungen innerhalb der englischen Kirche.

Schließlich hängen auch das Anwachsen des Gefühls der Zusammengehörigkeit als Nation und des nationalen Selbstbewußtseins beim Vergleich mit kontinentalen Ländern mit der gemeinsamen Beziehung zu einer Monarchin zusammen, die so offensichtlich etwas Herausgehobenes, Besonderes, nur in dieser Nation zu Findendes ist: eine Frau, die allein steht, und die scheinbar immerwährend lebt und regiert.

Die große Armada

Die Außenpolitik unter Elisabeth

Der englische Sieg über die Armada im Jahre 1588, das spektakulärste außenpolitische Ereignis der Epoche, hatte eine lange Vorgeschichte. Das traditionelle Einvernehmen zwischen England und Spanien, dessen Höhepunkt die Ehe zwischen Königin Maria und König Philipp gewesen war, hatte nie auf einer tieferen Freundschaft oder Interessengemeinschaft der beiden Nationen beruht, sondern resultierte hauptsächlich daraus, daß England ständig und Spanien häufig einen antifranzösischen Kurs steuerte. Nachdem Elisabeth keine ernsthaften Gebiets- und Kronansprüche mehr stellte, lag eine Umorientierung auf Freundschaft mit Frankreich nahe, und das wiederum mußte eine neue Abkühlung des Verhältnisses zu Spanien zur Folge haben.

Eine tiefere Kluft schuf die religionspolitische Entzweiung. Mit Elisabeths Regelung der Kirchenfragen von 1559 war England endgültig ein protestantisches Land, das nur mit Gewalt rekatholisiert werden konnte, während Spanien, das einzige größere Land ohne Reformationsbewegung und ohne protestantischen Bevölkerungsanteil, sich als Bollwerk des Katholizismus verstand. Obwohl Elisabeth die ihr manchmal angetragene Rolle einer Schirmherrin der protestantischen Sache in ganz Europa entschieden von sich wies und Philipp, schon eher zu Interventionen aus religionspolitischen Gründen bereit, auch nicht daran dachte, nur um des Glaubens und des Papstes willen einen Krieg mit England zu beginnen, waren die beiden Nationen fortan doch permanent in entgegengesetzten Lagern.

Vor dem Hintergrund dieser generellen Spannungen entwickeln sich zwei aktive Konflikterde, der Atlantik und die Niederlande.

England war trotz seiner Lage im Meer bis in die Zeit Elisabeths hinein keine Seemacht, auch wenn schon ihr Großvater gelegentlich Entdeckungsfahrten finanzierte und ihr Vater eine Kriegsmarine gründete. Das Meer war nach angestammtem britischen Verständnis eher ein Ort der Gefährdung, nach Kräften zu meiden, als ein Feld für Aktivitäten. Als sich das im 16. Jahrhundert langsam änderte und sowohl die Kaufmannschaft als auch der Hof Interesse an maritimen Unternehmungen zeigte, schien es bereits zu spät zu sein. Die beiden älteren Seemächte, Spanien und Portugal, hatten schon kurz nach der Entdeckung Amerikas durch Kolumbus die Ozeane und die neu zu entdeckende Welt unter sich aufgeteilt. Nach dem Vertrag von Tordesillas (1494) sollte der westlich der Azoren gelegene Teil der maritimen Welt (vor allem Westindien und die angrenzenden Regionen Amerikas) spanisch und der östliche Teil (Afrika, Indien und der Ferne Osten) portugiesisch sein. Nur die kommerziell uninteressanten und unwirtlichen Breiten nördlich der Azoren – das Seegebiet um das heutige Kanada und das Eismeer nördlich von Skandinavien – waren vom spanisch-portugiesischen Anspruch ausgenommen.

Seeherrschaft und Handelsmonopol gehörten zusammen. Die Spanier ließen keinen Engländer am lukrativen Geschäft mit ihren Kolonien in der Karibischen See teilnehmen. John Hawkins, der erste in der Reihe der fähigen Kapitäne der elisabethanischen Zeit, versuchte in den Jahren nach 1560 auf drei Expeditionen, sich in den Handel mit afrikanischen Sklaven in Mittelamerika einzudrängeln, indem er die lokalen spanischen Behörden überredete, bestach oder einschüchterte. Zwei der von einem Konsortium von Geldgebern finanzierten Unternehmungen verliefen gewinnreich, wenn auch nicht ohne Komplikationen. Das dritte, das er mit einer ganzen Flotte unternahm, scheiterte. Bei einem Aufenthalt in einem spanischen Kolonialhafen, San Juan de Ulea, wurden seine Schiffe unter Bruch von Abmachungen angegriffen; nur zwei Schiffe und wenige Seeleute, darunter Hawkins selbst und sein begabtester Schüler, Francis Drake, fanden nach England zurück.

Von da an beschritten englische Seefahrer zur Teilhabe an den Reichtümern der Neuen Welt einen Weg, den französische und holländische Kapitäne schon vorgezeichnet hatten, den der Seeräuberei. Unter der Losung ›Rache für San Juan‹ griffen Freibeuter auf wendigen, mit weittragenden Kanonen neuester Bauart bestückten Schiffen spanische Transporter und karibische Niederlassungen an und machten Beute, zum Jubel der englischen Bevölkerung, der alles Spanische verhaßt war, und zum Profit der Geldgeber, die an diesen Musterstücken der freien Marktwirtschaft unter dem Strich ein Vielfaches ihrer Einsätze verdienten. Auch das bedeutendste nautische Unternehmen der Epoche, Drakes Weltumseglung (nach der Magellans die zweite überhaupt) in den Jahren 1577 bis 1580, war eine Piratenfahrt. Nach der Durchquerung der Magellanstraße konnte Drake mit seiner »Golden Hind« im Pazifik unter den ungeschützten spanischen Galeonen wildern; allein die Silberladung der »Cacafuego« überstieg im Wert den Einsatz der Finanziers, die insgesamt einen Gewinn von über 4000 Prozent verbuchen konnten. Zu den Geldgebern und Förderern gehörte vor allem Königin Elisabeth, die ihr Engagement freilich geheimhielt, nicht nur vor den Spaniern, sondern auch vor Burghley, einem der wenigen, die die Freibeuterei aus rechtlichen und moralischen Gründen ablehnten.

Die legitimen, nicht in Konflikt mit den Monopolisten Spanien und Portugal durchgeführten Unternehmungen zur See konzentrierten sich vor allem auf die Suche nach der legendären Nordwestpassage, einem besonders von englischen Geographen angenommenen nördlichen Seeweg um Amerika herum in den Pazifik. Es dauerte lange, ehe man begriff, daß im Norden des amerikanischen Kontinents andere Verhältnisse herrschten als in den vom Golfstrom begünstigten nordeuropäischen Breiten und daß eine eisfreie und befahrbare Route nicht existierte. Bei den verlustreichen Expeditionen kam außer vielbewunderten seemännischen Leistungen wenig heraus, und auch von den Versuchen, an der Küste Nordamerikas Kolonien zu gründen, hatte keiner Bestand. Die meisten Siedlungen, darunter auch Raleghs nach der jungfräulichen Königin benannte Gründung Virginia, gingen nach kurzer Zeit ein.

Auch wenn man die punktuellen Gewinne aus der Freibeuterei mitrechnet, erscheint die Bilanz der Seeunternehmungen in den ersten 25 Jahren unter Elisabeth in materieller und politischer Hinsicht dürftig. Nachhaltig verändert wurde jedoch die Einstellung der gesamten Bevölkerung zur Seefahrt. Die Seeabenteuer englischer Heroen, alsbald in Berichten, Liedern und Gedichten gefeiert und verklärt, verwandelten das Meer in der populären Vorstellung in einen Raum der Phantasie und der finanziellen und spirituellen Erwartungen, und Englands Lage wurde nicht mehr nur als Abseits, sondern auch als Position besonderer Chancen gesehen.

Für Spanien bedeuteten die englischen Aktivitäten zur See ein ständiges Ärgernis, aber keinen wesentlichen und als Kriegsgrund ausreichenden Aderlaß. Politisch gravierender waren die Konflikte in den Niederlanden. In den Niederlanden lag das einzige Gebiet auf dem Kontinent, das für England lebenswichtig war. Die englische Wirtschaft war ohne Holland und Flandern gar nicht recht funktionsfähig. Sie brauchte ungehinderte Verbindungen zu Antwerpen, ihrem wichtigsten auswärtigen Finanz- und Handelsplatz, und zu ihren Umschlaghäfen für Exporte und Importe im Scheldedelta, Flushing (Vlissingen) und Brill, die England durch Vertrag zu eigener Verwaltung und Bewachung überlassen waren.

Solange das Herzogtum Burgund, ein kleinerer, meist mit England befreundeter Staat, die Territorialherrschaft in den Niederlanden ausübte, hatte das englische Vorwerk auf dem Festland im großen und ganzen funktioniert. Inzwischen aber waren die Niederlande (mit ganz Burgund) durch Heirat und Erbgang an das Haus Habsburg gefallen. Philipp II., seit 1556 Herrscher über Spanien und die Niederlande, machte sich daran, diesen Teil seines Reiches unter Beschneidung aller Selbstverwaltungsprivilegien der Stände und Kommunen fest in seine Hand zu bekommen und den Protestantismus, der dort eine Hochburg hatte, zu bekämpfen.

Als die Niederländer sich erhoben und die nördlichen (holländischen) Provinzen ihre Unabhängigkeit erklärten, sahen sie in England den natürlichen Verbündeten und Helfer. Elisabeth war zwar zur Unterstützung bereit, nicht jedoch zu militärischem Eingreifen und Krieg gegen Spanien. Es gab im *Council*, nicht nur in dieser Frage, Falken und Tauben. Leicester und Walsingham gehörten zu den Falken, Burghley meist zu den Tauben. Elisabeth übertraf alle Tauben an Entschlossenheit, einen Krieg fast um jeden Preis zu vermeiden – weil er ein Übel war, weil sie als Frau auf dem Thron sich zur Herrin des Friedens berufen sah, weil er die Finanzkraft der Nation überforderte.

Bis in die Mitte der achtziger Jahre setzte Elisabeth sich durch. Als dann aber die endgültige Niederschlagung der Befreiungsbestrebungen durch Philipps Statthalter, Alexander Farnese, Fürst von Parma, und damit eine direkte Bedrohung Englands durch Spanien bevorzustehen schien, stimmte sie einer militärischen Intervention zu. Im Dezember 1585 übernahm Leicester das Kommando über ein englisches Expeditionskorps von fast 9000 Mann.

Leicester, der mit einem gewaltigen Troß übersetzte – mit Kutschen und Sänften und 44köpfigem Küchenpersonal – genoß es, sich als angehender Befreier in großen Festzügen fern vom Zugriff seiner Königin feiern zu lassen. Als Kommandeur und als Politiker versagte er kläglich. Die Armee, in der die edelsten jungen Herren Englands als unerfahrene Offiziere freiwillig dienten, verkam in Inkompetenz und Korruption. Das einzige bemerkenswerte militärische Ereignis war ein an sich belangloses Scharmützel bei Zutphen, in dem Sir Philip Sidney, Hofmann, Dichter und Idol der Nation, tödlich verwundet wurde. Elisabeth berief, als man ihr das Desaster nicht länger verheimlichen konnte, Leicester ab, konnte aber das militärische Engagement gegen Spanien nicht rückgängig machen.

Die Fahrt der Armada

Inzwischen war in Spanien die Entscheidung zum Krieg gefallen. Philipp von Spanien, seit 1580 in Personalunion auch König von Portugal, ließ in den Häfen der iberischen Westküste die Armada, die größte Streitmacht der Welt, zur Fahrt gegen England aufrüsten. Walsinghams Geheimdienst erfuhr schon in den ersten Phasen, im Frühjahr 1586, von den Vorbereitungen. Elisabeth und der Hof wurden über jeden weiteren Schritt der Spanier informiert und konnten gegenrüsten, während sie noch über eine Aufrechterhaltung des Friedens weiterverhandelten.

Nach der vorherrschenden Einschätzung waren die Spanier in der bevorstehenden Auseinandersetzung hohe Favoriten. Die spanische Kriegsflotte war unbesiegt; sie hatte noch unlängst, 1571, zusammen mit ihren Verbündeten die türkische Flotte bei Lepanto glorreich geschlagen. Die spanische Handelsmarine, auch die größte der Welt, hatte eine fast hundertjährige Erfahrung in der regelmäßigen Überquerung des Atlantik. Die Engländer dagegen, deren Flotte noch im Aufbau war, hatten noch nie an einem Seekrieg oder auch nur an einer einzigen regelrechten Seeschlacht teilgenommen. Drake, der Schrecken der Meere, war zwar der berühmteste Seemann Europas, aber er war doch nur ein Pirat, der im Höchstfall mit einem kleineren Geschwader operieren konnte.

Es gab jedoch auch vor der Probe aufs Exempel schon Sachkenner, die ihre Zweifel an der nautischen und militärischen Überlegenheit der spanischen Marine hatten, jedenfalls das Stärkeverhältnis nicht eindeutig zu ihren Gunsten sahen. Die spanische Kriegsflotte war eine Mittelmeerflotte; sie bestand zum großen Teil noch aus Galeeren, geruderten Schiffen, mit denen man im rauheren Wasser der Biskaya oder des Kanals wenig anfangen konnte. Die vorherrschende Taktik war die des Rammens und Enterns, bei der die Schiffe als Transportmittel für Truppen dienen, deren Kampfweise der bei Landschlachten üblichen ähnelt. Die spanischen Handelsschiffe, die als Begleitschiffe auch bei militärischen Operationen gebraucht wurden, waren langsam und schwerfällig.

Die englische Kriegsmarine, deren Organisation und Infrastruktur auf Heinrich VIII. zurückging, hatte einen kleineren, aber moderneren Kern von etwa dreißig Schiffseinheiten – teils Neubauten, teils Ankäufen aus Privathand. In diese Flotte, für deren Ausbau seit mehr als zehn Jahren ein *sea-dog* der ersten Generation, John Hawkins, der Veteran von San Juan de Ulea, verantwortlich war, waren vor allem die Erfahrungen des Kaperkrieges und der Freibeuterei eingegangen. Der Erfolg bei Kaperunternehmen hängt – entgegen allem, was wir aus Seeräuberfilmen wissen – nicht von Entermannschaften ab, die säbelfuchtelnd im Tauwerk schwingen, sondern von der Wendigkeit der Schiffe und von der Qualität der Artillerie, die mit Breitseiten – Salven aus starren Kanonen, bei denen mit dem ganzen Schiff gezielt wird – den Gegner manövrierunfähig zu machen versucht. Entsprechend waren die meisten Schiffe der englischen Marine flacher, leichter zu segeln, schwächer bemannt und stärker bestückt als Galeonen älterer Bauweise.

Die Spanier hatten den Vorteil der Initiative, aber die Nachteile eines langen Anmarschweges und eines umständlichen, vom Zusammenspiel mehrerer Faktoren ab-

hängigen Operationsplans. Es war nicht geplant, die englische Flotte zu einer entscheidenden Seeschlacht zu stellen; da England keine auf Seemacht und Überseehandel
angewiesene Nation war, hätte ein Sieg über die Flotte
keinen Sieg über das Land bedeutet. Vorgesehen war vielmehr eine Eroberung Englands (und Absetzung Elisabeths) mit der Armada als Invasionsflotte. Die Invasions-
truppen, Landsoldaten, sollten nur zum geringeren Teil –
10 000 Mann – von Spanien aus antransportiert werden;
der größere Teil sollte aus der Armee Parmas in den Niederlanden kommen und zwischen Calais und Ostende auf
offener Reede an Bord genommen werden, da es in den
spanischen Niederlanden keinen brauchbaren Hafen für
Großschiffe gab.

Die Aufstellung der Streitmacht dauerte zwei Jahre,
länger als vorgesehen, nicht zuletzt deshalb, weil Drake
(der schon im Winter 1585/86 ein kühnes Angriffsunter-
nehmen gegen spanische Schiffe und Besitzungen in
Übersee durchgeführt hatte) im Frühjahr 1587 mit einem
größeren Geschwader vor der spanischen Küste auf-
tauchte und die Vorbereitungen durch Vernichtung von
Schiffen und Material empfindlich störte.

Elisabeth hatte diesem Unternehmen ihren Segen gegeben, ließ sich aber nicht bewegen, dem Rat ihrer Seehelden und der Admiralität (an deren Spitze sie nicht einen
ihrer forschen Heroen, sondern einen bedächtigen Aristokraten, Lord Howard of Effingham, stellte) zu folgen
und den Kampf in spanische Gewässer zu verlegen. Sie
verfügte und praktizierte gelassenes Warten.

Die Armada, die im Mai 1588 von Lissabon aus ihre
Fahrt begann, umfaßte 130 Schiffe, von denen 124 das
Seegebiet vor England erreichten. Nur etwa 24 dieser
Schiffe waren größere Kriegsschiffe (über 200 Tonnen),
der Rest bestand aus bewaffneten Handelsschiffen, Ver-

sorgungsschiffen, Truppentransportern und kleineren Einheiten für den Vorposten- und Depeschendienst.

Die englische Flotte, deren größter Teil in Plymouth wartete, war ähnlich zusammengesetzt. Sie war an Zahl der Schiffseinheiten (197), an Tonnage und an Feuerkraft überlegen. Ein genauer Stärkevergleich hängt von der Gewichtung der einzelnen Faktoren (Typ, Tonnage, Besatzung, Bestückung usw.) ab und ist insofern subjektiv. Die Frage der rechnerischen Überlegenheit oder Unterlegenheit ist auch – außer in der Legende vom Kampf der Kleinen gegen die Großen – einigermaßen irrelevant, da es weder dem Plan nach noch in der Wirklichkeit zu einem Sich-Messen der gesamten Flotten kam.

Am 20. Juli kam die Armada vor Plymouth in Sicht. (Nach der anekdotischen Überlieferung waren Drake und Hawkins gerade beim Kugelspiel – *bowls* –, als die Meldung kam, und spielten unbekümmert die Partie zu Ende, ehe sie an Bord gingen.) Der spanische Konvoi konnte auf dem langen Weg durch den Kanal wegen der langsamen Begleitschiffe nur mit einer Geschwindigkeit von 3 Knoten, im Fußgängertempo also, vorankommen. Der Flottenkommandant, der Herzog von Medina Sidonia – ein bewährter Administrator ohne Marineerfahrung –, ließ die Schiffe zu einem geschlossenen Pulk formieren, der die Form eines nach hinten offenen Bogens oder – wie es Zeitgenossen mit ihrem Hang zur Symbolik beschrieben – der Sichel des wachsenden Mondes hatte. Die stärksten Schiffe sicherten den vorderen Bogen und die Spitzen der Sichel; die unbewaffneten kamen in die Mitte. Gegen alle Versuche der wesentlich schnelleren englischen Schiffe, den Pulk aufzubrechen, hielten die Spanier die Formation bis Calais, sieben Tage lang, durch, eine auch vom Gegner bewunderte seemännische Leistung. Die Engländer konnten nur einige Schiffe aufbringen, die wegen Kollision oder Havarie nicht mehr im Konvoi mitsegeln konnten; einige weitere wurden durch Artilleriebeschuß schwer beschädigt. Als die Armada am 27. Juli auf offener Reede vor Calais Anker warf, um Kontakt mit Parma aufzunehmen und auf die Einschiffung der Landungstruppen zu warten, war ihre Kampfkraft noch intakt, auch wenn der Großteil der Munitionsvorräte – 123 790 Kanonenkugeln nach offizieller Zählung – verschossen war.

Die englische Flotte hatte einstweilen keine Angriffsmöglichkeit, verfügte aber auch nicht über genügend Munition und Proviant, um tagelang auf das Einschiffungsmanöver oder auf eine Weiterfahrt der Spanier zu warten. Howard und seine Kommandeure beschlossen, die Spanier mit Brandern anzugreifen und zum Verlassen des Ankerplatzes zu zwingen. Brander, *fireships*, sind mit Pech gefüllte Boote oder Barkassen, die man brennend auf gegnerische Schiffe zutreiben läßt. Da bei Segelschiffen alles – geteertes Holz, Tauwerk und Segel – entflammbar ist, müssen sie den Kontakt mit den Brandern um jeden Preis vermeiden. Beide Seiten waren auf den Einsatz von Brandern, ein Standardmanöver, vorbereitet. Die Engländer hatten fertige Pechboote in Dover, die Spanier hatten die kunstgerechte Gegenmaßnahme getroffen und einen Ring von leichten Pinassen vor den Ankerplätzen postiert, durch den etwaige Brander abgefangen und vom Kollisionspunkt weggeschleppt oder abgedrängt werden sollten. Da die englischen Kommandeure nicht auf die Boote aus Dover warten konnten, unternahmen sie etwas, was vor ihnen noch niemand gemacht hatte: Drake, Hawkins und sechs andere Geschwaderkommodores opferten je ein reguläres Kriegsschiff. Die überdimensionalen Brandschiffe wurden mit Brennbarem und Pulver vollgestopft und in der Nacht vom 28. zum 29. Juli von Kom-

Sieg über die Armada
Der Angriff der englischen Brander vor Calais

mandos, die im letzten Moment ausstiegen, mit gesetzten Segeln, geladenen Kanonen und festgezurrtem Ruder mit Kurs auf die ankernde Flotte in Fahrt gebracht und in Brand gesteckt. Die sichernden Pinassen waren überfordert und konnten nur zwei der Brander vom Kurs abbringen. Im Pulk der Spanier lösten die wie riesige Feuerkugeln auf sie zukommenden Schiffe eine Panik aus. Fast alle Besatzungen kappten die Ankertaue und flohen aufs offene Meer.

Es gelang den Spaniern nicht mehr, die aufgegebene Ordnung ganz wiederherzustellen; auch die Befehlsübermittlung an alle Schiffe blieb außer Funktion. Bei den Artilleriekämpfen am nächsten Tag gab es schwere Verluste. An die Erfüllung des Invasionsauftrags war nicht mehr zu denken. Das Wetter machte dann aus der Niederlage eine Katastrophe. Aufkommender starker Wind aus Süden machte den Rückweg durch den Kanal unmöglich. Die Flotte mußte England und Irland im Norden umsegeln und verlor dabei mehr Schiffe als vorher durch Feindeinwirkung. Nur etwas mehr als die Hälfte der Schiffe und ein Drittel der Besatzungen erreichte Spanien wieder.

Bilder des Sieges

Seeschlachten sind historische Ereignisse, bei denen sich der faktische Verlauf mit ungewöhnlicher Präzision und Vollständigkeit rekonstruieren läßt. Auch im Falle der Armadaschlacht kann man trotz mancher Lücken in der Dokumentation die Wege und Operationen der beiden Flotten, der einzelnen Geschwader und zum Teil sogar individueller Schiffe von Tag zu Tag verfolgen. Es ist jedoch so, daß der tatsächliche Ablauf für kaum einen der zahllosen Schilderer von vordringlichem Interesse ist.

Jeder ist darauf aus, ein so markantes Ereignis mit Bedeutungen aus seinem eigenen geschichtlichen Begriffssystem zu belegen und nach Möglichkeit zu einem tragenden Bestandteil seiner Deutung der Epoche zu machen. Das fängt bei den Zeitgenossen an, die eine exakte Dokumentation holländischen Kartographen und Schiffahrtsexperten überließen, und endet bei modernen Darstellungen, die sich der Ergebnisse der seit einigen Jahrzehnten vorliegenden umfassenden Auswertungen des Archivmaterials gar nicht oder nur zögernd bedienen.

Kennzeichnend für moderne Brechungen der Geschehnisse um die Armada sind neben dem Fortleben der alten Legende vom Sieg Davids gegen den überlegenen Goliath vor allem Bemühungen, das Verhalten der Streitkräfte und ihrer Kommandeure in Einklang mit heutigen Vorstellungen von Heldentum und effizienter Führung zu bringen. Die Bedeutung der Gefechte auf See wird übertrieben, die des Angriffs mit Brandschiffen (eines unheldischen Tricks) herabgemindert; beiden Seiten werden Strategien zugeschrieben, wo in Wirklichkeit nur Problemlösungen *ad hoc* (wie vor Calais) unternommen wurden.

Die Engländer von 1588 waren nicht in erster Linie darauf aus, ihre Seehelden zu feiern oder die Schlacht als einen gemeinsamen Sieg der Nation zu deuten. Sie stellen die Ereignisse auf See, stark umgemodelt und verkürzt, in einen Rahmen, in dem das besondere Verhältnis Englands zu Gott und zur Königin die zentralen Bezugspunkte sind.

Einige Monate nach der Schlacht wurde in den Straßen Londons eine populäre Ballade verkauft und gesungen – nach der Melodie von »Monsieur's Allemande«, einem Alençon gewidmeten Tanzlied –, deren Autor Thomas Deloney, ein Volksdichter aus der City, war. Die erste Strophe heißt:

O Noble *England*,
   fall down upon thy knee:
And praise thy God with thankful heart
   which still maintaineth thee.
The foreign forces,
   that seek thy utter spoil:
Shall then through his especial grace
   be brought to shameful foil.
With mighty power
   they come unto our coast:
To overrun our country quite,
   they make their brags and boast.
In strength of men
   they set their only stay:
But we, upon the Lord our God,
   will put our trust alway.[33]

»O edles England, fall auf die Knie nieder und preise deinen
Gott mit dankbarem Herzen, der dich immerdar erhält. Die
fremdländischen Streitkräfte, die deinen völligen Ruin suchen, werden dann durch seine besondere Gnade schmach-
voll zuschanden kommen. Mit gewaltiger Macht kommen sie
auf unsere Küsten zu. Unser Land total zu verheeren – dessen
brüsten und rühmen sie sich schon. Sie verlassen sich allein
auf menschliche Stärke, während wir unser Vertrauen immer
auf Gott, unseren Herrn, setzen werden.«

Strophe für Strophe wird dann das Motiv der besonderen
Gnade Gottes gegenüber seinen Engländern variiert:
»The Lord no doubt is on our side«[34]: Wie könnte es
anders sein, wenn wir, von ihm ermutigt, für seine heilige
Wahrheit gegen die teuflischen, blutrünstigen, mit dem
römischen Papst verbündeten Spanier kämpfen.
   Die These, daß der Sieg über die Armada der Sieg Gottes in Gottes eigener Sache war, dominiert auch in den
offiziösen Auslegungen der Schlacht. Eine Medaille, die

zum Gedenken an 1588 geschlagen wurde, hat die Umschrift: »Flavit et dissipati sunt«: »Er blies, und sie wurden zerstreut«. Das Münzbild zeigt in geradezu blasphemischer Anlehnung an die Ikonographie göttlicher Strafgerichte des Alten Testaments, wie Jehova aus seiner brennenden Wolke seinen Sturm auf die spanischen Galeonen losläßt, die zugleich von den wacker feuernden (und wesentlich kleineren) englischen Schiffen bedrängt werden.[35]

Für Königin Elisabeth lag einer der Gründe, warum sie militärische Unternehmungen haßte und nach Möglichkeit vermied, in der Notwendigkeit, bei solchen Gelegenheiten das Kommando abgeben und in Hände legen zu müssen, die sie – in der Regel zu Recht – für weniger

Der Armada-Sieg als göttliches Gericht:
»Es blies Jehova und sie wurden zerstreut«
(Gedenkmünze aus den Niederlanden)

kompetent hielt als ihre eigenen. Auch in den Wochen der
Kämpfe zwischen ihrer Marine und der Armada be-
schränkte sich ihre Rolle im wesentlichen auf beherztes
Warten. Dennoch ist die Königin in allen englischen Darstellungen des Kampfes nächst Gott die wichtigste Mit-
kämpferin. Auch der Autor der Volksballade bekräftigt
seinen Appell an alle Landsleute, ihr Land bis zum Tod zu
verteidigen, mit dem Hinweis auf die Königin, die in der
Mitte ihrer Krieger kämpfen will:

> Our gracious Queen
>   does greet you every one:
> And says, she will among you be,
>   in every bitter storm.
> Desiring you,
>   true English hearts to bear:
> To God, and her, and to the land,
>   wherein you nursed were.[36]

»Unsere gnädige Königin grüßt euch Mann für Mann und
sagt, daß sie unter euch sein wird in jedem bitteren Sturm. Sie
fordert euch auf, echte [und treue] englische Herzen zu zeigen – Gott treu und ihr und dem Land, in dem ihr aufgezogen
wurdet.«

Die Zeilen beziehen sich auf jene königliche Aktion,
durch die Elisabeth sich selbst in das Kampfgeschehen
hineinstellte, die Rede an ihre Truppen bei Tilbury unterhalb von London an der Themsemündung. Zur Abwehr
der erwarteten spanischen Invasion hatte man in den
Grafschaften Truppen ausgehoben und in Tilbury unter
dem Oberbefehl des Grafen Leicester zusammengezogen.
Hier hielt Elisabeth ihre berühmte Ansprache, »wie eine
Amazonenkönigin anzusehen«, auf einem mächtigen
Schimmel, in einer Robe aus weißem Samt mit silbernem
Brustpanzer, einen silbernen Marschallstab in der Hand:

»My loving people, we have been persuaded by some that are careful of our safety, to take heed how we commit ourselves to armed multitudes, for fear of treachery. But I assure you, I do not desire to live in distrust of my faithful and loving people. Let tyrants fear! I have always so behaved myself that, under God, I have placed my chiefest strength and safeguard in the loyal hearts and good will of my subjects; and therefore am come amongst you, as you see, at this time, not for my recreation and disport, but being resolved, in the midst and heat of the battle, to live or die amongst you all, and to lay down for God, for my kingdom and for my people, my honour and my blood, even in the dust. I know I have the body of a weak and feeble woman, but I have the heart and stomach of a king, and of a king of England too; and I think foul scorn that Parma or Spain, or any prince of Europe, should dare to invade the borders of my realm; to which, rather that any dishonour should grow by me, I myself will take up arms, I myself will be your general, judge and rewarder of every one of your virtues in the field. I know already for your forwardness you deserve rewards and crowns; and we do assure you, on the word of a prince, they shall be duly paid you. In the meantime, my Lieutenant-General shall be in my stead, than whom never prince commanded a more noble or more worthy subject; not doubting but that by your obedience to my general, by your concord in the camp and by your valour in the field, we shall shortly have a famous victory over these enemies of my God, my kingdom and of my people.«[37]

»Meine liebenden Untertanen, einige Leute, die sich um Unsere Sicherheit Sorgen machen, haben Uns davor gewarnt, Uns unter große Scharen Bewaffneter zu begeben, aus Furcht vor Verrat. Aber ich versichere euch, ich habe kein Verlangen, in Mißtrauen gegenüber meinem treuen und liebenden Volk zu leben. Mögen

Tyrannen sich fürchten! Ich habe es immer so gehalten, daß ich, nächst Gott, auf die treuen Herzen und den guten Willen meiner Untertanen als meine wichtigste Stärke und meinen Schutz gesetzt habe; und deshalb bin ich, wie ihr seht, jetzt zu euch gekommen nicht zur Erholung und zum Vergnügen, sondern weil ich entschlossen bin, inmitten der Hitze des Kampfes unter euch allen zu leben und zu sterben und für Gott, für mein Königreich und für mein Volk meine Ehre einzusetzen und mein Blut hinzugeben, und sei es in den Staub. Ich weiß, ich habe den Körper einer schwachen und kraftlosen Frau, aber ich habe das Herz und den Mut eines Königs, und eines Königs von England dazu, und denke mit tiefster Verachtung über Parma oder Spanien oder irgendeinen Monarchen in Europa, der es wagen sollte, die Grenzen meines Reiches gewaltsam zu überschreiten; und lieber als der Unehrenhaftigkeit schuldig zu werden, will ich eigenhändig die Waffen ergreifen und will selbst euer Befehlshaber und der Richter und Belohner all eurer Tugenden im Felde sein. Ich weiß, daß euch schon jetzt für eure Bereitschaft zum Dienst Belohnungen und Gelder zustehen, und Wir versichern euch und bürgen mit dem Wort eines Fürsten dafür, daß euch gezahlt werden wird, was euch zusteht. Mittlerweile wird mich mein Generalstatthalter vertreten; kein Fürst hat je über einen edleren und besseren Untertanen verfügt, als er es ist. Ich zweifle nicht daran, daß wir in Kürze, dank eurem Gehorsam gegenüber meinem Befehlshaber, dank eurer Harmonie im Lager und eurer Tapferkeit im Felde, einen ruhmreichen Sieg über diese Feinde meines Gottes, meines Reiches und meines Volkes erringen werden.«

Elisabeth benutzt in der Rede, die zu Recht als Meisterstück der politischen Rhetorik bewundert wird, die Situation des Krieges, um mit ebenso schlichten wie nachdrücklichen Mitteln jene Position zu umreißen, die sie immer in Anspruch nimmt: eine Monarchin in der Mitte ihres Volkes, Vertrauen und Liebe nehmend und gebend, mit den Untertanen zusammen eine Gemeinschaft, der keine andere in Europa gleicht; eine Frau, deren Weiblichkeit kein Mangel, sondern der Boden vorbildlicher Mannhaftigkeit ist; eine Königin, die ihren Leuten alles sein will, Gefährtin und Befehlshaberin, Richterin und Geldgeberin.

Die Ansprache ist als Rede vor der Schlacht – ein traditionsreicher Typus in der Realität und in der Literatur – angelegt; sie hat in der Geschichtsschreibung ihren festen Platz vor den Seekämpfen. In Wirklichkeit jedoch fanden Parade und Rede am 9. August statt, also zu einem Zeitpunkt, als die spanische Flotte bereits seit zehn Tagen auf der Flucht war. Zwar hatte man noch keine genauen Informationen über den Verbleib der Spanier, und es gab Befürchtungen, daß es Parma doch noch gelingen könnte, eine Invasionsarmee überzusetzen, aber Elisabeth muß sehr wohl gewußt haben, daß die spanische Flotte besiegt und die schlimmste Gefahr vorüber war. – Ihre Absicht, in Tilbury bei ihren Soldaten zu bleiben, scheiterte im übrigen am Widerstand Leicesters, der sein selbständiges Kommando genießen wollte.

Eine endgültige und offizielle Deutung des Sieges enthält das sogenannte Armada-Porträt der Königin (Abb. S. 227).[38] Das Bild ist, wie die meisten Monarchenbilder, kein Unikat; es existiert in zehn Exemplaren, teilweise von verschiedener Hand, und ist offenbar nach einem vom Hofe genehmigten und für verbindlich erklärten Muster gemalt. Die Darstellung der Person weicht in ihrer Mischung aus Abbildung und symbolischer Aussage nicht grundsätzlich von anderen Porträts ab. Noch stärker hervorgehoben als in anderen Bildern der alterslosen Königin-Jungfrau sind die Perlen, Elisabeths Lieblingsschmuck, Symbol der Reinheit und – hier von besonderem Belang – als kostbarste Früchte des Meeres Symbol des Reichtums, der aus der Herrschaft über die See stammt. In den beiden Fenstern links und rechts hinter der Königin sind zwei in

Wirklichkeit nacheinander spielende Szenen aus dem Kampf gegen die Armada simultan dargestellt. Auf dem linken, hellen Bild sind im Vordergrund die englischen Schiffe zu sehen, während weit hinten die spanische Flotte, viel zahlreicher an Schiffen, auf das englische Festland zuzusegeln scheint. Rechts geht die Armada – erkennbar am Andreaskreuz der Flaggen – in Nacht und Sturm unter: Die Mächte des Lichts haben über die Mächte der Finsternis gesiegt. Die Krone – eine Kaiserkrone – liegt neben der Königin auf einem Tisch, in unmittelbarem Bildzusammenhang mit den englischen Schiffen: Englands Krone und die englische Marine haben die Bedrohung des Landes abgewehrt. Rechts im Bild steht ein Thronsessel, dessen Lehne auf einer geschnitzten Seejungfrau oder Meergöttin ruht: Macht über das Meer stützt Englands Thron. Elisabeth hat ihre Hand auf einer Weltkugel; ihre Finger legen sich auf Westindien und die Karibische See, bislang eine Kernzone der spanischen Kolonialmacht: Die jungfräuliche Königin, Bringerin des Lichts und Herrin der Meere, schickt sich an, die ihr gebührende Weltherrschaft anzutreten.

Das Armada-Porträt (Ausschnitt)
Bilder der Schlacht und Symbole der Seemacht

Endzeit

Ambivalenz

In modernen Darstellungen nehmen sich die Bilder des letzten Drittels des elisabethanischen Zeitalters, der Jahre von 1588 bis 1603, so verschieden aus wie die Fenster auf dem Armada-Porträt: hie Helle, dort Düsternis.

In Winston Churchills *History of the English-Speaking Peoples* (1956) beginnt das Kapitel über diesen Zeitraum, »Gloriana« überschrieben, mit einer Apotheose der Königin und ihrer Nation:

»With 1588 the crisis of the reign was past. England had emerged from the Armada year as a first-class Power. She had resisted the weight of the mightiest empire that had been seen since Roman times. Her people awoke to a consciousness of their greatness, and the last years of Elizabeth's reign saw a welling up of national energy and enthusiasm focusing upon the person of the Queen. In the year following the Armada the first three books were published of Spenser's *Faerie Queene*, in which Elizabeth is hymned as Gloriana. Poets and courtiers alike paid their homage to the sovereign who symbolised the great achievement. Elizabeth had schooled a generation of Englishmen.«[39]

»Mit dem Jahre 1588 war die kritische Phase der Regierungszeit vorüber. England war aus dem Armada-Jahr als eine Macht ersten Ranges hervorgegangen. Es hatte dem Andrang des mächtigsten Imperiums seit der Römerzeit standgehalten. In seinen Bürgern erwachte ein Bewußtsein ihrer Größe, und die letzten Jahre der Regierungszeit Elisabeths sahen ein Anschwellen nationaler Energie und Begeisterung, die sich auf die Person der Königin als Zentrum richteten. In dem Jahr nach der Armada erschienen die ersten drei Bücher von Spensers *Faerie Queene* im Druck, in denen Elisabeth als Gloriana verherrlicht wird. Dichter und Höflinge erwiesen gleichermaßen dem Souverän, der die große Leistung symbolisierte, ihre Reverenz. Elisabeth hatte eine Generation von Engländern geschult.«

In Robert Ashtons *Reformation and Revolution 1558 bis 1660* (1984) trägt das entsprechende Kapitel die Überschrift »The Disintegration of the Elizabethan Settlement«, und es heißt am Anfang:

»It used to be customary to see the defeat of the Armada in 1588 as heralding the opening of the glorious climax of the reign, the so-called ›spacious days‹ which were also to witness the greatest achievements of Elizabethan culture [. . .]. This book does not aim to deal with the astonishing artistic achievements of the age of Shakespeare and Jonson [. . .]; achievements which are incomparably greather than those of any equivalent period in English history. What needs to be emphasized, however, is that the idea of the developments of the closing years of Elizabeth's reign as providing an appropriate background of national confidence, strength and unity to these stupendous cultural achievements no longer finds much favour with historians, most of whom now see this as a time of economic crisis, dislocation and hardship, financial bankruptcy, political disintegration, declining political morality and burgeoning corruption: an age in which things turned horribly sour.«[40]

»Es war früher üblich, in der Niederlage der Armada im Jahre 1588 den Fanfarenstoß zu sehen, der den Beginn des glorreichen Höhepunkts der Regierungszeit ankündigte, die sogenannten ›weiten Tage‹, die auch zu Zeugen der größten Leistungen der elisabethanischen Kultur werden sollten [. . .]. Dieses Buch hat nicht das Ziel, sich mit den erstaunlichen künstlerischen Leistungen der Ära Shakespeares und Jonsons zu befassen [. . .]; Leistun-

gen, die unvergleichbar größer sind als die irgendeiner anderen
entsprechenden Periode in der englischen Geschichte. Es muß
jedoch betont werden, daß die Auffassung, die Entwicklungen
der abschließenden Jahre der Regierungszeit Elisabeths hätten
für diese gewaltigen kulturellen Leistungen einen angemessenen
Hintergrund des nationalen Selbstvertrauens, der Stärke und
Einigkeit gebildet, sich bei den Historikern heute keiner großen
Beliebtheit mehr erfreut. Die meisten von ihnen sehen diese
Phase jetzt als eine Zeit der wirtschaftlichen Krise, der Unordnung und Not, des finanziellen Bankrotts, der politischen Desin-
tegration, der schwindenden politischen Moral und der anstei-
genden Korruption: eine Zeit, in der alles auf schreckliche Weise
zum Schlechten umschlug.

Der Unterschied der beiden Darstellungen, von denen
jede eine große Gruppe ähnlicher repräsentiert, ist nicht
der von richtig und falsch oder wissenschaftlich und
unwissenschaftlich. Für beide Sichtweisen läßt sich ein
großes Korpus an Fakten und zeitgenössischen Zeugnis-
sen ins Feld führen. Die Gegensätzlichkeit resultiert vielmehr einmal aus den unterschiedlichen Standorten und
Zielsetzungen der Historiker und zum anderen aus der
Zwiespältigkeit der Sache selbst, der zur Rede stehenden
Teilepoche.

Churchill steht in der Tradition der Nationalgeschichte. Auch wenn er sich nicht an die englische Nation,
sondern an alle englischsprechenden Völker wendet, so
bezweckt er doch, daß sich eine Gemeinschaft ihrer historischen Wurzeln bewußt wird und daß dieses Bewußtsein
das Gefühl der Identität und des Selbstwerts steigert. Er
will außerdem tun, was er besonders gut kann: Vergangenheit als farbige, spannende und zusammenhängende
Geschichte erzählen.

Ashtons Hauptintention ist kritisch: Er ist gegen eine
Glorifizierung der Epoche, gegen den herkömmlichen

Mythos vom *Golden Age*, gegen Historie als schön zu erzählende Geschichte. Mit dieser Einstellung reiht er sich in eine andere, aber in der englischen Geschichtsschreibung auch schon seit langem etablierte Tradition ein, nämlich die des *debunking*, der desillusionierenden Darstellung geschichtlicher Heroen und großer Zeiten.

Daneben wird der Standort dieser Geschichtspräsentation dadurch geprägt, daß Ashton, ein Schüler von R. H. Tawney, dem Gründervater der *economic history*, das Zeitalter hauptsächlich unter wirtschafts- und sozialgeschichtlichen Aspekten sieht.

Das Hauptproblem für beide Autoren – wie für alle anderen Historiker der elisabethanischen Epoche – ist die Ungleichzeitigkeit des politischen und des kulturellen Höhepunkts. In der inneren und äußeren Politik liegen die großen Leistungen des Regimes zwischen dem *Settlement* zu Regierungsanfang und dem Sieg von 1588. Die Entwicklung des Dramas, der Lyrik, der Kunstprosa, der Musik und der Miniaturmalerei gipfelt dagegen erst nach dem Armada-Jahr; nur ein unbedeutender Bruchteil der heute noch rezipierten elisabethanischen Werke stammt aus der Zeit vor 1590. Die beiden Seiten, die der Medaille ›elisabethanisches Zeitalter‹ in moderner Sicht ihr Gepräge und ihren Wert geben, sind nicht kongruent.

Churchills Bild des Zeitraums bringt die drei entscheidenden Größen der Epoche, die im Armada-Sieg gipfelnde Außenpolitik, die Königin und die Hochblüte der Literatur, in einen engen kausalen Zusammenhang: Das politisch-militärische Ereignis löst nationales Hochgefühl und künstlerische Blüte aus; Objekt des Hochgefühls und der Literatur ist die Königin, die ihrerseits Lehrmeisterin ihrer Zeit ist. Churchill präsentiert eine besonders elegante Version der üblichen Deutung des Zeitraums, wobei freilich die Eleganz nicht zuletzt der Geschicklich-

keit zu verdanken ist, mit der Schwierigkeiten umgangen
oder durch glückliche Formulierungen überbrückt werden. Von den Schattenseiten des Zeitraums ist gar nicht
die Rede. Es wird auch nicht erwähnt, daß die Elisabethaner nach 1588 definitiv noch nicht ahnten, daß die außenpolitische Krise überstanden und die Gefahr abgewendet
war; sie konnten also gar nicht in der ihnen unterstellten
Art und Weise reagieren. Offen bleibt auch, ob behauptet
werden soll, daß die gesamte elisabethanische Literatur
ihre Impulse aus dem Wunsch nach Verherrlichung der
Königin bezog.

Ashton entzieht sich den Schwierigkeiten der Herstellung von Zusammenhängen zwischen den Phasen und Er-
eignisebenen der Epoche auf eine radikale Weise, indem er die Kultur und ihren historischen Kontext – also
einen Bereich, der für die moderne Rezeption vorrangig
ist – aus seiner Darstellung ausklammert. Außerdem hat
er das Problem, daß er mit seiner düsteren Schilderung der
Befindlichkeit Englands nach 1590 die Zeitgenossen
Lügen strafen muß, die wenig von einer »note of crisis and
desperation« spüren lassen und mehrheitlich überzeugt
sind – auch wenn sie sich nicht alle in einem Goldenen
Zeitalter wähnen –, daß es die jetzt lebende Generation
besser hätte als alle vorherigen.

Es ist nicht möglich, den Zeitraum nach 1588 in zufrie-
denstellender Weise auf einen Nenner zu bringen, weil
diese Phase von ihren elementaren Gegebenheiten her verschiedene Gesichter trägt. Auf der einen Seite sind diese
fünfzehn Jahre eine Spätzeit, die Verlängerung einer
durch das Leben des Monarchen begrenzten Regierungszeit über das normale und natürliche Maß hinaus. Mit
55 Jahren war Elisabeth 1588 in einem Alter, in dem ihr
Vater und ihr Großvater geistig und physisch verbraucht
und nach Erlöschen ihrer politischen Vitalität gestorben

waren. Elisabeth blieb rüstig und kompetent bis kurz vor ihrem Tod, aber sie war eine sehr alte Frau mit verminderter Flexibilität. Elisabeth regierte weiter, aber die alte Mannschaft um sie herum, deren Rat und Dissens die Qualität ihres Regierens mitbestimmt hatte, löste sich durch Gebrechlichkeit, Krankheit und Tod auf. Leicester starb noch 1588, Walsingham 1590, Burghley 1598. Die neuen Regierungsmitglieder, unter denen Burghleys Sohn, Robert Cecil, der prominenteste war, hatten nicht das Format und die Zivilcourage der alten.

Verbraucht und überständig waren auch die Grundlagen und Strategien der Politik. Dem 16. Jahrhundert ist die Idee permanenter Reformen und gesetzgeberischer Aktivitäten fremd. Was neu zu regeln ist, wird zu Anfang einer Regierungszeit geregelt und bleibt dann bis auf die nötigsten Korrekturen konstant. Das umfassende *Settlement* der frühen Regierungsjahre Elisabeths, von der Regelung der Religionsfrage bis zur Verteilung der Kompetenzen zwischen Königin, Kronrat und Parlament, war trotz seiner relativen Dauerhaftigkeit im Grunde ein auf die Zustände um 1560 zugeschnittenes System von Kompromissen, das mit der Zeit an Tragfähigkeit verlieren mußte. »Disintegration of the Settlement« – um Ashtons Begriff aufzugreifen – ist ein natürlicher und unvermeidlicher Verschleißprozeß.

Auf der anderen Seite führt die Überlänge der Regierungszeit auch zu Phänomenen der Blüte, des gesellschaftlichen Sich-Wohlfühlens und der nationalen Hochstimmung, die bei einem früheren Ausscheiden der Herrscherin nicht möglich gewesen wären. Das 16. Jahrhundert ist noch eine Zeit sehr langsamer Entwicklungen und träger Reaktionen auf neue Ereignisse oder Verhältnisse. Die schier endlose Dauer des Entscheidungsprozesses im Falle der Maria Stuart oder das Schneckentempo der Spanienpolitik sind einige Beispiele unter vielen. Es dauert Jahrzehnte, ehe sich in England das Bewußtsein, unter einer in besonderem Maße friedliebenden, kompetenten und auf das Wohl der Bürger bedachten Regierung zu leben und auf Kontinuität der öffentlichen Verhältnisse rechnen zu können, allgemein durchsetzt. Das langsame Wachsen des Kults der *Virgin Queen*, der seine größte Verbreitung und Innigkeit erst nach 1590 findet, als die Schönheit Glorianas ihren Gipfel überschritten und die Jungfräulichkeit an Relevanz verloren hat, ist auch in ihrer Paradoxie Teil und Indiz einer allgemeinen Entwicklung des öffentlichen Bewußtseins. Die Elisabethaner empfinden und äußern ihr nationales Wohlbefinden am intensivsten und häufigsten zu einer Zeit, als man schon mit ihnen darüber streiten könnte, ob es noch angebracht sei. – Im Gegensatz zu den modernen Historikern bringen die Elisabethaner im übrigen ihr politisch-gesellschaftliches Hochgefühl kaum jemals in einen engeren Zusammenhang mit dem Sieg über die spanische Armada.

Bei der elisabethanischen Kultur, insbesondere bei den literarischen Gattungen, ist das Phänomen der späten Blütezeit noch ausgeprägter, weil hier die erforderlichen Anlaufzeiten länger sind. Die bedeutendsten Werke der elisabethanischen Literatur stammen von bürgerlichen Professionellen wie Shakespeare. Die meisten Gattungen aber haben ihre Ursprünge – ihre ersten englischen Autoren und ihr erstes Publikum – in einem nicht-bürgerlichen, in der Regel höfischen Bereich, und es dauert Generationen, ehe Autorenschaft und Publikum sich zu jener sozialen Breite entwickeln, die für die Blütezeit der elisabethanischen Kultur charakteristisch ist.

Ein Beispiel für einen solchen Prozeß ist die Entwicklung des Sonetts, der wichtigsten Untergattung der elisabethanischen Lyrik. Nachdem die Form auf dem Kontinent schon lange existierte, wurden die ersten englischen Sonette, Übersetzungen meist, am Hofe Heinrichs VIII. von zwei Aristokraten, Sir Thomas Wyatt und dem Grafen von Surrey, geschrieben; sie wurden nicht gedruckt, sondern zirkulierten in Abschriften. Einige Jahrzehnte später erschienen Sonette – die von Wyatt und Surrey und ein paar jüngere – erstmals in einer jedermann zugänglichen Form, in *Tottel's Miscellany* (1557), einer populären Anthologie. Es dauerte wieder einige Jahrzehnte, ehe der erste englische Sonettzyklus geschrieben wurde, der auf der Höhe der internationalen Sonettkunst stand: Sir Philip Sidney, Hofmann und Autor, Leitfigur eines aus bürgerlichen und aristokratischen Mitgliedern zusammengesetzten Kreises kulturell Tätiger und Interessierter, schrieb *Astrophel and Stella* und setzte das Werk handschriftlich in Umlauf. 1591, sechs Jahre nach dem frühen Tod Sidneys, wurde der Zyklus gedruckt und löste eine Sonettmode bei Bürgerlichen und Adligen aus. Ein paar Jahre lang drechselte jeder, der reimen konnte und auf sich hielt, Sonette, und es entstanden neben allerhand poetischer Dutzendware Höhepunkte wie die Zyklen von Spenser und Shakespeare.

Beim Drama sind die Verhältnisse komplexer, aber im Grunde von der gleichen Art. Die Institution, die wir heute mit dem Sammelbegriff ›das elisabethanische Theater‹ bezeichnen, existiert in der ersten Hälfte der elisabethanischen Zeit noch gar nicht. Zu Beginn der Regierungszeit gibt es Aufführungen und Schaustellungen bei verschiedenen Gelegenheiten und an verschiedenen sozialen Orten: zu Festtagen bei Hofe und in aristokratischen Haushalten, zu Übungszwecken und zur Belohnung an Lateinschulen und Universitäten; zur Unterhaltung auf Märkten und auf den Höfen von Wirtshäusern. Erst nach 1570 ist die Nachfrage nach Theaterstücken groß genug, um in der Hauptstadt den Bau fester Theater mit täglichem Programm kommerziell sinnvoll erscheinen zu lassen. Nach 1590 können sich dann fünf oder sechs Theater nebeneinander halten – wenn man sie läßt, denn die letzte und am schwersten zu erreichende Voraussetzung für ein florierendes Theater ist die Bereitschaft der Behörden, etwas so Unorthodoxes und potentiell Ordnungsgefährdendes wie ein Theater überhaupt am Rande des städtischen Gemeinwesens zu dulden. Erst nach Jahrzehnten ohne ernsthafte Unruhen und ohne Störungen des Landfriedens wird diese Voraussetzung – für kurze Zeit und immer noch mit Einschränkungen – erfüllt.

Krieg mit Spanien (1588–1603)

Zum Erbe von 1588 gehörte nicht nur der Sieg, sondern auch ein fortgesetzter Krieg mit Spanien, der bis zum Ende der Regierungszeit anhielt und die finanziellen Ressourcen der Krone aufzehrte. Der spanische König hatte eine Bataille verloren, sah sich aber nicht zum Frieden mit England genötigt. Die Engländer bekämpften die Spanier teils allein zur See, teils mit niederländischen und französischen Bundesgenossen auf dem Kontinent.

Die meisten maritimen Unternehmungen englischer Schiffe und Verbände nach 1588 waren Mißerfolge vom Resultat und Fehlleistungen von der Führung her, auch wenn sie dank der glorifizierenden Anstrengungen älterer englischer Historiker als Heldentaten in die Geschichtsbücher eingegangen sind. Das größte Unternehmen diente dem Versuch, den Spieß umzukehren und den Krieg mit englischen See- und Landstreitkräften zur Iberischen Halbinsel zu tragen. Unter dem nautischen Kommando von Sir Francis Drake und dem militärischen von

Sir John Norris lief 1589 eine größere englische Flotte mit 11 000 eingeschifften Landsoldaten von Plymouth aus. Sie war wie ein Kaperunternehmen privat finanziert – mit der Königin als einer Anteilseignerin unter mehreren – und sollte die spanischen Teilflotten in den Biskayahäfen zerstören, die angeblich zum Abfall von Spanien bereiten Portugiesen bei einer Rebellion unterstützen und genügend Beute machen, um die Investitionen zu amortisieren. Keines der Ziele wurde erreicht; die Kommandeure machten, was sie wollten, und erwiesen sich als ungeeignet zur Durchführung von Land-See-Operationen; die Seeleute und Soldaten soffen sich an spanischem Wein krank und starben wie die Fliegen; in Portugal gab es keine Rebellion; die Wiederaufrüstung der Armada wurde kaum gestört; die Beute – hauptsächlich ein paar Handelsschiffe der Hanse – war so mager, daß die Investoren ihr Geld verloren.

Von da an herrschten Kaperunternehmen einzelner Schiffe oder kleiner Verbände vor. Es gab Fehlschläge und Erfolge, darunter einen spektakulären: 1592 wurde ein spanisches Schatzschiff, die »Madre de Dios«, aufgebracht. Das große Ziel, einmal die spanische Silberflotte abzufangen, blieb ein Traum. Die spanische Marine war zum Glück nicht erfolgreicher als die englische. Als die neue Armada 1596 gegen Großbritannien fuhr – wieder bei den Vorbereitungen durch ein englisches Kommandounternehmen gestört – geriet sie schon vor dem Erreichen des Kanals in stürmisches Wetter und mußte unter Verlusten umkehren.

Ihre kontinentalen Verbündeten, die antispanischen Kräfte in den Niederlanden und den neuen König von Frankreich, Heinrich IV., unterstützte Elisabeth bis in die Mitte der neunziger Jahre mit Subventionen und Truppenkontingenten. Der Landkrieg machte weniger von

sich reden als die Operationen zur See, aber er kostete das
Mehrfache. Die englische Krone behielt durchgehend ihre
Zahlungsfähigkeit – eine Seltenheit unter den europäischen Höfen –, aber der Aderlaß an Wirtschaftskraft war
bitter. Was in dreißig Regierungsjahren an Rücklagen
gebildet worden war, genügte nur knapp, um ein einziges
Kriegsjahr zu finanzieren.

Irland und Essex

Die Fortschritte der elisabethanischen Regierung in der
Kunst, auch schwierige Administrationsaufgaben zu
lösen, fanden an Irland ihre Grenze. Irland blieb unter
Elisabeth so unregierbar, wie es immer gewesen war. Die
Eingeborenen vegetierten, die irischen Stämme erhoben
sich gegen die Engländer oder bekriegten einander; selbst
im *Pale*, dem englisch besiedelten östlichen Küstenstreifen, waren die Lebensbedingungen unsicher und rückständig. Krieg und Terror waren der Normalzustand in
einem Lande, das bei seinen Aktionen gegen die englische
Oberherrschaft nicht durch nationale Impulse, sondern
durch die Auflehnung gegen eine andere und fremde Zivi-
lisationsstufe motiviert wurde.

Während der ersten Jahrzehnte ihres Regimes be-
schränkte Elisabeth sich darauf, mit einem Minimum an
Truppen und militärischen Aktionen den Unfrieden in
Irland auf Kleinkriege zu beschränken. Sie setzte auf eine
langsame Befriedung und Anglisierung des Landes durch
zivilisatorische Einflüsse wie englische Erziehung der
Stammesoberen, Missionierung der religionslosen Bevölkerung und Errichtung englischer Mustersiedlungen.

Daß die Politik der minimalen Eingriffe im letzten Jahrzehnt Elisabeths aufgegeben werden mußte, lag ironi-

scherweise hauptsächlich an einem Produkt der englischen Erziehung, dem Grafen von Tyrone, Oberhaupt des in der nördlichen Provinz Ulster mächtigen Clans der O'Neill. Tyrone war am Hof Elisabeths erzogen worden – ein irischer Stammesfürst, der mit englischen Aristokraten wie mit seinesgleichen verhandeln konnte und der aus irischen Guerillakämpfern eine Art von Armee aufzustellen wußte. Als Tyrone 1598 in der Schlacht an der Gelben Furt in Ulster das größte königliche Truppenkontingent im Lande besiegte und vom Befehlshaber bis zum letzten Mann niedermachte, schien es unerläßlich, eine Armee nach Irland zu schicken, zumal die Spanier begannen, die Insel als Zwischenstation für eine Invasion Englands zu benutzen.

Die Armee, die im April 1599 nach Irland eingeschifft wurde, war 17 000 Mann stark – jedenfalls auf dem Papier – und kostete £ 300 000 pro Jahr. Mit dem Oberbefehl dieser Streitmacht wurde der Graf von Essex bedacht – eine einigermaßen erstaunliche Wahl angesichts der Tatsache, daß Essex sich schon mehrfach bei Unternehmen zur See wegen Eigenmächtigkeit und Leichtsinn den Zorn Elisabeths zugezogen hatte. Unter den ihrem Rang nach in Frage Kommenden brannte nur Essex, der sich rehabilitieren wollte, auf dieses Kommando, während sonst Soldaten jeden Ranges um Irland am liebsten einen weiten Bogen machten.

Robert Devereux, Graf von Essex, jetzt 32 Jahre alt, hatte schon eine farbige Karriere als *enfant terrible* und als ein immer auffälliger Hofmann hinter sich. Er war ein Draufgänger, der immer voller Pläne steckte, ein verzogener Egoist, der mit seinem Charme und mit seiner Großzügigkeit, die er mit gewaltigen Schuldenbergen finanzierte, die meisten Zeitgenossen für sich einnahm. Auch Elisabeth hatte ihn, einen der wenigen interessanten jungen Männer unter den betagten Herren ihrer Umgebung, anfangs favorisiert und in ihre Lehre der Politik genommen.

Der Feldzug in Irland war ein Fiasko, weil Essex völlig versagte – nicht der erste, aber der prominenteste Fall eines elisabethanischen Adligen, der bei größeren, Tausende von Köpfen betreffenden Unternehmungen den Überblick verlor und außerhalb des strengen und dirigierenden Einflußbereichs der Königin und des *Council* verrückt spielte.

Essex wich dem Kampf mit dem Gegner aus und marschierte mit seinen Leuten im Lande hin und her, bis die kostspielige Truppe durch Krankheit und Fahnenflucht auf ein Viertel ihrer Sollstärke geschrumpft war. Dann nahm er gegen seine Instruktionen Verhandlungen mit Tyrone über einen Waffenstillstand auf und ließ sich dabei übervorteilen. Als er nicht mehr weiter wußte und die Kritik in den Briefen der Königin immer schärfer wurde, ließ er seine Armee im Stich, reiste in Hast nach England zurück und drang zu früher Stunde in die Privatgemächer der Königin ein, um sich ihr zu Füßen zu werfen und sich zu rechtfertigen.

Elisabeth hatte keinen Anlaß, ihm gnädig zu vergeben. Essex wurde verhaftet; eine Untersuchungskommission befaßte sich mit seiner Amtsführung in Irland. Er wurde wegen seiner Pflichtwidrigkeiten gerügt, verlor alle Ämter und offiziellen Einkünfte und blieb vom Hof verbannt. Obwohl Essex, gemessen an dem, was er angerichtet hatte, glimpflich genug davongekommen war, gab er sich nicht zufrieden. Von seinen Mitläufern und von seinen Schulden bedrängt, plante er einen Aufstand mit dem vagen Ziel, sich der Person der Königin zu bemächtigen, seinen Widersachern im Kronrat den Prozeß zu machen und alle Staatsämter mit seinen Leuten zu besetzen. Als er

»Der beklagenswerte Tod des Grafen Essex«
(Balladenholzschnitt)

im Februar 1601 seine Machtträume in die Tat umzuset-
zen versuchte, platzten sie wie Seifenblasen. Außer seinem eigenen Anhang war niemand bereit, sich an einer
Rebellion gegen Elisabeth zu beteiligen, und auch seine
Mitverschwörer stahlen sich zum großen Teil davon.
Essex landete im Tower und wenige Wochen später, nach
einem Prozeß vor einem Tribunal aus Standesgenossen,
auf dem Schafott. Von der romantischen Tragödie einer
letzten und tödlich enttäuschten Herzensbeziehung, zu
der das 19. Jahrhundert die Geschichte von Elisabeth und
Essex machte, war in Wirklichkeit nichts zu spüren.

Essex' Rebellion und Tod hinterließen offenbar kein emotionales Trauma.

In Irland ging es ohne Essex besser. Der fähige Nachfolger im Oberbefehl, Lord Mountjoy, besiegte den Grafen von Tyrone und seine Bundesgenossen sowie ein spanisches Expeditionskorps. Tyrone unterzeichnete am 30. März 1603 den Friedensvertrag. Er soll, wie ein Augenzeuge berichtet, Tränen vergossen haben, als er erfuhr, daß die große Königin vor einer Woche gestorben war.

Die Lage der Nation: Das letzte Parlament

Parlamente geben den besten Aufschluß darüber, wie die Nation ihr eigenes Befinden einschätzt, weil hier die Repräsentanten der einzelnen Gruppen und Richtungen, durch das Privileg der Redefreiheit geschützt, offen zur Sprache bringen, was sie beschwert.

Das letzte Parlament unter Elisabeth tagte von Oktober bis Dezember 1601. Dieses 13. Parlament Elisabeths, einberufen, um neue Mittel für den Krieg gegen Spanien und die Operationen in Irland zu genehmigen, war zänkisch und alles andere als regierungsfreundlich. Die Regierung hatte in ihrem Bestreben, die Kriegskosten zu decken, ohne noch mehr vom Kronbesitz an Ländereien und Schätzen veräußern zu müssen, nicht nur (mit Genehmigung der Parlamente) die Steuerlast so stark erhöht, daß sie für breite Kreise drückend geworden war, sondern auch Maßnahmen ergriffen, die böses Blut machten. Hauptärgernis waren die Monopole: Um kurzfristig an Geld zu kommen, hatte die Regierung gegen Lizenzgebühren an finanzkräftige Bürger und Aristokraten Monopole für den Handel mit allen möglichen Gütern von Salz bis zu Spielkarten verliehen; die Monopolisten diktierten die Preise und verdarben den Gilden der Kaufleute das Geschäft.

Neben finanziellen Fragen aller Art waren – wie schon bei früheren Parlamenten – Kirchenprobleme kontrovers. Die puritanischen Kräfte im Unterhaus versuchten, gegen den Widerstand des anglikanischen Establishments, eine Verschärfung der Strafen für Nicht-Kirchgänger und ein Verbot der Ämterhäufung für Geistliche durchzusetzen.

Die Debatten waren lang und hitzig, und im Parlament ging es mitunter zu wie in einer Schule ohne Lehrer (Sir Robert Cecil, der das offen aussprach, mußte sich beim Hohen Haus für den Vergleich mit einer *grammar school* formell entschuldigen). Gerade wegen dieser geladenen Atmosphäre ist es erstaunlich, wie unerschütterlich das grundsätzliche Einvernehmen zwischen allen Gruppen im Parlament und der Königin war und wie fest alle daran glaubten, daß es der Nation im Grunde besser gehe als allen ausländischen Ländern und als England unter früheren Monarchen.

Elisabeth trug durch ihre Handhabung der Parlamentssession dazu bei, daß der Streit ein Oberflächenphänomen über einem Grundkonsens blieb. Sie lenkte ein oder blieb hart, ohne sich einmal zu verschätzen. Sie sah, daß die Monopole ein Mißstand waren, der mehr an sozialem Frieden kostete, als er finanziell einbrachte, und entschied sich im Alleingang für einen radikalen Abbau des Monopolwesens. Aber das Einvernehmen zwischen Monarchin und Volksvertretung wurde nicht erst durch geschicktes Taktieren geschaffen; es war von Anfang an vorhanden. Die Königin gewährte die in jedem Parlament neu zu beantragende Redefreiheit ohne die in ihren ersten Parlamenten üblichen Auflagen und Einschränkungen. Den Debatten um die Lastenverteilung bei den Kriegskosten wurde durch die allgemeine Anerkennung, daß die Krone sich selbst die größten Opfer auferlegt hatte, die Spitze genommen. Kein Kritiker von Regierungsmaßnahmen unterließ es auszudrücken, daß man Gott und der Königin für Frieden und Sicherheit dankbar sein könne, und es kam offenbar niemandem merkwürdig vor, wenn nach dreizehn Jahren im Kriegszustand noch immer der Friede in England gepriesen wurde. Niemand drängte Elisabeth, die noch immer niemanden offiziell als Nachfolger designiert hatte, endlich die Frage der Thronfolge zu regeln.

Elisabeths Ansprachen waren ganz auf das Thema der Partnerschaft und Gegenseitigkeit eingestellt. Das gilt auch für jene Rede, die später in ausgeschmückter Form als »Golden Speech of Queen Elizabeth« immer wieder abgedruckt worden ist und die gemeinhin als feierliche Abschiedsrede einer Königin gedeutet wird, die mit Stolz auf ihre Amtszeit zurückblickt. Im tatsächlichen Situationskontext und in der originalen Formulierung ist die Ansprache betont unfeierlich und handelt unter konkreter Bezugnahme auf die Monopol- und Steuerfragen von der Symmetrie der Beziehungen zwischen ihr selbst und ihren Untertanen, vertreten durch die Parlamentarier. Beide Seiten haben sich aufeinander verlassen können, beide Seiten haben von der Parität der Pflichterfüllung profitiert, emotional und materiell.

Anlaß der Rede war die geplante Audienz einer Delegation des Parlaments. Als das Unterhaus Abgeordnete zu nominieren begann, schrien einige Hinterbänkler: »No, all, all, all!« Bitte, ließ Elisabeth sagen, dann sollten sie doch alle kommen, wenn sie sich in den Konferenzsaal von Whitehall zwängen könnten. Die Hälfte der Abgeordneten kam und hörte, wie es dem Protokoll entsprach, der Rede kniend zu. Elisabeth, die – wie üblich – frei sprach und ihr schriftliches Konzept nicht benutzte,

unterbrach sich nach der Einleitung und sagte: »Mr. Spea-
ker, I would wish you and the rest to stand up, for I shall
yet trouble you with longer speech«[41] (»Herr Sprecher,
ich bitte Euch und die übrigen aufzustehen, denn ich
werde euch noch mit einer längeren Rede behelligen«).

Die Rede, der die Herren nun bequemer zuhören durften, wurde dann doch nicht sonderlich lang. Elisabeth
erläutert zunächst den Wert der gegenseitigen Beziehung
für sie als Königin auf einer abstrakt-metaphorischen
Ebene:

»I do assure you there is no prince that loves his subjects
better, or whose love can countervail our love. There is no
jewel, be it of never so rich a price, which I set before this
jewel: I mean your love. For I do esteem it more than any
treasure or riches; for that we know how to prize, but love
and thanks I count unvaluable. And, though God hath
raised me high, yet this I count the glory of my crown,
that I have reigned with your loves. This makes me that I
do not so much rejoice that God hath made me to be a
Queen, as to be a Queen over so thankful a people.«[42]

»Ich versichere euch: Es gibt keinen Fürsten, der seine Untertanen mehr liebt oder dessen Liebe Unsere Liebe aufwiegen kann.
Es gibt kein Juwel von noch so hohem Wert, dem ich vor diesem
Juwel den Vorzug gebe: Ich meine, vor eurer Liebe. Denn ich
schätze es höher als Schätze oder Reichtümer, denn deren Wert
können wir bestimmen, aber Liebe und Dank sind für mich
unschätzbar. Und wenn auch Gott mich hoch erhoben hat, so
halte ich doch dies für die Glorie meiner Krone, daß ich mit der
Hilfe eurer Liebe regiert habe. Daher kommt es, daß ich mich
weniger darüber freue, daß Gott mich zu einer Königin gemacht
hat, als vielmehr darüber, Königin eines so dankbaren Volkes zu
sein.«

Die Liebe der Untertanen zeigt sich unter anderem im
Geben, wie jetzt im Falle der Sondersteuer. Die Königin

nimmt dankbar an, aber sie behält nicht, sondern gibt es für alle aus:

»Of myself I must say this: I never was any greedy, scraping grasper, nor a strait, fast-holding Prince, nor yet a waster. My heart was never set on any worldly goods, but only for my subjects' good. What you bestow on me, I will not hoard it up, but receive it to bestow on you again. Yea, mine own properties I account yours, to be expended for your good; and your eyes shall see the bestowing of all for your good.«[43]

»Über mich selbst muß ich dies sagen: Ich bin nie ein habgieriger, geiziger Raffer gewesen, noch ein penibler, sich an seine Besitztümer klammernder Fürst, noch auch ein Verschwender. Ich habe nie mein Herz an weltliche Güter gehängt, es sei denn zum Wohle meiner Untertanen. Was ihr mir gebt, das werde ich nicht horten, sondern nur entgegennehmen, um es euch wiederzugeben. Ja, ich betrachte sogar meine eigenen Besitztümer als die euren, die für euer Wohl zu verausgaben sind; und ihr werdet mit eigenen Augen sehen, wie alles für euer Wohl verwandt wird.«

Sie dankt den Kritikern, die auf die Mißstände im Monopolwesen hingewiesen und dadurch Abhilfe bewirkt haben, insbesondere den Mitgliedern des Unterhauses, deren Einsatz frei von Eigeninteresse war:

»I think they spake out of zeal to their countries, and not out of spleen or malevolent affection as being parties grieved; and I take it exceeding gratefully from them, because it gives us to know that no respects or interest had moved them, other than the minds they have to suffer no diminution of our honour and our subjects' love unto us.«[44]

»Ich glaube, daß sie aus Eifer für ihre Heimatdistrikte und nicht aus Mißmut oder Böswilligkeit als betroffene Parteien gesprochen haben; und ich bin ihnen außerordentlich dankbar, weil Wir erkennen können, daß sie nicht durch Rücksichten und Interessen motiviert wurden, sondern nur durch ihre Absicht, keine Verringerung Unserer Ehre und der Liebe Unserer Untertanen zu Uns zu dulden.«

Umgekehrt nimmt auch sie für sich in Anspruch, ihr Bestes getan zu haben; es mag Monarchen mit mehr Macht und Weisheit geben als sie selbst, aber sicher niemanden mit mehr Engagement:

»There will never Queen sit in my seat with more zeal to my country, care for my subjects, and that will sooner with willingness venture her life for your good and safety, than myself. For it is my desire to live nor reign no longer than my life and reign shall be for your good. And though you have had and may have many princes more mighty and wise sitting in this seat, yet you never had nor shall have any that will be more careful and loving.«[45]

»Nie wird eine Königin auf meinem Stuhl sitzen, die mehr Eifer für mein Land und Sorge für meine Untertanen zeigt und die mit größerer Bereitwilligkeit ihr Leben für euer Wohl und eure Sicherheit wagt als ich. Denn es ist mein Wunsch, nicht länger zu leben oder zu regieren, als mein Leben und meine Regierung euch zum Wohl gereichen. Und wenn ihr auch viele mächtigere und weisere Herrscher auf diesem Thron gehabt habt und in Zukunft haben mögt, so habt ihr doch niemals jemanden gehabt, noch werdet ihr jemanden haben, der sich mehr um euch sorgt und euch mehr liebt.«

Von einer Melancholie des bevorstehenden Abschieds ist nichts zu spüren. Wenn sie beteuert, nur so lange leben und regieren zu wollen, wie das ihren Untertanen zum Guten gereicht, so ist diese typische uneindeutige Formulierung ja eher ein Versprechen des Weitermachens auf unbefristete Zeit als eine Ankündigung des baldigen Endes. Elisabeth hatte gern von ihrer Grabschrift gesprochen, als sie noch jung war. Jetzt war das Thema ihres

Endes tabu, für sie selbst und für die Parlamentarier. Alle vermieden in stillschweigendem Komplott deutliche Anspielungen auf den Tod der Monarchin und auf das, was danach kommen würde. Man vermied es auch, Konflikte, die zur Lösung anstanden – den Streit zwischen Amtskirche und Puritanismus, eine Reform des Schatzamtes und des Steuersystems, eine neue Auseinandersetzung über die Rechte des Parlaments –, noch zu Lebzeiten der Königin auszutragen.

Als Elisabeth am 24. März 1603 im Alter von 69 Jahren starb, vollzog sich der Übergang der Krone an Jakob VI. von Schottland, der sich jetzt Jakob I. von England nannte, ohne Komplikation. Zunächst mischte sich in die Trauer der Bevölkerung auch Erleichterung über das Ende des langen und straffen Regimes. Nach einigen Jahren jedoch setzte sich das von Elisabeth selbst und von ihren Zeitgenossen geschaffene Bild wieder durch und Formulierungen wie *in the old Queen's days* oder *in Queen Elizabeth's time* wurden zu Chiffren für eine unwiederbringlich verlorene, aber als Ideal noch gültige Epoche.

»Good Queen Bess« (Balladenholzschnitt)

Kapitel 3
Lebensbereiche

Hof und Stadt und Land

Die drei Bereiche des elisabethanischen Lebens, das Land, die Stadt und der Hof, bilden eine hierarchische Stufenleiter von unten nach ganz oben, von einfachen Verhältnissen zu komplexeren und von geringer zu großer sozialer, politischer und kultureller Wertigkeit und Wichtigkeit. Es gibt Bürger, die bestimmte Aspekte des Hoflebens kritisieren, aber es gibt niemanden, der am absoluten Vorrang des Hofes rüttelt. Der Monarch und sein Hof repräsentieren das Land; sie sind das Land: Sie lenken es nicht nur, sondern ihre Kultur ist die Kultur Englands. Diese Vorstellung ist so fest fundiert, daß auch Bürger sich als Lese- oder Theaterpublikum mehr für höfische Figuren und höfisches Leben interessieren als für Gestalten und Stoffe aus ihrer eigenen Welt.

Aber die Hierarchie der Lebensbereiche ist doch nicht so eindeutig, wie es zunächst scheint, und die von den Elisabethanern selbst stammende Vorstellung einer Welt aus drei klar getrennten und klar zugeordneten Stufen, einer unteren, einer mittleren und einer höheren, bedarf der Modifizierung.

Man darf zunächst einmal nicht aus dem Auge verlieren, daß jeder der Lebensbereiche nicht nur Repräsentanten einer Schicht enthält, sondern Menschen aller sozialen Ränge – genauso wie das soziale Grundmodell, die Familie, vom Hausherrn bis zur letzten Küchenmagd immer ein Spektrum der Gesellschaft darstellt. Auch bei dieser Inklusivität hat der Hof den Vorrang. Er weist zwar eine Konzentration von Personen der höheren Stände auf, ist zugleich aber auch die größte Ansammlung von Untergebenen, die dienende Arbeit leisten. Die Höflinge sind bei Hofe in der Minderheit. Besonders in den Zeiten höfischer Großfeste, wenn auch das Bürgertum Londons in den Funktionen des Lieferanten, Dienstleisters und Publikums für den Hof aufgeht, erscheint den Zeitgenossen der königliche Haushalt als ein Mikrokosmos, der die ganze Welt in sich enthält.

In der hierarchischen Ordnung der Lebensbereiche ist die Position des Landes uneindeutig. Das Land ist einerseits zurückgeblieben und simpel, unfähig zu kunstfertigen Hervorbringungen und weit vom Sitz der Macht; auf dem Lande gibt es die einfachsten Menschen und die geringsten Chancen, etwas zu werden oder an der Regierung des Landes mitzuwirken. Auf der anderen Seite gilt das Land nach wie vor als der Kern Englands: Nicht nur der Hof, sondern auch das Land ist das Land. Noch immer sind die ländlichen Hierarchien, das Kirchspiel mit dem Pastor als geistlichem Oberhaupt und der *lord of the manor*, der von seinem Herrensitz aus lenkt (soweit nicht königliche Gewalt Vorrang beansprucht) und Recht spricht (soweit nicht höhere Instanzen angerufen werden müssen), das Modell für gesellschaftliche Ordnungen. Das Land ist die Norm, und so fühlen sich alle Elisabethaner, auch die Höflinge und Städter, im Grunde als Leute vom Lande – die meisten von ihnen mit Recht.

Jeder Höfling ist ja zunächst einmal ein Herr vom Lande. Er kann gar nicht an den Hof gezogen werden, wenn er nicht Besitz auf dem Lande hat. Jeder Höfling geht immer wieder auf seine Güter zurück, und der ganze Hof zieht jedes Jahr eine Reihe von Wochen oder Monaten aufs Land. Es gibt in England keinen Stadtadel und auch keinen verstädterten Adel. Nicht nur die Aristokratie, sondern auch die *gentry* ist ländlich. Ein reiner Städter kann kein *gentleman* werden. Die meisten Städter außerhalb der Londoner Bürgerschaft sind Ackerbürger und leben zum Teil vom eigenen Land. Der Londoner Bürger, der es in der Stadt zu etwas gebracht hat, kauft oder pachtet ein Gut, um als Herr vom Lande den sozialen Aufstieg zu krönen.

Ein Höfling oder Städter braucht freilich nicht jedesmal tatsächlich auf das platte Land zu gehen, wenn er seine Verbundenheit mit dem ländlichen Leben ausdrücken will. Es gibt auch ein fiktionales ›rus in urbe‹ in der Form der ungemein populären pastoralen Gattungen. Die pastorale Poesie, das pastorale Drama und die pastorale Musik bieten die Möglichkeit, das Land ohne dessen Unwirtlichkeit und Mühsal zu genießen und diesen Lebensbereich zugleich zu verklären und zu belächeln.

Der Hof

Organisation

Der Hof ist keine Behörde mit festem Sitz und genau umreißbarem Personal. Der Hof ist vielmehr eine mobile und im personellen Umfang dehnbare Institution, bei der sich um einen festen Kern von Personen, die bei Hofe tätig sind, ein Troß von Gästen, Familien und Dienstboten der Hofangehörigen, von Klienten und Lobbyisten, Geschäftsleuten und Neugierigen schart. Die Ergebnisse gelegentlicher, von Elisabeth angeordneter Überprüfungen zeigen, daß auch der Hof selber nicht in der Lage war festzustellen, wie hoch genau die Zahl jener Leute war, die ein Anrecht auf Verpflegung aus den Hofküchen hatten und somit im äußerlichen Sinne zum Hof gehörten. Wie viele Leute hinzukamen, die nicht zum Hofe gehörten,

aber bei Hofe waren, von irgend jemandem geladen oder
aus eigenem Antrieb, richtete sich nach den Zeitläuften,
nach der Jahreszeit und nach dem jeweiligen Aufenthaltsort. Residierte der Hof in Westminster oder in einer der
Palastanlagen in der Nähe von London, wo man leicht
unterkommen und sich verpflegen konnte, waren es
mehr, bei Aufenthalten auf entfernteren Schlössern (wo
schon Teile des ständigen Personals in Zelten kampieren
mußten) waren es weniger.

Das Feste am Hof waren einerseits die Königin als Zen-
tralperson und ihre personale Umgebung (die sich im
Falle Elisabeths fast nur durch Altern oder Tod änderte)
und andererseits ein gleichbleibendes Schema der Raum-
anordnung und der Organisation. Am wichtigsten für die
Struktur des Hoflebens war das räumliche Schema. Wie
immer die baulichen Gegebenheiten eines Schlosses sein
mochten, es mußte, wenn die Königin darin wohnte, eine
Flucht von Räumen so arrangiert werden, daß eine Folge
von hintereinander liegenden Stationen entstand, wobei
von Station zu Station der Kreis der Personen, der Zugang
hatte, beschränkt wurde und das Hofleben auf unterschiedlichen Stufen der Öffentlichkeit ablief.

Im ersten und öffentlichsten Bereich ist der Mittelpunkt
die *great hall*, meist der größte Raum des Hauses, ein Saal
für große Staatsakte und Empfänge. Jeder, der Beziehungen zum Hof hat oder eine Empfehlung vorweisen kann,
ist hier als Zuschauer zugelassen. Es folgt der Bereich der
Kammer, der wieder in sich unterteilt ist. Die meisten
Schlösser haben einen größeren Audienzsaal, *presence
chamber*, in dem die Königin Delegationen empfängt – die
Abgesandten des Parlaments beispielsweise – und fast täglich Visite macht. Auch hierhin kann jede Person von
Stand, wenn auch mit einiger Anstrengung, gelangen.
Anders als bei den Feierlichkeiten im Großen Saal sind

hier informelle Gespräche zwischen der Königin und Besuchern möglich. Der anschließende Bereich der eigentlichen Kammer, *privy chamber*, hat eine strenge Zugangskontrolle. Gelegentlich werden Gesandte als besondere Geste in den Kammerräumen empfangen, sonst beginnt hier der Bereich der inneren Kreise der persönlichen und politischen Mitarbeiter. Die *privy chamber* – meist einige kleinere Zimmer und ein größerer Raum – ist nicht nur der Dienstraum der Monarchin, sondern auch das Wohnzimmer des inneren Kreises und der Königin. Wenn die Königin nicht da ist, bespricht man sich, vertreibt sich die Zeit, wartet. Wenn die Königin da ist, wird nach ihrer Entscheidung gearbeitet, geredet oder gespielt.

Hinter der *privy chamber* liegen die Räumlichkeiten der *royal bedchamber*, der privateste Bereich – relativ, denn auch hier haben einige Dutzend Personen, von den *maids of honour* bis zu den persönlichen Domestiken, regulär zu tun; die Monarchin ist praktisch nie allein. Es ist auch keineswegs eine Klausur, in die nie ein Mann kommt. Elisabeth führt oft Einzelgespräche mit Regierungsmitgliedern in der Ruhe des innersten Bereichs. Aber kein Mann hat hier von Amts wegen Zutritt; wenn jemand sich ungebeten Einlaß verschafft, wie Essex nach dem Verlassen seines Postens in Irland, gilt das als Sakrileg.

Die Anordnung der Räume und ihrer Funktionen zeigt, daß der elisabethanische Hof nicht in erster Linie als Sitz der Regierung angelegt ist, sondern als eine Fassung für den Monarchen, genauer gesagt als eine Serie von Fassungen oder Rahmen für verschiedene Arten des königlichen Auftretens und Wirkens. Alle Räume treten erst in Funktion, wenn die Königin erscheint. Es gibt Mitglieder der Regierung und der Hofverwaltung, die auch ohne die Königin ihrer Arbeit nachgehen können, aber die normale

Höflinge
Oben:
Sir Walter Ralegh
Rechts:
Sir Francis Drake
(Miniaturen von
Nicholas Hilliard)

Der elegante Edelmann (Miniatur von Nicholas Hilliard)

Situation des Höflings ist die des Wartens auf die Königin, deren Gegenwart ihn in Aktion setzt. Wie die Damen, die der Königin aufwarten, *ladies in waiting* heißen, so könnte man die männlichen Hofleute als *gentlemen in waiting* bezeichnen.

Die Flucht der königlichen Gemächer, das Zentrum jedes Schlosses, macht nur einen Bruchteil der gesamten Räumlichkeiten aus – Hampton Court beispielsweise hat insgesamt 1800 Zimmer. Auf jeden Edelmann oder Dienstboten, der Zugang zur Präsenz der Monarchin hat, kommt eine lange Reihe von Angehörigen, Helfern und Untergebenen. Die Verwaltung des Hofes erfordert ebensoviel organisatorischen und personellen Aufwand wie die Regierung des Landes. Wie die Regierung ist auch die Hofhaltung im Vergleich zu modernen Institutionen ähnlicher Größe eher überorganisiert und überreglementiert. Die Hofverwaltung ist in drei Hauptabteilungen gegliedert, deren Kompetenzbereiche sich mit den Stichworten *downstairs* – Versorgung und Dienste –, *upstairs* – Aktivitäten der königlichen Kammer – und *out-of-doors* – Stallungen, Kurierwesen, Reiseorganisation – umreißen lassen.

Die Verwaltung des Haushalts im engeren Sinne – Küche, Keller und Dienstboten – untersteht dem *Lord High Steward*. Der Oberhofmeister bildet zusammen mit seinen höchsten Untergebenen, den beiden ›Weißstäben‹ (*white staves*) sowie dem Schatzmeister und dem Rechnungsführer des Haushalts, ein Direktorium, das seine Sitzungen am grünen Tisch abhält und daher *Board of Green Cloth* heißt. Ihm unterstehen etwa zwanzig Ressorts wie Küche, Brotbäckerei, Pastetenbäckerei, Feinbäckerei, Anrichte, Gewürzabteilung, Weinkeller, Wäscherei, Spülküchen, Einkaufsabteilung, Brennholzbeschaffung und Almosenwesen. In jedem Ressort sind die

Beschäftigten säuberlich in Ränge aufgeteilt; sie heißen *serjeants*, *clerks*, *grooms*, *pages* und *children* (Lehrlinge).

Der *Lord Chamberlain* ist für den Bereich der Kammer verantwortlich. Er befehligt alles, was mit der Königin direkt zu tun hat, beispielsweise die Wachmannschaft, die Ehrengarde der *Gentlemen Pensioners*, die Chorknaben der königlichen Kapelle, die Leibärzte, den Hofastronomen und Hofmaler, die königliche Garderobe und das Schatzhaus mit den Kronjuwelen. Mit seinem Personal, das zu einem großen Teil aus adligen Damen und Herren besteht, ist der Lordkämmerer nicht nur für die Abwicklung der täglichen Routine, sondern auch für die Organisation außerordentlicher Staatsakte und Empfänge verantwortlich.

Daß es in der Welt des Hofes keine Trennung zwischen Tätigkeit und Muße, Arbeit und Lustbarkeit, Dienst und Freizeit gibt, wird im Amtsbereich des *Lord Chamberlain* besonders sinnfällig. Zu den wichtigsten Ressorts, die ihm unterstehen, gehören die, die nach unseren Begriffen dem Bereich der Freizeitveranstaltungen zuzuordnen sind: die Musiker beispielsweise, ferner eine eigene Abteilung für den Aufbau und die Ausstattung von Festzelten und das Amt des *Master of the Revels*, der für die Organisation der normalen Festzeiten, zum Beispiel der zwölftägigen Weihnachts- und Neujahrsfestivitäten und der außerordentlichen Lustbarkeiten, wie sie zum Beispiel zu Ehren von Staatsbesuchern abgehalten werden, zuständig ist. (Da ein Teil der Obliegenheiten des *Revels Office* die Besorgung und Bezahlung von Gastspielen Londoner Schauspieltruppen ist, bilden die Unterlagen des Amts eine unserer Hauptquellen für die Geschichte des elisabethanischen Dramas.)

Der Oberstallmeister, *Master of the Horse*, tritt bei Festzügen am prächtigsten in Erscheinung, wenn er, di-

rekt hinter der Sänfte der Königin reitend, ihr Leibroß
am Zügel führt. Sein Amt hat aber auch außerhalb aller
Pferdespektakel große Bedeutung, da er nicht nur für das
40köpfige Kurierkorps und damit für die Effizienz des
Kommunikationswesens zu sorgen, sondern auch die
Mobilität des Hofes sicherzustellen hat. Der Hof zieht
immerhin – die sommerlichen Landtourneen ungerechnet
– vier- bis sechsmal pro Jahr um, und jeder Umzug ist eine
logistische Großunternehmung mit 1500 Pferden und
zahllosen Fuhren.

Die Ämter der Hofverwaltung und der Landesregierung sind einigermaßen deutlich voneinander getrennt,
aber die Gruppen der verantwortlichen Personen und die
Aktivitäten nicht. Die Inhaber der höchsten Hofämter
sind fast automatisch auch Mitglieder des *Privy Council*,
oft sogar sehr einflußreiche (so war beispielsweise Leicester über dreißig Jahre lang *Master of the Horse* und Hatton ein Jahrzehnt *Vice-Chamberlain*), und der Kronrat
gibt bei seinen Beratungen Hofangelegenheiten die gleiche Priorität wie reichspolitischen Fragen.

Bei jeder Schilderung des elisabethanischen Hofwesens
befallen einen modernen Betrachter fast unvermeidlich
Zweifel, ob es mit der berühmten Sparsamkeit der Königin und mit der Konzentration ihrer Regierung auf das
Sinnvolle und Zweckmäßige wohl seine Richtigkeit
gehabt haben kann. Aber die Hofhaltung ist, gemessen am
Aufwand früherer englischer und zeitgenössischer ausländischer Monarchen, tatsächlich verhältnismäßig sparsam.
Elisabeth war zwar entsetzt, als eine große Überprüfung
im Jahre 1601 ergab, daß die jährlichen Kosten des Hofes
allein für Brot, Bier, Heizung und Licht seit der Thronbesteigung um £ 1200 gestiegen waren; aber der Anstieg
entsprach nur der allgemeinen Teuerungsrate, und auch
die erhöhte Summe machte nur einen kleinen Teil des

Staatshaushaltes aus. Ausländische Diplomaten bewunderten mit Recht, daß der englische Hof viel Glanz mit wenig Geld produzierte.

Höfischer Glanz aber war innenpolitisch wie außenpolitisch eine Notwendigkeit. Majestät muß demonstriert werden, und Macht und Größe sind nur existent und glaubwürdig, wenn man sie als Schau vor die Augen stellen kann. Aristokratie und *gentry* brauchen einen großen Hof, damit aufstrebende junge Leute eine Ausbildungsstätte und ein Tätigkeitsfeld haben; die Stadt London braucht den Hof als Kundenkreis. Feste und Lustbarkeiten dienen nicht nur der Repräsentation, sondern sie beschäftigen auch die Hofleute, deren Funktion nicht zuletzt im Dasein und Warten besteht; sie sind wichtiger als Kriege; sie sind billiger – der ganze Hof kostet weniger als der kleinste Feldzug –; man kann sie nicht verlieren.

Ortswechsel

Mehrmaliger Ortswechsel im Laufe des Jahres, von den Hofleuten teils als Abwechslung, teils als Beschwernis empfunden, ist eine absolute Notwendigkeit des Hofwesens. Elisabethanische Schloßanlagen sind für eine Menschenansammlung wie den Hof nur höchstens vier bis fünf Monate hintereinander bewohnbar.

Enge der Wohnverhältnisse gehört zu den Gegebenheiten des elisabethanischen Lebens. Fast niemand hat sein eigenes Schlafzimmer; es ist schon viel, wenn man ein Bett für sich hat. Bei Hofe hockt man noch enger zusammen als anderswo. Sauberkeit läßt sich bei vollem Betrieb nicht aufrechterhalten. Die Fußböden sind auch im Schloß mit einer Streu aus Stroh oder Binsen als Geräuschdämmung und Schmutzfänger bedeckt. Man kann die Zimmer ausmisten, aber nicht wischen oder fegen. Jeder ist für unsere Begriffe ungewaschen und ungepflegt. Sanitäre Installationen sind nicht vorhanden; es gibt weder Toiletten noch ordentliche Latrinen. Die Nachtgeschirre oder Nachtstühle der Spitzen der Hofgesellschaft werden ausgeleert, wo es den Bediensteten paßt.

Gestank wird als das schwerste Umweltproblem empfunden; es rangiert weit vor der Gesundheitsgefahr durch mangelnde Hygiene. Man hilft sich, so gut man kann – man benutzt Riechfläschchen, Pomander (Behälter, oft kostbar gearbeitet, für Riechstoffe und Essenzen) und Gewürzsträußchen, die *nosegay* ›Nasenfroh‹ heißen; man verbrennt duftende Hölzer wie Wacholder. Nach ein paar Monaten hilft das alles nicht mehr. Der Gebäudekomplex wird verlassen und ausgeräumt – das ohnehin spärliche Mobiliar wird zum Teil mitgenommen –; dann kann man säubern, lüften, weißen und neu einstreuen; die Kammerjäger und Rattenfänger rücken dem Ungeziefer zu Leibe.

Elisabeth ist wohl die einzige Herrscherin der Renaissance, die nie ein Schloß gebaut oder auch nur geplant hat. Sie verzichtete sogar weitgehend auf die üblichen Umbauten und Anbauten. Der für die meisten Fürsten typische Drang, sich auch als Bauherren Denkmäler zu setzen, ging ihr völlig ab. Dennoch standen für den Hof genügend Schlösser und größere Gebäudekomplexe zur Auswahl, denn die Tudors vor Elisabeth, vor allem Heinrich VIII., hatten mit Leidenschaft Schlösser gebaut und gesammelt.

Von den über ganz England und Wales verstreuten Burgen und Schlössern der Krone kamen als Aufenthaltsort für den Hof nur die in Frage, die in der Nähe Londons lagen, aber das waren immer noch mehr, als man im Laufe eines Jahres brauchen konnte.

Der am häufigsten und am längsten benutzte Aufenthaltsort des Hofes war Westminster oder Whitehall (beide Bezeichnungen wurden unterschiedslos benutzt), das heute mitten in der Stadt liegende Regierungsviertel, das damals eine knappe Wegstunde vom nächsten Stadttor entfernt war. Man sprach zwar vom Königspalast Whitehall, aber die Anlage war in Wirklichkeit eher eine kleine Stadt mit Gebäuden, Plätzen, Gassen und zwei Toren. Kein Gebäude war von besonderer architektonischer Schönheit, aber das ganze Ensemble, der größte Schloßkomplex der Welt, wurde wegen der Kostbarkeit seiner Innenausstattung und der Vielfalt seiner Anlagen – vom Turnierplatz über Tennishöfe bis zur Hahnenkampfarena – viel bewundert. Mitten durch das Palastgebiet führte eine öffentliche Straße, so daß jeder Londoner sich ansehen konnte, was sich bei Hofe tat. – Der kleinere, noch heute erhaltene St. James' Palace nördlich von Westminster wurde hauptsächlich benutzt, wenn in Whitehall eine Generalreinigung erforderlich war, die Königin aber keinen weiten Umzug machen wollte. Von den übrigen Schlössern waren die an der Themse liegenden, Windsor, Hampton Court, Richmond und Greenwich, auf dem Wasserwege – der bequemsten und witterungsunabhängigsten Transportart – zugänglich und durch den Fluß als Abfallbeseitiger relativ leicht sauberzuhalten. Elisabeth mochte den prunkvollen Riesenkomplex von Hampton Court und die altertümlichen Anlagen von Windsor weniger gern. Richmond, ein paar Meilen flußaufwärts gelegen, das am wenigsten zugige und feuchte Schloß, war als Refugium für die naßkalte Zeit und als »warm nest for my old age« bei Elisabeth beliebt. Auch in dem stromabwärts gelegenen Palast von Greenwich, wo Elisabeth geboren worden war, verbrachte der Hof häufig einen Teil des Jahres.

Der höfische Hauptsport – für manche Adlige die

Hauptbeschäftigung überhaupt – war die Jagd. Auch Elisabeth war eine leidenschaftliche Jägerin. Bei der Wahl des Aufenthaltsorts spielten daher vom Frühjahr bis zum Herbst die Jagdmöglichkeiten eine große Rolle. Richmond und Greenwich hatten schöne Wildparks. (Die Hofgesellschaft jagte in der Regel im Gatter, nicht auf freier Wildbahn.) Noch günstiger für die Jagd waren die etwas weiter ab liegenden Schlösser, vor allem Nonsuch in Surrey, eine knappe Tagesreise von London entfernt.

Heinrich VIII. hatte Nonsuch, ›Perle des Reiches‹, als englische Antwort auf französische Königsschlösser wie Chambord bauen lassen. Nonsuch, inzwischen bis auf die Fundamente zerstört, war weniger gewaltig als Chambord, aber dafür wurde es tatsächlich fertig. Der Prachtbau mit der für die Zeit um 1540 typischen Verbindung von klarer und symmetrischer Fassade mit einer phantastischen und lebhaften Dacharchitektur aus Türmen, Türmchen, Kuppeln und Schornsteinen hatte in England, wie der Name sagt, nicht seinesgleichen. Bei Elisabeths Vorliebe für Nonsuch spielte aber offenbar die Architektur eine geringere Rolle als die Umgebung, neben den Wildparks vor allem die Gärten.

Audienz in Nonsuch

Besucher vom Kontinent, die ihre Erlebnisse in England beschreiben, gehören zu den interessantesten Augenzeugen der elisabethanischen Welt, weil sie nicht nur Informationen liefern, sondern auch erkennen lassen, was Zeitgenossen, denen die kontinentaleuropäischen Verhältnisse vertraut waren, am damaligen England bemerkenswert und anders fanden.

Ein solcher Augenzeuge ist Thomas Platter, ein junger

Mediziner aus einem Schweizer Bürgerhaus, dem sein älterer Bruder, Stadtarzt und Universitätsprofessor in Basel, die Mittel für eine mehrjährige Bildungsreise gegeben hatte.[1] Im Herbst 1599 reiste er mit einer kleinen Gruppe anderer Besucher vom Kontinent zusammen fünf Wochen durch England. Von London aus machte man einen Ausflug zum Hof, der auf Nonsuch und in einer Zeltstadt vor den Toren des Schlosses logierte:

»Den 26. septembris am sontag bin ich mitt meiner gesellschaft auf einem gütschlin durch den flecken (bourg) Tuti [= Tooting] zu dem königlichen schloß Nonsoch oder Nonesuch gefahren; ist von Londen 12 englische meyl [...].

Als wier dahin kamen, sahen wier ein weite, grüne wisen vor dem schloß, auf welcher sehr viel zelten, rundt, auch langlecht wie ein kirchen in gar großer anzahl aufgeschlagen wahren, darunder viel fürnemme herren ihre wohnungen hatten, die dem königlichen hof nachzogen. Dann daß schloß allein stehet; ist weder flecken, dorf noch einig hauß darbey; also wer nicht im königlichen schloß einlosiert wirdt, der muß sich under den zelten behelfen. Wier lußen unser gutscher auf der wisen halten, unndt stiegen wier auß, gungen durch ein langen wasechten [mit Gras bewachsenen] spatzier gang, mitt höltzinen schranken eingefaßt, zu dem königlichen schloß, da die königin damahlen hoff hulte« (S. 826).

Platter und seine Begleiter waren nicht angemeldet oder eingeladen, aber er hatte ein Empfehlungsschreiben vom Bürgermeister von Dover, dessen Bauchweh er behandelt hatte, an dessen Vorgesetzten, Lord Cobham, den Gouverneur der *Cinqueports*, zu denen Dover gehörte. Cobham gab ihnen jemanden mit, der ihnen das Schloß zeigte und sie dann in die *presence chamber* führte. Dort erlebten

sie den zeremoniellen Einzug der Königin – alt, aber wie
eine junge Frau anzusehen – zum Sonntagsgottesdienst,
der dem Schweizer Calvinisten sehr päpstlich vorkam und
dem die Königin auf ihre monarchische Weise – aktenle-
send, zuhörend, das Ende bestimmend – folgte:

»Baldt fuhrte man uns hinauf in die presentz kammer,
stellet uns woll herfür, damitt wier die königin desto
beßer sehen konten. Dieser saal wie auch die anderen,
durch welche wier in diesen kommen, wahre mitt schönen
tapisserien überhencket unndt der boden mitt heüw oder
dürrem embdt [Grummet, eine Heuart] überstreüwet;
allein da die königin solte herauß kommen unndt biß zu
ihrem sessel wahre der boden mitt teppichen, so mit dem
türkischen knopf gewürcket, überleget.

Als wier ein klein weil da verharret, ettwan zwischen
zwölf unndt ein uhren, da kamen ettliche mannen mitt
weißen stäben, demnach sonst viel fürnemme, große herren auß einem inneren gemach heraus, unndt folget ihnen
die königin, allein, ohngegeführt, naher, gunge noch gar
gradt unndt aufrecht, setzete sich in der presentz kammer
in einen sessel, mitt viel roten, damastenen unndt mitt
goldt durchgespickten küssenen überleget, nider; die kiße
lagen vast auf der erden, also nider wahre der sessel, under
einem himmel, der oben an der büne zum stattlichsten
angeheftet wahre.

Sie wahre bey dem aller köstlichsten außgezieret, in
einem gantz weiß, atlißen, mitt goldt gestiktem stuck,
hatte ein gantzen paradiß vogel für ein federposchen vor-
nen auf dem haupt, mitt köstlichen edelgesteinen allenthalben versetzet, truge ein schnur von überauß großen,
runden perlinen am hals, hatt auch stattliche hendschu
unndt köstliche ring darüber an. In summa, sie wahre auf
daß allerköstlichest außgezieret, unndt ob sie schon
damahlen 74 jahr alt wahre, scheinet sich doch noch zim-

Elisabeth vor Schloß Nonsuch

blich jung geschaffen, als wann sie nicht über zwentzig jahr alt seye. Sie hatte ein gravitetisch königlich ansehen, unndt regieret, wie obgemeldet, ihre königreich mitt großer bescheidenheit in erwünschtem friden, glückseligkeit unndt gottesforcht, hatt ihren widerwertigen [Feinden] mitt göttlicher hülf unndt beystandt biß hero woll zu begegnen gewüst, wie deßen alle historien zeügnuß geben, unndt ob man ihren schon oft mitt gift unndt viel listen nach dem leben getrachtet, hatt sie doch gott yederzeit wunderbahrlicher weiß erhalten.

Alsbaldt nun die königin sich nider gesetzet, kam ihr frauwenzimmer, überaus stattlich bezieret, auch in die kammeren, unndt stunde ihr secretarius ihren an der rechten handt, die mitt weißen stäben sampt viel ritter zu ihrer lincken; unndt gab ihren einer von den ritteren ettliche bücher in die handt, fule uff die kney, wann er zu ihren kame, wie auch gleichfahls der admiral unndt milord Cobhan, die auch zu gegen wahren. Man berichtet mich, daß sie ettwan knyendt mitt der königin in der karten gespilet haben. Wie sie die bücher empfangen, hatt sie ettwas darinnen gelesen, undt hatt ein prediger, mitt einem weißen chorrock bekleidet, ein predig gehalten, stunde nur auf dem boden gegen der königin. Auch wahren zwen bischoff neben ihme, in schwartzen, attleßen röcken angethan, die halfen zu anfang unndt endt dem prediger (per responsoria) mitt gegen antwort betten, gleich wie man im pabstumb pfleget.

Nach dem sie ein weil gelesen, hatt sie zugehöret, aber gar nicht lang, sondern weil es gar warm undt spaht wahre, auch viel leüt zugegen, hatt sie einem ihrer ritteren zu sich geruffen, der auf die knye vor ihren gefallen; dem hatt sie bevohlen, dem prediger anzuzeigen, daß er ein endt mache, es seye gar spaht; welches auch gleich beschehen.

Wie daß bätt geendet, ist sie mitt ihrem frauwenzimmer unndt den herren widerumb in ihr gemach gangen, darauß sie zevor kommen wahre.

Man hieße uns noch lenger in der presentz kammer verharren, damitt wier sehen, wie man der königin wurde daß imbißmahl auftragen; man thate uns alle ehr an« (S. 827 f.).

Da die Königin, wie sie es fast immer tat, nicht an einer großen Hoftafel, sondern in der *Privy Chamber* dinierte, konnten die Gäste nicht beim Essen zuschauen. Aber beim Mahl diente der Audienzsaal als Anrichte, und so durften sie die Kammerherren, Gardisten und Lakaien bei den Ritualen des Vorschneidens, Kostens und Kredenzens beobachten.

Was Thomas Platter immer wieder auffiel (und was auch andere Besucher als englische Besonderheit registrierten), war die Verbindung einer an keinem anderen Hof zu findenden zeremoniellen Förmlichkeit und fast religiösen »reverentz« gegenüber der Königin mit einer ebenso ungewohnten Vertrautheit und Familiarität der Beziehung zwischen der Monarchin und ihrem Hof. Platters Geschichte von den Höflingen, die auf Knien mit der Königin Karten spielen, ist eine schöne Formel für diesen Gegensatz.

Auch beim Verhältnis der einfachen Bevölkerung zur Königin registriert Platter (wie andere Englandreisende) eine Mischung aus Vergötterung und familiärem Umgang. Anläßlich eines Besuchs in Richmond heißt es:

»Wie sie [die Königin] auf einem gang zum fenster in hoff hinus ihr volck besahe, fulen sie alle mitt einander im hoff auf ihre knye zu boden nider, unndt sprach sie auf englisch zu ihnen: God bles mi piple! daß ist: Gott segne mein volck. Unndt schruwen sie alle mitt einander hinwider:

God save the Queen! daß ist: Gott heilige die königin, unndt bliben so lang auf ihren knyen still ligen, biß sie ihnen mitt der handt ein zeichen gabe, daß sie solten aufstehen; daß thaten sie mitt größister reverentz, alß sie konten.

Dann daß ist einmahl gewiß: die Engellender hulten sie schier nicht allein für ihr königin, sondern auch für ihr gott« (S. 867).

In Richmond und in anderen Königsschlössern erhielt Platter im übrigen aufgrund eines Passes Einlaß, den ihm der *Lord Admiral*, mit dem er in Nonsuch Französisch parliert hatte, ausstellen ließ. Im Zeitalter des erstarkenden Nationalismus funktionierte die internationale Solidarität der Gebildeten und der Herren der höheren Stände noch immer.

Progress

Die Monate von Juli bis September waren für alle Menschen bei Hofe ein Höhepunkt des Erlebens und der Strapazen: Es war die Zeit des alljährlichen *progress*, der Besuchsreise der Königin durch ihr Land. Jedes Jahr wurden mehrere Grafschaften bereist, mit Aufenthalten von zweitägiger bis mehrwöchiger Dauer in Städten und auf Herrensitzen der Region. In Zeiten außenpolitischer Krisen wie in den achtziger Jahren wurde der *progress* reduziert oder fiel aus, sonst aber ließ sich die Königin bis in ihr Alter nicht von der jährlichen Tournee abhalten. In seiner großen Dokumentation *The Progresses and Public Processions of Queen Elizabeth* (1823)[2] erfaßte John Nichols 241 Orte, an denen ein Besuch Elisabeths belegt ist. Die Königin reiste mit ihrem *progress* kreuz und quer durch das Land, allerdings nur durch jene Landesteile, die

mit der Hofkarawane, die maximal 20 Kilometer am Tag
bewältigen konnte, erreichbar waren, nämlich die *home
counties* um London und die südlichen und östlichen
Grafschaften.

Die Reisen gehören zu den größten Gemeinschaftslei-
stungen der elisabethanischen Zeit; sie können es in der
Quantität und Qualität des organisatorischen Aufwands,
aber auch in der Investition an Energie, Enthusiasmus und
improvisierender Phantasie mit jedem militärischen Unternehmen einschließlich des Kampfs gegen die Armada
aufnehmen. Unter heutigen Verhältnissen müßte ein elisabethanischer *progress* als praktisch undurchführbar gelten. Schon ein stationärer Kongreß mit 1500 bis 2000 Teil-
nehmern ist nur in wenigen großen Städten möglich, und
es wäre ein Unding, mit einer Reisegesellschaft dieses
Umfangs über die Dörfer zu ziehen. Wenn die Elisabethaner diese Leistungen zustande brachten, so zeigt
das einmal, daß die elisabethanische Gesellschaft, die der
modernen an der Fähigkeit zu kontinuierlicher Produktion unterlegen ist, bei besonderen Gelegenheiten und
besonderer Motivation Ungeahntes leisten konnte, und
zum anderen, daß man damals die Prioritäten bei der Auswahl der Dinge, für die sich Anstrengungen und Entbeh-
rungen lohnen, anders setzte als heute.

Ein *progress* wurde langfristig vorbereitet. Spezialisten
des Hofes stellten die Reiseroute zusammen, inspizierten
Straßen und Versorgungsmöglichkeiten und verhandelten
mit den vorgesehenen Gastgebern. Als Fürstin und oberste Lehnsherrin konnte die Königin sich theoretisch überall einladen; jeder Grundherr war verpflichtet, dem Hof,
der sich selbst verpflegen mußte, sein Dach für die Menschen und Weideplatz für die Pferde zur Verfügung zu
stellen. Praktisch rissen sich die Städte und die Adligen
darum, die Königin und den Hof zu Gast zu haben und

unter beträchtlichem Aufwand zu bewirten und mit
einem ununterbrochenen Programm von der Morgenmu-
sik bis zum Feuerwerk am Abend zu unterhalten. Das
Amt des *Master of the Revels* leistete auf Wunsch organisatorische und finanzielle Hilfe – die Rundreisen waren
keine Sparveranstaltungen für den Hof –, aber im allgemeinen mußte Elisabeth die Ausgabenfreudigkeit ihrer
Gastgeber eher dämpfen als anstacheln.

Königsbesuche waren keineswegs unter allen Monarchen populär. In der frühen Tudorzeit wurde der Hof
gelegentlich mit einer Heuschreckenplage verglichen, und
die Stuarts hatten später ihre Probleme mit dem Finden
von Gastgebern. Aber Elisabeth hielt bei den Höflingen
auf straffe Disziplin, und sie selbst war ein begabter und
geübter Gast. Sie bereitete sich sorgfältig vor, indem sie
sich über regionale Probleme von ihren Mitarbeitern Vortrag halten ließ, sie hörte begeistert zu und verfuhr mit
keinem langatmigen Bürgermeister wie mit ihrem Hof-
prediger, sie harrte im Regen beim Festspiel aus und gene-
rierte überall, wohin sie kam, einen Schatz an Anekdoten
über ihre leutseligen Aussprüche und Gesten. Die einzigen Beteiligten, die Spuren einer Unlust dokumentarisch
hinterlassen haben, waren Höflinge, insbesondere ältere
Herren, die das Vergnügen der Reise zu anstrengend
fanden.

Ein *progress* ist eine Mehrzweckreise, bei der das Sichtbarmachen der königlichen Majestät obenan steht. Die
Mehrheit der Untertanen in den besuchten Grafschaften
hat die Königin nicht nur leibhaftig gesehen, sondern mit
ihr ein festliches Erlebnis geteilt. Mit der Königin werden
die Personen, die Macht und das Gepränge des Hofes zur
Schau gestellt. Die Tour ist ferner eine Inspektionsreise,
bei der Städte und Grafschaften über sich Rechenschaft
geben. Sie ist auch ein reisendes Fest, eine Folge von Lust-

barkeiten. Schließlich ist sie auch eine Reise der Gesundheit wegen und eine Landpartie: Die Königin und ihr Gefolge entgehen der Pestgefahr, die in diesen Monaten am akutesten ist, und verbringen den Sommer dort, wo sie ihrem Selbstbild nach zu Hause sind, in der ländlichen Welt der *counties*.

Die Schau von Elvetham

Einige Monate vor dem Beginn der königlichen Sommerreise im Jahre 1591 wurde Edward Seymour, Graf von Hertford, von Freunden bei Hofe darüber informiert, daß die diesjährige Route durch Hampshire führen würde und daß Elisabeth vorhätte, seinem Landsitz Elvetham einen Besuch abzustatten. Elvetham war eines der kleineren Anwesen des Grafen und verfügte weder über einen ansehnlichen Park noch über die Infrastruktur für die Unterbringung und Beköstigung eines großen Haushalts. Der Graf, dem es darauf ankam, »Ihrer Hoheit seine aufrichtige Liebe und pflichtschuldige Loyalität« zu beweisen (er hatte es nötig, da er wegen konspirativer Aktionen gegen Elisabeth lange im Tower gesessen hatte), beschloß, in aller Schnelle die Voraussetzungen für einen angemessenen Empfang zu schaffen. Er holte Leute von seinen Gütern zusammen und stellte 300 »kunstfertige Handwerker« ein. Mit dieser Mannschaft führte er zwei Projekte aus. Er ließ als Ergänzung des Herrenhauses, in dem die Königin wohnen sollte, eine komplette Palastanlage aus Zeltstoff und Brettern bauen: Schlaf- und Aufenthaltsräume für die einzelnen Ränge, eine Küche mit sechs großen Herden, eine Bäckerei, eigene Zelte für die etwa zwanzig Nebenressorts der Küche, von der Gewürzkammer bis zum Weinkeller, alles mit Fliesen ausgelegt.

Das Ergebnis des zweiten Projekts ist auf dem Bild zu sehen, einem Holzschnitt aus dem Souvenirbuch über den Königsbesuch, das der Graf noch im gleichen Jahr publizieren ließ.[3] Es ist ein eigens für diesen Zweck ausgehobener kleiner See in der Form einer Mondsichel (des Symbols der Diana-Elisa), etwa 100 Meter lang, mit drei künstlichen Inseln, die eine, *Ship Isle* (D), als Segler mit Bug, Heck und drei Masten, die andere (F) mit einer Miniaturfestung, und die dritte, *Snail Mount* (G), mit spiralförmigen Buchsbaumwegen in der Form einer Riesenschnecke (als Aussichtspunkt zu benutzen). Der See wurde mit einer Flotte bestückt, zu der eine kleine Galeone mit voller Takelage (C) und eine Barkasse für ein Orchester (E) gehörten. An Land wurden unter anderem eine Tribüne mit Thronsessel (A), ein geschlossener Hof als *privy chamber* (I) und eine Garderobe für die Königin (K) neugebaut oder umgestaltet.

Mittlerweile waren der Graf und ein Stab von Autoren, Musikern und Darstellern damit beschäftigt, für jeden der vorgesehenen vier Besuchstage *devices* auszuarbeiten, Konzepte für Darbietungen, in denen sich dramatische, visuelle, musikalische und choreographische Elemente mischen. Alle *devices* von Elvetham sind Dramatisierungen des tatsächlichen Vorgangs. Eine Königin besucht das Land, tut damit dem Gastgeber Ehre an und wird selbst der ländlichen Freuden teilhaftig.

Den Rahmen liefert meist die Mythologie, entweder die der Antike oder auch das inzwischen schon allgemein eingeführte spezielle Gloriana-Götterspiel. In jeder Darbietung wird Elisabeth eine Hauptrolle zugeschrieben, und zwar so, daß sie nur ihren normalen Part als huldvolle Königin zu spielen und nicht etwa Texte aufzusagen braucht.

Das Programm der *royal entertainments*, die während

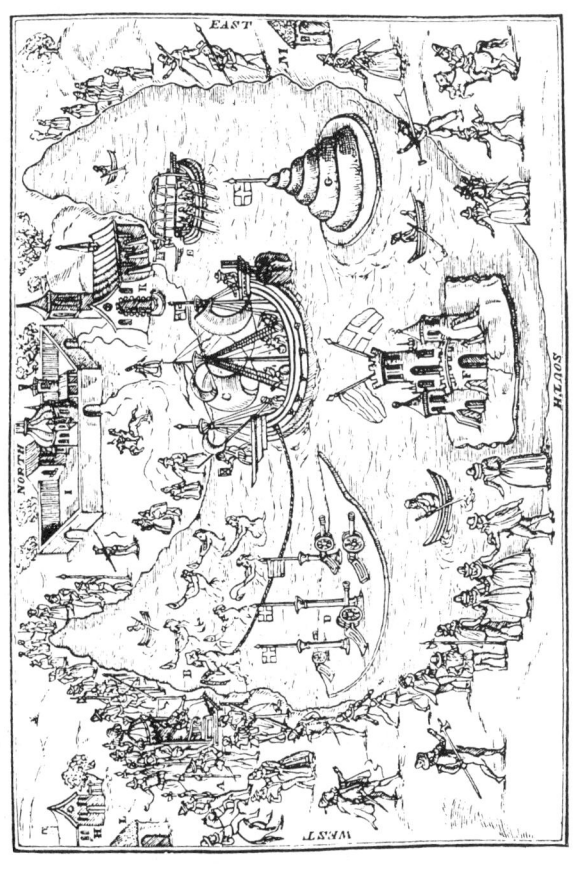

Schauspiele für Königin und Hof
Der künstliche See für die Wasserspiele von Elvetham

des Besuchs vom 20. bis 23. September 1591 dargeboten
wurden, ist nicht so aufwendig wie die ganz großen *progress*-Gastgebereien, beispielsweise das dreiwöchige Fest
auf Kenilworth, das der Graf von Leicester 1575 der
Königin und dem Hof gab, aber die Texte (die zum Teil
ihren Weg in moderne Lyrikanthologien gefunden haben), die *devices* und die musikalischen Kompositionen
(die teilweise von Thomas Morley, dem Musikdirektor
von St. Paul's stammten) waren von besonderer Qualität.

Am ersten Tag wurde die Königin, nachdem Hertford
sie mit einem berittenen Gefolge von mehr als 200 Edelleuten von ihrem vorigen Aufenthaltsort abgeholt hatte,
beim Erreichen des Parks von Elvetham von einem grüngewandeten, als antiker *vates cothurnatus* kostümierten
Dichter und von einem Chor von Jungfrauen, drei Grazien und drei Horen begrüßt. Der Dichter hielt eine
schöne Rede in vergilianischem Latein, die – wie alle
Ansprachen in den *entertainments* – nicht nur ein Prunkstück der Rhetorik war, sondern auch genau erklärte, was
die Szene und die Figuren zu bedeuten hätten. Elisa, die
oberste Nymphe Angliens, kehrt auf dem Lande ein, wie
einst Zeus in Philemons ärmlicher Hütte, und des freuen
sich Mensch, Tier und Natur, nur die Nacht nicht, die der
Sonne Elisa ihre Strahlen neidet und ihr Kommen zu verhindern sucht. Vergebens, denn schon räumen Grazien
und Horen die Blöcke aus dem Weg, die der Neid dort
aufgetürmt hat, und geleiten die Königin zum Herrenhaus,
Blumen streuend und sechsstimmig singend (S. 109):

> Now birds record new harmony,
> And trees do whistle melody:
> Now every thing that nature breeds
> Doth clad itself in pleasant weeds,
>   O beauteous Queen of second Troy,
>   Accept of our unfeigned joy.

»Nun stimmen Vögel eine neue Harmonie an und Bäume pfeifen eine Melodie; nun kleidet sich alles, was die Natur hervorbringt, in ein anmutiges Kostüm. O schöne Königin des zweiten Troja, nimm unsere ungeheuchelte Freude entgegen.«

Nach der Begrüßung durch die Hausherrin folgten einige hundert Böllerschüsse von den Inseln im See, ein Bankett »in plentiful abundance« und ein Abendkonzert.

Am Nachmittag des zweiten Tages fand das große amphibische Spektakulum statt, bei dem der neue See zur Geltung kam und zugleich die Gastgeschenke an die Königin überreicht wurden (ein wichtiger Punkt in jedem Besuchsprogramm). Als Elisabeth sich inmitten des Hofes auf dem Thronsessel unter dem Baldachin am Seeufer niedergelassen hatte (A), erblickte sie vor sich (wie auf dem Holzschnitt zu sehen) Nereus, den Gott des Meeres, mit einem Gefolge minderer Seegottheiten, teils watend, teils schwimmend; hinter der Götterschar kamen fünf Tritonen, die Trompeten bliesen. Sie wechselten sich mit einem *consort* aus Jungfrauen in einer sich langsam nähernden Barke ab (E); die spielten auf ihren Hörnern und Zinken schottische Tanzweisen. In weiteren Booten folgten Sänger und Lautenisten. Die stattliche Galeone (C) war mit der Nymphe Neaera und ihrem Gefolge bemannt und wurde von den Göttern an einem Tau geschleppt. Die kleine Insel mit der Festung (F) war von englischen Truppen besetzt und mit Böllern bestückt. Die Inselschnecke (G) hatte sich durch die Kunst der Feuerwerker in einen geringelten Drachen verwandelt, der aus Hörnern und Rachen wild Feuer spie.

Nereus erklärte der Königin, die heute »Fair Cynthia, the wide Ocean's Empress« war (S. 111), in schönen Versen den Sinn und die Zusammenhänge all dessen, was sie sah und hörte. Schon lange hatten die Meeresgötter sich

danach gesehnt, die große Elisa bei sich begrüßen zu dürfen. Sie kam aber nie, sondern schenkte ihre Gegenwart
immer dem Lande, das diese Bevorzugung gar nicht verdiente. Wer hatte das Land denn jüngst gerettet? Die See
und ihre Götter doch wohl, »Whose jealous waves have
swallowed up your foes, / And to your realm are walls
impregnable« (S. 112; »Deren eifersüchtige Wellen Eure
Feinde verschlungen haben und für Euer Reich unein-
nehmbare Mauern sind«).

Die Seegötter waren es auch, die jene Festung England
schufen, die dort zu sehen ist. Sie waren Elisas treueste
Helfer, als die Strahlen ihrer Augen jenen (spanischen)
Drachen, der Albions schöne Fluren verwüsten wollte, in
eine Schnecke verwandelten. (Nach dem Erlöschen des
Feuerwerks hatte das Monstrum auf der Insel wieder seine
harmlose alte Gestalt angenommen.)

Weil Elisa nicht zum Meere kam, war das Meer jetzt zu
ihr gekommen. Die Meeresgötter hatten diese Fluten hier
entspringen lassen, um ihre Huldigung darbieten zu können. Sie seien nicht mit leeren Händen gekommen, sondern hätten die goldenbrüstige India, die Göttin der juwe-
lenreichen Neuen Welt mitgebracht, damit sie das Insel-
reich mit Schätzen bestreue. Hier gab Nereus ein Zeichen,
und eine Gestalt sprang mit einem Salto von der Schiffsin-
sel ins Wasser, schwamm heran und überreichte der Königin in einem aus Binsen geflochtenen Behälter als erstes
Gastgeschenk des Grafen ein Juwel, dessen Kostbarkeit er
der Bescheidenheit halber im Bericht nur andeuten ließ.

Nach einem musikalischen Zwischenspiel, einer der
modischen Echoarien, folgte der komische Teil der Was-
serschau. Jetzt durften auch die Götter des Landes ihre
Aufwartung machen. Sylvanus, ein göttlicher Wald-
schrat, erschien mit seinem wüsten und fellgewandeten
Gefolge und überreichte der Königin einen geflochtenen

Schild mit einem Emblem und einem Sinnspruch. Kaum hatte er seine Gabe überreicht, da gerieten Landgötter und Seegötter in einen Streit. Sie balgten sich unter Trompetengeschmetter, bespritzten sich und warfen sich ins Wasser, bis Nereus mit einem Hinweis auf die Friedensliebe der Herrscherin dem Kampf Einhalt gebot. (Die echten Landbewohner, die dem Schauspiel von der anderen Seite des Sees zusehen durften, waren über die Kostümierung der wilden Landgottheiten so erschrocken, daß sie zum Gelächter der Vornehmen das Weite suchten.)

Der letzte Teil war wieder majestätisch. Die schöne Nymphe Neaera überreichte Elisabeth das zweite Gastgeschenk, ein »Seejuwel in der Form eines Fächers«, und bat sie, das Schiff auf den Namen *The Bonadventure* zu taufen, was die Königin huldvoll tat.

Das Programm des dritten Tages bestand aus einer gespielten und gesungenen pastoralen Szene zum *lever*, einem Ballspielturnier ohne mythologischen Rahmen, einem großen Feuerwerk zu Lande und auf dem See, und einem von 200 *gentlemen* des Grafen servierten Bankett, von dessen 1000 Gerichten nur die 52 Arten von Zuckerwerk und Marzipan überliefert sind.

Am letzten Besuchstag erhielt Elisabeth Besuch von der Feenkönigin und ihren Damen, die sie als Herrin eines Goldenen Zeitalters feierten, zum Klang von Lauten, Violen und Flöten tanzten und ein Feenlied sangen, das Elisabeth zur Inkarnation des friedlichen Landlebens machte (S. 119):

> Elisa is the fairest queen
> That ever trod upon this green.
> Elisa's eyes are blessed stars,
> Inducing peace, subduing wars.
> Elisa's hand is crystal bright,
> Her words are balm, her looks are light.

Elisa's breast is that fair hill
Where Virtue dwells, and sacred skill,
O blessed be each day and hour
Where sweet Elisa builds her bower.

»Elisa ist die schönste Königin, die je ihren Fuß auf diesen
Rasen setzte. Elisas Augen sind gesegnete Sterne, Frieden
herbeiführend, Krieg überwindend. Elisas Hand ist strahlend
wie Kristall, ihre Worte sind Balsam, ihre Blicke sind Licht.
Elisas Brust ist jener schöne Hügel, wo Tugend wohnt und
heilige Kunst. O gesegnet sei jeder Tag und jede Stunde,
wenn die süße Elisa ihre Laube errichtet.«

Bei der Abschiedsdarbietung am Nachmittag kamen unter
dem Motto ›Wie kann der Sommer bleiben, wenn die
Sonne scheidet‹ noch einmal alle zum Einsatz: die Sänger
und die Instrumentalisten, Nereus und seine Untergötter,
Sylvanus mit seinen Wilden, die Grazien, die Horen und
der Poet, der jetzt in Schwarz gewandet war. Es regnete in
Strömen, aber Elisabeth verweilte bei jeder Gruppe, als sei
dort, wo sie war, wirklich ewige Sonne.

Ein Adelsleben: Sir Henry Unton

Das Unton-Porträt

Sir Henry Unton (1557–96) ist in den Geschichten der
elisabethanischen Zeit nur als Randfigur zu finden, obwohl er immerhin Elisabeths Botschafter beim König
von Frankreich war. Was ihn heraushebt und seine Biographie zu einem Musterfall elisabethanischen Lebens
macht, ist der Umstand, daß es von ihm ein Porträt gibt,

das in seiner Art einzig ist: ein Lebensbild im wörtlichen Sinne, eine Darstellung seiner Person und der Stationen seines Lebens.

Das Gemälde wurde in den Jahren nach Sir Henrys Tode, also gegen Ende der elisabethanischen Zeit, von seiner Witwe bei einem unbekannten Maler in Auftrag gegeben; es blieb bis ins 18. Jahrhundert Eigentum der Familie. Dann ging es von Hand zu Hand, verschwand für längere Zeit und tauchte wieder auf, bis es 1884 in den Besitz der National Portrait Gallery in London gelangte. Dort führte das Bild, das trotz seiner akribischen Malweise kein Kunstwerk besonderen Ranges ist und das keine berühmte Person darstellt, lange eine Aschenputtel-existenz, bis das Wachsen des Interesses am normalen Leben historischer Epochen es zu einem der bekanntesten und beliebtesten Gemälde des Museums machte.[4]

Das Bild ist ein *memorial picture*, ein damals verbreiteter Darstellungstypus, ein gemaltes, privateres und weniger prunkvolles Gegenstück zum steinernen Grabmonument in der Kirche. Zweck solcher Gedenkbilder ist es, das Andenken des Dargestellten zu ehren und zu wahren und jedem Betrachter als Memento mori zu dienen. – Auch von Königin Elisabeth existiert ein *memorial portrait*, nach ihrem Tode gemalt. Es zeigt die Königin, die ja sonst meist als alterslos dargestellt wird, unter dem Aspekt der Sterblichkeit: als Greisin, die das Haupt müde auf den Arm stützt, ein Gebetbuch in der anderen Hand, während die Skelettfigur des Todes ihr über die Schulter schaut und die Sanduhr hochhebt und zwei Putten die Krone des Ruhms zu Häupten tragen (s. Abb. S. 285).

Das Unton-Porträt ist zugleich Gedenkbild und Ereignisbild, »story picture«, wie es die Auftraggeberin in ihrem Testament nennt. Der besondere Typus ist der des *processional picture*, einer Form, bei der das Leben als Reiseweg dargestellt wird, dessen Stationen – als Einzel-

bilder im Rahmen einer Gesamtkomposition aufeinander-
folgen. (Die abgebildeten Ausschnitte machen etwa zwei
Drittel des Ganzen aus.)

Der Weg nimmt seinen Ausgang vom Kinderzimmer
(Abb. S. 291), führt dann zum Studium nach Oxford
(Abb. S. 294 oben) und zur Bildungsreise auf den Kontinent (Abb. S. 294 unten). Dann schließt sich der erste
Kriegseinsatz an (Abb. S. 295 oben); als nächstes ist Sir
Henry in einer Kavalkade als Botschafter in Frankreich zu
sehen (Abb. S. 295 unten). Das anschließende Bild zeigt
die Sterbeszene – Unton stirbt als Botschafter in Frankreich (Abb. S. 301). Den Rest des Weges nehmen die Stationen der Beerdigung ein: Transport des Leichnams über
den Kanal in einem Schiff mit schwarzen Segeln, Überführung zum Sitz der Familie, der Leichenzug vom Herrenhaus zur Kirche, Leichenpredigt, die Witwe mit dem
Grabmal (Abb. S. 303). Zwei Bildteile sind aus der chronologischen Anordnung herausgenommen: einmal das
große Porträt Untons (Abb. S. 287) und zum anderen vier
simultan dargestellte Szenen mit Sir Henry im Schloß der
Familie, das aufgeschnitten und einsehbar ist; im Zentrum
steht hier ein Bankett mit einer Musik- und Theaterdar-
bietung (Abb. S. 307).

Das Bild hat keine Beziehungen zur damals modernen
Kunst. Man hat Schwierigkeiten, sich bewußt zu machen,
daß die Darstellung zwei Generationen nach dem Tode
Dürers durch einen Zeitgenossen von Rubens und Frans
Hals geschaffen wurde, denn sie steht noch ganz in den
Traditionen des späten Mittelalters. Der Maler kann, wie
beispielsweise die Darstellungen Oxfords oder der Land-
schaft links oben zeigen, durchaus perspektivisch malen,
aber er wendet die Perspektive im Großteil des Bildes
nicht an. Was wir bereits bei Porträts der Königin sahen,
wird hier noch deutlicher: Symbolik und Semantik haben

›Memorial Portrait‹
Bild zum Gedenken an die verstorbene Königin
Elisabeth, alt und gebeugt, mit Tod, Zeit und Ruhm

Vorrang vor der getreuen Wiedergabe von Realität. Größenverhältnisse werden nicht durch Nähe und Ferne, sondern durch die Hierarchie bestimmt. Ranghöhere Personen sind größer als rangniedere, auch wenn sie nebenein-
anderstehen. Was sichtbar wird, entscheidet die Bedeutung, nicht die Perspektive.

Als Darstellung von Bedeutungen ist das sonst eher
simple Gemälde durchaus kunstvoll komponiert. Es ist
ein komplexes System von Entsprechungen und Kontra-
sten. Die Person steht zwischen Kirche und Haus, Diesseits rechts und Jenseits links, Heimat vorn und Fremde
hinten. Das Feld des Lebens ist die Welt; der Landschafts-
ausschnitt hinter der Kirche enthält – wie die Weltland-
schaften der frühen Niederländer – alle Elemente und
Geländeformen. Die Totalität der dargestellten Welt wird
auch durch Sonne und Mond (in den oberen Bildecken) als
Symbole für Tag und Nacht, Leben und Tod angedeutet.
Zwischen den einzelnen Szenen gibt es Zuordnungen über
die Reihung als sukzessive Wegstationen hinaus. Kinderzimmer und Sterbezimmer, farblich und kompositorisch
analog, stehen einander diagonal gegenüber, ebenso wie
das Krankenbett und die letzte Ruhestätte. Die große
Szene des Festes ist von kleineren Szenen und Schauplät-
zen des Alltags umgeben. Der Reigen der kostümierten
Schauspieler setzt sich ohne Unterbrechung im Zug der
kostümierten Trauergäste fort.

Das Festhalten am Traditionellen unter Inkaufnahme
der Rückständigkeit ist nicht lediglich ein Kennzeichen
der englischen Malerei der Renaissance. Auch die allgemeinen Einstellungen und Vorstellungen sind am Alther-
gebrachten orientiert. Das Weltbild des elisabethanischen
England ist stärker durch aus dem Mittelalter stammende
Sichtweisen geprägt, als das in den meisten Ländern auf
dem Kontinent der Fall ist.

Leben und Tod Sir Henry Untons. Sein Porträt

Das Bild der Person

Die Figur, die dem Betrachter in die Augen schaut, hat keine markanten, den Dargestellten individualisierenden Gesichtszüge. Bis auf Haar- und Barttracht ähneln sich fast alle Herren auf fast allen elisabethanischen Porträts so sehr, daß mit Zuschreibungen an bestimmte Personen ein ständiges Bäumchen-wechsle-dich-Spiel betrieben worden ist. Das Porträt will in erster Linie vermitteln, daß Sir Henry Unton eine Person von Rang und Gewicht war. Das zeigt nicht nur die Kleidung mit dem kostbar verzierten Wams und der Halskrause aus Spitze, sondern vor allem das Schmuckstück, das er an goldener Kette um den Hals trägt: ein von goldgefaßten Edelsteinen eingerahmtes Bild der Königin (entweder eine Gemme oder eine gemalte Miniatur), wie sie es als Dank für Geleistetes zu verschenken pflegte. Die Person wird (hier wie in anderen Teilen des Bildes) weniger durch ihre Eigenart als durch ihre Beziehungen zu anderen Personen – Beziehungen teils sozialer, teils familiärer Art – definiert.

Aufschlußreich und im Vergleich zu älteren Porträttypen neuartig ist es, daß der Herr von Rang als Schreibender porträtiert wird, was in der Folgezeit dann häufiger wird. Traditionell wird der Edelmann in seiner Hauptfunktion, das heißt als Krieger, verewigt. Auch Unton, der seinen Titel als *knight* seinem Einsatz in einem Feldzug verdankt – nach wie vor konnte man nur wegen Tapferkeit zum Ritter geschlagen werden –, wird denn auch auf seinem Grabmal (Abb. S. 303) in der Rüstung dargestellt. Das Hauptporträt zeigt aber, wie sich das Schwergewicht inzwischen verlagert hat: Der Herr von Stand stellt sich in erster Linie als schreibende und gebildete Person dar – nicht nur im Bild, sondern auch im Leben, wie die Schriftstellerei und das Mäzenatentum von Adligen wie Sir Philip Sidney, Sir Walter Ralegh und Sir Henry Unton zeigen.

Zwei allegorische Figuren zu Häupten entstammen wieder einer alten Bildtradition: rechts der Tod mit der Sanduhr und links die Fama mit Trompete und Ruhmeskrone, zugleich dargestellt als Engel des Jüngsten Gerichts und Garant der Auferstehung.

Kinderzimmer, hierarchisch

Die Szene, in der die Mutter den kleinen Henry auf dem Schoß hält, handelt weniger von Mutterschaft und Kindheit als von Rang und Hierarchie. Der Rang der Mutter drückt sich nicht nur in der unverhältnismäßigen Größe der Figur aus, sondern auch darin, daß sie über Untergebene verschiedener sozialer Stufen gebietet. Eine Amme steht bereit, ihr das Kind abzunehmen und in die Wiege, ein Körbchen aus Flechtwerk, zu legen. Die beiden aufwartenden Figuren vorn links sind an ihrer Kleidung als Edeldamen zu erkennen.

Auch die Gegenstände lassen Hierarchien erkennen. Die Mutter sitzt (wie Sir Henry auf dem großen Porträt) auf einem Sessel mit Schnitzwerk, einem dem Ranghöchsten vorbehaltenen Möbelstück. Hocker und Sitzbank stehen tiefer in der Ordnung. Auf dem Tisch im Hintergrund ist silbernes Geschirr zur Schau gestellt, auch Demonstration von Rang: Einfache Leute haben Ton, Bürger Zinn, Edelleute Silber, Könige vergoldetes Silber als bestes Geschirr. Auch der Teppich und das Schoßhündchen sind Statuszeichen.

Über dem Haupt der Mutter sind ein Wappenschild und eine Grafenkrone angebracht. Der Text auf dem weißen Balken, heute kaum noch lesbar, aber zu Anfang des

vorigen Jahrhunderts transkribiert, erläutert die Genealogie des Babys und seiner Mutter.[5] Der Vater des Kindes,
der nirgends im Bild zu sehen ist, wird nur kurz erwähnt
(»This worthy and famous gentleman, Sir Henry Unton,
was son unto Sir Edward Unton, Knight«). Um so ausführlicher ist dann von der Mutter und ihrer Verwandtschaft die Rede »the most virtuous Lady Anne Seymour,
Countess of Warwick«; sie war, so wird erklärt, die älteste
Tochter des Herzogs von Somerset, Reichsverweser unter
Eduard VI.; einer ihrer Onkel war Lord Admiral von
England und Ehemann von Catherine Parr, der Witwe
von Heinrich VIII.; ihre Tante Jane Seymour war Königin
von England.

Die Betonung der mütterlichen Seite in der Genealogie Sir Henrys kommt nicht von ungefähr. Die Familie
Unton erhielt ihre Bedeutung und ihre Beziehungen vor
allem über Lady Anne, verwitwete Gräfin von Warwick.
Für die Mutter verbirgt sich hinter dem stolzen Katalog
der Ahnen und Verwandten freilich auch ein trauriges
Schicksal als Opfer der von Männern gemachten Geschichte. Ihr Vater, der Herzog von Somerset, stritt
sich – wie aus der Darstellung der Geschichte erinnerlich –
unter dem unmündigen Eduard VI. mit dem Herzog von
Northumberland um die Macht im Staat, und mit den
beiden Kontrahenten stritten sich ihre Familien, die Sey-
mours und die Dudleys. Als ihr Vater oben war, verheira-
tete er sie als Friedensgeste mit dem Sohn seines Rivalen,
John Dudley, Graf von Warwick. Der Schachzug war
erfolglos. Lady Annes Schwiegervater brachte ihren Vater
zu Fall und sorgte für seine Hinrichtung wegen Hochverrats.

Auch ihre neue Familie blieb nur kurz an der Macht.
Als Eduard 1553 starb, versuchten die Dudleys, an Stelle
der rechtmäßigen Erbin, Maria, eine angeheiratete Ver-

Hierarchie im Kinderzimmer
Mutter mit Stammbaum, Baby Henry, Bedienstete

wandte, Lady Jane Grey, auf den Thron zu heben. Der
Coup mißlang; Maria setzte sich durch; die beteiligten oder der Beteiligung verdächtigen Dudleys, darunter
Lady Annes Ehemann, wurden in den Tower geworfen.
Kurz darauf war Lady Anne Witwe, weil ihr Mann nach
der Entlassung aus dem Tower an den Folgen der Einker-
kerung starb.

Jeder individuelle Aufstieg der *gentry* durch Heirat ist
natürlicherweise mit dem sozialen Abstieg eines Mitglieds
der Aristokratie verbunden. Als die junge Witwe sich in
zweiter Ehe mit dem Landedelmann Sir Edward Unton
aus Faringdon bei Oxford verband, heiratete sie (wie es
bei Witwen häufig vorkam) unter ihrem Stande, während
Unton eine glänzende Partie machte, denn die Dudleys
(die Familie, zu der Leicester gehörte) gewannen unter
Elisabeth wieder großen Einfluß bei Hofe.

Lady Anne, in der ersten Ehe kinderlos, gebar Sir
Edward Unton sieben Kinder. Von den fünf Söhnen starben drei früh, zwei überlebten – eine normale Proportion
also. Der älteste, Edward, war Anerbe. Der zweite, der
Henry des Bildes, wahrscheinlich 1557 geboren, war damit *younger son*, ohne eine Einkommen und Status lie-
fernde Erbanwartschaft. Er würde, wie alle *younger sons*,
sehen müssen, wie er zurechtkam: durch vorteilhafte Heirat, durch *preferment* im Dienst der Königin oder als Ge-
schäftsmann in der City.

Ausbildung

Als *younger son* benötigte und erhielt Henry Unton eine
Ausbildung, die zugleich standesgemäß und gut war. Das
bedeutete zunächst, im Alter von fünf Jahren beginnend,
Unterricht zu Hause durch einen Tutor. (*Public schools*

spielen damals noch keine große Rolle.) Wenn ein Junge des Lateinischen hinreichend mächtig war, mit vierzehn Jahren in der Regel, wurde er nach Oxford oder Cambridge geschickt, wo er nach zwei Jahren seine akademische Grundausbildung mit dem Grad eines *Bachelor of Arts* (B.A.) abschließen konnte. Man sieht Henry Unton – mit dem Hut auf dem Kopf, der das Zeichen des *gentleman* ist – beim fleißigen Studium am Oriel College in Oxford. Der Fleiß ist dokumentarisch belegt: 1573, mit sechzehn Jahren, erwarb er den *Bachelor*-Grad. Dann wechselte er – wie es viele junge Edelleute taten – zu einem anderen Lehrinstitut; 1575 ist er beim Middle Temple, einem der Juristenkollegien in London, eingeschrieben.

Auch die nächste Station, die mehrjährige *grand tour* auf dem Kontinent, ist noch Teil der Ausbildung, auch wenn sie als Kombination aus Bildungs- und Vergnügungsreise angelegt ist. Man reist mit einem Tutor oder in kleinen Gruppen, mit Kreditbriefen und Empfehlungsschreiben ausgestattet, von Hof zu Hof und von Stadt zu Stadt und macht überall ein paar Wochen Station. Man schaut sich um, versucht erwachsen zu werden, lernt Sprachen und führt kleine diplomatische Aufträge aus, indem man Grüße ausrichtet und Verbindungen belebt. Die drei Reiter auf dem Bild, von denen der mittlere Henry Unton zu sein scheint, reisen gerade von VENIS nach PADDVA. Wo Unton sonst noch war, ist nicht überliefert.

In den LOW COVNTRIES, vor einer befestigten Stadt namens NJMINGGAM (Nijmegen) ein Heerlager aus Zelten, davor ein Herr in Rüstung, dem ein Bediensteter den Helm trägt, während ein anderer das Pferd hält: Henry Unton im Jahre 1585 im Einsatz in der Armee Leicesters. Wer der Königin in wichtigen Positionen dienen wollte, mußte sich auszeichnen, nicht nur im zivilen Leben, son-

Stationen der Karriere
Sir Henry in Oxford, auf Bildungsreise mit Tutor, im Krieg
in den Niederlanden, als Botschafter in Frankreich

dern auch als Soldat. Da die Königin friedliebend war, waren die Gelegenheiten zu kriegerischer Bewährung spärlich, und so hatte jeder Kommandeur eine große Zahl von jungen Adligen als Freiwillige in seinem Gefolge, meist mehr, als er sinnvoll verwenden konnte.

Der Oberkommandierende, der Graf von Leicester, war Henry Untons Onkel (genau gesagt: der Schwager seiner Mutter); so hatte der junge Mann keine Schwierigkeiten, einen Platz im Stab zu bekommen und so eingesetzt zu werden, daß er sich bewähren konnte. Nach den Kämpfen bei Zutphen, in denen sein Bekannter und Altersgenosse Sidney fiel, wurde er zum Ritter geschlagen: Er war fortan Sir Henry Unton, Knight.

Botschafter

In der elisabethanischen Gesellschaft sind Beziehungen alles. Wie die Position des Individuums von Geburt an durch verwandtschaftliche Beziehungen definiert wird, so ist auch das Fortkommen in allen Tätigkeitsbereichen ohne Beziehungen zu Personen von Einfluß unmöglich. Für keine Position kann man sich einfach bewerben; man muß empfohlen werden. Ein Großteil der erhaltenen Korrespondenz der Epoche besteht aus Empfehlungsschreiben, den Gutachten der elisabethanischen Zeit. Jede Familie versucht, durch Heiraten, Patenschaften und durch die Pflege auch der entferntesten Verwandtschaftsverhältnisse das Netz ihrer Beziehungen auszuweiten.

Sir Henry Unton hatte ausgezeichnete Beziehungen. Außer Leicester zählte er auch Essex, der ein angenommener Sohn Leicesters war, zu seiner Verwandtschaft. Über seine Frau – er hatte 1580 Lady Dorothy Wroughton geheiratet – war er mit Walsingham, dem *Secretary of*

State, verwandt. Schließlich hatte er noch beste Beziehungen zu Hatton, in dessen Diensten er eine Zeitlang gearbeitet hatte. Auch seine Beurteilungen waren vorzüglich. Er sei »a gentleman fully furnished with all the parts of a dutiful and loyal subject«, heißt es in einem Empfehlungsbrief;[6] auch Leicester gab ihm ein gutes Zeugnis.

Beziehungen führen zu Empfehlungen, aber noch nicht zu Ämtern, über deren Vergabe die Königin entscheidet. Bei Elisabeths Entscheidungen geht Qualifikation vor Empfehlung, aber auch bei ihr gibt es einen Faktor, der den Beziehungen ihrer Untertanen entspricht: ihre Gunst. Der beste Patron nützt einem nichts, wenn er in Ungnade ist.

Hier lag der Grund, warum Sir Henry Unton keine schnelle und keine große Karriere machte. Nach dem selbstverschuldeten Mißerfolg von Leicesters Unternehmungen in den Niederlanden zeigte die Königin wenig Neigung, Herren, die von ihm empfohlen wurden und die sich bei seiner Hollandexpedition ausgewiesen hatten, mit Ämtern zu betrauen; Unton mußte mehr als fünf Jahre auf den nächsten Einsatz im öffentlichen Dienst warten; er zog sich auf das Land zurück. (Mit ganz wenigen Ausnahmen sind auch die namhaften Regierungsmitglieder und Diplomaten in den langen Pausen ihrer Karriere Privatpersonen und Gutsherren.) Als Landedelmann freilich verbesserte sich seine Position. Als sein älterer Bruder, ein schwarzes Schaf und ein Pechvogel, 1589 auf Drakes unglücklichem Marineunternehmen gegen Portugal zu Tode kam, wurde er als Zweitgeborener doch noch Erbe der Familiengüter.

Die Gelegenheit zur Bewährung in einem großen Auftrag kam 1591, als Elisabeth sich nach langem Zögern entschloß, ihrem französischen Bundesgenossen Heinrich IV. die verlangte aktive Unterstützung im Kampf

gegen die katholische Liga (eine innerfranzösische, gegen
den noch protestantischen Monarchen gerichtete Allianz)
und gegen Spanien zu gewähren. Der englische Plan sah
eine Verbindung von diplomatischer und politischer Mission vor. Ein Truppenkontingent sollte nach Frankreich
übersetzen, aber nicht eher den Kampf aufnehmen, bis
man mit Heinrich IV. einen guten politischen Preis für die
Hilfe ausgehandelt hatte. Essex erhielt das militärische
Kommando; Unton wurde auf seine Fürsprache hin als
Botschafter eingesetzt und mit der diplomatischen Mission betraut.

Sir Henry Unton hatte doppeltes Pech. Zuerst wurde
er krank und konnte wochenlang nicht verhandeln. (Die
Königin, stets fürsorglich gegenüber ihren Leuten,
schrieb ihm einen freundlichen und persönlichen Brief mit
Genesungswünschen.) Dann kam er zwar mit dem französischen König auf einen vertrauten und fast freundschaftlichen Fuß, aber das gute Verhandlungsklima nützte
nichts, weil Essex gegen seine Order seine Truppen ein-
setzte, um Rouen zu belagern, und damit jedem Handel
über Vorbedingungen des Einsatzes den Boden entzog.
Als die Belagerung zum Überfluß auch noch fehlschlug,
rief Elisabeth ihren Oberkommandierenden und ihren
Botschafter zurück. Unton konnte wieder einige Jahre
lang auf seinen Gütern leben.

Erst 1595 wurde ihm vergeben. Essex, der inzwischen
seinen Frieden mit Elisabeth gemacht hatte, verwandte
sich dafür, daß ihm das einträgliche Amt des Schatz-
meisters der königlichen Kammer versprochen wurde,
freilich unter der Bedingung, daß er noch einmal eine
diplomatische Mission übernahm, für die er dank seiner
guten Beziehungen zu Heinrich IV. besonders geeignet
erschien. Heinrich IV., inzwischen zum Katholizismus
konvertiert und Herr im eigenen Lande, schien im Be-

griff, das gegen Spanien gerichtete Bündnis mit England aufzugeben. Er sollte für eine Fortsetzung der Allianz gewonnen werden.

Diese Mission, Krönung und Ende der Laufbahn Untons, wird auf dem Bild in zwei Szenen dargestellt. Die Stadt CVSHIA, auf die Unton mit seiner Begleitung zureitet, ist Coucy La Fère in Nordfrankreich, der derzeitige Aufenthaltsort des Königs. Unton sah hier gleich, daß er nichts mehr ausrichten konnte. Die französische Krone war zum Sonderfrieden mit Spanien schon fest entschlossen. Er bat die Königin, ihn zur Vermeidung unnötiger Kosten (seiner eigenen vor allem, denn Botschaften, bei denen man fast alle Auslagen aus eigener Tasche bestreiten mußte, waren ein Verlustgeschäft) nach England zurückzurufen.

Ehe der Rückruf eintraf, hatte Unton einen Reitunfall; in seinem geschwächten Zustand erkrankte er dann an einer der Epidemien, die oft in Heerlagern grassierten. Heinrich IV. besuchte ihn trotz der Ansteckungsgefahr – eine königliche Geste; er habe im Feld nie vor Arquebusenschüssen gezittert, warum sollte er sich jetzt vor Fieberbeulen fürchten, ließ er verlautbaren. Er schickte auch seinen Leibarzt Andreas Laurentius. Dessen Besuch am Krankenlager stellt wohl die abgebildete Szene dar, in der außerdem die bekümmerte Teilnahme der Umgebung und die Kostbarkeit der Ausstattung – Silberutensilien, Baldachin, tragbares Feldbett mit geschnitzten Griffen – betont werden. Der Arzt verschrieb *confectio alcarmas*, eine Salbe aus Moschus, zerriebenem Bernstein, Gold und geraspeltem Horn vom Einhorn; es half so wenig wie die Tauben, die er auf die Geschwüre band, damit die Krankheit vom Patienten in sie übergehe. (Die zeitgenössische Medizin war mit ihrer Scharlatanerie und ihren giftigen Arzneien oft tödlich.)

Sir Henry Unton merkte, daß es mit ihm zu Ende ging. Er schrieb einen Schlußbericht und Abschiedsbrief an Lord Burghley (»... and so I most humbly take my leave«),[7] traf Verfügungen über Leichenkondukt und Beerdigung und starb am 23. März 1596 mit 39 Jahren.

Der Tote

Für den modernen Betrachter ist erstaunlich, welch breiten Raum in dieser Darstellung des Lebens einer Person Tod und Beerdigung einnehmen. Die Todesseite dehnt sich bis über die Mitte der Bildtafel aus, und der Weg vom Sterbezimmer zur letzten Ruhe in der Grabkapelle ist länger und hat mehr Stationen als die Lebensreise vom Kind zum Botschafter.

Die Beisetzung auf dem Bild entspricht der in der Realität. Die Beerdigung, für die der Verstorbene selbst unter Aufbietung seiner letzten Kräfte Vorkehrungen traf (während er kein Testament hinterließ), war das größte und denkwürdigste Ereignis, das sich für die Zeitgenossen mit dem Namen Sir Henry Untons verband. Es war ein Staatsbegräbnis, das in der Hierarchie der Beisetzungen zwei Stufen über dem Stand Untons lag; als im Amt verstorbener Botschafter der Krone wurde er wie ein *peer of the realm* beigesetzt. John Dowland, der größte Komponist der Zeit, schrieb eine Trauermusik zu diesem Anlaß. Die Universität Oxford widmete Sir Henry eine Totenfestschrift, einen Band mit dem Titel *Funebria*, in dem 56 Autoren mit lateinischen Gedichten den Status des Verstorbenen als Mäzen und *man of letters* bekunden.

In kaum einer anderen Hinsicht unterscheiden sich die elisabethanische Kultur und die unsere so sehr wie in dem Platz, der dem Tode zugewiesen wird. Bei uns hat der Tod

Sir Henry auf dem Sterbelager

seinen Platz abseits der Öffentlichkeit; seine Bedeutung wird minimalisiert. Das Ideal des Sterbens – nicht nur für andere, sondern auch für den Betroffenen selbst – ist der stille und undramatische Tod, das Einschlafen. Beerdigungen finden stets in aller Stille statt, denn selbst wenn jeder teilnehmen darf, bewegt sich der Trauerzug nicht durch die Öffentlichkeit wie eine Prozession oder Demonstration, sondern nur von der Friedhofskapelle zum Grab. Trauernde geben sich nur sehr dezent oder gar nicht durch ihre Kleidung zu erkennen. Wir kennen noch den Beerdigungskaffee, aber wir feiern kein Totenfest.

Die Elisabethaner dagegen geben dem Tod einen Platz mitten im Leben und in der Öffentlichkeit. Sie halten ihn viel stärker präsent, als ihr christlicher Glaube es verlangt oder die größere Gefährdung ihrer Existenz es nahelegt. Große Beerdigungen sind nationale Feste. Elisabeths Beisetzung war die größte Feierlichkeit der Epoche neben ihrer Krönung. Das Staatsbegräbnis Sir Philip Sidneys – das Vorbild für den Leichenzug auf dem Bild übrigens – war ein noch nach Jahren vielberedetes Ereignis. Der Tod gehört zu den Hauptthemen der Lyrik wie der populären Predigtliteratur. Ganze literarische Gattungen wie die Tragödie und das Historiendrama verdanken ihre Beliebtheit nicht zuletzt dem Interesse am Tode, das sich unter anderem im Typus der Sterbeszene mit dem rhetorischen Schwanengesang des Sterbenden (wie Gaunts Lobrede auf das alte England in Shakespeares *Richard II*) und des Leichenbegängnisses (wie in *Julius Caesar*, *Hamlet* und *Richard III*) niederschlägt.

Der Tod ist dabei nicht weniger gefürchtet als heute. Die Elisabethaner kennen keine Todessehnsucht und kein Spiel mit dem Gedanken an das Sterben als Auflösung und Entgrenzung (wie später die Romantiker). Sie stehen dem Phänomen des Selbstmords ohne Verständnis gegenüber.

Exequien. Die Witwe am Sarkophag

Was sie anders sehen als die Moderne, ist vor allem der Tod als großes Ereignis, als krönende Szene im Lebensdrama, und zwar nicht als letzte Szene, sondern als Auftakt einer Folge von Ritualen und Feiern, die das Bild der Person im Gedächtnis der Gesellschaft fixieren, und zwar als Verstorbenen fixieren. Unsere Erinnerungsbilder zeigen Lebende, die der Elisabethaner zeigen in erster Linie Tote.

Die größte Szene auf der Todesseite des Unton-Bildes ist die Beisetzungsprozession vom Sitz der Familie, Wadley Hall, zur Pfarrkirche von Faringdon. Es ist kein Zug, in dem jeder Trauernde mitgehen kann, sondern eine geplante Reihe von Mitwirkenden, die alle von Kopf bis Fuß in Trauerkostüme gekleidet sind, die ihrer Funktion im Ritual entsprechen. Die Krone wird durch die drei königlichen Herolde in ihren Wappenröcken repräsentiert; der dritte, unmittelbar vor der Bahre einherschreitende Herold trägt den Helm des Toten mit dem Greifen, Sir Henrys persönlichem Wappentier. Auf den Wimpeln sind das Familienwappen und das Wappen des englischen Nationalheiligen, Sankt Georg, zu sehen.

Die Bedeutung des Verstorbenen wird nicht nur durch die Prozession, sondern auch durch Gruppen und Reihen von Zuschauern und Mittrauernden demonstriert. Unter den Bäumen oberhalb des Zuges sitzen, wie aus der Tracht ersichtlich, Personen von Stand, deren Trauer auf den Schildern zu ihren Häuptern formuliert ist: »He is dead and gone«, »Never greater grief« oder »This life grows worse and worse«, steht dort beispielsweise. Im Vordergrund, diesseits und jenseits der Mauer, nehmen die Einwohner des Ortes und die Bediensteten der Familie lebhaften Anteil am Schauspiel des Zuges. Die Gesindestube im unteren Geschoß des Herrenhauses ist leer; niemand ist unbeteiligt.

Zentrum der rechten Seite des Bildes ist Wadley Hall, aufgeklappt wie ein Puppenhaus, Schauplatz von vier Szenen, die Sir Henry als Hausherrn charakterisieren sollen. (Nur die vierte ist hier abgebildet.) Oben unter dem Dach thront er in seinem Studierzimmer vor seinen Büchern – er hatte laut Inventarverzeichnis »many books of diverse sorts, to the number of 220«.[8] Die zweite Szene zeigt den Edelmann als Freund der Musik. Zu sehen ist ein *consort*, ein kleines Ensemble von Instrumenten der gleichen Familie, hier von Streichinstrumenten. Hinzu kommt ein *treble*, ein Knabensopran als Liedsänger. Sir Henry ist unter den Musizierenden; er spielt die Gambe. Im dritten Teilbild wird (höchstwahrscheinlich) das enge Verhältnis zur Religion illustriert. Vier Herren im Habit von Geistlichen sitzen um einen Tisch. Was sie machen (Disputieren?) und ob Sir Henry unter ihnen sitzt, läßt sich nicht erkennen. – Unton galt als Vorkämpfer der protestantischen Sache.

Die größte und figurenreichste Szene stellt ein Festbankett dar. An der Tafel im Saal des Hauses sitzen Lady Dorothy (am Kopf des Tisches) und Sir Henry (links neben dem Mittelpfeiler) unter ihren Gästen (etwas kleiner), bedient von Domestiken (ganz klein). Der Silberschatz wird auch hier zur Schau gestellt; er umfaßt kein Besteck: gegessen wird mit den Fingern.

Von besonderem Interesse ist der doppelte Kreis von Figuren unten. Musiker – ein Ensemble aus Streichinstrumenten, Lauten, Flöte und Trommel – und kostümierte Darsteller präsentieren zur Ergötzung der Tischgesellschaft ein Maskenspiel, *masque*, eine bei höfischen und aristokratischen Festen beliebte Gattung von Aufführungen, die Elemente von Drama, Tanz, Konzert und

Zurschaustellung von Personen und Kleidung in einem Umzug miteinander vereinigt. Ein Maskenspiel hat im allgemeinen keinen richtigen *plot*, aber doch ein Thema und eine Andeutung von Handlung, meist mythologischer Art, etwa ›Streit und Versöhnung im Olymp‹ oder ›Das Fest des Meeresgottes‹. Damit die Zuschauer den Sinn verstehen, hat die Maske einen *presenter*, der die Darbietung kommentiert. Auf dem Bild überreicht der *presenter* gerade der Herrin des Hauses ein Blatt mit der Erklärung des Spiels. Man kann das Thema nicht erkennen, wohl aber die Hauptfiguren des Reigens, der sich zu den Klängen der Musik bewegt: Der Herr mit den Flügeln an Hut und Schultern ist Merkur, der Götterbote; hinter ihm schreitet Diana mit der Mondsichel im Haar und Pfeil und Bogen in den Händen; Diana hat ein Gefolge von sechs Damen, deren Kostüme dem ihren ähneln, und zehn Kindern, jeweils ein schwarzes und ein weißes, die Putten oder Kupidofiguren darstellen. (Die Verschränkung von Spiel und Realität ist bei den Kostümen besonders deutlich: So wie Königin Elisabeth auf ihren Porträts als modisch gekleidete Gestalt mit mythologisch-emblematischen Attributen dargestellt wird, präsentieren sich hier die Götter in einer Mischung aus modischer und mythologischer Gewandung.) Alle Maskenspieler außer den Kindern tragen Gesichtsmasken: Die *masque*, an der oft neben professionellen Schauspielern auch Angehörige der feiernden Gesellschaft teilnehmen, ist auch eine Art von Maskenball. Die Vorstellung endet gewöhnlich mit Tanzdarbietungen der Maskenspieler, die dann auf die Tischgesellschaft zugehen und sie zum Mitmachen auffordern.

Fest auf Wadley Hall. Sir Henry (oben, groß), Lady Dorothy (rechts) und ihre Gäste tafeln, während Schauspieler und Musiker ein mythologisches Maskenspiel aufführen

Unton-Porträt und elisabethanische Kultur

Das Unton-Bild stellt nicht nur Szenen aus dem elisabethanischen Leben dar, sondern es verdeutlicht auch Grundzüge der elisabethanischen Kultur. Unter den Aspekten unseres heutigen Verhältnisses zu dieser Epoche sind dabei drei Dinge bemerkenswert:

1. In der auf dem Bild dargestellten Welt sind Relationen, vor allem gesellschaftlich-hierarchische Beziehungen, wichtiger als individuelles So-Sein. Der Maler und sein Auftraggeber wollen nicht zeigen, wie Sir Henry Unton für sich genommen war; er wird ausschließlich durch seine Bezüge zu anderen definiert, vor allem durch Einordnung in das hierarchische System. Während der normale Darstellungsmodus des modernen Porträts die aus dem sozialen Kontext gelöste, einzeln gestellte Person ist, wird Sir Henry nie ganz für sich gezeigt. Wenn er physisch allein ist, liest oder schreibt er, unterhält also auch eine Relation. Unter den Beziehungen und Situationen haben die öffentlichen Vorrang vor den privaten. Sir Henrys Frau, die ja die Auftraggeberin ist, läßt sich erst in der Witwenrolle allein mit ihm und direkt neben ihm abbilden.

2. Obwohl die Malerei eine stumme Kunst ist, läßt es sich der Maler angelegen sein zu zeigen, daß für die Menschen in der dargestellten Welt sprachliche und außersprachliche Kommunikation von großer Bedeutung ist, wobei die Kommunikationsebenen wieder hierarchisch gestuft sind. Gesprochene Sprache wird auf Spruchbändern und Tafeln wiedergegeben, wobei ausschließlich Personen der höheren Schichten derart zitiert werden (der Leichenprediger etwa oder die trauernden Herren). Lesen und Schreiben sind Aktivitäten, die im Leben der Personen von Stand eine zentrale Rolle spielen. Sir Henry

Unton wird dreimal als ein in litteris Bewanderter dargestellt. In allen übrigen Szenen, in denen Edelleute in
Innenräumen zu sehen sind, wird gelesen: Bücher,
Manuskripte, Noten. Die Kultur ist literarisch: Wer liest
und schreibt, der ist etwas – und: wer etwas sein will, muß
lesen und schreiben.

Über der Sprache im hierarchischen Rang liegen weitere
semiotische, und zwar vorwiegend symbolische, Systeme: die Heraldik, die Figuren der christlichen Allegorie, die Emblematik der antiken Mythologie, die Musik,
die Sprache der nach Stand und Gelegenheit variierenden
Kleidung und Ausstattung. Diese Systeme sind fast ausschließlich den oberen Rängen der Gesellschaft vorbehalten, was man am deutlichsten an der Heraldik sehen
kann: Nur wer ein Wappen führen darf, also im semio-
tischen System der Heraldik definiert werden kann, ist
ein Edelmann; ein *gentleman* ist jemand, der *armiger*,
wappenführend, ist. Auch die kommunikative Kompetenz ist offenkundig hierarchisch. Nur wer weit über das
bloße Lesen und Schreiben hinaus gebildet ist, kann die
heraldische Sprache lesen, die mythologischen Figuren
richtig deuten oder die Allegorien der Grabkapelle entzif-
fern (Fides links, Spes rechts, Victoria und Fama oben
links und rechts).

3. Was uns an der elisabethanischen Zeit besonders
interessiert und was wir als fast einzige Relikte zu Bestandteilen unserer eigenen Kultur gemacht haben, sind
die Kunstwerke, insbesondere die Produkte der bildenden Kunst, der Musik und der Dichtkunst. Daß die
Werke damit in andere Kontexte übergehen, versteht sich
von selbst. Das Unton-Bild beispielsweise, das ursprünglich in einem Familiensitz seinen Platz hatte, hängt jetzt
im Museum. Weniger selbstverständlich ist es, daß der
Ort der Künste insgesamt im Leben des einzelnen und der
Gesellschaft anders war als heute.

Die bildenden Künste etwa – um vom auffälligsten Beispiel auszugehen – hatten im Leben Sir Henrys und seiner
Familie eine wichtigere und notwendigere Funktion als im
Leben eines heutigen Menschen vergleichbarer Position.
Wir brauchen nur aufzuzählen, was die Untons alles an
Kunstwerken besaßen und zum großen Teil selbst in Auftrag gegeben haben: das Bild selbst (Teil einer Sammlung,
die beim Tode der Witwe auf achtzig Gemälde angewachsen war), die vielen gemalten, gestickten und aus Stein
gehauenen Wappen, die Grabkapelle mit Altar und Ala-
basterskulpturen, das Medaillon mit dem Bild der Königin; außerdem zahlreiche Produkte des Kunsthandwerks
wie Silber, Musikinstrumente, Mobiliar, Rüstungen und
Prunkhelme. Bei uns kann man Kunstkenner und Kunst-
sammler sein, aber man braucht es nicht; ein elisabethanischer Edelmann kann gar nicht seinem Rang gemäß leben,
ohne sich um Kunst zu kümmern und Künstler ins Brot
zu setzen. Für ihn ist alle Kunst Gebrauchskunst.

Damit wird schon angesprochen, daß die Künste im
Leben der kulturtragenden Schichten damals nicht nur
wichtiger waren als heute, sondern daß sie auch stärker in
das normale Leben integriert waren. Das Fest in Wadley
Hall zum Beispiel vereinigt, was nach unseren Begriffen
getrennt ist: Essen, Theater- und Konzertbesuch, Tanz-
vergnügen. Integriert sind auch Publikum und Darsteller:
Jeder ist auf beiden Seiten beteiligt.

Obwohl nur an einer Stelle des Bildes mit der *masque*
eine dramatische Gattung in Erscheinung tritt, ist deutlich
zu sehen, daß das Zeitalter eine besondere Affinität zur
Schaubühne und zum Theater hat, und daß die überragende Bedeutung und Vitalität des elisabethanischen
Theaters kein Zufall ist, sondern in den Gegebenheiten
der Epoche wurzelt. Das Leben eines Edelmannes wie Sir
Henry Unton ist Theater. Lebenssituationen werden in-

szeniert und zu einer einprägsamen dramatischen Szene
gestaltet. Handlungen werden nicht nach den Gesichtspunkten der Zweckmäßigkeit ausgeführt, sondern sie
werden ritualisiert und mit betonter Künstlichkeit vollzogen, vom Mutterschaftsritual im Kinderzimmer bis zum
theatralischen Tableau der Witwentrauer am Sarkophag.

Stadt

London und die Städte in der Provinz

»In town« heißt schon für die Elisabethaner »in London«.
Auch die Besucher vom Kontinent halten London für die
einzige englische Stadt, die eine Reise wert ist. Für die
meisten von ihnen ist London sogar der Inbegriff von
ganz England. Thomas Platter schreibt:

»Londen. Ist die hauptstatt in Engellandt, so fürtreffenlich gegen anderen englischen stetten zerechnen, daß man
sagt, Londen seye nicht in Engellandt, sondern Engellandt seye in Londen, weil die fürnembsten englischen
sachen in unndt bey Londen gesehen werden, also daß
welcher Londen recht besichtiget sampt der königlichen
höf allernechst darbey, darf kääcklich sagen, er habe Engellandt woll erkundiget« (S. 779).

Die englischen Grafschaften waren nicht etwa arm an
Städten; es gab über 500 Orte mit Stadtrechten. Die meisten davon waren aber nur kleine Flecken, manche mit
weniger als 1000 Einwohnern, und nahmen von den städtischen Funktionen nur eine wahr, die eines Marktes für

die nächste Umgebung. Auch die etwas größeren Städte, die als Bischofssitz oder als Hauptort einer Grafschaft Verwaltungszentren waren und nicht nur einzelne Handwerksbetriebe, sondern Zünfte von Gewerbetreibenden aufzuweisen hatten, Gerber, Tuchmacher und Tischler beispielsweise, hatten nur regionale Bedeutung. Keine Provinzstadt erreichte ein Zehntel der Einwohnerzahl Londons.

In den meisten Städten waren die Bewohner Ackerbürger, die vor den Toren oder sogar innerhalb der Stadtgrenzen eigenes Land hatten, das sie selbst bewirtschafteten oder bewirtschaften ließen. Fast jeder Städter außerhalb Londons kannte das Landleben aus eigener Erfahrung.

Das von den bedeutenderen Orten im elisabethanischen England gebildete Muster ist nicht etwa eine ferne und kleine Vorform des heutigen Netzes der englischen Großstädte. Die industrielle Revolution im 18. und 19. Jahrhundert hat die Wirtschaftsgeographie und die Städtelandschaft England völlig umgekrempelt. Die meisten der heutigen Großstädte, Manchester, Leeds, Birmingham und Sheffield zum Beispiel, waren noch unbedeutende Flecken und Dörfer. Umgekehrt hat ein Großteil der damals wichtigen Orte seine Bedeutung verloren.

Größte Stadt nach London war Norwich in East Anglia, Sitz eines florierenden Textilgewerbes, mit 15000 Einwohnern. Der Größe nach kam Bristol, der wichtigste Hafen im Westen, an nächster Stelle (10000–12000 Einwohner), gefolgt von York, dem Hauptort des Nordens, und Exeter, einem Zentrum im westlichen Inland.

Die Zeit der ersten Tudors war für die meisten englischen Städte eine Zeit des Stillstandes oder des Niedergangs gewesen. Sie hatten nach dem Verlust ihrer Bedeutung als befestigte und geschützte Orte auch an wirtschaftlicher Macht und an politischem Einfluß verloren.

Unter Elisabeth erholten sie sich dann wieder und partizipierten am allgemeinen wirtschaftlichen Aufschwung, ohne freilich besondere kulturelle Initiativen zu entfalten oder ihr politisches Selbstbewußtsein wiederzufinden. Es ist bezeichnend, daß bis zum Ende der elisabethanischen Zeit viele Städte von ihren Vertretungsrechten in den Parlamenten keinen Gebrauch machten und ihre Sitze – zwei für jeden Ort mit Stadtrecht – an politisch aktivere Mitglieder der *gentry* abtraten.

Die Stadt London wurde zu den Wundern der Welt gerechnet. Platter stellt seiner detaillierten Beschreibung ein Gesamturteil voran:

»Diese stadt Londen [...] ist so groß, köstlich an gebeüwen, volckreich unndt fürtreffenlich an gewerben, *kauf-leüten undt reichtumb*, daß sie nicht allein die fürnembste im gantzen königreich Engellandt, sondern auch für eine der verrümptesten in der gantzen christenheit billich solle gehalten werden« (S. 782).

London war (nach Paris) die zweitgrößte Stadt der Welt; es wetteiferte als Sehenswürdigkeit mit Venedig und Rom. Englische Kaufleute trafen in entlegenen Teilen Europas auf Leute, die noch nie von England gehört hatten, denen aber London ein Begriff war.

In allen Berichten zeitgenössischer Besucher, ausländischer wie einheimischer, schlägt sich als stärkste Reaktion der Eindruck von Gewaltigkeit und Fülle und von einer beängstigenden Ballung von Menschen und Aktivitäten nieder. Die tatsächliche Einwohnerzahl war jedoch nicht so hoch, wie man es als Leser dieser Zeugnisse vermuten möchte. Genauere Schätzungen sind schwierig, weil es keine vollständigen Register gab und weil in London (anders als in manchen kleineren Städten) nie eine Zählung nach Köpfen oder Haushalten stattfand, so daß man von kleinen Teilmengen wie Todesfällen in Pestzeiten oder Lehrlingszahlen in einem bestimmten Jahr extrapolieren muß. London hatte zu Anfang der elisabethanischen Epoche mit einiger Sicherheit unter 100 000 Einwohner. Unter Elisabeth wuchs die Stadt schneller als alle anderen Städte oder Landesteile. Um 1600 lebten in der Stadt und in den angrenzenden Vororten und Siedlungen etwa 200 000 Menschen; 185 000 ist die niedrigste, 225 000 die höchste Schätzzahl moderner Demographen.

Für uns ist das natürlich keine Riesenmetropole, sondern allenfalls eine größere Provinzstadt. Wir können auch keine abnorme Relation zwischen den Bevölkerungszahlen der Hauptstadt und des ganzen Landes, etwa drei Millionen zu Anfang und vier Millionen gegen Ende der Regierungszeit, erkennen. Wien und Kopenhagen, Hauptstädte von Ländern mit ähnlicher Einwohnerzahl wie das elisabethanische England, sind schließlich Millionenstädte.

Aber die Zeitgenossen unterliegen keiner Illusion, wenn sie die Stadt für riesig halten. Wir müssen London mit ihren Augen sehen. Während Dörfer und kleinere Städte wie Stratford aus einer einzigen Pfarrgemeinde bestehen, ist London in 110 Kirchspiele und 26 Stadtviertel, *wards*, untergliedert. Der Hof ist, wie wir sahen, außerstande, ein paar tausend Personen mehr als ein paar Monate hintereinander in einem weitläufigen Gebäudekomplex unterzubringen, zu versorgen und zu entsorgen. In London lebt eine vielfache Menge von Menschen das ganze Jahr hindurch beieinander: ein funktionierendes Gemeinwesen, wo man nach den Begriffen der Zeit Chaos erwarten müßte.

Die Ballungsdichte ist auch nach modernen Vorstellungen enorm. Die Bebauung beginnt zwar über den Mauerring hinauszuquellen, aber noch immer wohnt die

Mehrheit der Londoner innerhalb der Mauern, die ein Römerlager für 2000 Mann umgaben, auf einer Fläche von etwas mehr als einer Quadratmeile.

Panorama

Die Topographie Londons gehörte für alle Elisabethaner, nicht nur für die Londoner, zum kulturellen Grundwissen. Jeder Autor setzte als selbstverständlich voraus, daß seine Leser sich unter Ludgate und Temple Bar, Smithfield und Paul's Walk etwas vorstellen konnten. Wie so vieles andere in dieser Epoche existiert auch London auf zwei Ebenen: als reale Stadt und als geistig-symbolisches Gebilde.

Wir können uns leicht ein Bild davon machen, wie das elisabethanische London aussah. Reisende haben die Sehenswürdigkeiten beschrieben, am gründlichsten Thomas Platter, der auch hier unser Führer sein kann. Auch die Engländer begannen, wie es für diese Phase der Renaissance typisch ist, mit der Erforschung und exakten Beschreibung des eigenen Landes. John Stow, ein ehemaliger Großkaufmann, dokumentierte in seinem *Survey of London* (1598) Tausende von Fakten über Geschichte und gegenwärtige Gestalt der Stadt.

Von der Mitte der elisabethanischen Zeit an gibt es schließlich auch gezeichnete und gestochene Karten und Ansichten der Stadt, die auf genauen Geländeaufnahmen vor Ort beruhen. Da die englischen Kartographen und Kupferstecher sich noch nicht mit den kontinentalen messen können, sind die besten Londonbilder des 16. und frühen 17. Jahrhunderts niederländischen oder deutschen Ursprungs.

Von den beiden in diesem Band abgebildeten Stichen

stammt der erste, der London aus der Vogelperspektive zeigt, aus einem in Köln 1572 zuerst veröffentlichten Städteatlas von Georg Braun und Frans Hogenberg. Die kartographische Aufnahme muß schon zu Anfang der elisabethanischen Zeit gemacht sein, denn St. Paul's hat noch seinen 1561 nach einem Blitzschlag abgebrannten Turm.

Die zweite Darstellung (S. 320/321) ist ein Ausschnitt aus dem großen Londonpanorama von Matthias Merian, in dem die Stadt aus flacherer und bildhafterer Perspektive gesehen wird. Der Stich erschien erst 1638, gibt aber, da es in der Zwischenzeit kaum Veränderungen gegeben hatte, im wesentlichen die Verhältnisse gegen Ende der elisabethanischen Zeit wieder. – Der in beiden Darstellungen gewählte Standpunkt südlich des Flusses ist allgemein üblich und sozusagen natürlich, weil man von hier den schönsten Blick auf die Themse und auf die am anderen Ufer sanft nach Norden ansteigende Stadtlandschaft hat. Merian versteht sich besonders gut darauf, die malerischen Aspekte der City herauszuheben.

Auf der Ansicht von Braun und Hogenberg lassen sich Ausdehnung und Umrisse der Stadt gut erkennen. Man kann den Verlauf der Stadtmauer verfolgen, die an der Umwallung des Tower im Osten beginnt, sich von da nordwärts und westwärts in der Form eines unregelmäßigen Halbkreises um die City zieht, unterbrochen von etwa zehn Toren und Pforten, und schließlich einige Straßenzüge westlich der St.-Paul's-Kathedrale wieder den Fluß erreicht.

Schon zu der Zeit, als die Ansicht entstand, wuchs die Stadt fast ringsherum über die Mauergrenze hinaus. Eine ausgedehnte Fläche neuer Bebauung liegt südlich der Themse – also vorn im Bild – und erstreckt sich von der über London Bridge führenden Dover Road nach Osten

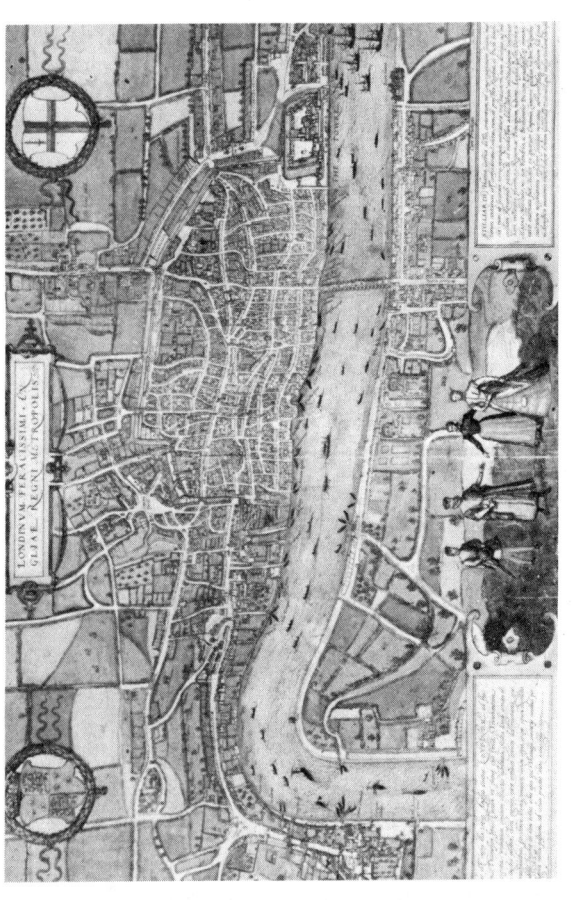

London aus der Vogelschau (Braun und Hogenberg, Köln 1572)

und Westen. Dieser Teil der Stadt heißt Southwark; der westliche Teil von Southwark, *Bankside* genannt, ist das Hauptvergnügungsviertel, von dem wir im Zusammenhang mit den Theatern noch hören werden. (Auf diesem vor der Errichtung des ersten Theaters entstandenen Bild sind zwei Vorgänger und Konkurrenten des Theaters zu sehen, Arenen für Stierkampf und Bärenhatz.) Ein zweites Ausdehnungsgebiet liegt im Nordwesten, wo die Stadtmauer rechtwinklig nach innen springt, um den (als dreieckige freie Fläche auszumachenden) Markt in Smithfield herum. Am weitesten ist die Bebauung nach Westen, in der Gegend unmittelbar nördlich der Themse, vorgedrungen. Hier liegen ganze Kirchspiele vor den Mauern, und die Verbindungsstraße zwischen London und Westminster, *The Strand*, ist fast durchgehend bebaut; dabei fällt auf, daß hier, zwischen *Strand* und Fluß, die Grundstücke und die Gebäude am größten sind; in diesem Gebiet reihen sich die Stadtpaläste der fürstlichen Familien aneinander; darunter Essex House, Suffolk Place, Somerset Place und The Savoy.

Am linken Rand ist der Komplex der königlichen Gebäude in Westminster zu sehen. Die beiden Wappen am oberen Rand deuten an, daß das Bild zwei Gemeinwesen darstellt, die Bürgerstadt London (rechtes Wappen) und die königliche Residenz, zu der außer Westminster auch der Tower und andere über das ganze sichtbare Areal verteilte Besitzungen gehören.

Wie sehr die Stadt in den letzten dreihundert Jahren nicht nur gewachsen ist, sondern auch ihr Zentrum verlagert hat, sieht man im linken oberen Viertel der Ansicht. Die freien Felder dort sind heute Teile der Viertel zwischen Oxford Street (die große Ost-West-Straße unter dem Königswappen) und Piccadilly (jenseits des Bildrandes). Charing Cross, in der Vorstellung der Londoner

und der Touristen heute topographischer und verkehrs-
technischer Mittelpunkt der Stadt, ist in der Mitte des
linken Bildrandes als Säule auf dem Platz des großen Stra-
ßenknotens zu erkennen; das Kirchlein darüber, St. Mar-
tin-in-the-Fields, heute am Trafalgar Square gelegen, liegt
damals wirklich noch in den Feldern.

Sehenswürdigkeiten

Auch in elisabethanischer Zeit schon wird die Identität
der Stadt für die Londoner wie für die Besucher durch eine
Reihe von Sehenswürdigkeiten und Wahrzeichen mitgeprägt. Zum Teil sind es die gleichen Stätten, die noch
heute zum Programm jeder Stadtbesichtigung gehören.
Der Tower vor allem sah in elisabethanischer Zeit fast
genau so aus wie heute: eine Gruppe von alten und
unwohnlichen Gebäuden, jedes für sich eine Festung,
umgeben von einer sehr starken Außenbefestigung aus
Wall, Graben und Mauern. Der Ursprung wurde Julius
Caesar zugeschrieben, auf den alte Bauten mit Vorliebe
zurückgeführt wurden; dem Mauerwerk sagte man nach,
daß es seine Festigkeit der Beimischung von Blut im Mör-
tel verdanke. Die verbürgte Geschichte des Towers vom
11. Jahrhundert an war fast identisch mit dem blutigen
Teil der Landesgeschichte. Als stärkste Festung Englands
war der Tower immer die letzte Fluchtburg der Könige
und der Ort, dessen Besitz über Erfolg oder Fehlschlag
jeder Machtübernahme entschied. Der Tower war auch
seit Jahrhunderten Staatsgefängnis, Gerichtsort für Prozesse von politischer Relevanz und Hinrichtungsstätte.
Der Tower hatte außerdem seit dem Mittelalter die Rolle
einer gegen die Stadt und ihre Autonomiebestrebungen
gerichteten Demonstration der Oberherrschaft des Kö-

Merians London. Westlicher Teil und Zentrum der City mit St. Paul's und dem Wald von Kirchtürmen. Im Vordergrund die Theatergegend Bankside (links: Bear Garden; rechts: Globe). Am Horizont Windmühlen und Kirchturm von Hampstead. An der Themse Handelshöfe, darunter der Steelyard der Hanse

Merians London. London Bridge mit Läden, Wohnungen und abgeschlagenen Köpfen. Im Vordergrund St. Mary Overy, heute Southwark Cathedral. Themseabwärts der Tower

nigs gespielt. Unter Elisabeth hatte der Tower einiges von
seiner finsteren Bedeutung verloren, hatte aber, wie Stows
Funktionsbeschreibung zeigt, die meisten seiner angestammten Aufgaben behalten.

»This Tower is a citadel to defend or command the city; a
royal palace for assemblies or treaties; a prison of state for
the most dangerous offenders; the only place of coinage
for all England at this time; the armoury for warlike provi-
sion; the treasury of the ornaments and jewels of the
crown; and general conserver of the most records of the
king's courts of justice at Westminster.«[9]

»Dieser Tower ist eine Zitadelle zur Verteidigung oder Beherrschung der Stadt; ein königlicher Palast für Versammlungen oder
Vertragsabschlüsse; ein Staatsgefängnis für die gefährlichsten
Gesetzesbrecher; die derzeit einzige Münzstätte für ganz England; das Zeughaus für Kriegsgüter; die Schatzkammer für den
Schmuck und die Juwelen der Krone und allgemeines Archiv für
die meisten Urkunden der königlichen Gerichtshöfe in Westminster.«

Außerdem diente der elisabethanische Tower als Museum, Raritätenkammer und Zoo. Thomas Platter konnte
in einer Besuchergruppe gegen stattliche Trinkgelder alles
besichtigen: die Rüstkammern, die historischen und modernen Geschütze, den schweren Sessel Heinrichs VIII.
und die Schätze der Königin, die königliche Münze und
die königliche Menagerie, in der außer einem »Tigerthier«
und einem Stachelschwein auch sechs Löwentiere zu sehen waren, von denen eines, eine angeblich über hundertjährige Löwin, Elisabeta hieß.

Zu den Sehenswürdigkeiten, die inzwischen verschwunden sind, gehörte London Bridge, die einzige
Brücke über die Themse. London Bridge war ein Welt-
wunder, die größte Brücke, die es überhaupt gab. Zwan-

zig aus behauenen Bruchsteinen gemauerte Pfeiler, vom Sockel an 60 Fuß hoch und der Legende nach unten auf Wollsäcken ruhend, der Basis des englischen Reichtums, trugen nicht nur den Geh- und Fahrweg, sondern auch »gantz herrliche, schöne, wollerbauwte heüser, die von fürnemmen kaufleüten bewohnet werden« (Platter, S. 780 f.), so daß man sich beim Überqueren des Flusses in einer innerstädtischen Einkaufsstraße wähnte. Eine besondere Attraktion waren die Pfähle mit den Köpfen kürzlich hingerichteter Hochverräter, die einen der Brückentürme krönten. Jeder Reisende zählte sie; bei Platters Besuch waren es über dreißig. Mit ihren engen Wasserdurchlässen zwischen den massiven Pfeilern war die Brücke ein Schiffahrtshindernis und eine Lärmquelle sondergleichen. Besonders bei fallender Flut waren die Stromschnellen unter der Brücke so gefährlich, daß sich nur die waghalsigsten Bootsmänner die Durchfahrt zutrauten.

Beide wiedergegebenen Stadtdarstellungen lassen erkennen, einen wie großen Raum – im wörtlichen wie im übertragenen Sinne – die Themse im Bild der Stadt London einnahm. Mit etwa 600 Metern von Ufer zu Ufer war sie doppelt so breit wie heute. Unterhalb der Brücke – rechts auf den Darstellungen – erstreckten sich die Hafenanlagen mit Kais, Docks und Speichern bis nach Tilbury und Greenwich. Oberhalb von London Bridge, im flacheren Wasser, wimmelte es von kleineren Lastschiffen, Fischerbooten und Mietbooten, denn die Themse war nicht nur Handelshafen, sondern auch der schnellste, bequemste und sicherste Verkehrsweg innerhalb Londons, sowohl für Güter als auch für Personen. Der Wasserweg war nicht nur für größere Strecken in Ost-West-Richtung vorteilhaft; viele Londoner bevorzugten auch für die Überquerung des Flusses Fährboote, weil man so

Zeit sparte und dem Geschiebe auf der Brücke entging. Die Themse war überdies ein Lustort, ein Ersatz für die in der Stadt fehlenden Promenaden und Parks. Bei Braun und Hogenberg sieht man das Prunkschiff der Königin, *Royal Bark*, das von einem Boot mit Ruderern gezogen wird; auch Thomas Platter, der natürlich das königliche Lustschiff in seinem Besichtigungsprogramm nicht ausließ, liebte die »sonderbahre kurtzweil«, sich in einem der »zierlich mitt teppichen bezieret[en]« Mietboote spazierenrudern zu lassen (S. 780).

Schließlich diente die Themse, wegen ihres klaren und fischreichen Wassers gepriesen, den Londonern genau so wie den Höflingen in Westminster als Frischwasserreservoir und als Abwasserkanal. Die von Besuchern einhellig hervorgehobene unvergleichliche Sauberkeit Londons ging nicht auf fortschrittliche sanitäre Anlagen zurück; die Londoner warfen oder schütteten ihren ganzen Unrat auf die Straße und in die Rinnsteine wie jedermann anders; aber das Gefälle zum Fluß hin, der reichliche Regen, der *Fleet*-Bach als Vorfluter und schließlich die Themse mit ihrer kräftigen Strömung sorgten für relative Reinlichkeit.

Größte Sehenswürdigkeit im Stadtgebiet war St. Paul's, »die fürnembste unndt haupt kirchen« (Platter, S. 800), eine gotische Kathedrale, die auch ohne den Turm, der einmal der höchste der Welt gewesen war, noch immer imposant in den Ausmaßen war. Platter, der alles fleißig maß und zählte, kam auf 242 Schritt in der Länge und 122 Schritt in der Breite. St. Paul's war der geistliche Mittelpunkt der Stadt, und das heißt bei der Bedeutung der Religion für die Bürger: der Mittelpunkt schlechthin. Die Predigten, über eine Stunde lang und nicht nur theologische Unterweisungen, sondern auch sprachlich-rhetorische Darbietungen, waren die wichtigsten Ereignisse des geistigen Lebens. St. Paul's war nicht nur Sonntagskirche; auch wochentags pflegten Geschäftsleute und Handwerker ihre Arbeit gelegentlich zu unterbrechen, um ein Stündchen in zwangloser Runde im Hof der Kathedrale dem Geistlichen zuzuhören, der von einer steinernen Kanzel, *Paul's Cross*, aus seine Freiluftpredigt hielt. Umgekehrt diente das Innere der Kirche außerhalb der Gottesdienste als große Wandelhalle weltlichen Geschäften. Im Mittelgang, der im Volksmund Paulspromenade, *Paul's Walk*, hieß, besprachen sich Kaufleute, machten pausierende Handwerker ein Schwätzchen und gingen Bettler und Taschendiebe ihrer Arbeit nach.

Sehenswert waren daneben die Börse, die Juristenkollegien und das Bürgermeisteramt. Die Börse, *Royal Exchange*, war eine Novität. Sir Thomas Gresham, Großkaufmann, Finanzgenie und Berater des Hofes in Geldfragen, hatte sie 1557 als Privatunternehmen errichtet, nicht als Handelsplatz für Wertpapiere und Geld, sondern als Einkaufszentrum, bei dem zwei Stockwerke mit Verkaufsgewölben einen viereckigen Hof umgaben, und als Treffpunkt für Geschäftsleute und Müßiggänger. In den *Inns of Court*, weitläufigen und klosterähnlichen *colleges* mit eigenen Gärten und Grünflächen, hatten die vornehmsten Juristen ihre Kanzleien und lernten die Jurastudenten, eine für das kulturelle Leben der Stadt wichtige Gruppe, ihr Metier. Das kommunale Zentrum, wo der *Lord Mayor* residierte und die Gremien der bürgerlichen Selbstverwaltung tagten und feierten, hieß nach dem Hauptgebäude, der großen Zunfthalle, *Guildhall*, bestand aber, wie der Hof, aus einem Komplex von Gebäuden und Anbauten. Die Stadtoberen wußten ebensogut zu repräsentieren wie der Hof. Platter und seine beiden Reisegefährten, ein deutscher Junker und ein dänischer Bürgerssohn, wurden zum Beispiel vom *Lord Mayor* und dem Rat zu einer festlichen Mittagstafel geladen, die bis zum Abend währte. Zwar haperte es mit der Unterhaltung, denn die Gäste konnten kein Wort Englisch und verstanden das Latein, Französisch und Spanisch in der Aussprache der Engländer nicht, so daß sie auf ihren Dolmetscher angewiesen waren, aber die Opulenz der Zeremonien, der Speisen und der Getränke – beste Biere und Weine aus Griechenland, Spanien, Frankreich und Deutschland – reichte an die eines höfischen Festes.

Das elisabethanische London war nüchtern betrachtet keine schöne Stadt. Es bot in architektonischer und städtebaulicher Hinsicht wenig Bemerkenswertes. Die meisten Sehenswürdigkeiten lagen außerhalb der *City of London* (wie der Tower) oder waren extraterritorial (wie die *Inns of Court*). Die Börse, bei deren Errichtung 80 alte Häuser hatten abgerissen werden müssen, war der einzige nennenswerte Neubau in einem halben Jahrhundert. Im übrigen war das äußere Bild Londons zu Ende der Tudorzeit eher unansehnlicher als zu Anfang, weil als Folge von Reformation und Enteignung viele kirchliche Gebäude abgerissen oder umgebaut und verschandelt worden waren. Die Kirchen waren, da sich die neue Religiosität gegen äußerlichen Prunk wandte, ihrer Skulpturen und Malereien beraubt. St. Paul's hatte nicht nur den Turm verloren, sondern war auch sonst so baufällig, daß Zeitgenossen empört berichteten, man könne nur unter Gefahr des Lebens seine Notdurft an der Außenwand verrichten.

Wie die Königin so sahen auch die Bürger der Hauptstadt keine Ursache, ihr Selbstbewußtsein durch Bauten und Anlagen zu äußern. Gerade in dem Verzicht auf Repräsentation durch öffentliche Bauten und Plätze kam der Charakter der Stadt zum Ausdruck. London war eine durch und durch kommerzielle Stadt, in der jeder Quadratfuß für eine nicht-gewerbliche Bebauung zu schade war und selbst die Zwischenräume der Strebpfeiler an den Kirchen noch für kleine Läden genutzt wurden.

Kaufladenstadt

Die Besucher hatten den Eindruck, daß die Stadt London ein riesiger Kaufmannsladen sei, in dem hinter bescheidener Fassade alle Güter und Reichtümer der Welt gesammelt wären und für Geld feilgeboten würden.

Im 16. Jahrhundert ist noch Selbstversorgung die Regel, Kaufen die Ausnahme. Landbewohner und Ackerbürger haben Felder und Vieh; man schlachtet, wurstet und pökelt, backt Brot und braut Bier; auf dem Lande wird oft auch für den Eigenbedarf gesponnen, gewebt und geschneidert. Jeder Haushalt muß zukaufen, mindestens Salz und Gewürze, bei gehobenen Ansprüchen viel mehr, aber in denen meisten Familien wird nur alle paar Wochen oder einmal im Quartal gegen Geld eingekauft.

London war anders; es war die einzige Stadt, in der alle Bürger alles kaufen mußten. Schon das unterschied die Lebensform des Londoners von der anderer Engländer und machte die Stadt in besonderem Maße zu einem Ort des Handels.

Zugleich war London Einkaufsstadt für den gehobenen Bedarf des ganzen Landes. Die Mitglieder des Hofes, die Edelleute von den ländlichen Herrensitzen und die reicheren Bürger der Provinzstädte kauften in London all das ein, was sie daheim gar nicht oder nicht in gleicher Qualität bekommen konnten: modische Stoffe, Kleider und Schuhe, Silber- und Zinngeschirr, Schmuck, Jagd- und

Kriegswaffen, Navigationsbestecke und chirurgische Instrumente, Uhren und gediegene Möbelstücke.

Es gab zahlreiche Gegenstände, die nur von Londoner Spezialhandwerkern hergestellt wurden, und es gab noch mehr Güter, die nur in London erhältlich waren, weil London der größte Importhafen für kontinentale Waren war und weil die Importeure verpflichtet waren, eingeführte Waren zuerst in London feilzubieten und damit den Londoner Kunden ein Vorkaufsrecht einzuräumen.

Der landesweite Kundenkreis reiste in der Regel nicht eigens zum Einkauf an. Fast jeder Begüterte hatte ab und zu in London zu tun. Wer etwas bei Hofe zu erledigen hatte, reiste über London und logierte meist dort. Noch größer war die Zahl derer, die einer Rechtssache wegen wochenlang in London sein mußten, oft mit Dienerschaft, Kind und Kegel. Während der Gerichtssessionen, *term time*, stieg der Umsatz des Londoner Handels um mehr als die Hälfte.

Weil die Auslagen der Geschäfte und der Import von Luxusgütern so sehr in die Augen fielen, überschätzten manche Besucher den Anteil der »reiche[n] kaufleüt unndt banquiers«. Platter meinte, die meisten Einwohner Londons seien Geschäftsleute, »kaufen, verkaufen unndt handlen baldt in alle eck der welt« (S. 782). Tatsächlich bestand das Gewerbewesen in London jedoch, wie in allen anderen Städten, vorwiegend aus kleinen Familienbetrieben, die außer dem Meister mit Frau und Kindern einen oder zwei Gesellen und einige Lehrlinge umfaßten, und die Produkte, die sie verkauften, selbst handwerklich herstellten.

Das typische Londoner Bürgerhaus war ein mehrstöckiger Fachwerkbau, der auf einem handtuchartigen Grundstück lag und nur eine schmale Straßenfront hatte. Oben waren Wohn- und Lagerräume; das Erdgeschoß war Werkstatt und Laden, meist so, daß der Verkaufstresen von außen zu sehen war und als Schaufenster diente. Die Verkäufer oder Inhaber standen oft in der Tür und priesen den Vorübergehenden ihre Waren an.

Es gab in der City keine Trennung zwischen Wohngebieten und Einkaufsstraßen; die ganze Stadt war Ladenstadt. Es gab aber natürlich bessere und schlechtere Gegenden und Straßen, und es gab vor allem Straßen, in denen alle Handwerker und Kaufleute einer Branche nebeneinander wohnten. Im heutigen London erinnern noch zahlreiche Straßennamen wie *Poultry, Skinners Lane, Ironmonger Lane* und *Bread Street* an das Gewerbe, das früher hier ansässig war. Die vornehmste und sehenswerteste Straße, auch eine der breitesten, hieß *Cheapside* (*to cheapen* ›verkaufen‹), und deren vornehmster Teil wurde *Goldsmith Row* genannt, laut Stow »the most beautiful frame [Ensemble] of fair houses and shops that be within the walls of London, or elsewhere in England«.[10] Auch Platter war beeindruckt: »An einer sehr langen gaßen, die Schepsgassen genennet, wohnen vast eytel goldtschmidt unndt wegsler, zu beyden seiten, da einer unaussprechlich große schätz unndt menge gelts beysamen sehen kan« (S. 782).

Ein großer Teil des städtischen Lebens spielte sich, wie heute nur noch in südlichen Ländern, auf der Straße ab. Hier wurde ein Teil der Verkaufsgespräche geführt. Fliegende Händler zogen mit Tragkörben von Haus zu Haus und boten Milch, Eier, Gemüse, Muscheln und Brennholz an. Das Land kam in die Stadt, um seine Produkte im Straßenhandel oder auf Märkten zu verkaufen. Außerdem nahmen die meist engen Straßen natürlich den gesamten Verkehr auf, Lastfuhrwerke und Kutschen, Reiter, Sänften und Fußgänger. Gedränge ist daher der normale Zustand. »Diese statt Londen ist [...] so volckreich, daß einer schier auf der gassen vor dem gedreng nicht gehen kann«, schrieb Platter (S. 798), und auch die Einheimischen beschwerten sich – nicht ohne Beimischung von Stolz – über ihre innerstädtischen Umweltplagen: verstopfte Straßen und Unfallgefahr, Lärm und Gestank.

Selbstregierung

Zu den bestaunten Besonderheiten Londons gehörte die Stadtregierung: Das größte und komplizierteste Gemeinwesen, das man je gesehen hatte, regierte sich selbst durch seine Bürger. Platter schrieb: »Die stadt wirdt fast wie ein (res publica) freystatt von den burgeren ohne deß königs rhätt gubernieret« (S. 783). Die Räte der Königin, die Mitglieder des *Council*, ließen es sich zwar nicht ganz nehmen, auch der Hauptstadt ihre Sorge angedeihen zu lassen, aber sie hüteten sich peinlich, die in langen Auseinandersetzungen mit früheren Monarchen erfochtenen Privilegien der bürgerlichen Selbstverwaltung anzutasten.

Die Londoner Stadtobrigkeit, *The Corporation of the City of London*, bildet eine nach außen hin konventionelle, der Landesregierung ähnelnde hierarchische Pyramide. Der *Lord Mayor*, der seine Amtskosten aus eigenem Vermögen trägt, steht der Stadt für ein Jahr vor; zwei *Sheriffs* unterstützen und vertreten ihn. Das dem *Council* entsprechende Organ ist der Rat, *Court of Aldermen*, mit 26 Mitgliedern, von denen jeder einen der 26 Stadtteile vertritt. Unter dem Rat gibt es noch zwei größere mitregierende Gremien, das etwa 200 Köpfe umfassende *Common Council*, ein Äquivalent zum Parlament, und eine noch größere Versammlung namens *Common Hall*. Wie bei der Zentralregierung gibt es daneben ständige Kom-

Platter zeichnet Londoner Bürger
»Bürgermeister von Londen mit seinem Heroldt« (oben);
»Bürgermeisters Weib« und »Bürgerweib von Londen« (unten)

missionen mit festen Aufgabenbereichen wie Lebensmit-
telversorgung, Hafen oder Verteidigung.

Hinter der Parallelität der staatlichen und städtischen
Hierarchie verbergen sich jedoch zwei gravierende Unterschiede. Zum einen ist die Landesregierung von oben nach
unten, das Stadtregiment von unten nach oben aufgebaut.
Die Königin regiert im Prinzip allein und delegiert Funktionen an untere Instanzen, deren Mitglieder sie ernennt.
Alle städtischen Ämter sind Wahlämter; die Amtsträger
werden von den Mitgliedern der nächstniederen Stufe
delegiert. Die *aldermen* wählen den *Lord Mayor* aus
ihrem Kreis; die *aldermen* ihrerseits werden von denen,
die sie vertreten, auf Lebenszeit gewählt. Auf der unteren
Ebene der kommunalen Selbstverwaltung kann jeder voll-
berechtigte Bürger Mitsprache praktizieren.

Ein zweiter Unterschied besteht darin, daß die Hierarchie des Königreichs im Prinzip noch feudalistisch und
agrarisch ist, während die Stadtregierung auf einem öko-
nomischen Prinzip beruht. Die Ordnung der City ist die
Übertragung und Ausdehnung einer Gewerbeordnung
auf die ganze Kommune.

Die wirtschaftliche und politische Zelle ist der einzelne
master mit seinen Leuten. Jeder Gewerbetreibende, ob
Küfer oder Weinhändler, Tuchmacher oder Tuchimpor-
teur, ist in eine Zunft oder Innung eingebunden, eine kol-
legiale Vereinigung, die alle Aspekte des Gewerbes im
Detail regelt. Die Zunftordnung schreibt Herstellungs-
verfahren und Qualitätsnormen vor und überwacht sie
streng durch gewählte Inspektoren. (Die geschlossene An-
siedlung einer Branche in einer Straße oder einem Viertel dient vor allem der besseren Kontrolle.) Es wird auch
darauf geachtet, daß innungsübergreifende Vorschriften
eingehalten werden; so darf beispielsweise nur bei Tageslicht produziert oder verkauft werden, damit Herstel-

lungsmängel vermieden werden und Kunden die Ware genau sehen können.

Die Zünfte, die auch Löhne und Preise festlegen, gängeln ihre Mitglieder, aber sie heben das Ansehen des Gewerbes und schützen zuverlässig vor unlauterem Wettbewerb. Sie regeln vor allem den Zugang zum Gewerbe und die betriebliche Hierarchie. Nur eine limitierte Zahl von Lehrlingen wird aufgenommen; in den begehrten Gewerben muß die Familie des Bewerbers über Einfluß verfügen und ein stattliches Lehrgeld zahlen, wenn der Sohn eingestellt werden soll.

Die Zunftordnung regelt auch, unter welchen Bedingungen und nach welchen Prüfungen der Lehrling freigesprochen wird. Mit dieser Freisprechung erhält er nicht nur das Recht, sich als Meister niederzulassen oder sich als Geselle zu verdingen, sondern er wird auch *Freeman of the City*, wahlberechtigter Bürger von London. Es gibt andere Wege zur Bürgerschaft, aber in aller Regel entscheidet die Berufszulassung über den Rechtsstatus.

Die Stadtväter waren sämtlich Leute, die es in ihrem Beruf und in ihrem Berufsverband zu etwas gebracht hatten, aber nicht in jedem Beruf hatte man die gleiche Chance, ganz nach oben zu kommen. Vorherrschend im Stadtregiment waren die Mitglieder der zwölf *Livery Companies* (›Talargesellschaften‹ – nach ihren bei offiziellen Gelegenheiten getragenen Zunfttrachten), zum größeren Teil Gilden von Export- und Importkaufleuten wie die *Merchant Taylors*, *Mercers* und *Grocers*, zum Teil Zünfte, die Luxusgüter produzierten, wie Goldschmiede und Kürschner.

Die Stadtregierung war also eher oligarchisch als im modernen Sinne demokratisch, aber sie war nicht in der Hand einiger mächtiger Sippen. Wer in London den bürgerlichen Gipfel erklommen hatte, kaufte sich ja meist ein *estate* auf dem Land, das den Eintritt in die *gentry* ermöglichte. Dadurch wurde in London immer wieder Platz frei für Neuhinzugekommene – meist *younger sons* der ländlichen Oberschicht – und Aufsteiger. Etwa drei Viertel der *Lord Mayors* unter Elisabeth waren keine gebürtigen Londoner.

Zwischen der Krone und der Stadt bestand unter Elisabeth ein sehr spezielles Verhältnis. Eine königliche Zentralregierung und eine bürgerliche Stadtregierung in der Metropole des Landes können kaum ohne Spannungen miteinander leben, und so gerieten Hof und City im alltäglichen Geschäft des Regierens häufig aneinander. Außerdem waren die höfische Lebensart mit ihren feudalistischen Wurzeln und ihrem (nicht immer praktizierten) Ideal der kultivierten Muße und das bürgerliche Ethos mit seinem Erwerbsstreben und seinem (ebenfalls nicht immer praktizierten) Ideal der rastlosen Tätigkeit so antagonistisch, daß sich beide Seiten nicht ohne Mißtrauen und gegenseitige Verachtung gegenüberstanden.

Aber die Stadt London und der Hof waren existentiell aufeinander angewiesen, und unter Elisabeth (anders als unter ihren Nachfolgern) waren beide Seiten sich dessen bewußt und handelten entsprechend. London lieferte der Königin die ökonomische und politische Infrastruktur, auf der ihre Regierung beruhte. Die Stadt versorgte den Hof mit Lebensmitteln, Dienstleistungen und Gütern; im Frieden machten die aus London einkommenden Abgaben und Zölle einen wesentlichen Teil der Staatsfinanzen aus; in Krisen- oder Kriegszeiten konnte die Krone ohne die Kredite der City überhaupt nicht agieren.

London war auch politisch wichtig. Elisabeth regierte auf der Basis eines Konsenses mit der öffentlichen Meinung. Eine öffentliche Meinung aber gab es nur in London. Nicht etwa, daß nur die Londoner Bevölkerung

Ehrenpforte der Stadt London, 1603/04
Symbolprogramm: London als Krone des Reiches (oben); das gute
Regiment der Stadt (Mitte); Allegorie der Stadtgeschichte
Motto: Dem Himmel gleich, aber dem Herrn untergeben

politische Meinungen gehabt hätte; aber nur in der Hauptstadt konnten sich Meinungen als öffentliche artikulieren, und auch wenn sie, wie zu Parlamentszeiten, von Auswärtigen mitbestimmt wurden, so war doch immer die Meinung der Londoner ein wesentlicher Faktor.

Die Stadt lebt von der Krone, auch wenn ihre Repräsentanten bei Streitigkeiten gelegentlich behaupten, der Hof könne ruhig nach Oxford oder sonstwohin umziehen, London würde immer bleiben, was es sei. London lebt vom Hof selbst, von der luxusliebenden höfischen Lebensart und von den hauptstädtischen Funktionen. Sogar ihre so aggressiv behauptete Eigenständigkeit ist vom Hof abgeleitet; sie beruht auf Privilegien, die der Stadt als Gegenleistung für ihre Dienste von der Krone zugestanden worden sind.

Königin Elisabeth hat nie gesagt, daß sie eine Londonerin sei, und unter den 241 Orten, an denen sie geschlafen hat, ist London nicht. Aber sie hat sich mit dem Hof nie weit von der hauptstädtischen Basis entfernt, und sie hat keinen Umweg gescheut, um ihren Weg durch London nehmen zu können.

Der üppige Triumphbogen, mit dem die Stadt London 1603/04 sich selbst und ihr Verhältnis zum Monarchen feiert, dokumentiert das unter Elisabeth gewachsene Selbstbewußtsein der Kommune (s. Abb. S. 335).

Problembereiche. Minderheiten

In der Art und Weise des Regierens waren die Londoner Stadtväter konventionell und nicht auf Neuerungen bedacht. Dennoch betraten sie mit dem schnellen Wachsen der Stadt ständig Neuland des Administrationswesens und wurden zu Vorreitern auf dem Wege zum modernen Verwaltungs- und Sozialstaat. Das alte Konzept der Beschränkung des Regierens von oben auf dringende Fälle und Krisen ließ sich in einer Kommune, in der so viele Einwohner gedrängt zusammenlebten, nicht im gleichen Maße anwenden wie bei der Regierung des Königsreichs. Es brauchte auch nicht angewendet zu werden, weil der Zugriff der Stadt auf ihre Bürger viel besser war, als der der Königin auf ihre Untertanen. Schließlich tendierten die Stadtväter, die in der Tradition des alten Zunftwesens mit seiner Kleinlichkeit und seiner Verliebtheit in detailreiche Satzungen und Ordnungen standen, von ihrer Einstellung her stärker als die Königin und die Mehrheit des *Council* zu einer Politik der weitgehenden oder totalen Reglementierung.

In der Kommunalpolitik des Londoner Rates spielten Verbote eine große Rolle, wie überall in der Politik der elisabethanischen Zeit, aber die Stadt entwickelte doch eine eindrucksvolle Reihe von positiven Maßnahmen, um das Zusammenleben in einer Großstadt zu erleichtern. Die Straßen wurden dreimal wöchentlich gereinigt; Wasserleitungen wurden zu zentralen Plätzen gelegt, von wo das Wasser dann in Eimern oder in den Bottichen der Wasserverkäufer weitertransportiert wurde; in Jahren schlechter Ernten sorgte ein kompliziertes System von privaten und öffentlichen Ankäufen und Preisregulierungen dafür, daß es in London – anders als in manchen ländlichen Gebieten – keine schweren Hungersnöte gab; nachts patrouillierten Bürgerwachen durch die Straßen. Wie andere Besucher hielt auch Platter, der viele europäische Großstädte bereist hatte, London für vorbildlich regiert und ungewöhnlich sicher.

Der Londoner Magistrat stieß das ganze Zeitalter hindurch bei der Regelung der Angelegenheiten der Bürgerschaft nicht an die Grenzen seiner Kompetenz. Schwere und zum Teil unlösbare Probleme ergaben sich aber aus der Tatsache, daß nur knapp die Hälfte der erwachsenen männlichen Einwohner Bürger im vollen Sinne, also in Gewerbevereinigungen eingeordnete *Freemen of the City*, waren. Auch wenn man Lehrlinge, Angehörige und freiberuflich Tätige einrechnet, kommt man höchstens auf zwei Drittel der Einwohner des Stadtgebiets, die der städtischen Verwaltung direkt unterstanden und von der bürgerlichen Ordnung voll erfaßt wurden.

Eine beträchtliche Teilmenge des riesigen Prozentsatzes an Nicht-Integrierten bestand aus Londonern, über die der Magistrat mangels Zuständigkeit nicht Herr war. Wie ganz England so war auch London ein Flickenteppich von Kompetenzbereichen. So unterlag vor allem der Kirchen- und Klosterbesitz, einschließlich der nach der Reformation in andere Hände übergegangenen Grundstücke und ihrer Bewohner, nicht der Jurisdiktion der Stadt.

Keine Londoner im rechtlichen Sinne waren vor allem auch die Einwohner der außerhalb der Stadtgrenzen gelegenen Vororte. Nur südlich der Themse wurde mit Southwark ein Teil des neuen Bebauungsgebiets eingemeindet, sonst unternahmen die Stadtväter nichts, um ihren Kompetenzbereich räumlich zu erweitern, da die neuen Siedlungen ökonomisch weniger interessant und administrativ schwierig waren. Damit waren für große Teile der geschlossenen Bebauung der Hauptstadt die Organe der umliegenden Grafschaften, vor allem Sussex und Surrey, zuständig, die als ländliche Gebietskörperschaften mit dem Stück Stadt an ihren Grenzen meist schlecht zurechtkamen.

Wir können heute für dieses Niemandsland der elisabethanischen Administration nur dankbar sein, denn seiner

Existenz verdanken wir das Theater Shakespeares und seiner Zeitgenossen, das unter der Jurisdiktion der Stadtväter keine Chance gehabt hätte. Der Stadt und dem etablierten Bürgertum jedoch war die lasche Administration der Vorstädte ein beständiges Ärgernis, einmal deshalb, weil sich hier Handwerker niederließen, die sich nicht an die Regelungen des betreffenden Gewerbes hielten – Schneider beispielsweise, die die Anti-Luxus-Gesetze mißachteten –, und zum anderen, weil man in den Außenbezirken die gefährlichsten Sammelstätten und Brückenköpfe des Gesindels und des Verbrechertums sah.

Masterless men war für die etablierten Elisabethaner, ob Adlige oder Bürger, ein Schreckenswort. Der Begriff bezeichnete alle, die ohne Bindung an ein Familienoberhaupt und an einen Arbeitgeber, und damit ohne direkte Obrigkeit, waren. Man neigte dazu, alle Herrenlosen in einen Topf zu werfen und als Kriminelle zu betrachten, ohne viel nach den besseren oder schlechteren Gründen für das Ausscheren aus der familiär-betrieblichen Ordnung zu fragen. Es gehörte zu den festen Grundauffassungen der Zeit, daß für jeden gesunden Menschen eine Tätigkeit existierte, von der er sich ernähren konnte, wenn er es nur wollte. Wer nicht arbeiten und nicht unter einem Herrn seßhaft werden wollte, verging sich gegen Gottes Ordnung und gegen menschliches Recht.

Die fast panische Furcht der elisabethanischen Obrigkeiten vor allem Nichtseßhaften hat ihren Hauptgrund im strikten und oft fanatischen Ordnungsdenken der Zeit; sie hat aber in einer Epoche, die mangels eigener Ordnungskraft auf primäre Ordnungen wie Familie oder Haushalt angewiesen ist, einen realen Hintergrund. Das gilt besonders für London, den Ort mit dem weitaus höchsten Anteil an *masterless men*.

London war ein Sammelbecken für alle, die sich aus

ihren heimischen Familien- oder Arbeitsverhältnissen
gelöst hatten und die Abenteuer oder Veränderung suchten; vom Beginn des Krieges gegen Spanien an war die
Stadt es auch für alle entlassenen Soldaten und Seeleute,
die es nicht in ihren Heimatort zurückzog. Außerdem war
sie ein Anziehungspunkt für gewerbsmäßige Bettler und
Diebe.

Armenfürsorge

Das Bestreben der städtischen Behörden ging dahin, aus
der Masse der Nichtintegrierten die ›hilfswürdigen Armen‹, *deserving poor*, auszusondern und den Rest, die
gesunden Nichtseßhaften, *sturdy vagrants*, zu vertreiben
und bei Straffälligkeit einzusperren und abzuurteilen.

Die Fürsorge für Alte, Kranke und Waisen oblag unbestritten in erster Linie dem Haushalt, dem der Hilfe-
bedürftige als Familienmitglied, Bediensteter oder Hin-
terbliebener zugehörte. Was darüber hinaus an Sozialhilfe
erforderlich war, hatten bis zur Reformation vor allem
Klöster und Kirchen geleistet, von milden Gaben der
Gläubigen unterstützt. Schon unter Heinrich VIII. stellte
sich heraus, daß die Verbindung von Selbsthilfe im Rahmen des privaten Haushalts und freiwilliger Mildtätigkeit
nicht ausreichte.

In einem der bemerkenswertesten Lernprozesse der
Tudorzeit setzte sich in den nächsten zwei Generationen
die Auffassung durch, daß Armenfürsorge und soziale
Leistungen Verantwortlichkeiten der Kommunen und des
Staates seien und daß man diesen Bereich durch Verord-
nungen und Gesetze regeln müsse. Bei diesem Prozeß des
Umdenkens und bei der Suche nach gangbaren Wegen
waren die Städte, insbesondere London, wegweisend. In

einem ersten Schritt wurden das Einsammeln und die Verteilung der Almosen von Beauftragten der Gemeinde übernommen. Dann machte man Spenden für die Armen obligatorisch. Schließlich wurde für jeden Verdienenden die Höhe der Armenabgaben, *poor rates*, als Prozentsatz des Einkommens festgelegt. Die einkommenden Beträge verteilte man zunächst nur auf die nicht arbeitsfähigen Armen, *impotent poor*. Später wurde ein Teil darauf verwandt, für die gesunden Armen, *able-bodied poor*, Arbeitsplätze zu schaffen und Arbeitsmaterial einzukaufen. Für Bettler wurden Lizenzen eingeführt. Die Zuständigkeiten wurden geregelt: Jede Gemeinde unterstützte die in ihr geborenen Armen; war der Geburtsort nicht auszumachen, so war die Kommune des letzten Wohnsitzes verantwortlich.

Die Systematisierung der Fürsorgemaßnahmen, die in London gegen 1580 abgeschlossen war, wurde vom Parlament etwa 20 Jahre später als Gesetz kodifiziert. Diese *Poor Laws*, die fortschrittlichsten Europas, behielten über zwei Jahrhunderte lang Geltung.

Die Ausweitung der Hilfsmaßnahmen für die für förderungswürdig gehaltenen Armen bedeutete keine Liberalisierung der Haltung gegenüber den gesunden, aber nicht arbeitswilligen Nichtseßhaften. Vagabunden wurden ausgepeitscht, eingesperrt, zeitweise gebrandmarkt und auf Galeeren geschickt. Die elisabethanischen Behörden ließen oft fünfe gerade sein, aber nicht bei hartgesottenen *masterless men*.

Kriminalität und Strafen

Irrte Thomas Platter, wenn er London für eine relativ sichere Stadt hielt, und ist es ein Zufall, daß auch den anderen Englandreisenden, deren Aufzeichnungen wir besitzen, niemals etwas Kriminelles zustieß? Nach den Stimmen mancher zeitgenössischer Engländer zu urteilen, war das elisabethanische London eine Hochburg des Verbrechens. Bürgermeister und Rat erweckten in ihren Eingaben an den Hof, mit denen sie neue Maßnahmen zur Eindämmung der Kriminalität erreichen wollten, regelmäßig den Eindruck, die Machtübernahme durch Zusammenrottungen von *masterless men* stünde unmittelbar bevor. Auf die kriminelle Szene spezialisierte Autoren wie Thomas Dekker legten ihren Lesern in einer Schrift nach der anderen dar, daß es unter der Oberfläche des bürgerlichen Gemeinwesens eine zweite Welt gebe, eine Unter- und Gegenwelt mit Banden und Innungen von Gaunern verschiedener Fachrichtungen, mit Schulen, Lehrzeit, seltsamen Zunftbräuchen und eigener Sprache.

Moderne Untersuchungen, noch unvollständig, haben ein Bild ergeben, das dem Platters eher entspricht als dem der englischen Zeitgenossen. London hatte, wie zu erwarten, eine höhere Kriminalität als der Rest des Landes, war aber im Vergleich zu anderen europäischen Metropolen des 16. Jahrhunderts tatsächlich verhältnismäßig gesittet und erscheint auch im Vergleich zu modernen Großstädten nicht im düstersten Licht; es gab, auf gleiche Einwohnerzahlen bezogen, mehr Kapitalverbrechen als im heutigen London, aber weniger als in New York oder Boston.

Im ganzen Land nahm im Lauf der Tudorzeit der Anteil der Gewaltkriminalität ab, weil es den staatlichen und kommunalen Behörden gelang, dem Adel und der *gentry* die Anwendung des Faustrechts und die Austragung blutiger Fehden abzugewöhnen. In London gab es noch immer viele Messerstechereien, vor allem in den Wirtshäusern – von den literarischen Größen der Zeit wurde einer, Marlowe, im Streit erstochen, ein anderer, Ben Jonson, wurde des Totschlags angeklagt. Im ganzen ging auch in London die Gewalt zurück, während zugleich die Zahl der Streitigkeiten, die in Zivilprozessen ausgetragen wurden, mächtig anwuchs.

Die Kriminalität in London nahm Züge an, die dem Charakter einer Kaufmannstadt entsprachen. Es gab viele Eigentumsdelikte, vor allem Diebstahl auf der Straße und aus Läden, und eine zunehmende Zahl an Wirtschaftsdelikten wie Fälschungen und Trickbetrügereien. Das organisierte Verbrechen, weniger verbreitet als bürgerliche Stimmen argwöhnten, bestand in der späten elisabethanischen Zeit vorwiegend aus Gaunerbanden und unehrlichen Geschäftemachern.

Die Abnahme der Gefährlichkeit der Kriminalität für Leib und Leben fand keinen Niederschlag in einer Milderung der Schärfe, mit der überführte Kriminelle und Verdächtige behandelt wurden. Wenn der Satz des Schulbuchs »The people were cruel« irgendwo gilt, dann auf dem Gebiet der Strafverfolgung. Die gleichen Elisabethaner, die den viel bedrohlicheren Heimsuchungen durch die Pest mit erstaunlicher Gelassenheit begegneten, reagierten in Fragen der Bedrohung der Ordnung durch Übeltäter mit hysterischer Vehemenz.

Das englische Gerichtswesen war vorbildlich, die Prozesse waren im allgemeinen fair, aber die Strafen bei Verurteilung waren drakonisch. Die Todesstrafe wurde nicht nur bei Kapitalverbrechen, sondern auch bei Eigentumsdelikten, beispielsweise bei Diebstahl von Gütern im Wert von mehr als £ 5, verhängt. Ein Teil der strengen Strafvorschriften war aus älteren Zeiten überkommen, aber neu erlassene waren genau so scharf. Man konnte beispielsweise im Wiederholungsfall für bloßes Vagabundieren ohne weitere Straftat gehängt werden.

Die Hinrichtungen waren öffentliche Spektakel – der Intention nach abschreckende Exempel, dem tatsächlichen Effekt nach Volksbelustigungen wie Bärenhatz oder Hahnenkampf. Es gab eine Reihe von Exekutionsarten, von denen außer der hauptsächlich für Verurteilte höheren Standes reservierten Hinrichtung durch das Schwert keine einen schnellen Tod brachte. Die Galgenstrafe, der übliche Hinrichtungsmodus, bedeutete nicht – wie in späteren Zeiten – Tod durch Genickbruch, sondern qualvolles Ersticken. Verurteilte, die weder schuldig noch unschuldig plädiert hatten, wurden mit Steinen zu Tode gepreßt. Es gab pro Jahr etwa 1500 bis 2000 Exekutionen im Lande, davon mehrere hundert in London. Nach einer zynischen Berechnung war für einen Elisabethaner die statistische Wahrscheinlichkeit des Todes durch Hinrichtung genau so hoch wie die des Verkehrstodes für den heutigen Durchschnittsbürger.

Obwohl das englische Recht keine Freiheitsstrafen kannte, gab es im elisabethanischen London 18 Gefängnisse, staatliche und städtische – die größte Gruppe von öffentlichen Gebäuden nach den Kirchen. Die Insassen waren zum kleineren Teil Untersuchungsgefangene, die auf ihren Prozeß warteten, zum größeren Teil Personen, deren Freiheit von den Behörden aus irgendeinem Grunde als Gefahr für die öffentliche Ordnung betrachtet wurde. Die Einlieferung geschah grundsätzlich *at the Queen's pleasure*, das heißt auf unbestimmte Zeit.

Auch im Gefängniswesen kam die Kommerzialisierung des Londoner Lebens zum Ausdruck. Eine der größten Gruppen von Insassen waren die Schuldgefangenen. Personen, die ihre Verbindlichkeiten nicht begleichen konn-

ten oder wollten, wurden auf Anzeige im Gefängnis fest-
gehalten, bis sie sich mit ihren Gläubigern geeinigt hatten.

Jeder Gefängnisinsasse mußte für seinen Unterhalt
selbst aufkommen. Wer Geld hatte, ließ sich von den Ge-
fängniswärtern, die von solchen Diensten lebten, gegen
fixe, nach dem Stand des Inhaftierten gestaffelte Wochen-
sätze verköstigen. Ein *gentleman* oder reicher Farmer
zahlte beispielsweise nach den Sätzen des *Privy Council* 10
Pence in der Woche und hatte dafür Anspruch auf Mark-
brühe, zwei Sorten Fleisch und Brot und Bier nach Belieben. Bürger lebten billiger und dürftiger. Wer kein Geld
hatte, war auf das angewiesen, was die Brotsammler an
Essensresten in den umliegenden Straßen zusammen-
bekamen. Auch im Gefängnis bestimmte die soziale Hierarchie den Komfort und die Lebenserwartung.

Ein Bürgerleben: William Shakespeare

Auf den ersten Blick scheint es absurd, das Leben Shakespeares als Modellfall bürgerlichen Lebens behandeln zu
wollen. Kann ein so außerordentlicher Künstler repräsen-
tativ für das Bürgerliche sein? Und verbindet sich mit der
Biographie Shakespeares nicht untrennbar die Vorstellung, daß wir über dieses Leben nichts oder kaum etwas
oder jedenfalls zu wenig wüßten?

In der Tat wird seit der Romantik ständig geklagt, daß
die Person Shakespeare für die Nachwelt ein Unbekannter
bleiben müsse. Diese Klage fußt aber auf der Voraussetzung, daß ein großer Künstler auch ein außerordentliches
und unbürgerliches Leben, eben ein Künstlerleben, füh-

ren müsse und daß man von ihm selbst und seiner Umgebung erwarten dürfe, dieses Leben und die hinter dem Werk stehende Persönlichkeit festzuhalten. Diese Voraussetzung gilt aber erst seit dem späten 18. Jahrhundert. Bei den Künstlern bürgerlicher Herkunft, die früher lebten, denkt niemand an eine Dokumentation des Künstlertums, einerlei ob es sich um Rembrandt, um Bach oder um Shakespeare handelt. Das Außerordentliche an Shakespeare – das dramatische Genie, der universale Geist, das Vermögen, sich in erdachte Personen zu versetzen – ist nur in den Dramentexten bewahrt und läßt sich nur mit den Mitteln der Fiktion und nicht mit denen der Historie rekonstruieren.

Der bürgerliche Lebenslauf Shakespeares dagegen ist wohldokumentiert und bestens erforscht. Mit den Tudors beginnt der moderne Aktenstaat und die Verschriftlichung von Vorgängen des normalen Lebens. Das im Vergleich zu kontinentalen Verhältnissen reichliche Archivmaterial ist in den letzten zweihundert Jahren so intensiv nach Quellen zum Leben des Dramatikers und seiner Familie durchforscht worden, daß Shakespeares Biographie, immerhin ein ganzer Band voller Texte und Fakten, trotz einiger Lücken die bestdokumentierte Bürgerbiographie der englischen Renaissance darstellt.

Die Dokumente teilen nicht nur Lebensdaten mit, sondern sie lassen auch Verhaltensweisen, Einstellungen und Lebensziele erkennen. Die Person, die da zutage tritt, ist kein Durchschnittselisabethaner – der wäre ja in der Heimatstadt geblieben, und wir hätten nie von ihm gehört –, wohl aber ein typischer Vertreter einer für die Epoche selbst und für den Aufstieg der *middle classes* in der Folgezeit entscheidenden Gruppe: der Bürger, die sich verbessern wollen – persönlich, gesellschaftlich, finanziell –, und zwar ohne ihre angestammten Verhältnisse zu verlassen; des Bürgers auch, der nach erlangter Verbesserung vor allem auf die dauerhafte Sicherung des Erreichten bedacht ist.

Bei der Darstellung des Lebens werden im folgenden die wichtigsten Quellen genannt oder zitiert.[11] Damit soll einmal gezeigt werden, wie die dokumentarische Basis für diese und für jede andere Shakespeare-Biographie beschaffen ist. Zum anderen werden auf diese Weise die charakteristischen Verkürzungen und Verzeichnungen deutlich, die sich immer dann ergeben, wenn eine historische Person auf die Vorgänge in ihrem Leben reduziert wird, bei denen sie aktenkundig wird. Schließlich gibt die Auswahl der Gelegenheiten, bei denen eine schriftliche Fixierung erfolgte, auch Aufschlüsse über die Werte und Prioritäten der Epoche.

Stratford

– 26. April 1564. »Gulielmus *filius* Johannes Shakespere« wird – laut Eintragung im Kirchenbuch – in der Pfarrkirche zu Stratford getauft.

Das genaue Geburtsdatum läßt sich nicht ermitteln. Die traditionelle Festsetzung des Geburtstages auf den 23. April, das Fest des Nationalheiligen St. Georg, ist Teil der Shakespeare-Legende.

Stratford upon Avon in der Grafschaft Warwickshire ist zugleich Stadt und Land. Der Struktur nach ist es eine richtige Stadt. Stratford hat als *royal borough* die vollen Rechte und Freiheiten einer Stadt; es hat städtische Institutionen, vor allem eine kommunale Selbstverwaltung mit Ämtern, einem Rat aus *aldermen* und einem Ratsvorsitzenden und Stadtvorsteher, dem gewählten *bailiff*. Für das Umland übt der Ort alle Zentrumsfunktionen aus:

Wochenmarkt, Jahrmärkte; Verwaltung und niedere
Gerichtsbarkeit; handwerkliche Gewerbe, die nicht jedes
Dorf haben kann, wie Färberei und Textilverarbeitung
oder Gerberei und Lederverarbeitung. Alles Städtische ist
aber nur von kleinstem Zuschnitt. Das Kirchspiel Stratford, zu dem außer der Stadt noch eine Reihe von Bauerschaften im Umkreis von zehn Kilometern gehört, hat
insgesamt weniger als 2000 Seelen. Fast alle Städter sind
Ackerbürger; sie betreiben außer ihrem handwerklichen
Beruf eine Landwirtschaft.

John Shakespeare tat das, was sein Sohn später in größerem Rahmen tat: sich verbessern. Er zog vom Land in die
Stadt; verließ die Bauerschaft Snitterfield, in der sein
Vater einen gepachteten Hof bewirtschaftete, und ließ
sich im nahen Stratford als »whyttawer« und »glover«,
das heißt als Weißgerber (der feines Leder produzierte)
und Handschuhmacher oder Täschner nieder. Außerdem
handelte er mit Korn, Wolle und Holz. Er heiratete vorteilhaft; seine Frau, Mary Arden, Tochter und Erbin des
Gutsherrn, dessen Pächter sein Vater war, stammte aus
einer angesehenen und alten *gentry*-Sippschaft. Als William geboren wurde, war der Vater seit über zehn Jahren
an der Henley Street ansässig. Das erste Zeugnis, das uns
die Niederlassung verbürgt, ist ein sehr zeittypisches
Dokument: John Shakespeare muß, wie mehrere Nachbarn auch, einen Schilling Strafe zahlen, weil er vor dem
Haus auf der Straße einen Misthaufen aufgeschichtet hat,
statt den kommunalen Abfallplatz am Stadtrand zu benutzen. Die Behörden beginnen, auf Sauberkeit zu achten –
nicht der Ästhetik, sondern der Pestgefahr wegen –, und
die bürgerlichen Selbstverwaltungen regieren wie die
Tudormonarchen, nämlich hauptsächlich mit empfind-
lichen, nach dem Zahlungsvermögen dosierten Geldstrafen.

John Shakespeare prosperiert. Er sammelt Ehrenämter, ist lange Zeit Ratsherr und steht 1568/69 der Stadt als *bailiff* und Friedensrichter vor, wird mit heiklen Verhandlungen und Schlichtungen betraut. Über formale Bildung verfügt er kaum; er unterzeichnet mit Kreuzen, wie seine Frau auch. Der Wohlstand drückt sich im Kauf von Häusern und Grundstücken aus. Als es den Shakespeares vom Ende der siebziger Jahre an nicht mehr so gut geht, müssen Immobilien verkauft werden. Der wichtigste Zukauf freilich bleibt im Besitz der Familie und wird später an den Sohn vererbt: John erwirbt das Nachbarhaus in der Henley Street und vereinigt es mit dem alten Haus zu jenem stattlichen Gebäude, das heute als ›Shakespeares Geburtshaus‹ die Hauptsehenswürdigkeit von Stratford ist.

(Wir wissen das alles – und vieles mehr – aus städtischen Registern und vor allem aus Prozeßakten. Die Stratforder Bürger prozessierten dauernd; klagten Schulden ein, zeigten Nachbarn an, die dann beim nächsten Kind wieder Gevatter stehen durften, und waren widersetzlich gegen die Obrigkeit. Vieles im elisabethanischen Stratford erinnert an Ludwig Thoma und das Königlich Bayerische Amtsgericht.)

John und Mary Shakespeare hatten acht Kinder, von denen fünf die Kindheit überlebten. William, das dritte Kind, war der älteste Sohn und das älteste der überlebenden Kinder. Normale Verhältnisse, statistisch fast eine Durchschnittsfamilie.

Zum Besten, was Stratford zu bieten hatte, gehörte die neue *grammar school*. Die Errichtung von Gymnasien zur Heranbildung eines eigenen Nachwuchses an Schreib- und Textkundigen und als Vorbedingung für den sozialen Aufstieg der jüngeren Generation ist ein Ausdruck des wachsenden Selbstbewußtseins der Städte. Die Schule in

Stratford muß besonders gut gewesen sein. Die Magister waren hochqualifiziert – alles diplomierte Akademiker aus Oxford – und wurden überdurchschnittlich gut bezahlt. Daß Shakespeare hier Schüler war, ist nicht dokumentiert, aber angesichts seines Bildungshorizonts und vieler Zitate aus Schulbüchern in seinen Dramen so gut wie sicher.

Grammar schools der Tudorzeit sind klein: Zwergschulen nach unseren Begriffen, mit einem Magister, der die Größeren unterrichtet, seinem Assistenten (*usher*), der den Kleinen das ABC beibringt, und einem Schulraum, in dem alles stattfindet. Eine *grammar school* ist eine Lateinschule. Das Lateinische ist Unterrichtssprache und praktisch einziges Fach. Man paukt viel Grammatik, lernt viel Rhetorik (anhand antiker Lehrbücher – Cicero und Quintilian –, aber auch nach neueren Werken) und liest sehr viel antike Literatur: Historiker wie Sallust und Caesar, Dichter wie Vergil, Horaz und Ovid, manchmal auch Satiriker wie Juvenal und Persius. Schule ist kein Honiglecken. Der Unterricht beginnt im Sommer um sechs und im Winter um sieben Uhr und dauert bis zum späten Nachmittag. Nur sonntags ist schulfrei. Es ist kein Wunder, daß Shakespeare später ›Schuljunge‹ wie selbstverständlich mit ›widerwillig‹ assoziiert.

Es gibt keine Abschlußprüfung. Man entläßt die Schüler, wenn sie des Lateinischen und der römischen Literatur hinreichend mächtig sind, meist mit etwa sechzehn Jahren. Wann Shakespeare abging, wissen wir nicht. Jedenfalls hatte er sich angeeignet, was die *grammar school* zu bieten hatte, auch wenn sein akademisch gebildeter Freund und Rivale Ben Jonson das später mit »[he had] small Latin and less Greek« abtat.[12]

William Shakespeare wird wieder aktenkundig, als er achtzehn Jahre alt ist und heiratet.

– 27. November 1582. Eintragung im Register der Diözese Worcester über die Ausgabe einer Lizenz für die Heirat von »Willelmum Shaxpere *et* Annam Whateley« [Hausname der Braut offenbar irrtümlich für »Hath(a)-way«].

– 28. November 1582. Zwei Freunde der Familie der Braut leisten beim Konsistorium der Diözese Worcester eine Bürgschaft in Höhe von £ 40, damit »Willm Shagspere« und »Anne Hathwey of Stratford« die Dispens erhalten können, unter Verzicht auf das vorgeschriebene dreimalige Aufgebot zu heiraten.

Anne Hathaway, acht Jahre älter als Shakespeare, war die Tochter eines großen Bauern aus der Nähe von Stratford. Das umständliche Dispensverfahren war nötig, wenn die Trauung noch vor dem Beginn der Weihnachtszeit stattfinden sollte. (Vom ersten Advent an sind Aufgebote und Trauungen nicht statthaft.) Die Eile hängt wahrscheinlich damit zusammen, daß Anne Hathaway schwanger war.

– 26. Mai 1583. Taufeintrag im Kirchbuch von Stratford: »Susanna, daughter to William Shakespeare«.

Zwei Jahre später folgen Zwillinge:

– 2. Februar 1585. Taufeintrag im Kirchbuch von Stratford: »Hamnet and Judith, son and daughter to William Shakespeare«.

Der Junge stirbt mit elf Jahren; die Töchter überleben die Kindheit. – Über das Verhältnis der Eheleute zueinander und zu den Kindern sind keinerlei Unterlagen erhalten. Mit ganz wenigen Ausnahmen bleiben im Bürgertum alle persönlichen Beziehungen in der Familie ohne schriftliche Fixierung; auch Privatbriefe sind Geschäftsbriefe; wer ein Tagebuch führt, trägt nichts Persönliches ein.

Von 1585 bis 1592 erstreckt sich die berühmte Lücke in Shakespeares Biographie, die Anlaß zu vielen Ausfüllungen durch Spekulation und Erfindung gewesen ist. Bei einem jungen Mann ohne Prozesse und Grundstückstransaktionen ist eine siebenjährige Lücke in der dokumentarischen Evidenz an sich nichts Merkwürdiges (sein Name taucht sogar einmal in einer Prozeßakte seines Vaters auf). Was dieses Intervall zu einem Problem macht, ist die Tatsache, daß Shakespeare beim Wiedereintritt in den Gesichtskreis an einem anderen Ort und in ganz anderen Verhältnissen lebt, nämlich in London als ein in Fachkreisen schon namhafter Stückeschreiber und Schauspieler.

Im Theatergewerbe

Man braucht nicht nach Gründen zu suchen, warum Shakespeare nach London ging. Ein Mann aus Stratford, der sich entschieden verbessern wollte, mußte den Weg zur Hauptstadt nehmen. So hatte es zum Beispiel auch der bisher berühmteste Sohn der Stadt gemacht, Hugh Clopton, der nach London gegangen war, den Eintritt in eine der Kaufmannszünfte geschafft hatte, reich wurde, die städtische Ehrenämterlaufbahn bis zum *Lord Mayor* durchlief, zum Ritter geschlagen wurde – um dann nach Stratford zurückzukehren und als großer Wohltäter in die Stadtgeschichte einzugehen.

Das Theatergewerbe als Arbeitsfeld lag nicht ganz so nahe wie London als Zielort, aber doch nahe genug. Da er nicht, wie seinerzeit die Cloptons, über einflußreiche Beziehungen verfügte, wäre der junge Mann aus der Provinz nie in eine der exklusiven Zünfte aufgenommen worden. Das Theater war dagegen eine offene Branche; man brauchte für den Einstieg keine Protektion und keine siebenjährige Lehre. Für einen Absolventen der *grammar school* war die Arbeit am Theater als literarischer Beruf eine konsequente Fortsetzung der Schulzeit. Für jemanden, der aus Stratford kam, war Theater außerdem nichts Unbekanntes. Schauspieler auf Tournee spielten einigermaßen regelmäßig in der Stratforder Guildhall; im Jahre 1586/87 allein gastierten fünf Truppen in der Stadt. (Zu den plausibleren Spekulationen über Shakespeares ›Verlorene Jahre‹ gehört die Vermutung, daß er sich einer dieser Truppen anschloß; vielleicht den *Queen's Men*, die während eines Gastspiels in Stratford gerade unterbesetzt waren, weil einer ihrer Leute bei einem Streit erstochen worden war.)

Herumziehende Schauspieltruppen, die sich – mit oder ohne Unterstützung von Jongleuren und Seiltänzern – in Sälen und in den Höfen von Gasthäusern ihr Publikum suchten, hatte es schon lange gegeben, aber in seiner jetzigen, vor allem auf die neuen festen Theaterbauten gestützten Form existierte das Gewerbe erst seit Ende der siebziger Jahre. Das Theaterwesen lag außerhalb der regulären, durch straffe und starre Zunftordnungen geregelten bürgerlichen Arbeitswelt, aber eine Theatertruppe war doch ein nach dem Muster eines Handwerksbetriebs organisiertes Unternehmen. An der Spitze stand der *master*, der Arbeitgeber der Schauspieler und Besitzer oder Pächter des Theaters, im typischen Falle ein ehemaliger Handwerksmeister aus einem der Baugewerke. Den Kern des 15- bis 20köpfigen Personals bildeten die festangestellten Schauspieler. Sie entsprachen den Gesellen in einem Handwerksbetrieb, hatten aber in der Regel keinen fixen Lohn, sondern waren am Einspielergebnis – und damit am Profit und Risiko des Unternehmens – beteiligt. Es gab daneben als Aushilfskräfte und Verstärkung *hired hands*, Schauspieler mit kurzfristigen Verträgen, und als Dauereinrichtung Jungschauspieler, die einmal als Lehrlinge (ohne offiziellen Lehrvertrag) das Schauspielhandwerk lernten, die zum andern als Spieler sämtlicher Frauenrollen eine wichtige Funktion hatten. (Wie alle anderen regelrechten Gewerbe war auch die Schauspielerei ein reiner Männerberuf. Die ersten Schauspielerinnen gab es erst nach der Restauration, mehrere Generationen später.)

Das Theatergewerbe war eine noch unfeste, sich dauernd verändernde und risikoreiche, aber im günstigen Fall auch außerordentlich gewinnträchtige Branche. Für jemanden, der – wie Shakespeare – in erster Linie Autor war und von seiner Arbeit als Autor leben wollte, war die Position innerhalb einer Theatertruppe die günstigste unter allen existierenden Möglichkeiten. Schon als Anfänger war Shakespeare wesentlich besser dran als die freien Schriftsteller, von denen die Theatertruppen normalerweise gegen Pauschalhonorare, von denen man nicht leben konnte, ihre Dramentexte bezogen. Es ist eine neidische Attacke aus dem Kreis dieser Konkurrenten, die das biographische Intervall beendet und Shakespeare als Theatermann etabliert zeigt. Robert Greene, Dramatiker und Gelegenheitsschriftsteller, einer der sogenannten *university wits*, verfaßt auf dem Totenbett am Ende seines wilden und verpfuschten Lebens eine Art geistiges Testament, *Einen Groschen Witz gekauft für eine Million Reue*. Darin beschwört er drei seiner Freunde, die auch für Theatertruppen geschrieben haben – es sind wohl Christopher Marlowe, Thomas Nashe und George Peele –, den Schauspielern nicht zu trauen, diesen Kletten, die sich an die Dichter anhängen, diesen »Marionetten, die nur mit unserem Mund sprechen«, diesen »Tanzclowns (*antics*), die sich mit unseren Farben schmücken«, diesen »angemalten Monstren«. Besonders zieht er über einen von ihnen her, der als bloßer Schauspieler glaubt, es mit den studierten Herren aufnehmen zu können. Die Passage im Wortlaut:

– Ende 1592. »Yes, trust them not: for there is an upstart crow, beautified with our feathers, that with his *tiger's heart wrapped in a player's hide*, supposes he is as well able to bombast out a blank verse as the best of you: and being an absolute *Johannes factotum*, is in his own conceit the only Shake-scene in the country« (Robert Greene, *A Groatsworth of Wit Bought with a Million of Repentance*).

»Jawohl, traut ihnen nicht: denn da gibt es eine hochgekommene Krähe, mit unseren Federn geziert; und der glaubt mit seinem ›Tigerherz, von einem Schauspielerfell umhüllt‹, daß er es genau so gut verstehe, einen Blankvers auszustaffieren wie der beste von euch: und da er ein totaler Hans Dampf in allen Gassen ist, ist er in seiner eigenen Einbildung der einzige Bühnenerschütterer im Lande.«

Shakespeares Name wird nicht genannt. Daß er gemeint ist, ergibt sich für den Eingeweihten aus dem Wortspiel (Shake-scene: Shake-speare) und aus der Tigerherz-Stelle, die ein parodiertes Zitat aus einem der ersten Erfolgsstücke Shakespeares (*3 Henry VI* I,4,137) ist.

Die Attacke – die einzige negative Äußerung von Zeitgenossen über Shakespeare – wurde als unberechtigt empfunden. Schon ein paar Wochen später publiziert Henry Chettle, der Nachlaßverwalter Greenes, eine Entschuldigung und verweist auf den Ruf des Angegriffenen als Mensch, als Geschäftspartner und als Künstler.

– 1592. »[...] I am as sorry as if the original fault [Greene's] had been my fault, because myself have seen his demeanour no less civil than he excellent in the quality he professes. Besides, diverse of worship have reported his uprightness of dealing, which argues his honesty, and his facetious grace in writing that approves his art« (Henry Chettle, *Kind Heart's Dream*).[13]

»[...] Es tut mir so leid, als sei der ursprüngliche Fehler [der Angriff Greenes] der meine gewesen, denn ich habe selbst festgestellt, daß sein Verhalten nicht weniger höflich ist, als er in dem Metier, das er betreibt, hervorragt. Außerdem haben mehrere Personen von Rang mir von seiner Rechtschaffenheit bei Geschäften berichtet, was für seine Ehrenhaftigkeit spricht, und von seiner heiteren Anmut als Autor, was ihn als Künstler ausweist.«

Die erbärmliche und unsichere Existenz von freien Schriftstellern wie Marlowe und Greene, die von ihrer Feder nicht leben können und fast zwangsläufig in den asozialen Bereich abrutschen und dort untergehen, zeigt, daß man außerhalb des Theaters in der bürgerlichen Welt nicht als professioneller Autor leben kann. Es erweist sich in dieser Generation aber auch, daß die traditionelle und angesehenere Existenzweise des professionellen Autors, die mit Geschenken und Ehrensold honorierte Tätigkeit unter dem Patronat eines Aristokraten, nicht mehr funktioniert, jedenfalls nicht mehr für Shakespeare.

Shakespeare schreibt zwei kurze Versepen, publiziert sie selbst (was er mit keinem seiner Stücke macht) und widmet sie einem für seine literarischen Interessen bekannten Aristokraten.

– 1593. *Venus and Adonis* erscheint mit namentlich unterzeichneter Widmung Shakespeares an Henry Wriothesley, Earl of Southampton;

– 1594. *The Rape of Lucrece* erscheint, wieder mit Widmung an Southampton.

Epen sind hohe Literatur, Theaterstücke dagegen Gebrauchsliteratur oder Subliteratur. Shakespeare bezeichnet daher *Venus and Adonis* als Erstlingswerk (»first heir of my invention«).[14] – Die beiden Gedichte bringen dem Autor enormes Ansehen im Kreis der Kenner und Liebhaber von Literatur ein. *Venus and Adonis*, heute kaum gelesen, wird von Zeitgenossen häufiger erwähnt und gepriesen als das meisterwähnte Bühnenstück, *Hamlet* (in Zahlen: 34 Erwähnungen gegen 29), und die ersten Verheißungen der Unsterblichkeit als Dichter beziehen sich auf die Gedichte, nicht auf die Dramen. Wir wissen nicht, wie sich das Verhältnis zu Southampton als Patron entwickelt hat, persönlich und finanziell. Wir können nur feststellen, daß Shakespeare den Weg der patronisierten Hochliteratur nicht weiter verfolgt, trotz der Ankündigungen in den Widmungen. Die Sonette (in unseren Augen das wertvollste unter den nicht-dramatischen Werken) werden wahrscheinlich noch als Widmungsliteratur geschrieben, aber nicht mehr vom Autor selbst gewidmet und publiziert (sondern viele Jahre später von einem Verleger).

Die Zeiten des Dichters, der davon lebt, zum Ruhme eines aristokratischen Gönners zu schreiben, sind vorbei. Inzwischen hat sich freilich gerade im Bereich des Theaterwesens eine neue Art der aristokratischen Patronage entwickelt. Die Theater sind bürgerliche Unternehmen am Rand der bürgerlichen Stadtgesellschaft; sie sind aber zugleich gezwungenermaßen der Aristokratie zugeordnet.

Schauspieltruppen können nur existieren, wenn sie einen Aristokraten als Schirmherrn gewinnen. Die Angst aller zur etablierten Gesellschaft Gehörenden vor Personen oder Gruppen, die keinem Verantwortlichen zugeordnet sind und keinem festen Haushalt angehören, führt zu strengen Gesetzen zur Disziplinierung des fahrenden Volks. Nach dem Vagrantengesetz Elisabeths von 1572 wird allen »Fechtern, Bärenführern und gewöhnlichen Schauspielern« die Behandlung als »Kriminelle und Vagabunden« angedroht, wenn sie nicht »einem der Peers des Reiches gehören«.[15] Seither haben Schauspieltruppen einen Patron, heißen beispielsweise *Leicester's Men* oder *The Lord Admiral's Men*, und gehören zum Haushalt des Schirmherrn.

Die Zuordnung ist in erster Linie ein schützender rechtlicher Akt; der Patron mischt sich nicht in die Arbeit der Truppe. Aber die Beziehung geht doch über das Nominelle hinaus. Die Zugehörigkeit zum Haushalt des Schirmherrn wird bei besonderen Gelegenheiten zur Realität. Als Mitglied der *King's Men* tut Shakespeare beispielsweise unter Jakob I. bei Besuchen wichtiger ausländischer Gesandtschaften mit mehreren angesehenen Kollegen in eigens vom Hof gestiftetem Staatsgewand als Kammerherr Dienst. Es ist auch keine leere Floskel, wenn der König im Zulassungsdekret für die Truppe von Shakespeare und seinen Kollegen als seinen Bediensteten – »our servants«[16] – spricht, denn die Truppe spielt nicht nur im eigenen Theater, sondern auch bei Hofe, wo das Schauspiel als unterhaltender und repräsentativer Teil des Hoflebens eine wichtige Rolle spielt.

Es gehört zu den charakteristischen Merkwürdigkeiten und Ungereimtheiten der elisabethanischen Gesellschaft, daß eine Gruppe, die nach den Vorstellungen der Zeit außerhalb und unterhalb der normalen bürgerlichen Ordnung steht und eigentlich verboten werden müßte, durch den Hof nicht nur bewahrt, sondern durch Privilegien über den normalen bürgerlichen Status erhoben wird.

Erfolg

Ende 1594 gehört Shakespeare – nach Ausweis eines Zahlungsbelegs des Schatzamts für eine Sondervorstellung bei Hofe – zu den namhaftesten Mitgliedern der *Lord Chamberlain's Men*, einer Truppe, die bald zur führenden wird und die dann Jakob kurz nach der Thronbesteigung zu seiner eigenen macht. Shakespeare hat von jetzt an – anders als Sir Henry Unton – beständig Erfolg, beruflich, künstlerisch, finanziell und gesellschaftlich. Die *Lord Chamberlain's Men* kommen bei beiden Klientengruppen, bei Hofe und beim Publikum der öffentlichen Theater, gut an und verdienen entsprechend. Man kann Shakespeares Einnahmen nicht im einzelnen nachrechnen, aber man kann feststellen, daß er von 1596 an kontinuierlich Geld anlegt. Im Theatergeschäft kommt er eine Stufe weiter, als die Truppe 1599 den Spielort verlegen muß und das Globe errichtet. Theater sind die kapitalintensivsten Unternehmen im bürgerlichen Bereich. Die Familie Burbage, der das alte Theater gehört hat, offeriert einigen führenden Mitgliedern der Truppe die Teilhaberschaft am Globe. Shakespeare wird *sharer* mit einem Zehntel des Unternehmens. Als das Konsortium einige Jahre später, 1608, ein zweites Theater, das besonders in der Wintersaison bespielte Blackfriars, pachtet, gehört er wieder zu den Teilhabern, diesmal mit einem Siebtel.

Der Aufstieg schlägt sich auf mehrere Weisen nieder. Am wichtigsten und folgenreichsten für Shakespeare selbst war die Verbesserung des gesellschaftlichen Status: – 20. Oktober 1596. Das Königliche Wappenamt (*College of Arms*) verleiht John Shakespeare, *Gentleman*, und seinen Kindern und Kindeskindern das Recht, ein vom Amt entworfenes Wappen zu führen (s. Abb. S. 360). Die Verleihung wird 1599 noch einmal bestätigt.

Wer zur englischen *gentry* gehört und sich *gentleman* nennen darf, das ist nicht, wie bei den Standesgenossen in Deutschland, formal klar geregelt und an einem Adelsprädikat als Teil des Namens ablesbar. Die Zugehörigkeit einer Familie zum Kreis der Personen von Stand ist an zwei Kriterien gebunden: Unabhängigkeit und Reputa-

Das Wappen für
»Shakespeare the Player«.
Aus den Unterlagen
des Wappenamtes

tion. *Independent* im gesellschaftlichen Sinne ist, wer von
den Einkünften seines Landbesitzes – nicht etwa aus
Kapitalerträgen – ohne eigene Arbeit leben kann. Repu-
tierlich ist eine Familie, wenn sie von den anderen Familien von Stand in der Grafschaft als gleichrangig akzeptiert
wird. Das Wappenamt nimmt offiziell keine Standeserhö-
hung vor, sondern bestätigt nach Überprüfung der Familie und ihrer Geschichte die schon bestehende Zugehörigkeit durch die Erteilung des Rechts, ein Wappen zu führen. Das typische Verfahren der Tudors, das die Monarchen auch bei ihrem eigenen Mythos anwenden, nämlich
zu neuern, indem man die Vergangenheit uminterpretiert
und das Neue als konsequente Fortführung des Alten aus-

gibt, ist auch bei Wappenverleihungen gang und gäbe. Die Shakespeares, so wird in der Urkunde behauptet, seien schon unter König Heinrich VII. für treue und tapfere Dienste ausgezeichnet worden und hätten seither fortgefahren, eine Familie »of good reputation and credit« in Warwickshire zu sein. John, so heißt es weiter, habe Ihrer Majestät als Amtsträger und Bürgermeister gedient und eine Tochter und Erbin eines eingesessenen *esquire* geheiratet, so daß der Nachkommenschaft um so mehr das Recht auf ein Wappen zustehe.[17] Von William Shakespeare ist hier nicht ausdrücklich die Rede, aber es ist klar, daß er die Verleihung betrieben und finanziert hat. So steht denn auch in einem internen Vorgang des Wappenamts unter einer Abzeichnung des Wappens »Shakespeare the Player«[18]. Der Theatermann Shakespeare ist es auch, der von der Erhöhung am regelmäßigsten Gebrauch macht und in allen Dokumenten die Standesbezeichnung *gentleman* führt.

Gentleman of Warwickshire

In unserer Vorstellung, wie in allen modernen Biographien, ist der aktive Dramatiker Shakespeare ein Londoner, der sich erst am Ende seiner Karriere in seiner Geburtsstadt Stratford zur Ruhe setzt. Shakespeare sieht sich anders; er nennt sich – und seine Zeitgenossen nennen ihn – schon lange vor dem Höhepunkt seiner Laufbahn »William Shakespeare of Stratford upon Avon, in the country of Warwick, gentleman«.

Die englische *gentry* ist immer *landed gentry*, eine Gesellschaft von Landjunkern. Ein Standesherr, das sahen wir schon bei Sir Henry Unton, hat seine Wurzeln, seine Familie und seinen ständigen Wohnsitz in seiner

Grafschaft, auch wenn er jahrelang in Geschäften oder im Dienst der Krone abwesend sein muß.

Daß Shakespeare sich als Herr aus Stratford fühlt, zeigt sich am deutlichsten an seinen geschäftlichen Transaktionen außerhalb des Theaterunternehmens. Er legt sein Geld vorwiegend in Immobilien in Stratford an. Zuerst kauft er seinen Herrensitz:

- 4. Mai 1597. Shakespeare erwirbt *New Place*, eines der größten Anwesen in der Stadt. Das Haus war von Sir Hugh Clopton erbaut worden, der es in seinem Testament »my great house in Stratford-upon-Avon« nannte.

»Es scheint, als ob unser Landsmann, Mr. Shakespeare, gewillt ist, einiges an Geld für Land auszugeben«, schreibt ein Stratforder, der in London zu tun hat, einem Verwandten daheim.[19] So ist es in der Tat, und so bleibt es für eine Reihe von Jahren. Shakespeare macht weitere Ankäufe in Stratford und Umgebung. Die größeren:

- 1. Mai 1602. Shakespeare kauft 107 *acres* (= 43 Hektar) Ackerland in Old Stratford, dazu Wald und Nutzungsrechte für Gemeindeland;
- 28. September 1602. Kauf eines Hauses mit Grundstück gegenüber *New Place*.
- 24. Juli 1605. Shakespeare kauft das Recht auf das Eintreiben eines Teils der Zehnteinkünfte von mehreren Bauerschaften (Preis: £ 440, Nettoeinnahme etwa £ 40 pro Jahr).

Shakespeare erwirbt nicht nur, sondern verwaltet die Erwerbungen und macht mit ihnen Geschäfte; er pachtet und verpachtet, verkauft der Gemeinde seinen Bauschutt und treibt Außenstände durch Prozesse ein, spekuliert ein wenig mit dem Horten von Getreide und beteiligt sich an Aktivitäten der Grundbesitzerschaft.

In London dagegen legt er außer den Investitionen im

eigenen Theater nur eben genug an, um den an Haus- und Grundbesitz gebundenen Rechtsstatus eines Vollbürgers zu haben.

– 1596. Shakespeare hat laut Steuerliste Besitz im Veranlagungswert von £ 5 (zum Vergleich: *New Place* hat £ 60) im Londoner Kirchspiel St. Helen's Bishopsgate.
– Vor 1604. Shakespeare wohnt (laut Zeugenaussage in einem Zivilprozeß) mehrere Jahre lang bei einem hugenottischen Hutmacher zur Miete.
– 10. März 1613. Shakespeare kauft ein Haus mit einem Ladenlokal in Blackfriars, in unmittelbarer Nähe des Theaters.

Prominenz

Das Anwachsen der Prominenz als Künstler erfolgt gleichzeitig mit dem gesellschaftlichen und geschäftlichen Aufstieg, ist aber ein andersartiger Prozeß. Das aufschlußreichste Zeugnis für die zeitgenössische Sicht der Stellung Shakespeares als Autor findet sich in einer merkwürdigen Bestandsaufnahme der elisabethanischen Literatur aus der Feder eines gelehrten Kenners und Liebhabers der Poesie namens Francis Meres. Er stellt aus der Literatur aller Epochen eine Blütenlese schöner Stellen zusammen, die nur aus Vergleichen besteht – witzigen, ausgefallenen, treffenden, albernen. Im Rahmen seiner endlosen »As ... so«-Listen gibt er eine vergleichende Darstellung der klassischen und der modernen Literatur, nach Gattungen und in Namenslisten geordnet. Shakespeare ist der meistgenannte Moderne; bei ihm geht Meres am häufigsten über die bloße Namensnennung hinaus:

– 1598. »As the soul of *Euphorbus* was thought to live in *Pythagoras*: so the sweet witty soul of *Ovid* lives in

mellifluous and honey-tongued *Shakespeare*, witness
his *Venus and Adonis*, his *Lucrece*, his sugared sonnets
among his private friends, etc.
As *Plautus* and *Seneca* are accounted the best for come-
dy and tragedy among the Latins: so *Shakespeare*
among the English is the most excellent in both kinds
for the stage; for comedy, witness his *Gentlemen of
Verona*, his *Errors*, his *Love's Labor's Lost*, his *Love's
Labor's Won*, his *Midsummer Night's Dream*, and his
Merchant of Venice: for tragedy *Richard II*, *Richard
III*, *Henry IV*, *King John*, *Titus Andronicus* and his
Romeo and Juliet.
As *Epius Stolo* said that the muses would speak with
Plautus' tongue if they would speak Latin: so I say that
the muses would speak with *Shakespeare's* fine filed
phrase if they would speak English« (Francis Meres,
Palladis Tamia).[20]

»Wie man gedacht hat, daß die Seele des Euphorbus in Pythagoras lebe: so lebt die süße geistreiche Seele des Ovid in dem
honigfließenden und honigzüngigen Shakespeare, siehe seine
Venus und Adonis, seine *Lukretia*, und seine zuckrigen Sonette [die] unter seinen persönlichen Freunden [im Umlauf sind],
und so weiter.
Wie Plautus und Seneca unter den Lateinern als die besten
auf dem Gebiet der Komödie und der Tragödie angesehen
werden: so ist Shakespeare unter den Engländern der hervor-
ragendste in beiden Gattungen für die Bühne; bezüglich der
Komödie nach Ausweis seiner *Herren aus Verona*, seiner [*Komödie der*] *Irrungen*, seiner *Verlorenen Liebesmüh*, seiner *Gewonnenen Liebesmüh* [ein verlorenes oder später umbenann-
tes Stück], seines *Sommernachtstraums* und seines *Kaufmanns
von Venedig*; bezüglich der Tragödie nach Ausweis seines
Richard II., *Richard III.*, *Heinrich IV.*, *König Johann*, *Titus
Andronicus* und seiner *Romeo und Julia*.
So wie Epius Stolo gesagt hat, daß die Musen mit der Zunge
des Plautus sprechen würden, wenn sie Latein sprächen: so

sage ich, daß die Musen in Shakespeares feinem, ausgefeilten Stil sprechen würden, wenn sie Englisch sprächen.«

Shakespeare wird weiter in sechs Bestenlisten unter mehreren oder vielen erwähnt, und zwar in den Gattungen Elegie, Lyrik, Komödie, Tragödie sowie in den Kategorien Bereicherung des Englischen und Unsterblichkeit.

Wie man sieht, ist die elisabethanische Literaturkritik im Vergleich zur Literatur selbst unterentwickelt. Die Aussagen sind undifferenziert; es bleibt meist bei Aufzählungen und pauschalen Beurteilungen. Die nicht-dramatischen Gattungen rangieren vor den Dramen; das Sprachliche ist wichtiger als das Inhaltliche: auf Eleganz und Glätte – das ist mit Zucker und Honig gemeint – kommt es an. Es ist sicher nicht die Sichtweise des normalen Theaterbesuchers, die hier zum Ausdruck kommt. Immerhin ist doch erstaunlich, mit welcher Deutlichkeit der Vorrang Shakespeares und die Bedeutung seiner Stücke als Literatur erkannt werden. Bemerkenswert ist auch, daß ein Interessent wie Meres praktisch alle bis zu diesem Zeitpunkt verfaßten Werke kennt, auch die ungedruckten.

Was sich bei Meres abzeichnet, die wachsende Prominenz um diese Zeit, also etwa acht bis zehn Jahre nach den Anfängen als Autor, kommt auch auf einem anderen Sektor des literarischen Lebens zum Ausdruck, auf den Titelblättern von Büchern. Viele Theaterstücke erscheinen auch als Bücher, meist ohne Zutun und Kontrolle des Autors auf Initiative eines Verlegers. Dem ist meist der Name des Autors nicht wichtig; er wird oft gar nicht genannt. Ab 1598 ist das mit dem Namen Shakespeare anders. Popularität und Bekanntheitsgrad sind so groß, daß man den Namen Shakespeare mit Vorliebe groß auf das Titelblatt druckt, manchmal auch bei Werken, die gar nicht von ihm stammen.

Prominent ist man, wenn die Leute Geschichten über einen erzählen. Das meiste von dem Rankenwerk an Anekdoten, das die klassische Shakespeare-Biographie zu einem halb historischen und halb fiktiven Gebilde gemacht hat, ist späteren Ursprungs. Aber die Anekdotenbildung beginnt schon zu Lebzeiten, wie die Geschichte zeigt, die John Manningham, ein Jurist und Theaternarr, 1602 in seinem Tagebuch aufschreibt: Als Richard Burbage, der Star der *Lord Chamberlain's Men*, den Richard III. spielte, hörte Shakespeare zufällig mit, wie er mit einer Bürgersfrau ein Stelldichein ausmachte. Shakespeare fand sich vor Burbage ein, gewann die Frau für sich und ging mit ihr zu Bett. Als Burbage dann zur vereinbarten Zeit an die Tür klopfte, tönte es von drinnen: »William the Conqueror was before Richard III«.[21]

An Shakespeares Weg zu literarischem Ruhm bei den Zeitgenossen ist zweierlei bemerkenswert. Einmal dies: Der gleiche Shakespeare, der so rührig und zielstrebig seinen bürgerlichen Aufstieg verfolgt, rührt keinen Finger, um seine literarische Prominenz zu fördern. Er schreibt seine Werke – offenkundig nicht nur kraft seines Genies, sondern mit ungeheurem Aufwand an Energie –, aber er nutzt nicht einmal die bescheidenen Möglichkeiten der Selbstdarstellung als Dichter, die seine Zeit kannte: Er gibt (nach den Kurzepen) nichts einzeln in den Druck, veranstaltet keine Gesamtausgabe, tritt nicht in Vorworten und Einleitungen in Erscheinung (wie Jonson), macht sich nie selbst als Urheber namhaft. So karrierebewußt er als soziales Wesen ist, so wenig kennt er das Konzept einer literarischen Karriere.

Zum andern: Es gibt – über die Verbindungen in der Theaterbranche hinaus – kein literarisches Leben als soziales Phänomen mit Kontakten, Verbindungen, Beziehungen. Die Äußerungen zum Werk sind die Stimmen

Alle Shakespeare-Bilder vereinigt
(Zeitschriftenillustration um 1845)

von einzelnen und meist Außenstehenden wie Meres. Die Vorstellung, die besonders das 19. Jahrhundert in schönen Historiengemälden konkretisierte, wonach Shakespeare sich mit adligen und bürgerlichen Dichtern und Gönnern – mit Sir Francis Bacon, Sir Walter Ralegh und dem Grafen von Southampton beispielsweise – zu Gespräch und Umtrunk traf, beruht auf Gesellschaftskonzepten späterer Zeiten.

In seine beiden bürgerlichen Welten, die von Stratford und die des Londoner Theaters, ist Shakespeare kontinuierlich durch ein Netz von Beziehungen wie Freundschaft, Patenschaft, Partnerschaft fest eingebunden, wie man aus einer Anzahl erhaltener Zeugnisse – zum Beispiel Berichte über Besuche und Gefälligkeiten, Freundschaftslegate in Testamenten – ablesen kann. Wenn die Zeitgenossen für ihn mit Vorliebe die Bezeichnung *gentle Shakespeare* verwenden, so drückt das neben der Vornehmheit gerade auch die Fähigkeit zu freundschaftlichen Kontakten aus.

Wie die Vorstellung von den Dichtertreffen, so ist auch die Lesart, daß Shakespeare eines Tages seine Tätigkeit beendet habe – vielleicht im Jahre 1611, nachdem er im *Tempest* durch den Mund des Herzogs und Zauberers Prospero von seiner Kunst Abschied genommen habe –, um sich in Stratford zur Ruhe zu setzen, ein liebgewordener Anachronismus der Shakespeare-Biographie. Die Vorstellung von Stratford als Ruhesitz nach getanem Werk widerspricht nicht nur der Vorstellung eines *gentleman* von Daheimsein und Auswärtssein, von Geschäft und Muße, sondern sie steht auch nicht in Einklang mit der dokumentarischen Evidenz. Es gibt aus den späten Jahren, von der allerletzten Zeit abgesehen, genauso viele Zeugnisse, die Aufenthalt und Tätigkeit in London bekunden, wie aus den Jahren vorher.

Das Testament, drei engbeschriebene Blätter, von einem Notar aufgesetzt, vom Erblasser Seite für Seite unterschrieben, am 25. März 1616, wenige Wochen vor dem Tode nach zahlreichen Änderungen und Zusätzen ausgefertigt, ist das umfangreichste persönliche Dokument.[22] Seit der Auffindung im 18. Jahrhundert hat sich das Interesse vor allem auf einen Satz konzentriert: »Item, I give unto my wife my second best bed with the furniture« (*furniture* ›Ausstattung‹, ›Bettzeug‹). Ist das alles, was er seiner Frau hinterläßt? hat man gefragt. Ist das Legat ein Zeichen von Kälte oder gar Verachtung? Oder kann man es als eine Geste der liebenden Erinnerung deuten (wenn das erste Bett das Gast- und Paradebett ist, wäre das zweite ja das Ehebett)? Betrachtet man das Testament in seinem Gesamtzusammenhang, dann werden noch einmal die Lebensziele Shakespeares deutlich; es fällt überdies einiges Licht auf den Kontext des Legats für seine Frau. Der Erblasser will in erster Linie den erworbenen Besitz geschlossen weitergeben, er will zweitens die übrigen Erbansprüche nach Gebühr, aber möglichst ohne Schmälerung des Haupterbes erfüllen, und er will schließlich jedem, der ihm verbunden war, ein Objekt der Erinnerung hinterlassen.

Haupterbin ist seine älteste Tochter Susanna, die mit dem Stratforder Arzt Dr. John Hall verheiratet ist und

»By me William Shakespeare«. Testamentsunterschrift

bislang nur ein Kind, die jetzt achtjährige Elisabeth, hat. Susanna erbt allen Haus- und Grundbesitz in Stratford, in der Umgebung und in London; sie bekommt, zusammen mit ihrem Mann, außerdem den nach der Vollstrekkung des Testaments verbleibenden (erheblichen) Teil der beweglichen Habe und des Geldvermögens. Nacherbe wird Susannas ältester Sohn; wenn sie ohne Söhne bleibt, erbt Elisabeth.

Die zweite Tochter, Judith, erhält ihr Erbteil – dem allgemeinen Brauch begüterter Familien entsprechend – ausbezahlt. Sie bekommt einen sorgfältig vor dem Zugriff ihres Mannes gesicherten Gesamtbetrag von £ 300, eine anständige Versorgung, die aber nur einen Bruchteil des Haupterbes ausmacht und dieses nur geringfügig belasten kann, zumal die Auszahlung über mehrere Jahre gestaffelt ist. – Die Enkelin Elisabeth (die ja nicht vorrangige Erbin ist) erhält alles Familiensilber bis auf ein besonderes Stück.

Als Familienoberhaupt hat Shakespeare zwei Personen der älteren, eigenen Generation zu versorgen, seine verwitwete Schwester Joan und seine Frau. Während die Versorgung der Schwester im Detail geregelt wird (Nutzungsrechte, Teile der beweglichen Habe, Geldsummen für die Kinder), trifft er keine testamentarische Verfügung über die Versorgung seiner Frau. Daß der Witwe kein Grundbesitz vermacht wird, ist fast selbstverständlich; daß die Bedingungen ihres Altenteils nicht erwähnt werden, ist nicht selbstverständlich, wenn auch nicht ungewöhnlich. Nach fester Gepflogenheit – nicht nach Gesetz – hat die Witwe Ansprüche auf Unterkunft und Versorgung an den Erben des Besitztums, hier also an Tochter und Schwiegersohn, aber mehrere andere Testamente aus Stratford verankern diese Sicherung doch ausdrücklich im Testament. Shakespeare gibt offenbar auch hier dem Ziel

Priorität, die verbrieften Ansprüche gegen das Familienanwesen gering zu halten.

Zu den Erinnerungslegaten innerhalb der Familie gehören »meine große vergoldete Silberschale« für die jüngere Tochter und eben jenes zweitbeste Bett für seine Frau, beides Erbstücke von Wert, die für diesen Zweck angemessen sind, wenn man davon absieht, daß der Hauptteil des Silbers und das allerbeste Bett zur geschlossenen Masse des an die Familie Hall gehenden Haupterbes geschlagen worden sind: *estate* hat immer Vorrang. Außerhalb der Familie werden in Stratford die Armen sowie acht Freunde und Nahestehende bedacht. In London erhalten drei Freunde und Kollegen vom Theater, John Heminge, Richard Burbage und Henry Condell, je 26 Shilling und 8 Pence, um sich – dem Brauch der Zeit entsprechend – einen Freundschafts- und Gedenkring zu kaufen.

Shakespeare ist in Stratford nur der zweitreichste Bürger, und es gibt mindestens einen Theatermann, Edward Alleyn, der sich auf einem noch größeren Gut niederließ. Aber es ist schon ein höchst ansehnliches Besitztum, und aus den tönenden Aufzählungen des Testaments spricht unüberhörbarer Stolz: »... meine Anwesen, meine Häuser, alle meine Scheunen, Ställe, Obstplantagen und Gärten, Ländereien und Felder in Stratford, Old Stratford, Bishopton, Welcombe und London, meine ..., meine ...«. – Es dauert Jahrhunderte, ehe Theaterleute wieder solche Kataloge vorweisen können.

Die Person, die aus dem Testament und aus dem Lebenslauf spricht, ist Bürger durch und durch, kein Unbürgerlicher, der sich einer ihm nicht gemäßen Lebensweise anbequemt hat. Es spricht für die Flexibilität und für die Vitalität der in mancher Hinsicht so starren elisabethanischen Gesellschaft, daß sie es einer solchen Ausnahmeperson mit einem Ausnahmeberuf möglich macht, sich zu entfalten, sich zu motivieren und ihr gesellschaftliches Genüge zu finden.

Selbst ein so erfolgreiches Leben macht allerdings auch die Kehrseite und die Grenzen des bürgerlichen Aufstiegs klar. Der Mann, der die Ziele, Wertvorstellungen und Verhaltensweisen eines Bürgers hat, hat doch kein bürgerliches Standesbewußtsein und betrachtet – wie auch die Äußerungen über Bürger in den Dramen zeigen – das Bürgertum nicht als Objekt seiner Identifikation und Loyalität. Er will als *gentleman* einer anderen Lebensform und Denkweise zugehören. Shakespeare ist nur einer in einer langen historischen Reihe von Bürgern, die sich aus dem bürgerlich-städtischen Stand und Lebensraum sozusagen hinausverbessern. Das ist gut für die ländlichen Herrensitze, die auf diese Weise stets Interessenten finden, aber nicht unbedingt für das Bürgertum.

Bei einem Vergleich der Lebensräume von Sir Henry Unton und William Shakespeare, Esq., fällt eine Reihe von Parallelen ins Auge: das Streben nach Aufstieg und die Offenheit der Möglichkeiten, die Bedeutung der Bildung als Karrieregrundlage, das Interesse für Kunst und Literatur, das Gewicht persönlicher Beziehungen, das Pendeln zwischen Land und Metropole und manches andere. Beide kommen sich dem Stand nach näher: Shakespeare endet in der Schicht, aus der Unton kommt.

Dennoch bleibt eine gewaltige Distanz zwischen der Mentalität des adlig Erzogenen und der des Bürgers und zwischen den Dimensionen der Lebensläufe, wie man zum Beispiel an der Gestaltung des Endes sehen kann. Shakespeare bereitet sich auf den Tod vor, indem er seine ansehnliche Hinterlassenschaft von einigen tausend Pfund Wert testamentarisch ordnet; er stirbt unaufdringlich, jedenfalls ohne dokumentarischen Niederschlag des Endes. Sir Henry, im Leben viel mehr Schauspieler und Rollenträger als der Theatermann Shakespeare, inszeniert seinen Tod und plant Überführung und Begräbnis. Er macht kein Testament und hinterläßt £ 23 000 an Schulden. Das hätte Shakespeare nicht gekonnt: einmal deshalb, weil er es nicht über sich gebracht hätte, und zum andern, weil sein Kredit dazu nicht gereicht hätte.

Denkmäler und Bilder

Das Denkmal, dauernder als Erz, das ein Dichter sich errichtet, ist sein Werk. Es muß uns absonderlich und naiv erscheinen, daß ein Dichter wie Shakespeare, der das Thema der Verewigung durch Literatur in seiner Dichtung so intensiv behandelt hat, im eigenen Leben seine Hoffnung auf ein Weiterleben der Leistung und des Andenkens so ausschließlich auf bürgerliche Formen der Fortdauer setzt: auf die Weitergabe von Grundbesitz und auf das Gedenken bei Freunden und Bekannten. Im Testament – wie in den anderen Lebensdokumenten – kommen keine Bücher oder Manuskripte vor.

Erstaunlicherweise aber funktionieren die bürgerlichen Wege der Verewigung, und zwar nicht nur für den Menschen Shakespeare, sondern auch für sein Werk. Der Besitz bleibt zusammen, allerdings nur bis zum frühen Aussterben der Linie, in der es keinen männlichen Erben gibt. Die Stratforder geben ihm eine der sonst nur alten Adelsfamilien vorbehaltenen Grabstätten in der Kirche. Schon wenige Jahre nach dem Tode errichten sie über dem Grab ein aufwendiges Monument, auf dem jetzt auch schon der Künstler gefeiert wird, »im Urteil ein Nestor, an Geist ein Sokrates, an Kunst ein Virgil«[23]. In London geben zwei der im Testament mit Erinnerungsgaben bedachten

A CATALOGVE

of the seuerall Comedies, Histories, and Tragedies contained in this Volume.

Das Inhaltsverzeichnis der Folioausgabe

Titelseite der Folioausgabe von 1623
(Kupferstich von Martin Droeshout)

Freunde und Kollegen von den *King's Men* sieben Jahre
nach dem Tode Shakespeares als Akt des Gedenkens
(»an office to the dead [...] to keep the memory of so
worthy a friend and fellow alive«)[24] seine gesammelten
Werke heraus, darunter viele Stücke, die sonst nicht
überliefert wären (s. Abb. S. 374).

Zu diesen beiden Gedenkaktionen gehören auch die
beiden einzigen Shakespeare-Porträts, die mit Sicherheit
authentisch sind, die Büste in der Stratforder Kirche, die
von dem holländischen Bildhauer Gheerart Janssen
stammt, und das von Martin Droeshout, einem jungen
Künstler flämischer Abstammung, geschaffene Kupfer-
stichporträt in der Folioausgabe – das Shakespeare-Bild
schlechthin (s. Abb. S. 375). Die Bilder sind nicht nach
dem Leben entworfen; mit ziemlicher Sicherheit hat keiner der Künstler Shakespeare je gesehen. Sie sind authentisch nur insofern, als sie tatsächlich Shakespeare
meinen und vermutlich auf mündliche Instruktionen der
Auftraggeber zurückgehen. Sie zielen nicht auf Ähnlichkeit – das wäre ja ohnehin nicht möglich –, sondern auf
einen Typus, der durch einige individuelle Besonderheiten – Kopfform und Haar etwa – modifiziert wird. In
dem Typus, der dargestellt werden soll, ähneln sich – wie
besonders die Stratforder Büste zeigt – Shakespeare und
Unton wie Brüder: Herren von Rang, deren Werkzeug
die Feder ist. (Eine Collage der bekanntesten authenti-
schen oder vorgeblichen Shakespeare-Porträts aus dem
19. Jahrhundert s. Abb. S. 367.)

Land

Wenn das Land im elisabethanischen England das Maß aller Dinge war, dann hatte das wenig damit zu tun, daß mehr als vier Fünftel der Bevölkerung auf dem Land wohnten. Die einfachen Landbewohner meldeten sich nicht zu Worte und machten nicht von sich reden; man wußte gar nicht, daß sie in solcher Überzahl waren, und hätte man es gewußt, so hätte man der Tatsache wenig Bedeutung beigemessen. In einem hierarchischen Denksystem ist der Begriff der Mehrheit außerhalb der Spielregeln bestimmter Gremien ohne Gewicht.

Es ist das verbleibende Fünftel all derer, die das Wort und die Macht haben und die selbst gar nicht oder nur zeitweise auf dem Land wohnen, das dem Land seinen modellhaften Rang zuweist. Die Herren bei Hofe und die Personen von Stand, Adel wie *gentry*, sind sich bewußt, daß ihr gesellschaftlicher Rang und in der Regel auch der Großteil ihres Einkommens von ihrem Grundbesitz abhängt. Die Kaufleute wissen, daß sie mit Landprodukten handeln und daß ihr Reichtum, wie der Legende nach die Pfeiler von London Bridge, auf Wollsäcken ruht. Auch wenn London und der Hof schon für die Zeitgenossen sichtbarer waren als das Land, so war England doch Agrarstaat durch und durch. Die Politiker entschieden eher nach agrarischen Gesichtspunkten als nach kommerziellen. Eine schlechte Ernte machte mehr Sorgen als eine außenpolitische Krise. Parlamente wurden so einberufen, daß es den Jahreslauf der ländlichen Arbeit möglichst wenig störte.

Das Land verkörperte auch ein Ideal. Im elisabethanischen Denken gehörten Stabilität und Konstanz zu den höchsten Werten. Statik rangierte vor Veränderung, die

immer als Veränderung zum Schlechten begriffen wurde,
falls sie nicht eine ältere Verschlechterung durch Rückän-
derung aufhob. Der Gipfel lag immer in der Vergangenheit, in einer idealen Ursprünglichkeit.

Das Land war die Region der größten Stabilität. Zwar
war auch dort zum Leidwesen der Zeitgenossen nicht
mehr alles wie früher, aber das ländliche Leben war doch
noch am wenigsten vom Übel der Mutabilität befallen und
bewahrte das Modell der gottgewollten Ordnung am klar-
sten.

Wie alle anderen Realitätsbereiche unterlag auch das
Land der für die Epoche typischen Idealisierung und Fik-
tionalisierung, aber das Land war in der Tat ein durch
Statik und durch die Beharrungskraft alter Strukturen
gekennzeichneter Bereich – und zwar in einem solchen
Maße, daß sich die auf das Beschreiben von meßbaren
Veränderungen und besonderen Ereignissen eingestellte
moderne Geschichtswissenschaft mit diesem Komplex
sehr schwer tut.

Die meisten Veränderungen auf dem Land, die sich
unter Elisabeth konstatieren lassen, betreffen eher den
Großgrundbesitzer als den Landmann. Für die allermeisten derer, die mit eigener Hand auf dem Land arbeiteten,
war die Lebensweise zu Ende der Epoche genauso wie zu
ihrem Anfang. Anders als die Städter und die Höflinge
waren sie eigentlich nur im chronologischen Sinne Elisabethaner, denn wie sie arbeiteten, aßen und feierten, wie
sie sich in Familie und Dorf verhielten und was sie dach-
ten, das war noch so, wie es unter den ersten Tudors
gewesen war.

Die Hierarchie auf dem Dorfe

Als heile Welt erschien den Elisabethanern das Land nicht etwa wegen des Einklangs von Mensch und Natur, sondern wegen der Mustergültigkeit der sozialen Ordnung. Auf dem Dorf hatte jeder seinen deutlich erkennbaren Platz auf einer Stufenleiter des Ranges, des rechtlichen Status, der Größe des Anwesens und der Einkünfte.

Die Ordnung beruhte noch auf dem mittelalterlichen Lehnswesen. Alles Land war des Königs; außer ihm gab es keine Grundeigner. Die Vasallen, die er im Austausch für ihre Dienste mit Grund und Boden belehnte – übrigens nicht nach Willkür, sondern im Rahmen fester gewohnheitsrechtlicher oder verbriefter Regelungen –, überließen ihrerseits einen Teil dieser Ländereien an Leute, die ihnen Hilfe leisteten, militärisch oder in der Landwirtschaft.

In der idealtypischen ländlichen Gemeinde bildeten das Herrenhaus, *manor*, und sein Inhaber, *lord of the manor*, die Spitze. Dem *lord of the manor* gehörte das Eigengut, *demesne*, das er selbst bewirtschaften ließ oder verpachtete; alle anderen, kleineren Anwesen des Dorfes waren ihm besitzrechtlich unterstellt; ihre Inhaber waren ihm gegenüber zu Dienstleistungen oder Abgaben verpflichtet. Er war außerdem Gerichtsherr der *manorial courts*, in denen über die Angelegenheiten des Dorfes entschieden und die niedere Gerichtsbarkeit ausgeübt wurde; zu seinen Privilegien als Grundherr gehörten das Markt- und Mühlenrecht; er hatte Einfluß auf die Besetzung der Pfarrstelle. Der Herr des Dorfes konnte ein *gentleman* sein, der nur dieses eine *manor* besaß und ortsansässig war; es konnte aber auch ein Mitglied der weltlichen oder geistlichen Nobilität sein, ein Graf oder ein Bischof beispielsweise, der über mehrere Güter verfügte und seine Befugnisse am Ort durch einen Verwalter ausübte.

Der in ganz Europa zwischen dem Ende des Mittelalters und dem 19. Jahrhundert vor sich gehende Prozeß der Umwandlung der Verpflichtungen gegenüber dem Grundherrn von Dienstleistungen (Heerfolge, landwirtschaftliche Hand- und Spanndienste) in Abgaben (in Naturalien oder als Pachtzins) war im elisabethanischen England weiter gediehen als in den meisten anderen Ländern. Die Mehrzahl der Landwirte im Dorf bestand aus Pächtern des Gutsherrn, die ihm Pachtzins in Geld bezahlten.

In den äußerst komplizierten, von einer Grafschaft zur anderen wechselnden Rechtsverhältnissen gab es viele Typen von Pächtern. Den obersten Rang im Dorf nach dem Grundherrn nahmen die Inhaber von Höfen ein, die ihrem Pachtverhältnis nach *freeholders* waren, dem Einkommen nach als *40-shilling-tenants* eingestuft wurden und die ihrem sozialen Stand nach *yeomen* waren. Die Pachtverträge der *freeholders* waren auch im Erbfalle unkündbar; ihr seit Generationen feststehender Pachtzins hatte oft nur noch nominellen Charakter und spielte keine wirtschaftliche Rolle, zumal die Einkünfte eines *freeholder* oft die veranschlagte Norm von 40 Schillingen überstiegen. Diese Gruppe von Pächtern bestand somit praktisch aus Eigentümern und kann mit den Schultenhöfen oder größeren Erbhöfen in deutschen Territorien verglichen werden. Als *yeomen* stand dieser Teil der ländlichen Oberschicht den *gentlemen* im sozialen Rang nicht viel nach; der Aufstieg von der *yeomanry* in die *gentry* war verbreitet.

Die Klasse der *yeomen*, aus der sich einst jene Truppen von Bogenschützen rekrutiert hatten, die im Hundertjährigen Krieg französische Ritterheere dezimiert und den Untergang des feudalen Militärwesens besiegelt hatten, bildete die unterste Schicht derer, die an der Regierung des

Landes teilhatten, als Schöffen, Kirchenälteste oder Konstabler ehrenamtsfähig waren und von den Herrschenden in den politischen Konsens eingeschlossen werden mußten.

Nach den *freeholders* kamen die *copyholders,* die ihren Pachtanspruch durch schriftliche Unterlagen nachweisen konnten, und die *tenants at will,* deren Pachtbedingungen nur gewohnheitsrechtlich gesichert waren; beide Gruppen unterlagen je nach lokalen Verhältnissen oder einzelnem Fall unterschiedlichen Bedingungen hinsichtlich Pachtdauer, Pachthöhe und Kündigungsmöglichkeit nach dem Tode eines Pächters.

Leaseholders waren die Inhaber von Verträgen neueren Typs, bei denen die Dauer von vornherein begrenzt war und die entweder für die Lebenszeit der Vertragschließenden oder für eine bestimmte Reihe von Jahren galten. Verträge dieser Art ließen einen relativ schnellen Wechsel der Pächter und eine Neufestsetzung der Pachthöhe in kürzeren Abständen zu. Noch flexibler waren Verträge über eine sogenannte *rack rent,* bei denen auch während der Laufzeit Erhöhungen (oder Ermäßigungen) je nach Wirtschaftslage möglich waren. In elisabethanischer Zeit gingen viele Grundherren dazu über, die großen Acker- und Weideflächen ihres Eigenguts nicht mehr selbst zu bestellen, sondern gewinnbringend zu verpachten.

In keinem Dorf hatten alle Bewohner genug Land, um sich selbst versorgen zu können. Bis zu einem Viertel der Familien hatten nur Haus und Garten; sie arbeiteten zum Lebensunterhalt gegen Tagelohn beim *lord of the manor* oder bei einem größeren Pächter. Auch die ärmsten Dorfbewohner waren im allgemeinen keine Leibeigenen, *villeins,* mehr, die keinen Privatbesitz hatten und an die Scholle gebunden waren.

Hinter der wohlerhaltenen Fassade der dörflichen Hierarchie mit ihren mehrfachen Abstufungen hatte sich mehr verändert, als den Zeitgenossen bewußt war. Mit dem Wechsel des Klosterbesitzes in andere Hände war ein erweiterter Markt für Landgüter entstanden; die Möglichkeit, Landflächen für begrenzte Zeit zu verpachten, erweiterte die kommerzielle Dimension der Landwirtschaft noch einmal. Man konnte mit Land und mit dem Nießbrauch von Land handeln und Gewinne machen. Geschickt agierende Großgrundbesitzer wurden reicher. Viele Pächter mußten nach dem Auslaufen ihres Vertrags oder der elterlichen Pacht anderswo ihr Glück suchen. Bei der Stabilität von oben und unten waren die Ortsbewegungen auf gleicher Ebene erheblich; in den Städten gab es mehr Alteingesessene als auf dem Land.

Am stärksten war die teils noch latente, teils aber auch schon manifest werdende Instabilität beim ärmeren Teil der Dorfbevölkerung, den Tagelöhnern. Die kleinen Leute, die früher dem *lord of the manor* ganz zur Verfügung gestanden hatten, der ihnen dafür den Lebensunterhalt schuldete, waren zu Objekten eines freien Marktes geworden, mit Landarbeit beschäftigt, wenn der Gutsherr sie brauchte und bezahlen konnte, sonst auf Nebentätigkeiten wie Spinnen und Weben angewiesen oder auf die Bahn der arbeitsuchenden oder stehlenden Migranten gedrängt. Hier liegen bereits die Wurzeln jener Entwicklung, die England nach 1750 zum ersten Industriestaat der Welt, zur reichsten Nation in Europa, aber auch zum Land mit den schwersten sozialen Problemen machte. Die Industrielle Revolution nahm ihren Ausgang vom Lande, einmal durch Anknüpfung an die ländlichen Nebenerwerbszweige, zum anderen durch Ausnutzung des Potentials an beschäftigungslosen Landarbeitern.

Obwohl die Formen der Landwirtschaft in England und Wales längst nicht so stark differierten wie beispielsweise die zwischen Westfalen und dem Allgäu, gab es doch recht deutliche Unterschiede in Bodennutzung und Erträgen. Je nach der Dominanz von Viehwirtschaft oder Kornanbau in den einzelnen Landesteilen unterschieden die Elisabethaner selbst zwischen *forest country* und *fielden* oder *champion country*. *Forest country* sind die vor allem im süd- und mittelenglischen Hügelland zu findenden Landstriche mit Gehölzen und Weideland, in denen die Schafzucht der wichtigste Wirtschaftszweig ist; *fielden country* sind die Gegenden in Küstennähe und in den Niederungen, die hauptsächlich vom Getreideanbau leben. Überall ist *mixed farming* die Regel; auch in Schafgegenden braucht man für den Eigenbedarf Kornanbau und in Getreidegegenden Milch- und Schlachtvieh.

Die vorherrschende Methode des Ackerbaus ist die althergebrachte, schon vor der normannischen Eroberung entwickelte Drei-Felder-Wirtschaft. Die Ackerfläche des Dorfes ist in drei große Felder aufgeteilt, die in jährlichem Wechsel einheitlich bebaut werden. Auf einem Feld wird Wintergetreide (Aussaat im Spätherbst, Ernte im Juli/August) angebaut, Roggen vor allem, zum Teil auch Weizen. Das zweite Feld wird für Sommergetreide (Aussaat im März, Ernte im Spätsommer) wie Gerste und Hafer verwendet, manchmal auch für Erbsen oder Bohnen. Das dritte Feld liegt brach, um sich für den nächsten Turnus zu erholen. Jedes der drei Felder ist in zahlreiche schmale Langstreifen geteilt, die den einzelnen Landwirten gehören und getrennt bewirtschaftet werden. Jeder Eigentümer oder Pächter hat mindestens drei dieser Streifen – einen in jeder Fläche; wer viel Land hat, der Grundherr zum Beispiel, kann bis zu zwanzig solcher Streifen, die alle an verschiedenen Stellen liegen, beackern.

Auch die Wiesen, deren Heu das einzige Winterfutter für das Vieh ist, sind in solche Streifen aufgeteilt. Alle Weideflächen dagegen werden gemeinsam und ungeteilt genutzt, das sind alle Flächen, die nur zur Viehweide taugen, wie Wald, Heide, Weg- und Feldraine und schlechte Grasflächen, und alle Flächen, die nur zeitweise als Weide freigegeben werden, wie die Wiesen nach der Heuernte, das Brachland und die Stoppelfelder nach der Getreideernte. Hier ist nur festgelegt, wieviel Vieh der einzelne auf die gemeinsame Weide treiben darf, nicht jedoch, wann und wo er seine Herde grasen läßt. Entsprechendes gilt für das Sammeln von Streu und das Schlagen von Brennholz.

Wer ein Gut oder eine Farm bewirtschaftet, muß alles können. Vom Hausbau über die Anfertigung von Geschirren für die Zugtiere (Ochsen oder Pferde, je nach lokalen Gegebenheiten) bis zur Käseherstellung wird alles selbst gemacht. Schmiede und Stellmacher sind die einzigen Handwerker, die es in jedem Dorf gibt.

Niemand braucht sich jedoch neue, nicht von den Eltern erlernbare Techniken oder Anbaumethoden anzueignen. Die englische Landwirtschaft ist im Vergleich zu der mancher kontinentaler Regionen wie Oberitalien oder Flandern recht rückständig. Es gibt zum Beispiel keine systematische Düngung durch Mist oder Jauche, und ein großer Teil des Strohs wird nicht verwertet.

Nach modernen Kriterien fällt der größte Teil der elisabethanischen Landwirtschaft unter die Kategorie des *subsistence farming*: Ein Dorf produziert im wesentlichen das Lebensnotwendige für die Dorfbewohner. In vielen Orten produziert außer dem *lord of the manor* niemand Überschüsse, für deren Gegenwert man Güter von außen

Das Leben auf dem Lande. Die schönsten Seiten: Sonne, Ernte und Vergnügen (oben); die Schattenseiten: Leben mit den Schweinen und wie die Schweine (Balladenholzschnitte)

einkaufen könnte. Aber natürlich liegen auch elisabethanische Städter in dem, was sie haben und erwerben, nicht so weit über der Ebene des Lebensnotwendigen, wie es für moderne Menschen in den entwickelten Ländern selbstverständlich ist. Nach europäischen Maßstäben ging es der englischen Landwirtschaft sehr gut. Erhaltene Testamente weisen einen bescheidenen, aber im Vergleich zu früheren Epochen doch gestiegenen Wohlstand der durchschnittlichen Landfamilie auf: acht oder zehn Garnituren Bettwäsche, wenn auch kein eigenes Bett für jede Person, ein halbes Dutzend Silberlöffel, einiges Zinngeschirr neben den hölzernen und irdenen Gefäßen.

Es gibt im 16. Jahrhundert kein Land ohne Hunger in Jahren schlechter Ernten. In England hatte jedoch das Land genügend Reserven, um auch eine Folge von Mißernten, wie sie in den neunziger Jahren vorkam, ohne ausgedehnte Hungersnöte zu überstehen.

Inflation

Im 16. und frühen 17. Jahrhundert litt ganz Europa unter einer Inflation von solchen Ausmaßen, daß manche Wirtschaftshistoriker von einer Preisrevolution gesprochen haben. England bekam diese Entwicklung am stärksten unter Heinrich VIII. und seinen unmittelbaren Nachfolgern zu spüren, aber auch in den letzten Jahrzehnten unter Elisabeth war die Teuerung eines der gravierendsten Wirtschaftsprobleme, und sie betraf – neben den Finanzen der Krone – vor allem das Land.

Das Ansteigen der Preise hatte bereits in der frühen Tudorzeit begonnen; es hatte sich unter Heinrich VIII. so beschleunigt, daß Elisabeth bei ihrem Regierungsantritt eine kritische Lage vorfand. Man sah damals nur einen

Grund für die Inflation, nämlich die Verschlechterung der Qualität (also des Gold- oder Silbergehalts) der Münzen, die Heinrich vorgenommen hatte, um seine Feldzüge zu finanzieren. Als Elisabeth 1561 ihre Währungsreform durchführte und die schlechten Münzen durch neue ersetzte, deren Metallwert dem aufgeprägten Wert entsprach (wie es bei einer reinen Gold- und Silberwährung sein muß), erwarteten alle, daß jetzt wieder Preisstabilität herrschen würde.

Etwa zehn Jahre lang traf das auch zu, aber dann begannen die Preise, insbesondere die für Getreide und andere landwirtschaftliche Erzeugnisse, wieder zu klettern. Im Jahre 1600 lag das Preisniveau um etwa zwei Drittel höher als 1550. (Die errechneten Statistiken der Preise für die einzelnen Getreidearten, für andere landwirtschaftliche Erzeugnisse, für langfristige Konsumgüter und für einen angenommenen ›Verbraucherkorb‹ erreichen zwar nicht die Genauigkeit moderner Erhebungen, da sie sich auf die Unterlagen der wenigen Institutionen wie *colleges* und einige Adelshaushalte stützen müssen, die über alle Ausgaben und Einnahmen Buch führen, und somit den ›Normalelisabethaner‹ nicht erfassen. Sie sind aber doch so detailliert und zuverlässig, daß man die wirtschaftliche Entwicklung von Jahr zu Jahr verfolgen kann.)

Nach modernen Begriffen handelt es sich bei diesen Preisanstiegen nur um eine sehr gemäßigte Inflation. Die jährliche Anstiegsrate beträgt je nach Rechenmodell etwa eineinhalb bis höchstens zwei Prozent in der Regierungszeit Elisabeths, und selbst die schon eindrucksvollere Preissteigerung um das Vierfache oder Fünffache im Verlauf des ganzen 16. Jahrhunderts verblaßt gegenüber der Tatsache, daß die Kaufkraft des britischen Pfunds zwischen dem Ausbruch des Ersten Weltkriegs und heute auf ein Vierzigstel abgesunken ist.

Den Elisabethanern fiel es schwer, das Phänomen eines kontinuierlichen Preisanstiegs, der ihnen prinzipiell unerträglich erschien, gedanklich und wirtschaftlich zu verkraften. So wie wir auf das Konzept des Wachstums eingestellt sind und dessen Ausbleiben negativ konnotieren – ›Stagnation‹, ›Null-Wachstum‹ –, so sind fast alle Elisabethaner auf Statik und Nicht-Veränderung als Normen fixiert. Es ist ihre eingefleischte Überzeugung, daß jede Ware ihren Preis hat, einen *just price*, der dem Gegenstand inhärent ist und der zu ihm gehört wie seine materiellen Eigenschaften. Als einziges Erklärungsmodell für Abweichungen vom gerechten und wahren Preis steht die Teuerung, *dearth*, zur Verfügung, ein temporärer Anstieg der Lebensmittelpreise wegen Knappheit nach einer Mißernte, wie alle anderen Anomalien und Ordnungskrisen eine Heimsuchung, nach deren Aufhören sich der alte Zustand von selbst oder durch göttliches Walten wieder einstellt. Die Angst vor der Inflation als einem Indiz für einen generellen Zerfall der Wertordnung, die auch heute noch bei vielen Leuten tief sitzt, ist in der elisabethanischen Zeit auch bei den Gebildeten eine normale Reaktion.

Die meisten Zeitgenossen waren bei der Suche nach Erklärungen und Abhilfe ratlos. Auch die neuere Wirtschaftsgeschichte ist sich über die Gewichtung der möglichen Ursachen im übrigen noch nicht einig. Ein gewichtiger Grund ist eine in ganz Europa festzustellende Steigerung der umlaufenden Geldmenge als Folge der spanischen Gold- und Silberausbeute aus der Neuen Welt. In England, das durch Piraterie und legale Geschäfte an den spanischen Edelmetallimporten teilhatte, verdoppelte sich unter Elisabeth das Geldvolumen, ohne daß eine entsprechende Vermehrung der marktfähigen Güter erfolgt wäre. Ein inflationärer Druck in schwer einzuschätzender

Stärke ging auch davon aus, daß die Bevölkerung (und damit die Nachfrage vor allem nach Grundnahrungsmitteln) in der zweiten Hälfte des 16. Jahrhunderts schneller stieg als die landwirtschaftliche Produktion.

Die Angst vor der Inflation hatte nicht nur psychologische, sondern auch materielle Gründe. Die elisabethanische Wirtschaftsordnung sah keine Inflation vor und hatte kein Instrumentarium, um die nachteiligen und vorteilhaften Folgen einigermaßen gleichmäßig auf alle Teile der Gesellschaft zu verteilen. Wer viel zu verkaufen hatte, vor allem an den nachgefragten Lebensmitteln, der verdiente viel. Wer sein Einkommen als Geld in fixierter Menge bezog – zum Beispiel aus langfristigen Pachtverträgen oder als Arbeitslohn nach festgeschriebenen Sätzen –, der wurde zusehends ärmer.

In der Stadt war die Anpassung leichter. Kaufleute waren ohnehin auf der Seite der Profitierenden; Handwerker konnten erhöhte Kosten über die Preise weitergeben; die das Preis- und Lohnniveau regulierenden Zünfte waren relativ flexibel.

Auf dem Land schuf der Preisanstieg neue Disparitäten. Die größeren Familienbetriebe auf Pachthöfen mit langfristigen Verträgen, vor allem die Schicht der *yeomen*, erzielten hohe Einkommenssteigerungen. Die Lage der Tagelöhner wurde weiter verschlechtert, da ihre Löhne viel langsamer stiegen als die Preise: Zum *just price*-Konzept gehörte als Pendant ein *just wage*-Konzept; wegen des Überangebots an Arbeitskräften ließ sich Lohnstabilität im Gegensatz zur Preisstabilität auch durchsetzen.

Die größeren Grundherren hatten eine schlechte Ausgangsposition: Fixe Pachteinnahmen bei relativ hohen inflationsabhängigen Geldausgaben für Haushalt und Konsumgüter. Sie hatten aber, anders als die Tagelöhner, die Möglichkeit, durch eine Palette von Maßnahmen ihre Situation zu ihrem Vorteil zu verändern. Auslaufende Pachtverträge wurden unter anderen Bedingungen neu vergeben: höherer Pachtzins oder Zahlung in preisunabhängigen Getreidemengen; kürzere Laufzeiten; Übernahme bislang verpachteter Flächen in eigene Bewirtschaftung (und damit Verringerung der Zahl der Familien, die im Dorf ihren Unterhalt finden konnten); Vergrößerung der Anbauflächen durch Kultivieren von Ödland.

Enclosures

Die vielfältigen Anstrengungen der Grundherren und Pächter, in einer Zeit der Instabilität in das Lager der Gewinner zu gelangen, verlängerten ein Problem, das in der Mitte des Jahrhunderts fast erledigt zu sein schien, in die elisabethanische Zeit hinein, die Frage der *enclosures*. Mit dem Sammelbegriff *enclosure*, eigentlich ›Einfriedung‹, ›Einhegung‹, bezeichnete man in der Tudorzeit ein ganzes Bündel von landwirtschaftlichen Veränderungsmaßnahmen, deren gemeinsamer Nenner darin besteht, daß eine Bodenfläche der gemeinsamen Nutzung entzogen und fortan mit oder ohne Zaun separat bewirtschaftet wird. Das konnte so geschehen, daß jemand den ihm zustehenden (oder angeblich zustehenden) Teil der Weideflächen in der Allmende, *commons*, an sich zog und einzäunte. Jemand konnte mit seinem Ackerland aus den allgemeinen Absprachen über Fruchtfolge, Aussaat und Erntetermine und damit aus der Nutzung als Stoppeloder Brachlandweide ausscheren und anbauen, was er für vorteilhaft hielt. Jemand konnte sein Ackerland in Weideland umwandeln oder umgekehrt. Schließlich fielen auch Flurbereinigungen, vor allem durch Zusammenlegen der unsinnig vielen Langstreifen zu größeren Feldern, unter den Begriff *enclosure*.

Die meisten Formen von *enclosure* hatten die wirtschaftliche Vernunft hinter sich. Einzelbewirtschaftung brachte höhere Erträge, nicht zuletzt deshalb, weil Einzelverantwortung und Eigeninteresse besser funktionierten als gemeinsame Verantwortung und allgemeiner Trott. »One acre enclosed is worth one and a half in common«, formulierte ein Zeitgenosse als Bauernregel. Einige der fruchtbarsten und bestbestellten Grafschaften des Landes, zum Beispiel Kent, schon damals der Garten Englands, waren seit eh und je *enclosed*.

Enclosure wurde dennoch zum Problem und zeitweise zum nationalen Schreckgespenst, weil Separieren als Veränderung von vornherein suspekt war und weil beim Aufteilen des Gemeinsamen der Grundherr bessere Möglichkeiten hatte, seine Interessen und Ansprüche durchzusetzen, als die Pächter, insbesondere die kleineren. In der frühen und mittleren Tudorzeit war die Schafzucht der große Streitpunkt. Weil Wolle von allen Agrarprodukten die höchsten Gewinne brachte und am leichtesten über weite Entfernungen zu transportieren war, annektierten viele Grundherren so viel Weideland, wie sie nur konnten, und machten überdies große Ackerflächen zu Schafweiden. Viele Engländer befürchteten eine Entvölkerung der Landgebiete und eine Gefährdung der nationalen Getreideversorgung. »Die Schafe fressen die Menschen auf«, hieß der Slogan von Kritikern wie Sir Thomas More.

Von 1550 an fielen die Wollpreise in Antwerpen, dem internationalen Umschlagplatz für den Textilmarkt, dramatisch und nachhaltig, so daß die Schafzucht sich rückläufig entwickelte und das schwerste *enclosure*-Problem entschärft wurde. Unter Elisabeth wurden die meisten *enclosure*-Maßnahmen einvernehmlich durchgeführt. Sie

nutzten allen – außer den kleinen Leuten. Man übersah
(oder wollte nicht sehen), daß die alte Verfahrensweise
zwar weniger wirtschaftlich gewesen war, aber dafür
einen stabilisierenden Anteil an Sozialhilfe enthalten
hatte, der im Grunde auch ein positiver Wirtschaftsfaktor
gewesen war. Die Gemeinschaft hatte auf der Weide des
common auch das Vieh derjenigen mitgefüttert, deren
Land nach der Aufteilung nicht groß genug war, um eine
Kuh zu ernähren.

Die Grafschaft und die Regierung auf dem Lande

Ein Historiker, Neale, hat die Struktur des elisabethanischen England einmal als einen Bund von Grafschaften
beschrieben.[25] Das ist vielleicht der königlichen Zentralregierung gegenüber nicht ganz fair, bringt aber zum Ausdruck, daß die einzelnen Grafschaften als wirtschaftliche,
soziale und politische Einheiten große Bedeutung haben.

Wie sich schon zeigte, begünstigen die Verhältnisse
des 16. Jahrhunderts kleine und überschaubare Einheiten
und Formen des Regiments, die aus direkter Beobachtung
das tägliche Leben regeln können. Die 52 Grafschaften –
39 in England, 13 in Wales – sind die größten Einheiten,
die noch überschaubar und deren regelnde Maßnahmen
ständig spürbar sind. Bei vielen einfachen Leuten reicht
der Horizont nicht über das eigene Dorf und die Umgebung bis zum nächsten Marktflecken hinaus. Für alle
jedoch, die politische Mitsprache haben, vom *yeoman*
aufwärts, ist die Grafschaft die Ebene, auf der man sich
kennt, miteinander verkehrt und Nachrichten austauscht,
wirtschaftlich kooperiert und an den Aufgaben der Regierung und Verwaltung durch ehrenamtliche Tätigkeit teil-
nimmt.

Die Grafschaften sind nicht nur nach Bodengestalt und Landwirtschaftsart verschieden, sie erhalten auch durch die Unterschiedlichkeit des Reichtums, des Prestiges und des politischen Gewichts ihr Profil. In einer inoffiziellen Hierarchie der Grafschaften rangieren ganz oben die sogenannten *home counties*, die an London angrenzenden, auf fruchtbaren Böden gelegenen und an der Versorgung der Hauptstadt verdienenden Grafschaften Middlesex, Hertfordshire, Essex, Kent und Surrey. Grafschaften von Gewicht gibt es auch im Süden und Südwesten (Hampshire, Wiltshire, Devonshire) und in den Midlands (Oxfordshire, Leicestershire, Lincolnshire, Shropshire). Die Grafschaften von Wales sind allesamt arm. Die nordenglischen Grafschaften erscheinen aus der Perspektive Londons und der *home counties* als weit abgelegen, undurchschaubar und nur auf sich selbst gerichtet, »inly working«. Die meisten der nördlichen Grafschaften sind auch arm, Northumberland, Cumberland und Westmoreland vor allem. Eine Ausnahme bildet jedoch Yorkshire, die mit Abstand größte Grafschaft, Sitz vieler einflußreicher Adelsfamilien.

Auch die inneren Machtstrukturen waren von einer Grafschaft zur anderen verschieden. Die Zahl der Herrensitze, *manors*, war in den in der Nähe Londons gelegenen Landesteilen größer als in den entfernten; es gab Grafschaften, die von ein oder zwei großen Familien beherrscht wurden, und solche mit einer oligarchischen Führungsgruppe, zu der ein Dutzend Grundbesitzer gehörte. Da die Regierungsmaschinerie der Tudors ganz auf ehrenamtliche oder nebenamtliche Tätigkeit von Adligen und anderen Personen von Rang und Familie angewiesen war, kam es für die Krone darauf an, die lokalen Herrschaftsverhältnisse zu einer ohne allzu krassen Egoismus funktionierenden Selbstverwaltung zu systematisieren und die aus der Grafschaft gewonnenen Amtsträger auch zur Durchführung der von der Zentrale ausgehenden Direktiven – Parlamentsgesetze oder königliche Proklamationen – heranzuziehen.

Wie bei Hofe, so gab es auch in den Grafschaften als Erbschaft des Mittelalters eine übergroße Zahl an Ämtern und Würden. Die Tudors bauten zwei von ihnen aus und schränkten die Befugnisse der anderen, vor allem des früher einmal führenden Sheriffs (das Wort kommt von *shire-reeve* ›Grafschaftsvogt‹), ein.

Das eine dieser Ämter war die in den meisten Grafschaften existierende Position des *Lord Lieutenant*, eines Statthalters oder Stellvertreters des Königs. Der *Lord Lieutenant*, nach Möglichkeit Mitglied der höchstrangigen Adelsfamilie der Gegend, arbeitete in der Regel in den Gremien der Zentralregierung mit und konnte dort die Belange seiner Region vertreten; kraft seiner Autorität war er daheim dann Anwalt der Interessen und Standpunkte der Krone. Er hatte keinen eigenen Verwaltungsapparat; es gab keine Grafschaftsregierung; ihm waren aber mehrere ständige oder *ad hoc* berufene Kommissionen zugeordnet.

Die zweite und wichtigste Instanz in den Grafschaften waren die Friedensrichter, *Justices of the Peace*. Friedensrichter wurden aus den angesehenen Familien der Grafschaft rekrutiert; sie wurden auf Vorschlag einer lokalen Kommission von der Königin ernannt; ihre Beauftragung bedurfte alljährlicher Verlängerung, erfolgte also weder auf Lebenszeit noch für eine von vornherein begrenzte Amtsperiode. Ein Friedensrichter war für eine Reihe von Ortschaften zuständig; gegen Ende der elisabethanischen Zeit gab es etwa 40 bis 50 Friedensrichter in jeder größeren Grafschaft. Anders als die lukrativen Ehrenämter in der Regierungszentrale brachte dieses Amt tatsächlich außer der Ehre fast nichts ein, aber der Gewinn an Prestige im eigenen sozialen Kontext war so beträchtlich, daß es in der Regel nicht an amts- und arbeitswilligen Bewerbern mangelte.

Arbeitswillig mußte ein Friedensrichter sein, denn seit den frühen Tudors waren die Kompetenzen des Amtes ständig ausgeweitet worden, so daß der *Justice of the Peace* in elisabethanischer Zeit das Mädchen für alles in Verwaltung und Rechtsprechung war. Der Friedensrichter war dafür verantwortlich, daß neue Gesetze durchgeführt wurden und ältere nicht ganz in Vergessenheit gerieten. Er stand der Armenfürsorge vor und legte die Tages- und Jahreslöhne sowie die Arbeitsbedingungen für alle Gewerbe fest. Ihm oblag die Aufstellung und Ausbildung der Miliz für den Notstand; er war Straßenmeister und Brückeninspekteur; er sollte die Schankwirtschaften unter Kontrolle halten – eine der schwersten Aufgaben seines Amtes – und die Vagabunden vertreiben.

In richterlicher Funktion war ein *Justice of the Peace* auf drei Ebenen tätig. Er saß allein zu Gericht über alle zivilrechtlichen und strafrechtlichen Fälle, die nicht von den lokalen *manor courts* oder *borough courts* erledigt wurden und die nicht, wie die meisten familienrechtlichen Angelegenheiten und sittlichen Vergehen, unter die kirchliche Jurisdiktion fielen. Die meisten Fälle beschied er abschließend. Kapitalverbrechen und Fälle, die seine Fachkompetenz überstiegen – die meisten Friedensrichter waren juristische Laien –, verwies er an die *Quarter Sessions*, vierteljährlich stattfindende Gerichtstermine, bei denen mehrere *Justices of the Peace* unter Hinzuziehung von Juristen ein Organ der Gerichtsbarkeit bildeten.

Auch diese Instanz hatte eine Verweisungsmöglichkeit für besonders schwere Fälle. Zweimal im Jahr reiste in jeder Grafschaft ein Richter der obersten Justizbehörde in

Westminster mit einem Stab von Mitarbeitern an, um zusammen mit den örtlichen *Justices* in Fällen von Mord oder Aufruhr oder in verzwickten Straffragen Recht zu sprechen. Diese *Courts of Assizes* genannten Gerichtstage gehörten zu den interessantesten Ereignissen im Jahreslauf der Grafschaft. Sie waren auch ein wichtiges Medium des Transfers zwischen der zentralen und der lokalen Ebene. Die Richter aus der Hauptstadt nahmen eine diskrete Inspektion des Gerichtswesens und der Verwaltung in der Provinz vor und lieferten dem Hof einen unparteiischen Bericht. Die einheimische Führungsschicht wurde über die jüngsten rechtlichen und administrativen Entwicklungen bei Hofe und in anderen Grafschaften informiert.

Das System hatte seine Mängel. Viele Friedensrichter fanden sich in den über 300 Gesetzen, für deren Durchführung sie verantwortlich waren, nur schlecht zurecht. Gesetze, die einer Grafschaft nicht paßten, wurden weitgehend ignoriert, wie z. B. die strengen antikatholischen Rekusantengesetze in nördlichen Grafschaften mit starkem Restkatholizismus. Aber das Eigenleben der Grafschaften wurde gefördert, die auf örtlicher Ebene vorhandene Eigeninitiative voll ausgenutzt und mit einem Minimum an fiskalischem Aufwand ein Maximum an Regierungsarbeit erreicht. Die englische Krone kam um 1600 noch mit 1200 besoldeten Staatsdienern aus, als deren Zahl in Frankreich schon auf 30 000 angewachsen war.

Kapitel 4

Das Theater

Theater in London

Ein Mitglied der venezianischen Botschaft, Horatio Busino, schreibt nach Haus: »In London, der Hauptstadt eines im höchsten Maße florierenden Königreichs, kann man das ganze Jahr hindurch theatralische Darbietungen in verschiedenen Teilen der Stadt sehen, allesamt besucht von großen Scharen von Menschen, die ihrem Vergnügen frönen, und die zumeist so kostbar und farbenprächtig gekleidet sind, daß sie alle aussehen, als seien sie mehr als Fürsten oder vielmehr Komödianten.«[1] Alle Beobachter, die sich in den Städten Europas auskannten, stimmten darin überein, daß es in London mehr Theater zu sehen gab als irgendwo anders. Neben der großen Zahl der Veranstaltungen erregte immer wieder Verwunderung, was auch dem Venezianer auffiel: die Ausdehnung der Spiele über Feiertage und Festzeiten hinaus, die Teilnahme von Bevölkerungskreisen, denen man anderswo das Recht auf derartige Lustbarkeiten gar nicht zuerkannt hätte, und der bei den Darbietungen und vom Publikum getriebene Aufwand.

Elisabethanisches Theater findet nicht nur im Theater statt; das Zeitalter ist durch und durch theatralisch. Theatralische Spektakula sind die höfischen und städtischen Zeremonielle – Krönungen, Staatsbegräbnisse, Umzüge, Huldigungen –, bei denen kostümierte Figuren, die ihre soziale Rolle in festlicher Überhöhung spielen, symbolische Handlungen vollziehen. – Es ist kein Zufall, daß jene englischen Rituale von der Krönung bis zur *Lord Mayor's Show*, die heute Fernsehzuschauern in aller Welt als Inbegriff des Zeremonienschauspiels gelten, in ihrer grundsätzlichen Dramaturgie und zum Teil auch in der Kostümierung auf die Tudorzeit zurückgehen. Theater im enge-

ren Sinne – als Aufführung fiktiver Handlungen durch
Berufsschauspieler oder Laien – gibt es in London und in
der Provinz und auf allen Rängen der Hierarchie: Maskenspiele bei Hofe – Busino berichtet über eine Aufführung von Jonsons *Pleasure Reconciled to Virtue* im Ban-
kettsaal in Westminster – und auf den Herrensitzen der
Aristokratie, Schultheater auf Latein oder Englisch an den
grammar schools, freches Universitätstheater in Oxford
und Cambridge, Gastspiele herumreisender Schauspieltruppen in den Höfen von Gasthäusern oder in den Sälen
großer Häuser – oder auch Amateurinszenierungen wie
die an Bord eines Indienseglers, wo ein Kapitän Keeling
seine Matrosen *Hamlet* aufführen läßt, um einen Dinner-
gast zu unterhalten und »to keep my people from idleness
and unlawful games, or sleep«.[2]

Die öffentlichen Theater in London waren das Zentrum
des vielgestaltigen Theaterwesens. Hier waren die meisten
und die besten Autoren und Schauspieler tätig; hier kam
am deutlichsten zum Ausdruck, was die ausländischen
Besucher als das Besondere und Einmalige des englischen
Theaters empfanden: Theater jeden Tag und Theater für
jedermann. Thomas Platter berichtet: »Unndt werden
also alle tag umb 2 uhren nache mittag in der statt Londen
zwo, bißweilen auch drey comedien an underscheidenen
örteren gehalten, damitt einer den anderen lustig mache;
dann welche sich am besten verhalten, die haben auch zum
meisten zuhörer« (S. 792). Jedermann konnte nach Gusto
und Geldbeutel unterkommen: »Dann welcher unden
gleich stehn beleibt, bezahlt nur 1 englischen pfenning; so
er aber sitzen will, laßet man ihn noch zu einer thür hinein, da gibt er noch 1 d.; begeret er aber am lustigesten ort
auf kißen zesitzen, da er nicht allein alles woll sihet, son-
der auch gesehen kan werden, so gibt er bey einer anderen
thüren noch 1 englischen pfenning« (S. 792). Wer wollte,

konnte sich in »wherender comedy« mit Trinken und
Essen erlaben; man konnte die Vorstellung als Augen-
weide genießen, denn die »comedienspiler sindt beym
aller köstlichsten unndt zierlichsten bekleidet« (S. 792).
Die Londoner habens allweil vergnüglich: »Was für zeit
sie also in den comedien lustig alle tag können zubringen,
weißet yeglicher woll, der sie ettwan hatt sehen agieren
oder spilen« (S. 792).

Da das Drama für uns der gefeierte Höhepunkt der
elisabethanischen Kultur ist, neigen moderne Beobachter
dazu, den Theatern der Shakespearezeit eine ähnliche
Stellung im Gemeinwesen zuzuschreiben, wie sie unsere
Schauspielhäuser und Stadttheater haben, die – ob sie nun
von öffentlichen Subventionen leben oder nicht – als fest
etablierte Funktionsteile der Stadtgesellschaft begriffen
werden. Tatsächlich aber ist die Position der Bühnen im
elisabethanischen London völlig anders als in modernen
Städten. Das Theater hat keinen anerkannten Platz als
Kultur- und Bildungsinstitut oder überhaupt als Träger
wichtiger oder wünschenswerter gesellschaftlicher Funktionen. Es ist kommerzielles Unterhaltungstheater, rein
privatwirtschaftlich betrieben, von den Behörden drang-
saliert oder bestenfalls widerwillig geduldet, aber auf keinen Fall Ausdruck kommunalen Selbstgefühls oder Gegenstand bürgerlichen Stolzes. Die Elisabethaner streiten sich darüber, ob Theater jeden Tag und für alle verboten werden müßte oder tolerierbar sei; sie sind sich darüber einig, daß Theater in der Hierarchie der Dinge eine
Nebensache und ein Randphänomen sei.

Auch Nebensachen können freilich ein Zentrum von
Interesse sein. Das elisabethanische Theater litt weder
unter mangelnder Klientel, noch unter mangelnder Beachtung. Das Platzangebot der Londoner Theater um
1600 war wesentlich höher als das der Bühnen in moder-

nen Städten vergleichbarer Größe, und auch der Anteil der regelmäßigen oder gelegentlichen Theaterbesucher an der Gesamtbevölkerung war wesentlich höher als heute, obwohl es sich auch damals um eine Minderheit handelte. Wer nicht ins Theater ging, der hörte doch davon, denn Theaterfragen waren ein Lieblingsthema der öffentlichen Diskussion. Die Theater waren auch bei den Bevölkerungskreisen ständig im Gespräch, denen sie ein Dorn im Auge waren.

Die zwiespältige Situation der Londoner Theater spiegelt sich schon in ihrer Lage und im Äußeren. Die Theater liegen mit einer Ausnahme außerhalb der Stadtgrenzen. Bei dieser Standortwahl sprechen finanzielle und verkehrstechnische Gründe mit – billigere Grundstücke und mehr Platz für das Unterstellen von Pferden und Fuhrwerken; der zwingende Grund ist jedoch rechtlicher Art: durch die Lage außerhalb des Stadtgebiets sind die Theaterunternehmen dem unmittelbaren Zugriff der Londoner Magistrate entzogen. Auch das einzige Theater in der Stadt, Blackfriars (von 1576 an bespielt), lag auf extraterritorialem Boden, nämlich auf dem Gelände eines aufgelösten und konfiszierten Klosters, dessen altes Sonderrecht der Freiheit von weltlichen Rechtsinstanzen nunmehr die Krone als neue Besitzerin für sich und ihre Pächter in Anspruch nahm.

Die ersten Theaterbauten, das 1576 von James Burbage, einem ins Schauspielgewerbe übergewechselten Zimmermeister, erbaute Theatre und das im Folgejahr errichtete Konkurrenzunternehmen The Curtain, lagen nordöstlich der Stadt, etwa eineinhalb Kilometer vor den Toren, in der Nähe des Bürgerparks Finsbury Fields, wo die Londoner spazierengingen, picknickten und Bogenschießen übten. Ebenfalls im Norden, aber weiter westlich, ent-

Vergnügungsviertel: Die Bankside (Wenzel Hollar, 1647)
Links (irrtümlich als Beere bayting h *bezeichnet) das*
Globe-Theater (s. Ausschnittvergrößerung S. 407)

standen später zwei weitere Theater, das Fortune (1600) –
ein für die Erforschung des elisabethanischen Theaters
wichtiges Gebäude, da der Bauvertrag erhalten ist – und
das Red Bull Theatre, ein umgebauter Gasthofkomplex.

Die wichtigste und geschlossenste Gruppe von Theatern lag im Süden, von der City aus gesehen jenseits der
Themse, im Londoner Vergnügungsdistrikt, dessen andere Attraktionen Tierkampfarenen, Kneipen und Bor-
delle waren. In diesem *Bankside* oder *Bank* genannten
Ufergebiet lagen, jeweils wenige hundert Meter voneinander entfernt, die Häuser The Rose (1587), The Swan
(1595), das Theater der Shakespeare-Truppe The Globe
(1599 – kein ganz neuer Bau übrigens, sondern durch Ver-
legung des alten, wegen Schwierigkeiten mit dem Grund-
eigentümer abgerissenen Theatre entstanden) und schließlich The Hope (1613). Die *Bankside* war von der Stadt aus
gut erreichbar, und zwar entweder über London Bridge
oder – bequemer und schneller – mit einem der vielen
hundert Fährboote. Die behördliche Kontrolle war lok-
ker; der Distrikt unterstand teils einem Friedensrichter
der Grafschaft Surrey, teils dem Bischof von Winchester
(die Dirnen der Gegend hießen daher im Volksmund
Winchestergänse).

Die Theater an der *Bankside* lagen nicht nur im Amü-
sierviertel, sie gehörten auch dahin. Die Aufführungen
waren integrierter Teil des Unterhaltungswesens des
Distrikts. Theater und Taverne, Bordell und Tierhatz bildeten nicht nur nach der Meinung der strengen Puritaner
ein gekoppeltes Angebot, das man wahlweise oder wech-
selweise wahrnehmen konnte. Die engste Nachbarschaft
und Konkurrenz bestand zwischen den Schauspielhäu-
sern und den Hetzarenen, in denen Bären und Stiere, an
einen Pfahl in der Mitte der Arena gebunden, von einer
Hundemeute angegriffen wurden. Auch die ausländi-

Theater auf Stadtpanorama: The Swan (Visscher, 1616)

schen Besucher, allesamt Herren von Stand und Bildung, betrachteten ganz selbstverständlich das theatralische und das tierquälerische Spiel als Lustbarkeiten ähnlicher Art. Thomas Platter beispielsweise berichtet über Tierkämpfe noch ausführlicher und begeisterter als über Theaterbesuche, um freilich am Schluß doch festzustellen, daß für die Einheimischen das Schauspiel die nützlichere Art des Vergnügens ist:

»Mitt solchen unndt viel anderen kurtzweilen mehr vertreiben die Engellender ihr zeit, erfahren in den comedien, waß sich in anderen landen zutraget, unndt gehendt ohne scheüchen mann unndt weibspersonen an gemelte ort,

The Globe (Visscher, 1616)

Das Globe-Theater (nach Hollar, 1647)
Ausschnitt aus der vor Ort angefertigten Zeichnung (oben);
Ausschnitt aus dem Kupferstich (mit falscher Beschriftung)

weil mehrtheils Engellender nicht pflegen viel zereysen, sondern sich vergnügen, zehauß frembde sachen zeerfahren unndt ihr kurtzweil zenemmen« (S. 794 f.).

Weil fast alle alten Ansichten von London den Blick von Süden über die Themse zur City zeigen, die *Bankside* also im Vordergrund haben, sind wir über das äußere Bild der südlichen Theater relativ gut informiert. Auf den drei schönen Londonpanoramen aus dem frühen 17. Jahrhundert von J. C. Visscher (1616), Matthias Merian (1638) und Wenzel Hollar (1647) sind die Schauspielhäuser nicht zu übersehen: massige Kästen von drei oder vier Stockwerken Höhe, unschön wie Lagerhäuser, beileibe keine Repräsentationsbauten (s. Abb. S. 320, 403, 405–407).

Man kann auch die Grundzüge der Konstruktion erkennen: Ein runder oder vieleckiger Ringbau umschließt einen nach oben offenen Hof. An einer Seite wird das Dach des Ringteils von einem mit einer Fahne geschmückten Baukörper überragt, der wie ein Haus oder eine Hütte – im Fall des Globe: wie ein Zweigiebelhaus mit einem Turm – aussieht. Schauspielhäuser und Tierkampfarenen sind äußerlich kaum zu unterscheiden. Sogar einem der Künstler ist eine Verwechslung der Gebäudetypen unterlaufen: Hollar hat versehentlich das Bauwerk, das nach Lage und Aussehen das Globe sein muß, mit »Beere bayting h[ouse]« beschriftet, während die benachbarte Hetzarena den Namen des Theaters trägt.

Obwohl alle drei Kupferstecher zu den besten Europas gehören, ist die Zuverlässigkeit ihrer Darstellungen begrenzt. Das gleiche Gebäude sieht von Bild zu Bild anders aus, ist einmal rund (was bei einem Bau mit Fachwerkgerippe unwahrscheinlich ist), einmal vieleckig. Abkupfern gehört zum Handwerk; besonders Merians schönes Londonbild ist offenbar ganz aus Vorlagen zusammengestellt. Am zuverlässigsten ist Hollar; zu seinem Panorama hat man Vorzeichnungen gefunden, die auf exakten topographischen Aufnahmen beruhen, vom Turm einer bestimmten Kirche mit einem Visierinstrument gemacht. Auch bei ihm freilich gibt es, wie das Bildpaar zeigt, erhebliche Veränderungen zwischen der vor Ort angefertigten Aufnahme und dem zu Hause in Amsterdam hergestellten Stich. Das Dach des Bühnenhauses zum Beispiel ist so stark vergrößert, daß eine Rekonstruktion, die auf der späteren Fassung fußte, ganz anders ausfallen müßte als eine von der Zeichnung ausgehende. – Auch auf der Ebene der graphischen Abbildung gibt es keine objektive Darstellung der elisabethanischen Realität.

Theater: innen

Für die Londoner gehörten die Theater zum Alltag und damit zu jenem Lebensbereich, den einheimische Chronisten nicht festzuhalten pflegten. Einen Großteil unserer Informationen verdanken wir ausländischen Besuchern, für die das Londoner Theaterleben etwas Außerordentliches und Beschreibenswertes war und von denen man in ihrer Heimat ohnehin schriftliche Berichte erwartete.

Auch das einzige zeitgenössische Bilddokument, das ein elisabethanisches *public theatre* von innen zeigt, geht auf einen ausländischen Besucher zurück. Johannes de Witt, ein junger Holländer aus Utrecht, besuchte London im Jahre 1596, machte sich – in lateinischer Sprache – Notizen über die wichtigsten Sehenswürdigkeiten, darunter vor allem die Theater, und fertigte zur Illustration eine Zeichnung des Swan an. Die Originale sind verloren; was wir haben, ist eine Kopie der Zeichnung und der

Aufzeichnungen von der Hand eines Freundes von de Witt namens Aernout van Buchel (s. Abb. S. 411). Seit das Bild 1888 ans Licht kam – bis dahin hatte es unbeachtet in der Utrechter Universitätsbibliothek gelegen –, ist es die Basis aller Forschungen und Überlegungen zur elisabethanischen Bühne und zur Aufführungsweise elisabethanischer Dramen. Man kann es ergänzen – aus anderen Quellen oder spekulativ –, und man kann es in Einzelheiten für fehlerhaft erklären, aber man muß auf jeden Fall von dem ausgehen, was diese Darstellung zeigt.

Man sieht schräg von oben, etwa aus Dachhöhe, in den offenen Innenhof mit den schmalen umlaufenden Galerien. Die Bühne (*proscaenium*), eine Bretterplattform, die auf Holzböcken oder festen Ständern ruht, ist auffällig groß. Sie ragt vorn bis etwa zur Mitte des Hofes vor und läßt an den Seiten nur noch wenig Hofraum übrig. (Der Fortune-Bauvertrag, der eine Bühne von 13 m Breite und 8,40 m Tiefe vorsieht, bestätigt die relative Größe.) Die Bühne ist im vorderen Teil offen, im hinteren Teil überdacht und stellt im übrigen aber eine ungeteilte Spielfläche dar. Den rückwärtigen Abschluß der Bühne bildet die Wand des Garderobenhauses (*mimorum aedes*, engl. *tiring-house*). Die Wand hat auf der Ebene der Bühne zwei zweiflügelige Tore für die Auftritte und Abgänge. Eine Ebene darüber ist ein breiter Balkon – eine Art Loggia –, mit Personen besetzt, die eher Zuschauer als Mitspieler zu sein scheinen. Der obere, hüttenähnliche Teil des Garderobenhauses, den man von den Außenansichten kennt, trägt eine Fahne mit einem Schwan, der wie eine Ente aussieht (die Fahne zeigt bis in die Stadt sichtbar an, daß heute gespielt wird). An der Seite des Oberstocks bläst ein Trompeter ein Signal (zur Ankündigung des Spielbeginns).

Das Innere des Swan nach Johannes de Witt
Das wichtigste und umstrittenste zeitgenössische Bild

Die Besucher können im Hof (*planities siue arena*) stehen oder über eine der Treppen (*ingressus*) eine der drei Galerien (*porticus*) aufsuchen, wo man ansteigende Reihen von Sitzbänken (*sedilia*) vorfindet. Ein Teil der unteren Galerie trägt die Bezeichnung *orchestra*, im römischen Theater der für hochrangige Besucher reservierte Teil. Die Bühne ist bei vollem Haus auf drei Seiten – wenn man die Balkonlogen mitrechnet sogar auf allen vier Seiten – von Zuschauern umgeben, die das Geschehen auf der Bühne aus sehr verschiedenen Perspektiven sehen: teils von vorn und teils von der Seite; teils von einem unterhalb der Spielebene gelegenen Standpunkt, teils aus steiler Aufsicht von oben.

Bei der Aufführung werden auf der Bühne zwar Requisiten verwandt – hier eine Bank, in anderen Fällen Thronsessel, Tische und Hocker – oder gelegentlich auch ausgefallenes Mobiliar – wie eine Rasenbank aus Holz und Leinwand oder ein feuriger Höllenschlund –, aber keine Kulissen oder sperrigen Aufbauten. Man ist zwar, wie Inszenierungen von Maskenspielen bei Hofe zeigen, technisch bereits durchaus in der Lage, komplizierte illusionserzeugende Bühnenbilder herzustellen (z. B. ein Meer mit Seeungeheuern, fahrbaren Inseln und Sturmwolken), aber in den öffentlichen Theatern verhindern vor allem die Sichtverhältnisse den Einsatz von Kulissen, die ja immer einem Teil der Zuschauer den Blick verstellen würden und die wegen des Fehlens einer zentralen Perspektive ohnehin kaum eine Illusionswirkung ausüben könnten.

Oben im Garderobenhaus sind die Musiker und die Feuerwerker (die für Gewitter, Schlachtenlärm und Salutschüsse zuständig sind) untergebracht. Winden und Flaschenzüge für schwebende Engel und Geister sowie Bodenklappen als Falltüren vervollständigen das simple technische Inventar.

Gespielt wird in der Regel vorn, in der Nähe der Rampe, wie auf dem Bild, wo der Mann mit dem Stab (ein Bote? ein Zeremonienmeister?) sich der Dame auf der Bank und ihrer Begleiterin (Dienerin?) nähert. Wir wissen aber aus den Bühnenanweisungen elisabethanischer Stücke, daß der rückwärtige Teil nicht nur für Auftritte und Abgänge benutzt wurde. Einmal gibt es Szenen – nicht in jedem Stück, aber in jedem dritten oder vierten –, die *above*, eine Ebene über der Bühne spielen, auf einem Balkon, auf einer Stadtmauer oder auf den Zinnen einer Burg zum Beispiel. Auf der Bühne des Swan-Bildes könnte dazu (trotz schlechter Sichtbarkeit) ein Teil der erhöhten Logen benutzt worden sein. Eine andere, noch seltener vorkommende Verwendungsart des hinteren Bühnenteils ist die sogenannte ›gezogene‹ Szene (*drawn scene*) oder Entdeckungsszene (*discovery scene*): durch das Ziehen eines Vorhangs wurde etwas bislang Unsichtbares entdeckt – ein Lauscher (wie Polonius, der »behind the arras«, »hinter dem Wandbehang«, lauscht, als er von Hamlet erstochen wird) ein Leichnam auf der Bahre, ein Magier in seinem Studierzimmer, Ferdinand und Miranda beim Schachspiel. Wie man solche Vorhangszenen auf der Bühne im Bild spielte, läßt sich nur vermuten. Möglich wäre die Benutzung einer der breiten Türöffnungen, in denen man bei geöffneten oder ausgehängten Flügeln einen Vorhang anbringen könnte. Möglich wäre auch der zweiteilige Aufbau eines mit Teppichen oder Sackleinwand verhängten Gestells zwischen den Türen.

Rekonstruktionsprobleme

Wie gut war de Witt als Beobachter und als Zeichner? Wie zuverlässig war van Buchel als Kopist? In welchem Maße unterschieden sich andere Theater von dem auf der Zeichnung dargestellten? Das sind entscheidende Fragen für jeden, der ein elisabethanisches Theater rekonstruieren will – und die elisabethanischen Theater, insbesondere das Globe, sind die am häufigsten rekonstruierten historischen Gebäude. Es gibt mehr moderne Nachbauten in voller Größe, als es elisabethanische Theater im Original gegeben hat, und die Zahl der Rekonstruktionen als Zeichnung oder Modell ist Legion.

Die Geschichte der Erforschung des elisabethanischen Theaters zeigt, daß selbst in einem so sachbezogenen Forschungsbereich, wo es um Konstruktionen, Materialien und Abmessungen geht, das Ergebnis stark vom zeitbedingten Standpunkt und vom Wunschdenken des Rekonstrukteurs abhängt. Bis in die Mitte des 20. Jahrhunderts hat man immer wieder versucht, de Witts Bild (oder das dargestellte Theater) für besonders primitiv und mangelhaft zu erklären und dem großen Shakespeare und seinen Zeitgenossen ein angemesseneres, schöneres und besseres Theater zuzuschreiben. Niederschlag dieses Strebens ist vor allem die auf Ludwig Tieck und die Shakespeare-Verehrer der deutschen Romantik zurückgehende Legende, daß es im hinteren Teil der elisabethanischen Bühne eine zweite, voll bespielbare Bühne, die sogenannte *inner stage* (ein Begriff, den die Elisabethaner nicht kennen), gegeben habe. Damit würde die elisabethanische Bühne zu einer Art Superbühne, die beide historischen Bühnentypen, die offene Plattformbühne und die zimmerartige, geschlossene Guckkastenbühne, vereinigte und die, den Balkon dazugerechnet, über drei Spielflächen verfügte. Auch das

Theatererlebnis des Zuschauers wäre bei einer solchen Rekonstruktion eine besondere und gesteigerte Form der Rezeption: einerseits – bei Szenen auf der Plattform – ein unmittelbares Dabeisein, nahezu ein Mitspielen, andererseits, bei Benutzung der anderen Teilbühnen, die moderne Rezeptionsform des unbemerkten Beobachters, dem sich ein verschlossener Raum öffnet.

Die erste Rekonstruktion eines elisabethanischen Theaters
(Baudissin/Tieck, 1836)
Viele Spielflächen und ein malerisches Bild

Noch immer haben Rekonstruktionen elisabethanischer Theater eine Tendenz zur Verschönerung und Verbesserung, aber langsam setzt sich die Einsicht durch, daß de Witts Zeichnung sich mit allem vereinbaren läßt, was wir sonst – aus Abrechnungen, Inventarlisten, Bühnenanweisungen, Aufführungsberichten und durch Ausgrabung von Theaterfundamenten – über das elisabethanische Theater wissen, und daß die anderen Häuser, mögen sie auch eine Tür oder eine Nische mehr gehabt haben, im Grunde das gleiche boten wie das Swan-Theater, nämlich primitive Bühnenverhältnisse. Im Grunde war das Theater von 1600 wenig mehr als die Übertragung der unfesten, in jedem *inn yard* oder Festsaal aufstellbaren Bühne in ein permanentes Gebäude.

Der Einfluß des Publikums

So einfach eine Bühne und die Theaterverhältnisse auch sind, der elisabethanische Dramatiker muß sich ganz auf sie einstellen. Das Publikum im elisabethanischen Theater übt auf die Dramaturgie des Autors stärkere Zwänge aus als ein modernes Publikum. Um den unmittelbaren und unausweichlichen Einfluß der Aufführungsbedingungen ermessen zu können, müssen wir uns zunächst die Größenverhältnisse klarmachen.

Die englischen Theaterbauten galten allgemein als mächtig und eindrucksvoll. Sie faßten in der Tat bei vollem Haus bis zu 3000 Zuschauer, und auch an einem normalen Spieltag zählte das Publikum nach kompetenten Schätzungen etwa 1500 Köpfe. Dennoch waren diese Theater nach modernen Begriffen klein und unglaublich beengt. Bei einem Hofdurchmesser von etwa neunzehn Metern hätte das Globe-Theater mitsamt seinen Zu-

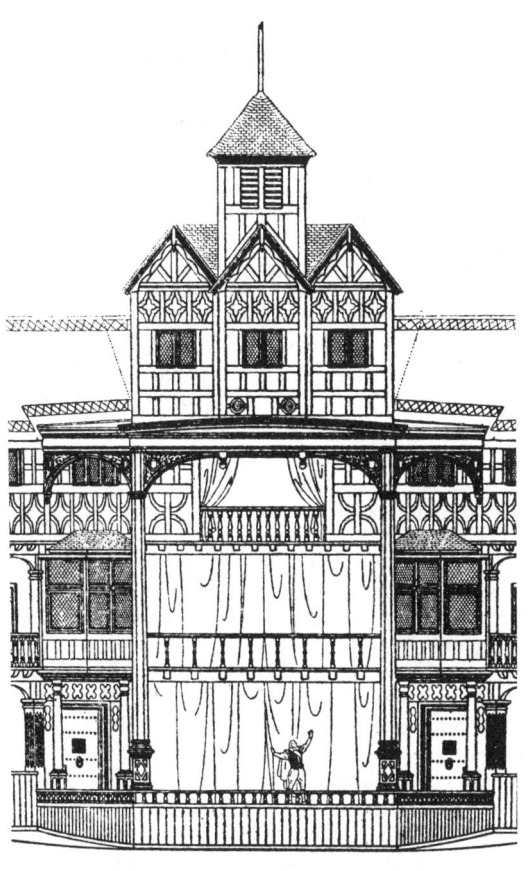

Neuere Rekonstruktion (Adams/Smith, 1950)
Schöner als die dokumentierte Realität

schauern bequem auf die Bühne eines unserer Stadtthea-
ter gepaßt; in der Höhe hätten sogar zwei bis drei
Shakespearetheater unter dem Rollenboden eines typi-
schen Großen Hauses Platz gehabt. Ein moderner
Nachbau hat bei gleichen Maßen wegen der gewandelten
Platzansprüche und Sicherheitsvorschriften nur noch ein
Viertel der elisabethanischen Kapazität.

Unter diesen Verhältnissen war das Theatererlebnis
des Elisabethaners von dem unsrigen völlig verschieden.
Im modernen Theater mit seiner Guckkastenbühne vollzieht sich das dramatische Geschehen im allgemeinen so,
als gäbe es die Zuschauer nicht, als würden die Handelnden nicht durch die fehlende Wand ihrer Bühnenbehau-
sung beobachtet. Diese Fiktion wird nicht nur durch die
Beschaffenheit der Bühne ermöglicht, sondern auch
durch die Distanzierung, die sich durch Proszeniums-
bogen und Orchestergraben sowie durch den Kontrast
zwischen der erleuchteten Bühne und dem dunklen Au-
ditorium von selbst ergibt. Der Theaterbesucher ist
nicht nur vom Spielgeschehen distanziert, sondern in
seinem Einzelsessel im Dunkel, Schweigen und allgemeinen Wohlverhalten des Zuschauerraumes ist er auch
weitgehend von den anderen Theaterbesuchern isoliert,
kann anders reagieren als der Nachbar.

Im elisabethanischen Theater gibt es keine vergleich-
bare Distanzierung zwischen der Spielfläche und dem
Publikum, das die Plattform umdrängt; der Zuschauerraum ist so hell wie die Bühne. Ein Zuschauer ist dem
anderen ellbogennahe. Das Publikum ist eine Masse, in
der der einzelne verschwindet, es reagiert als Masse, gemeinsam und extrem. Es herrscht eine Atmosphäre, wie
wir sie höchstens noch von Fußballspielen oder Sechs-
tagerennen kennen.

Dem Dramatiker ist es unmöglich, gegen die Masse

anzuspielen, sie zu ignorieren oder ihre Bedürfnisse mit kleinen Zugeständnissen abzuspeisen. Er muß sie als Ganzes in Spannung versetzen und entspannen, erheben oder belustigen, er muß ihre Unterhaltungserwartungen erfüllen, wenn er überhaupt Erfolg haben will. Fortwährend über die Köpfe der Leute auf den billigen Plätzen hinweg für die besseren Kreise auf den Galerien zu spielen, ist nicht nur der Zahlenverhältnisse wegen ausgeschlossen, sondern auch deshalb, weil selbst der kritische Zuschauer seine Reaktionen nicht von denen der Masse, zu der ja auch er gehört, isolieren kann. Er gerät fast automatisch in den Sog des Gesamtresponses der Zuschauerschaft.

In jedes kompetent gemachte elisabethanische Drama ist die Zuschauerschaft als Größe einkomponiert. Die Reaktionen werden gedämpft oder gesteigert, die Sympathien gelenkt. Da die Emotionen eines Massenpublikums beweglicher sind als die von Individuen, finden wir immer wieder einen jähen Anstieg von einer alltäglichen oder heiteren Dialogebene zu einem Gipfel des Pathos, gleich darauf ein schnelleres Abklingen oder ein plötzliches Umschlagen ins Nüchterne oder Komische. Die Spannung wird nicht über Akte hinweg gestaut, da sie in diesem Falle unkontrollierbar würde und sich an unangebrachter Stelle entlüde. Vielmehr hat fast jede Szene ihren eigenen Spannungsbogen, der das Publikum bis zum Szenenhöhepunkt in Atem hält und der dann gelockert wird. In den Tragödien ist das berühmte *comic relief*, die Entspannung durch Gelächter, ein angesichts der Spielbedingungen notwendiges Mittel, um zwischen Partien intensiver Erregung ein Ventil einzuschalten.

Auch die Position des Publikums im dramatischen Kommunikationsvorgang wird durch die Aufführungsverhältnisse beeinflußt. Auf einer Bühne, die inselähnlich

inmitten des Publikums liegt, ist es den Akteuren kaum
möglich, die Anwesenheit der Zuschauer ständig zu ignorieren; das Publikum wird daher bei Shakespeare oft
direkt angeredet und einbezogen. Die vielen beiseite ge-
sprochenen Bemerkungen (*asides*) sind meist vertrauli-
che Mitteilungen eines der Handelnden an das Publikum,
das er zum Mitwisser seiner Geheimnisse macht. Auch die
großen Monologe sind keine Selbstgespräche, sondern
richten sich offen an die Hörer und informieren sie über
Gedanken und Gefühle des Sprechenden. Die Darbietung
der Handlung erfolgt so, daß der Theaterbesucher stets
mehr weiß als die Handelnden auf der Bühne. In der Tragödie sieht er das Verhängnis kommen, ehe die Betroffenen es wahrnehmen. In der Komödie gehört er nie zu
denen, die hinter das Licht geführt werden. Er weiß, wer
hinter jeder Verkleidung steckt, ist über alle Intrigen informiert und sieht die Lösung voraus.

Bühne und Dramaturgie

Die Bühne des elisabethanischen Theaters weicht vor
allem in den folgenden für den Dramatiker relevanten
Punkten von modernen Theaterverhältnissen ab:
– Die Bühne ist eine neutrale, fast leere Spielebene, auf
  der auffällig kostümierte Figuren agieren. Trotz des
  weitgehenden Verzichts auf Bühnenbild und Wechsel-
  dekorationen ist die Schauspielaufführung auch ein
  Fest für das Auge, *spectaculum* im eigentlichen Sinne
  des Wortes. Was der Bühne an Schaubarem abgeht,
  machen die Kostüme der Schauspieler wett. Auf der
  Bühne feiert der Kleiderluxus, die Lieblingssünde der
  Renaissance, Triumphe. In den erhaltenen Berichten
  wird viel häufiger von der Pracht der Kostüme als von

der Kunst der Dramatiker gesprochen. Die Schauspieler sind, wenn sie nicht gerade eine niedere Charge darzustellen haben, anzusehen wie Matadore: mit Gewändern aus kostbaren Stoffen, bestickt und spitzenverziert, behangen mit Schmuck.

Die Kostüme sind meist nach der gegenwärtigen Mode, also nicht historisch getreu, gearbeitet. Bei Stücken, die weit in der Vergangenheit spielen, gibt es antikisierende Zutaten: eine Toga für einen römischen Senator oder einen altertümlichen Prunkhelm für einen griechischen ›Herzog‹.

– Die Bühne hat weder einen Hauptvorhang noch Seitenwände, ist also zum Publikum hin dauernd offen. Auf der Bühne kann nichts vorgehen – kein Umbau, keine Umgruppierung beispielsweise –, was unbemerkt bleibt.

– Es ist eine Freilichtbühne. Da bei Tageslicht gespielt wird, sind die Beleuchtungsverhältnisse im Zuschauerraum und auf der Bühne gleich. Es gibt keine Möglichkeit, durch die Beleuchtung Publikum und Bühne voneinander abzusondern, einzelne Partien der Spielfläche hervorzuheben oder Übergänge von einer Tageszeit zur anderen anzudeuten.

– Die elementare räumliche Wirkung ist die einer offenen Fläche, die nur an einer Seite von einer Wand begrenzt wird, während die moderne Bühne im Prinzip ein geschlossener Raum mit einer Öffnung, ein Zimmer mit weggelassener Vorderwand ist.

Diese Gegebenheiten haben tiefgreifende Auswirkungen auf die Dramaturgie, die Machweise der dramatischen Texte. Die deutlichste Konsequenz ist der Aufbau der einzelnen Szene als selbständige Einheit, eine Art Drama im kleinen. Bei einer vorhanglosen und nicht abdunkelbaren Bühne muß die Spielfläche zu Beginn und zum Ende

der Szene leer sein, da das die einzige Möglichkeit ist,
einen Übergang zu einem anderen Ort und eine Unterbrechung des Zeitkontinuums zu symbolisieren. Der Dramatiker kann also nie in medias res gehen und dem Publikum
eine bereits versammelte Bühnengesellschaft und eine im
Gang befindliche Aktion vorführen. Die Mitspielenden
werden nach und nach auf die Bühne gebracht. Vor dem
Ende der Szene ist entsprechend ein gradueller Abbau der
Spielgesellschaft erforderlich, wobei jede Person ein ausdrücklich genanntes oder impliziertes Motiv für das Verlassen des Spielraums braucht.

Der Zwang, in jeder Szene beim Nullstand zu beginnen
und zu enden, wirkt sich in figurenreichen Szenen stärker aus als in figurenarmen, führt aber in fast allen Fällen
zu einer besonderen Szenenstruktur: Höhepunkte zu
Anfang oder zum Schluß einer Szene lassen sich nur
schwer erzielen. Die Einzelszene erhält stärker als beim
modernen Drama den Charakter eines abgeschlossenen
Vorgangs: Personen kommen zusammen, um eine bestimmte Handlung zu vollziehen – eine Krönung oder
Verschwörung, ein Stelldichein oder ein Bankett –, und
sie gehen auseinander, wenn der Vorgang abgeschlossen
ist.

Eine weitere wichtige Konsequenz der Bühnenverhältnisse ist der Ersatz realer Kulissen durch Wortkulissen.
Da die illusionslose Bühne nicht erkennen läßt, wo und
wann eine Szene spielt, muß die Lokalisierung in Raum
und Zeit hauptsächlich durch den Dialog erfolgen. Der
Dramatiker ist also sein eigener Bühnenbildner; sein Illu-
strationsmaterial ist die Sprache.

Die Wortkulisse kann die Form einer zusammenhän-
genden Ortsbeschreibung haben. Häufiger jedoch werden die Textstellen, die der Raumfiktion dienen, über den
Dialog verteilt, nachdem zu Anfang der Szene eine stich-

wortartige Elementarinformation über den Ort gegeben worden ist.

Die Lokalisierung durch Sprache hat offenkundige Nachteile – ein reales Bühnenbild ist plastischer und bleibt ständig vor Augen –; sie hat aber den Vorzug der Flexibilität. Man kann Szenen unlokalisiert lassen – sie spielen dann irgendwo draußen zu irgendeiner Zeit bei Tage –, man kann ganz knapp lokalisieren oder die Orts- und Zeitbeschreibung breit ausführen und ins Symbolische und Metaphorische ausweiten.

Der Grad der Lokalisierung ist nicht nur von Szene zu Szene, sondern auch von Drama zu Drama verschieden. In *Twelfth Night* fragt die schiffbrüchige Viola an der Küste: »What country, friends, is this?« Sie erhält die Antwort: »This is Illyria, lady« (I,2,1 f.). Damit sind die Auskünfte über Illyrien auch schon zu Ende: ein fernes Land am Meer, sonst nichts.

Spielt ein Stück dagegen in Venedig, dem Schauplatz zahlreicher elisabethanischer Dramen, kommt man nicht in Gefahr zu vergessen, wo die Handlung spielt. Jeder Autor zeichnet dabei ein anderes Bild der Stadt. In Ben Jonsons *Volpone* beispielsweise ist Venedig ein exotischer Jahrmarkt der Gaukler, Intriganten und Hochstapler, in Shakespeares *Merchant of Venice* ist es eine Goldene Stadt, ganz auf Handel und Reichtum reduziert. Es ist eine Stadt ohne Venedigdekor; sie hat keine Gebäude und Kanäle; nur einmal taucht eine »gondilo« auf. Das einzige topographische Detail ist der Rialto, wo sich die Kaufleute treffen.[3] Der Ruf »What news on the Rialto?« wird leitmotivisch wiederholt. An zahlreichen Stellen ist von Gold, Dukaten und Juwelen die Rede. Begriffe wie Zählen und Rechnen, Kredit und Risiko durchziehen den Dialog auch da, wo nicht von Handelsgeschäften die Rede ist.

Auch auf anderen Gebieten wirken die Gegebenheiten der Bühne und die elisabethanische Leidenschaft für den Umgang mit Sprache zusammen, um dem Schauspiel den Charakter eines Sprachspiels und einer vorwiegend verbalen Aktion zu geben. Es wird unentwegt geredet, und das Wort übernimmt Funktionen, die im modernen Theater vom Spiel des Schauspielers wahrgenommen werden. Die elisabethanische Bühne erlaubt dem Schauspieler wegen der schlechten und ungleichmäßigen Sichtverhältnisse kein Kammerspiel. Ein nuancenreicher Ausdruck und subtile darstellerische Mittel sind schwer zu projizieren. Die Schauspielkunst der Zeit ist daher auf starke, für unsere Begriffe hölzerne Effekte ausgerichtet: ausladende Gesten, pathetisches Sprechen, stilisierte Gebärdensignale für bestimmte Leidenschaften wie Zorn oder Überraschung. Zu sehen sind also im allgemeinen nur die groben Umrisse eines schauspielerischen Vorgangs. Die Feinheiten werden erst durch das Wort eingezeichnet. Der Schauspieler sagt, was er empfindet. Er erläutert, präzisiert und deutet auch, was er tut. Jeder Gang und jede Geste wird im Dialog – der auf diese Weise auch alle Regieanweisungen enthält – verbal gespiegelt.

Weil die Autoren, die für dieses Theater schrieben, einige der besten Dramen der Weltliteratur geschaffen haben, glaubt man leicht, daß die elisabethanische Bühne dem Dramatiker besonders entgegenkäme. Man sollte aber nicht übersehen, daß für diese Bühne auch zahlreiche miserable Stücke geschrieben wurden und daß die guten einen Teil ihrer Qualitäten dem Umstand verdanken, daß die Dramatiker gerade die Mängel der Bühne zu kompensieren versuchten. Ihr Vorzug bestand letztlich nur darin, daß sie einem talentierten und ehrgeizigen Dramatiker, der ihre Gegebenheiten berücksichtigte und der bereit war, sein eigener Bühnenbildner, Techniker und Regis-

seur zu sein, größere Freiheiten ließ als eine komplizier-
tere und anspruchsvollere Bühne und daß sie durch ihre
Unzulänglichkeit indirekt die Anreicherung des Textes
bis zur Grenze des sprachlich Möglichen förderte.

Klientel

Das Publikum des elisabethanischen Theaters war ge-
mischt. Es kam aus dem bürgerlichen London, aus der
Residenzstadt Westminster und aus dem Konglomerat
von halb vorstädtischen, halb ländlichen Ortschaften im
Umkreis und umfaßte außerdem eine Beimischung von
Besuchern aus der Provinz, wo es keine Schauspielhäuser
gab. Es waren alle Schichten vertreten, von Lehrlingen
und Tagelöhnern bis zu Angehörigen des Hochadels.

Für den Theaterbesuch galten keine sozialen Restrik-
tionen. Wer zahlen konnte, war willkommen. Der allgemeine Grundpreis (der – wie Platter berichtet – dazu
berechtigte, sich im Parterre einen Platz zu suchen) von
einem Penny war nicht für alle Besucher spottbillig – ein
Penny war etwa ein Zehntel des durchschnittlichen Tages-
verdienstes für gelernte Arbeit –, aber doch für fast jedermann erschwinglich. Die Preiskategorien, die durch die
Zusatzgebühren für bessere Plätze entstanden, teilten das
Publikum bis zu einem gewissen Grade in ›bessere Kreise‹
oben und ›Gründlinge‹ (*groundlings*) unten auf, bewirkten aber keine Absonderung der Klassen. Auch auf den
Rängen saßen neben Personen von Stand viele *gallery-
commoners*. Abgesonderte Plätze, auf denen man unter
sich war, gab es nur in sehr geringer Zahl in den sogenannten *Lords' boxes*.

Im Zuschauerraum ergab sich ein Zusammenschluß
verschiedener Gruppen einer sonst hierarchisch gestaffel-

ten und in getrennten Bereichen lebenden Gesellschaft.
Man hat das Theater daher als die demokratischste Institution im England der Tudorzeit bezeichnet. Das ist jedoch
nur bedingt richtig, denn die Elisabethaner, und zwar
nicht nur die Theaterfeinde unter ihnen, betrachteten
diese Gemeinschaft der Ungleichen nicht als Institution,
sondern als soziale Anomalie, als kurzzeitigen Ausnah-
mezustand.

Thomas Dekker, ein Autor, der selbst Dramen schrieb,
kommentiert die Zustände im Theater, wo jeder kleine
Mann für seinen Penny die Privilegien der Vornehmen
teilen und über Erfolg oder Mißerfolg des Stückes mitent-
scheiden darf, mit bissiger Ironie:

»[. . .] the place is so free in entertainment, allowing a stool
as well to the farmer's son as to your Templar, that your
stinkard has the selfsame liberty to be there in his tobacco
fumes which your sweet courtier hath, and that your car-
man and tinker claim as strong a voice in their suffrage,
and sit to give judgment on the play's life and death as well
as the proudest Momus among the Tribe of Critic [. . .]«
(*Gull's Horn-Book*, 1609).[4]

»Das Haus ist so großzügig bei der Aufnahme von Gästen, daß
dem Bauernsohn genau so wie dem Templer [Mitglied eines Juri-
stenkollegiums] ein Schemel zur Verfügung steht, daß jeder
beliebige Stinker in seinen Tabakschwaden das gleiche Recht hat
dabeizusein wie der wohlriechende Höfling, und daß jeder Fuhr-
knecht und Kesselflicker eine genauso gewichtige Stimme beanspruchen und genauso gut über Leben und Tod des Theaterstücks zu Gericht sitzen darf wie der stolzeste Momus [traditio-
neller Name des peniblen Kunstrichters] vom Stamme der Kritiker.«

Das Beieinander von hoch und niedrig im Zuschauerraum
war so abnorm, daß es sich nur wenige Jahre als Regelfall
hielt. Schon um 1600 begannen neben den *public theatres*

Theater im Saal bei Kerzenlicht
Auf der Bühne beliebte Figuren aus Dramen
(unten links Shakespeares Falstaff und die Wirtin)

wie Rose und Globe auch sogenannte *private theatres* wie Blackfriars eine wesentliche Rolle zu spielen: kleinere Theater in geschlossenen Räumen, die zwar im Prinzip auch öffentlich waren, aber durch erheblich höhere Eintrittspreise – Sixpence war das Minimum – große Teile der einfachen Bevölkerung fernhielten. (Theater im künstlich beleuchteten Innenraum zeigt die S. 427 wiedergegebene nachelisabethanische Abbildung).

Das Theaterpublikum der öffentlichen Bühnen war aus allen sozialen Schichten zusammengesetzt, aber die Mischung war keineswegs gleichmäßig. Den größten Anteil stellten Unterschicht und niederes Bürgertum; dabei lassen sich Bedienstete, Soldaten und die Arbeitskräfte des Handwerks (das mehr als die Hälfte der werktätigen Bevölkerung beschäftigte) als bedeutendere Untergruppen ausmachen. Auch die gesellschaftliche Oberschicht – von der *gentry* und den Mitgliedern der *professions* (z. B. Juristen, Mediziner) an aufwärts – war relativ stark vertreten. Sowohl bei den höheren als auch bei den niederen Schichten des Publikums war, allen zeitgenössischen Schilderungen zufolge, der Anteil der jüngeren Generation ins Auge fallend.

Am seltensten als regelmäßige oder typische Theaterbesucher erwähnt werden die Mitglieder der soliden und gesetzten bürgerlichen Mittelschicht, also die wirtschaftlich und sozial tonangebenden Kreise der City, aus denen sich die auf der Zunftordnung aufbauende Stadtregierung rekrutierte.

Gegner

Aus dem Lager des etablierten, kommunalpolitisch verantwortlichen Bürgertums sowie von Teilen der Geistlichkeit kommen die meisten Angriffe gegen das Theater.
Die Stimmen von den Kanzeln sind schrill und eindeutig:
Das Theater muß weg. Die Schauspielhäuser sind eine
Krankheit und stecken die ganze Stadt mit Sünde und Pest
an:

»Look but upon the common plays in London, and see
the multitude that flocketh to them and followeth them.
Behold the sumptuous theatre houses, a continual monument of London's prodigality and folly. But I understand
they are now forbidden because of the plague. I like the
policy well if it hold still, for a disease is but bodged or
patched up that is not cured in the cause, and the cause of
plagues is sin, if you look to it well: and the cause of sin are
plays: therefore the cause of plagues are plays« (Thomas
White, *A Sermon Preached at Paul's Cross*, 1578).[5]

»Schaut euch nur die öffentlichen Schauspiele in London an, und
seht die Menge, die zu ihnen strömt und ihnen zuschaut. Schaut
euch die aufwendigen Theaterhäuser an, ein dauerndes Monument für Londons Verschwendungssucht und Unvernunft. Aber
ich höre, daß sie jetzt verboten sind wegen der Pest. Das ist eine
Politik, die mir gut gefallen würde, wenn es dabei bliebe, denn
eine Krankheit ist nur eingedämmt oder überkleistert, wenn sie
nicht in ihrem Grunde kuriert wird, und der Grund von Pestaus-
brüchen ist die Sünde, wenn man es recht ansieht, und der Grund
der Sünde sind Schauspiele: ergo sind Schauspiele der Grund für
die Pest.«

Die Zusammensetzung des Theaterpublikums sieht so
aus:

»The common spectators and play-gadders.
Now the common haunters are for the most part the lewdest persons in the land, apt for pilfery, perjury, forgery, or any rogueries, the very scum, rascality, and baggage of the people, thieves, cutpurses, shifters, cozeners; briefly an unclean generation and spawn of vipers: must not here be good rule, where is such a brood of hell-bred creatures? For a play is like a sink in a town, whereunto all the filth doth run, or a bile in the body that draweth all the ill humours unto it« (Henry Crosse, *Virtue's Commonwealth, or The Highway to Honour*, 1603).[6]

»Die gewöhnlichen Zuschauer und Theaterläufer.
Nun sind die, die regelmäßig [ins Theater] laufen, zum größten Teil die sittenlosesten Personen im Land, geneigt zu Diebstahl, Meineid, Fälschung oder jeder Art von Schurkerei, der wahre Abschaum und kriminelle Bodensatz der Bevölkerung, Diebe, Beutelschneider, Gauner, Schwindler, kurz: eine aussätzige Brut und ein Schlangengezücht. Muß es da nicht eine schöne Ordnung geben, wo sich eine solche Brut von höllengezeugten Kreaturen aufhält? Denn ein Schauspiel ist wie eine Jauchegrube in einer Stadt, wohin aller Unrat fließt, oder wie ein Geschwür im Körper, das alle bösen Säfte an sich zieht.«

Das wirft kein freundliches Licht auf die Londoner Gottesdienstbesucher, denn einem anderen Standardvorwurf zufolge sind die Theater voll von Leuten, die man den immer leerer werdenden Kirchen abspenstig gemacht hat:

»More resort to plays than to sermons.
Will not a filthy play, with the blast of a trumpet, sooner call thither a thousand, than an hour's tolling of a bell bring to the sermon a hundred? Nay even here in the city, without it be at this place and some other certain ordinary audience, where shall you find a reasonable company? Whereas if you resort to the Theatre, the Curtain, and other places of plays in the city, you shall on the Lord's

day have those places, with many other that I cannot
reckon, so full as possible they can throng, besides a
great number of other lets to pull from the hearing of the
word [. . .]« (John Stockwood, *A Sermon Preached at
Paul's Cross*, 1578).[7]

»Mehr Leute gehen zu Theaterstücken als zu Predigten.
Ist es nicht so, daß ein schmutziges Theaterstück mit einem einzigen Trompetenstoß eher tausend Menschen herruft, als daß eine
Stunde Glockenläuten hundert zur Predigt bringt? Wo kann man
denn selbst hier in der Stadt – außer vielleicht an diesem Ort [bei
Paul's Cross] und an einigen anderen mit fester und regelmäßiger
Hörerschaft – noch eine angemessene Zahl von Leuten [zum
Gottesdienst] versammelt finden? Wenn ihr dagegen zum Theatre, zum Curtain und zu den anderen Schauspielorten in der
Stadt geht, dann werdet ihr diese Häuser, zusammen mit weiteren, die ich nicht aufzählen kann, selbst am Tage des Herrn so
voll sehen, wie es nur geht – nicht zu reden von anderen Abhaltungen, die vom Hören des Gottesworts weglocken [. . .].«

Wenn man den geistigen Ort des Theaters im elisabethanischen England verstehen will, muß man sich von der
modernen Gewohnheit freimachen, die Schlagkraft der
Vorwürfe zu unterschätzen und sie durch das gängige Etikett ›puritanische Opposition‹ als Meinung einer extremen Gruppe eifernder Sittenapostel abzutun. Sicher sind
es die puritanischen Prediger, die am lautesten wettern
und geifern und nach Konsequenzen schreien, aber ihre
Ansichten werden in einer weniger rabiaten Form von
sehr vielen Zeitgenossen geteilt.

Auch Nicht-Puritaner und sogar Befürworter des
Theaters halten den Gesichtspunkt der religiösen, moralischen und sozialen Gefährdung durch das Schauspielwesen für gravierend. Wenn man beispielsweise den puritanischen Generalangriff auf das Theater als Teufelsbollwerk in Philip Stubbes *The Anatomy of Abuses* (s. S. 460

bis 464) mit der aus Intellektuellenkreisen stammenden und in erster Linie auf witzige Pointierung bedachten Darstellung des typischen Schauspielers in einem *character essay* vergleicht (s. S. 466–468), so stellt man fest, daß in beiden Texten die gleichen Argumente auftauchen, auch wenn sie einmal mit donnerndem Pathos und einmal aus amüsierter Distanz vorgetragen werden. Die Bedenken gegen das Theaterspiel haben tiefe Wurzeln. Zugrunde liegt die alte, auf die Frühzeit des Christentums zurückgehende Auffassung, daß jede Form des Theaterspielens sittenwidrig sei, da hier Menschen in Verkleidung und Verstellung – dem Habitus des Bösen – auftreten und Rollen spielen – Männer die von Frauen und Gemeine die von Königen –, die ihnen nach der gottgewollten Ordnung nicht zukommen. Zu dem antidramatischen Vorurteil tritt das antiliterarische: Dramen sind Fiktionen, Lügengeschichten, die von abnormen und unmoralischen Begebenheiten handeln – von Mord und Rebellion, Betrug und unerlaubter Liebe. Sie reizen zur Nachahmung – auch wenn das Böse im Stück bestraft wird – und verführen vor allem die Jugend. Auch die Gleichsetzung von Theaterbesuch und Unzucht beruht auf uralten Vorurteilen. Wenn die puritanischen Prediger mit lüsterner Besessenheit die Verbindung von Schauspiel und Wollust geißeln, beziehen sie ihre Argumente aus den Schriften der Kirchenväter, und ihre ausgemalten Beispiele stammen nicht aus dem Theatre oder Curtain, sondern aus Ovids Ratschlägen für den Flirt im römischen Amphitheater.

Prediger und Theaterleute sind Konkurrenten, nicht nur weil ein paar potentielle Kirchgänger zum Schauspiel laufen, sondern weil beide mit ähnlichen Mitteln Ähnliches tun. Beide glauben zutiefst an die beschwörende Macht des kunstvoll geformten und kunstvoll vorgetragenen Wortes und wollen ihr Publikum überzeugen und bewegen, belehren und erfreuen. Die Brandreden gegen das Theater sind von der gleichen Art wie die Philippiken in den Theaterstücken. Die Hauptangriffe richten sich daher auch nicht gegen das Theater als Unterhaltungsbetrieb – typischerweise bleiben die Tierkampfunternehmen fast ungeschoren von Kritik –, sondern als eine vorgeblich ernsthaft belehrende Institution. Stubbes wird erst richtig wütend, als er die Behauptung behandelt, Schauspiele seien so gut wie Predigten, und man könne aus ihnen etwas lernen. Das Theater ist in der Tat eine Schule, kontert er, aber eine Schule, in der man nur Schlechtes lernt, wie er dann seitenlang ausführt. Man kann mit ihm über die Analyse und Wertung des Curriculums streiten, aber sonst trifft er den Nagel auf den Kopf: Die geistige und gesellschaftliche Brisanz des Theaters besteht darin, daß es sich anschickt, zu einer Schule der Nation zu werden.

Wenn die geistlichen Attacken gegen das Theater im weltlichen Raum der City so viel Resonanz finden, auch bei Leuten mit geringem religiösem Eifer, so liegt das vor allem daran, daß säkularisierte Formen der alten kirchlichen Theater- und Literaturfeindschaft gut in die Vorstellungswelt des Bürgertums passen. In den Eingaben und Petitionen von städtischen Behörden und von Bürgerinitiativen gegen die Errichtung eines Theaters in der Nachbarschaft reihen sich daher religiös-moralische und weltlich-pragmatische Argumente bruchlos aneinander. Der Antrag des Rates der Stadt London an das *Privy Council* vom 28. Juli 1597, der die Schließung der Theater verlangt (s. S. 469–472), redet nicht vom Teufel und wenig von Unzucht; er ist dafür von einer anderen Obsession geprägt, die alle bürgerlichen Ordnungskräfte (und einen Teil der Adligen) beherrscht: die Furcht, jede nicht in die Hierarchie der Autoritäten und Kontrollen eingebundene

Institution müsse das Ende aller zivilen Ordnung bedeuten. Das Theater, dessen Betreiber sich der kommunalen Ordnung entziehen, beherbergt ein Publikum, das in der Sicht der Kommune den Abschaum der Menschheit darstellt: teils *masterless men*, teils Mitglieder der arbeitenden Bevölkerung, die sich der Arbeit entzogen haben (Theatervorstellungen finden ja innerhalb der allgemeinen Arbeitszeit statt). Das Theater ist ein Treffpunkt, der – anders als Kirche, Börse oder Markt – nicht überwacht wird und unweigerlich Quelle von Aufruhr, Komplotten und dunklen Machenschaften sein muß. Das Schreckbild ist nicht nur von der Phantasie gemalt – in einer Gesellschaft ohne Polizei ist eine Ansammlung von einigen tausend Vergnügungssuchenden, wie dokumentierte Vorfälle zeigen, nicht ohne Probleme –, aber es wird durch die Perspektive der Antragsteller gewaltig vergrößert.

Der irritierte und anklagende Ton des Briefes, der sich gerade noch im Rahmen der schuldigen Höflichkeit hält, erklärt sich einmal aus der Frustration über die Strategie des Hinhaltens und der vorsichtigen Toleranz, die der Hof nicht aufgeben will. Es spricht aber auch schon das in den nächsten Jahrzehnten immer stärker werdende bürgerliche Ressentiment gegen den organisierten Lustbarkeitsbetrieb der Vornehmen und dessen soziale Ansteckungsgefahr mit. Gerade in der Frage der Duldung oder Schließung des Theaters scheiden sich adlige und bürgerliche Mentalität. Hier die Idee einer kultivierten Muße als idealer Lebensform, da die Überzeugung, daß Muße nur Laster gebiert (und daß Müßiggänger wie der Adel ihren Führungsanspruch verwirkt haben).

Das Kräftefeld damals und jetzt

Die gesellschaftlichen Kräfte und Spannungen, welche die Position des Theaters beeinflussen und seinen Aufgaben- und Wirkungsbereich bestimmen, ergeben in der elisabethanischen Zeit ein im Vergleich zur Moderne umgekehrtes Bild.

- Das etablierte Bürgertum, heute die theatertragende Schicht, übt diese Funktion damals nicht aus. Wie viele brave Bürger auch schlechten oder halbwegs guten Gewissens dem Schauspielvergnügen gefrönt haben mögen, das Theater erhielt von hier weder einen Rückhalt noch einen Auftrag zur Vertretung von Belangen.
- Aus der heutigen Förderungsgruppe kam damals der Widerstand. Die Opposition gegen das Theater stellte nicht nur eine äußere Bedrohung dar (die sich zum Beispiel darin auswirkte, daß bei jeder Epidemie die Schauspielhäuser möglichst bald und für möglichst lange Zeit geschlossen wurden). Sie bedeutete auch eine prinzipielle geistige Anfechtung: Jeder Theaterbesucher war sich bewußt, daß einflußreiche Meinungsführer der zentralen Gesellschaftsschicht das Schauspielwesen mißbilligten.
- Im übrigen war die soziale Spannbreite des Theaterpublikums extrem. Der Zusammenschluß von hoch und niedrig war nicht nur im damaligen Kontext abnorm, er blieb auch im weiteren Verlauf der Theatergeschichte bis zur Gegenwart ein Sonderfall. Bemerkenswert ist vor allem, daß die unteren Ränge der Gesellschaftspyramide nicht nur anteilmäßig stärker repräsentiert waren als üblich, sondern auch eine andere Stellung im Gesamtpublikum hatten. Sie waren nicht als Kostgänger des Bürgertums und als patronisierte Erlerner des Kultur- und Wertsystems der nächsthöheren Schicht da

(wie zum Beispiel später bei der Volksbühnenbewe-
gung), sondern als eine Gruppe eigenen Rechts, die das
Theater mittrug.
– Das elisabethanische Theater war auf beide Pole seines
Publikums angewiesen. Ohne die Massen einfacher Besucher wäre der Betrieb der öffentlichen Bühnen weder
rentabel noch sinnvoll gewesen. Ohne die Patronage
des Hofs und des Adels hätte das Theater sich der Opposition nicht erwehren können. Auch ökonomisch
schlug der vornehmere Teil des Publikums zu Buche,
nicht nur durch die in der Regel höheren Eintrittspreise, sondern vor allem auch als Abnehmer von Sonder-
vorstellungen.

Der Unterhaltungsauftrag

Das Theaterpublikum ist ein lockerer, aus heterogenen
Gruppen zusammengesetzter Zweckverband mit dem
Ziel des Vergnügens und der Unterhaltung. Das gilt für
die Oberschicht genauso sehr wie für die weniger Gebildeten. Als Jakob I. im Jahre 1603 seinen »Bediensteten«
Lawrence Fletcher, William Shakespeare und anderen ein
Patent verleiht, ermächtigt er sie – mit einer von Elisabeth
übernommenen Formulierung –, ihre »Kunst und Fertig-
keit« zur Einstudierung von Theaterstücken aller Art aus-
zuüben, und zwar zu diesem Zweck: »[. . .] as well for the
recreation of our loving subjects as for our solace and
pleasure when we shall think good to see them during our
pleasure«[8] (»[. . .] sowohl zur Erquickung unserer uns liebenden Untertanen als auch zu unserem Trost und Vergnügen, wann immer es uns gutdünken will sie anzusehen
während unserer Zeit des Vergnügens«). Auch der S. 464
bis 466 auszugsweise abgedruckte *character essay* eines

Autors vornehmen Standes, der den vielgeschmähten Beruf des Schauspielers einmal unter seinen positiven Aspekten darstellt, betont vor allem den Unterhaltungscharakter des Theaterspiels, das einen zwischen den Mahlzeiten ergötzt, wenn man nichts Besseres tun kann, und das man im höchsten Falle unter die angestammten Vergnügungen des Adels, wie Falknerei und Jagd, einreihen darf.

Die Lieferung von Zeitvertreib ist also der im Grunde einzige Auftrag an das Theater von seiten jener Bevölkerungsteile, die es unterstützen. Die Erfüllung dieser Funktion ist nicht so einfach, wie es scheinen mag, denn die Interessen und Unterhaltungserwartungen der einzelnen Schichten des Publikums sind unterschiedlich. Jeder Dramatiker muß seine eigene Strategie suchen, um die eine Schicht zufriedenzustellen, ohne die andere zu verprellen.

Kein elisabethanischer Dramatiker entzieht sich dem Unterhaltungsauftrag. Man kann sich das Ausmaß der Unterhaltungselemente im elisabethanischen Drama am besten am Beispiel Shakespeares verdeutlichen, bei dessen Werken wir heute fast ausschließlich die hochliterarischen und nicht-trivialen Aspekte sehen. Er gilt in seiner Zeit mit vollem Recht als der Unterhaltungsfachmann par excellence, als ein Autor, der weiß, was die Leute wollen. Nicht nur seine Komödien sind unterhaltsam. Auch in den Tragödien ist fast der ganze Katalog der damals zugkräftigen Attraktionen vertreten. Da sind pompöse Schauszenen, in denen die Kostüme zur Geltung gebracht werden: Staatsakte, Aufzüge, Festmähler. Es gibt instrumentale und gesungene Musik; Bauerntänze und höfisches Ballett. Unabdingbar sind *action*-Szenen aller Art: Prügeleien, ausgedehnte Fechtpartien, sportlich oder auf Leben und Tod, Belagerungen, Erstürmungen, Feld-

schlachten. Greuel, Blut, Mord und Totschlag werden auf
vielerlei Art variiert: In Stücken wie *Hamlet*, *Macbeth*
und *Lear* wird die Mehrzahl der handelnden Personen
umgebracht. Demonstrationen übersinnlicher Fähigkeiten fehlen nie: Geister, Hexen, Zauberer mit weißer oder
schwarzer Magie. Jux und Clownerie werden als Solo-
nummer, Duo oder Ensembleauftritt dargeboten. Witze
werden gerissen, anständige, zweideutige, eindeutige.

Diese Mischung aus Zirkus und Buntem Nachmittag
hat im Einzeldrama nicht etwa nur gelegentliche Spuren
hinterlassen, jede Tragödie und jede Komödie läßt sich
nicht nur in der uns vertrauten Weise als hochkomplexe
dramatische Aussage, sondern auch als eine durchkom-
ponierte Abfolge von Programmnummern des elisabethanischen *show business* beschreiben.

Macbeth beispielsweise ist ein Stück, das heute niemanden an Unterhaltung denken läßt, das aber doch mit
populären Elementen durchsetzt ist. Es enthält die tra-
gödienübliche Variationskette von Hofszenen: der König im Feldlager, der König bei Hofe, der König auf
Reisen, zwei Bankette, aus verschiedenen Perspektiven
dargeboten. Die vier Hexenszenen nutzen nicht nur das
dramatische Aussagepotential der *weird sisters*, sondern
sie schöpfen auch die Möglichkeiten für Hexenbrimbo-
rium und -klamauk aus: Tanz, Sprechgesang, Hexen-
küche, drei Zaubererscheinungen und als – dramatisch
überflüssige – Dreingabe noch eine phantasmagorische
»show of eight kings«. Die dargestellten oder berichteten Morde, Tötungen und Hinrichtungen sind über das
ganze Stück verteilt (1. Akt: Donwald, Cawdor; 2. Akt:
Duncan, zwei Kämmerer; 3. Akt: Banquo; 4. Akt: Lady
Macduff und ihr Sohn; 5. Akt: Lady Macbeth, Young Si-
ward, Macbeth). Zu Anfang wird eine Doppelschlacht
indirekt, zum Schluß ein Feldzug szenisch (in neun Tei-

len, mit zwei Schwertkämpfen) dargestellt. Außerdem bietet der Autor einen Geisterauftritt, eine Betrunkenenszene mit Witzen über Saufen, Unzucht und Urin sowie eine Abwandlung des populären Wahnsinnsmotivs, die Schlafwandelszene der Lady Macbeth.

Gerade dieses letzte Beispiel vermag – da der heutige Geschmack hier augenfällig vom damaligen abweicht – zu verdeutlichen, in welchem Maße ein elisabethanischer Theaterautor Publikumswünsche aufnahm. Der Wahnsinn war in der Tat eines der populärsten Unterhaltungselemente für die Londoner, die sonntags gegen Eintrittsgeld das Irrenspital besuchten. In der makabren Attraktion des Wahnsinns mischte sich ein neugieriges Interesse an abnormer Psychologie mit jenem Vergnügen, das heutige Zoobesucher angesichts des possierlich verzerrten Menschenbildes im Affenkäfig empfinden. Shakespeare zum Beispiel verschmäht zwar jede billige Irrenkomik, baut aber in den meisten Tragödien Wahnsinnsszenen ein. Hamlet spielt eine geistige Umnachtung, Ophelia verfällt ihr tatsächlich. Der wahnsinnige Lear tritt mit dem als verrückter *bedlam beggar* verkleideten Edgar auf. Othellos Wahnsinn und Timons geistige Zerrüttung gehören ebenso in diesen Zusammenhang wie Caesars Epilepsie.

Mehr als Unterhaltung

Der Nachteil des Unterhaltungsauftrags als Basis des Theaterbetriebs besteht in der schwachen Legitimierung. Die Bühnen müssen sich auf eine unsichere Allianz stützen. Massen zu unterhalten bringt Popularität, aber weder Einfluß noch Ansehen, denn die Massen werden selbst von denen verachtet, die von ihnen leben. Die einflußreichen besseren Kreise hingegen sind als Vergnügungssuchende im Theater nur auf Visite außerhalb ihres eigentlichen Milieus. Sie kommen ja nicht, um hier ›die Gesellschaft‹ zu spielen oder an einer Veranstaltung teilzunehmen, in der sie eine Darstellung ihres ethischen und politischen Selbstbildes erblicken. Sie stehen also auch nur halbherzig, ›during their pleasure‹, hinter dem Theater.

Manche elisabethanischen Dramatiker, nicht nur Shakespeare, bieten ihrem Publikum erheblich mehr, als es verlangt. Sie schreiben Stücke, in denen das Substrat der Unterhaltungselemente zwar durchaus einen gewissen Eigenwert hat, aber vor allem als Trägerschicht für einen mächtigen Überbau an dramatischer Aussage dient. Sie perfektionieren die Anreicherung der Handlung mit Bedeutung, die Zeichnung der Charaktere und der Beziehungen zwischen ihnen, die dramatische Diskussion der Themen, die dem Handlungs- und Personenschema inhärent sind, und die Auswertung des durchgespielten Einzelfalls als genereller Modellfall. Sie benutzen das dramatische Medium für eine Auseinandersetzung mit Grundfragen der individuellen und gesellschaftlichen Existenz des Menschen. Sie entwickeln das Theaterspiel zu einer komplexen und höchst anspruchsvollen Literaturform.

Vom kommerziellen Standpunkt gesehen ist das nicht unbedingt nötig (wenn auch nicht schädlich). Viele elisabethanische Dramen, darunter auch Erfolgsstücke, liegen auf dem in der Unterhaltungsbranche noch heute üblichen Niveau: Sie sind platt und erzeugen mit Hilfe billiger Effekte Lachen und Weinen für den Hausgebrauch.

Die Funktionserweiterung der Unterhaltung entspringt jedoch nicht ausschließlich dem persönlichen Engagement oder dem künstlerischen Ehrgeiz einzelner Dramatiker. Wenn das Theater seine gesellschaftliche Position festigen und sein Ansehen steigern wollte, mußte es in seinem eigenen Interesse ungebeten nach größerer

Relevanz seiner Darbietungen streben. Die Befriedigung von Unterhaltungswünschen konnte vielen führenden Theaterleuten schon deshalb nicht als hinreichende Rechtfertigung ihres Tuns gelten, weil sie selbst den mittleren und oberen Schichten des Bürgertums angehörten und daher kaum umhin konnten, einen reinen Vergnügungsbetrieb für eine Frivolität zu halten.

In der öffentlichen Debatte über das Theaterproblem war von Kunst oder Literatur auf beiden Seiten kaum die Rede. Dennoch war jedem halbwegs Gebildeten klar, daß Theaterstücke als *dramatic poetry* einer Gattung der Dichtkunst angehörten. Diese theoretische Zuordnung besagte aber noch nicht viel. Die gesamte Literatur kämpfte in England noch um ihre Anerkennung als wesentlicher Bestandteil der öffentlichen Kultur. Nicht ohne Grund erschien die bedeutendste literartheoretische Schrift der Zeit, deren Autor das Nationalidol Sir Philip Sidney war, unter den Titeln *Defense of Poetry* und *Apology for Poetry*.

Das englische Drama rangierte selbst bei den Zeitgenossen, die vom Wert der Literatur überzeugt waren (bei Sidney zum Beispiel), auf einem der letzten Plätze, einerseits wegen seines kommerziellen Charakters, andererseits wegen seiner – der Herkunft der Autoren und dem Stand der Masse des Publikums nach – niederen sozialen Sphäre. Dennoch war die Vervollkommnung des Theaterstücks als Literatur die aussichtsreichste Möglichkeit der gesellschaftlichen Rechtfertigung und Positionsverbesserung des Schauspielwesens. Zum einen wuchs der Kreis der Literaturfreunde und damit das Ansehen der Dichtung. Das innerliterarische Vorurteil gegen das Drama ließ sich auf die Dauer abbauen. Zum anderen lieferte die zeitgenössische Literaturtheorie einen geeigneten konzeptionellen Rahmen für die Kombination einer Unterhaltungsfunktion mit weitergehenden, allseits als sozial nützlich anerkennbaren Zielen.

Die Poetik der Renaissance rechnete die Unterhaltung zum Wesen der Dichtung. Der generelle Auftrag der Literatur wurde – im Anschluß an antike Theorien – als ein Doppelziel definiert: *prodesse* (oder *docere*) *et delectare*, *teach and delight*. Unter *delight* verstand man nicht so sehr den ästhetischen Genuß eines besonderen Kunstschönen, sondern durchaus Unterhaltung, handfestes, sinnliches Vergnügen an Inhalt und Darbietung. Mit dem lehrhaften Teilziel war weniger das Beibringen von Wissensstoffen als vielmehr die Vermittlung, Verdeutlichung und Vertiefung von Einsichten gemeint.

Daß das Theater unterhalten kann, bezweifelt niemand. Wenn es beweisen kann, daß es auch das zu tun vermag, was Gegner wie Stubbes ihm so vehement absprechen, nämlich ernstzunehmende Exempla zu liefern und dem Publikum die menschlich-moralische Welt zu erklären, hat es viel gewonnen. Es verwirklicht dann das Rechtfertigungspotential des einzigen positiven Satzes über das Theater, den jeder Elisabethaner im Kopf hat: Das Theater ist ein Spiegel der Welt, weil die ganze Welt Theater ist und jeder Mensch ein Rollenspieler. Das betont der Essayist, der das Theater loben will, das betont Shakespeare in der großen Wortarie über das Theater des Lebens (*As You Like It* II,7,139–142):

> All the world's a stage,
> And all the men and women merely players;
> They have their exits and their entrances,
> And one man in his time plays many parts.

»Die ganze Welt ist eine Bühne, und all die Männer und Frauen sind nur Schauspieler; sie haben ihre Abgänge und ihre Auftritte, und ein Mensch spielt in seiner Lebenszeit viele Rollen.«

Und wenn Shakespeares Truppe ihr Theater *The Globe*, ›die Weltkugel‹, nennt und dem Haus das Motto gibt *Totus mundus agit histrionem* (»Alle Welt spielt Theater«), dann steckt auch dahinter der Anspruch, daß das Theater die Welt im kleinen abbilden kann, weil der Schöpfer die Welt im großen als Theater konstruiert hat.

Übertragbarkeit in andere Epochen

Stücke, die für das elisabethanische Theater geschrieben wurden, sind auf den modernen Bühnen in einem von den Dramen anderer Epochen und Nationen unerreichten Umfang präsent. Das ist natürlich in erster Linie Shakespeares Verdienst; von seinen 37 Dramen sind alle in den letzten Jahrzehnten mehrfach aufgeführt worden; bis auf etwa zehn von ihnen, die als schwer machbar oder unergiebig gelten (wie zum Beispiel *Titus Andronicus* oder die drei Historien über Heinrich VI.), stehen alle für jedes Theater, das überhaupt Klassiker spielt, zur Wahl. Aber auch von den anderen elisabethanischen Dramatikern werden häufiger Stücke inszeniert, und zwar vor allem von jüngeren Zeitgenossen wie Ben Jonson (besonders die Komödien *The Alchemist* und *Volpone*), John Webster (von dem zwei wirkungsvolle Tragödien stammen, *The White Devil* und *The Duchess of Malfi*), John Marston und Thomas Middleton. Vom Drama vor Shakespeare kommen nur Christopher Marlowes Tragödien (besonders *Tamburlaine*, *Doctor Faustus* und *The Jew of Malta*) gelegentlich zur Aufführung.

　　Die Präsenz eines so breiten Spektrums von elisabethanischen Stücken auf modernen Bühnen ist nicht nur eine Frage des besonderen Ranges als Werke der dramatischen Literatur, sondern auch der Aufführbarkeit und Vermittelbarkeit. Elisabethanische Stücke lassen sich von jedem Theater und vor jedem Publikum spielen. Shakespeare gehört, wenn man den Text ausloten will, zu den schwierigsten Klassikern, aber er ist am leichtesten spielbar, so daß er ein Favorit des Laien- und Schultheaters ist.

Die elisabethanischen Dramen verdanken ihre Übertragbarkeit auf spätere Epochen dem in sie eingegangenen ständigen Bezug auf Zusammensetzung und Interessen des Publikums und auf die Spielbedingungen der elisabethanischen Bühne. Die Stücke sind für ein einfaches und im ganzen unspezifisches Aufführungsinstrument geschrieben; sie sind außerdem auf Flexibilität angelegt, weil der Autor nicht weiß, ob sie außer in einem bestimmten Theater nicht auch in einem Saal bei Hof oder in der Provinz aufgeführt werden; sie können daher auf fast jeder späteren Bühne gespielt werden. Der Text trägt seine Bühnenbilder und seine Regieanweisungen in sich. Er verlangt keinen bestimmten Stil der Kostümierung.

Die Ausrichtung der Stücke auf ein teils sehr einfaches, teils gehobenes Publikum und die resultierende Kombination von anspruchsvollen und populär-unterhaltenden Elementen wirkt sich ebenfalls auf die Übertragbarkeit positiv aus. Gerade die Verweisung auf das Elementare, die durch die Präsenz des Volkes im Theater (und durch die Bühnenbedingungen) erzwungen wird, trägt zur Unverwüstlichkeit der Stücke bei: Sie haben bei aller Komplizierung und Vielschichtigkeit stets ein klares, einfaches, robustes Grundgerüst, das die Fülle des Gebotenen trägt und ordnet. Die publikumsattraktiven Elemente sind dabei so in die Dramen eingearbeitet, daß sie notwendige Teile der inneren und äußeren Handlung bilden. Wir starren nirgends auf das nackte Gerüst des sensationellen Vorgangs oder auf die reine Varieténummer. Aber das unterhaltende, vielfach reißerische Element ist in seiner

Wirkung doch nicht neutralisiert; es qualifiziert auch unsere Response, reizt uns, versetzt uns in Spannung. Wir preisen und interpretieren den komplexen Shakespeare, aber wir haben ihn auch in einer Krisenzeit der Klassikerpflege wie der jetzigen nicht zuletzt deshalb auf der Bühne und im Fernsehen, weil hinter dem *Hamlet* wie hinter den *Merry Wives of Windsor* das Theaterspiel in seiner ursprünglichsten und auch klamottenhaftesten Form steckt.

Trotz der vielen Inszenierungen von Dramen Shakespeares und seiner Zeitgenossen auf unseren Bühnen ist das Theater nicht mehr der Hauptsitz der Rezeption. Die elisabethanischen Stücke sind zu Lesedramen und Studienobjekten geworden. Shakespeare wird als muttersprachliche oder fremdsprachige Lektüre an Schulen in aller Welt gelesen. An den Universitäten werden im Studium der Anglistik, des studentenreichsten geisteswissenschaftlichen Fachs in der westlichen Welt, elisabethanische Dramen behandelt, auch solche, die nicht mehr aufgeführt werden.

Theaterbesucher und Leser werden bei ihrer Beschäftigung mit elisabethanischen Dramen direkt oder indirekt durch die Behandlung dieses Gegenstandes in den modernen Literaturgeschichten geleitet, die allesamt die gleichen methodischen Wege gehen:

– Shakespeare ist Schwerpunkt und Zentrum; er ist auch immer ein Kapitel für sich, ein nicht durch seine literaturhistorischen Kontexte erklärbares Phänomen.

– Entwicklungslinien und Einflüsse (des antiken Theaters oder der heimischen Spieltraditionen zum Beispiel) spielen eine ganz wichtige Rolle, so daß die gattungsgeschichtlichen Anfänge und die ersten Beispiele für bestimmte Dramentypen (zum Beispiel die Tragödie *Gorboduc* von 1561/62 oder die farcenhafte Komödie *Gam-*

mer Gurton's Needle von 1566) ein unverhältnismäßig
großes Gewicht erhalten.
- Man ist bemüht, in der Blütezeit und in der Spätphase
  des elisabethanischen Dramas die einzelnen Gattungen
  und Typen von Dramen, etwa die *humours*-Komödie,
  die satirische Komödie und die romantische Komödie,
  reinlich zu unterscheiden und gesondert zu behandeln.
- Es wird bei jedem Autor versucht, seine Individualität
  als Dramatiker zu erfassen.

Das ganze Ensemble moderner Rezeptionsarten weist
sowohl dem einzelnen Drama als auch den Gruppierungen von Theaterstücken einen anderen Platz zu als den,
den sie ursprünglich hatten. Unser elisabethanisches
Drama ist nicht nur eine Selektion des Besten und Blei-
benden, es besteht, auch wenn wir es sorgfältig historisch
studieren, aus anders gearteten Einzelphänomenen, und
es hat eine neue Ordnung. Da unser Gegenstand das elisabethanische Zeitalter ist, soll diese moderne Ordnung hier
nicht reproduziert werden; sie soll auch nicht als falsch
angeprangert werden, da jedes Zeitalter sich das aus früheren Epochen Tradierte auf eigene Weise und verändernd
aneignen muß. Es geht vielmehr darum aufzuzeigen, wie
das Angebot des elisabethanischen Theaters aus zeitgenössischer Sicht aussah, und insbesondere, welche
Aspekte der dramatischen Literatur sich damals anders
präsentierten als heute.

Es ist zunächst einmal offenkundig, daß die Priorität,
die heute beim gelesenen, sorgfältig und mit Mühe studierten Text liegt, damals beim gespielten, vom Zuschauer
nur einmal gehörten und gesehenen Stück lag. Das heißt
nicht, daß jene Dramen, die uns heute als der Inbegriff des
Komplexen und Schwierigen erscheinen, damals von
jedermann spontan verstanden wurden. Die besseren
elisabethanischen Stücke überstiegen mit ihrer bilderrei-

chen, komplizierten, innovativen und oft dunklen Sprache das unmittelbare Fassungsvermögen auch des gebildeten Elisabethaners. Schon damals hatten daher viele elisabethanische Stücke, besonders die von Shakespeare
und Jonson, aber auch viele andere, eine zweite Existenzweise als Lesedramen, wobei einzelne Werke bis zu zwanzig Auflagen erreichten. Die meisten der fundierten zeitgenössischen Äußerungen über Dramen und Dramatiker
stammen von Lesern, nicht von Theaterbesuchern. Es
wäre also ein Irrtum zu glauben, elisabethanische Dramen
seien ausschließlich zum alsbaldigen Theaterkonsum
bestimmt gewesen und wir machten heute mit diesen Texten etwas, wozu sie von Haus nicht taugen.

Auch das aufgeführte Stück ist im elisabethanischen
Kontext etwas anderes als heute. Wir gehen ins Theater,
um ein bestimmtes Stück zu sehen – zumindest wissen
wir, was gespielt wird. Der elisabethanische Theaterbesucher kann normalerweise gar nicht wissen, was gespielt
wird; die Theater zeigen mit ihrer Fahne nur an, daß
gespielt wird. Die Zuschauer gehen ins Theater, um ins
Theater zu gehen. Dort ist das Theaterstück zwar in der
Regel die Hauptsache – obwohl elisabethanische Dramatiker sich immer wieder beklagen, Teile des Publikums kümmerten sich kaum um ihre Stücke –, aber es
ist doch noch ein Teil der Gesamtlustbarkeit. Was für
den modernen Theaterbesucher als unkultiviert gilt, sich
selbst zur Schau zu stellen und das Schauspiel des Publikums zu genießen, gehört für die Elisabethaner wesentlich dazu.

Auch auf der Bühne gibt es nicht nur das eine Stück zu
sehen, sondern eine Art *double feature*. Thomas Platter
schildert einen Theaterbesuch so:

»Den 21. septembris nach dem imbißeßen, ettwan umb zwey uhren, bin ich mitt meiner geselschaft über daß waßer gefahren, haben in dem streüwinen [= strohgedeckten] dachhaus die tragedy vom ersten keyser Julio Caesare mitt ohngefahr 15 personen sehen gar artlich agieren; zu endt der comedien dantzeten sie ihrem gebrauch nach gar überauß zierlich, ye zwen in mannes undt 2 in weiber kleideren angethan, wunderbahrlich mitt einanderen« (S. 791).

Diese Stelle ist deshalb so berühmt, weil hier ein Augenzeuge über eine Aufführung eines Shakespearedramas, *Julius Caesar*, im Globe-Theater berichtet. Platter aber spricht weniger über das Stück – dessen Autor er nicht zur Kenntnis nimmt – als über den zweiten Teil des Programms, das (*jig* genannte) Nachspiel, das aus Tänzen und Liedern (oft mit aktuellen und zeitkritischen Texten) besteht und bis nach 1600 an allen Theatern üblich war. In den Stücken selbst haben die Einlagen wie Lieder, Musikstücke, Wettkämpfe, Maskenspiele, Pantomimen und Stücke im Stück, die bei modernen Inszenierungen meist möglichst weitgehend integriert werden, in betonter Weise den Charakter einer separaten, von der Hauptebene des fiktionalen Geschehens abgehobenen Zusatzveranstaltung.

Wer der Autor eines Stückes war, blieb nicht nur einem Ausländer wie Platter unbekannt, sondern auch der Mehrzahl der einheimischen Besucher. Dramatiker wie Shakespeare und Jonson hatten zwar durchaus einen Namen – wenn sie es auch an Popularität nicht mit den Stars unter den Schauspielern aufnehmen konnten –, und es gab unter den Kennern und Liebhabern auch schon eine Diskussion über ihren Rang als Theaterdichter, aber im Theater waren die Stücke immer und bei Druckausgaben in der Mehrzahl der Fälle anonym.

Eine sorgsam durchdachte und lange geprobte Inszenierung wurde keinem Stück zuteil. Einen Regisseur gab es nicht. Bei etwa zwanzig neuen Rollen pro Jahr, noch mehr Repertoirestücken und täglichem Auftreten konnte ein Schauspieler nicht mehr tun, als seinen Part zu memorieren und nach bester Kompetenz herunterzuspielen, und zwar ohne viel stummes Spiel und mit hoher Sprechgeschwindigkeit. Die zwei bis drei Stunden Spieldauer des elisabethanischen Fünfakters würden auf der modernen Bühne ohne Striche mehr als verdoppelt.

Bei dieser Struktur des Bereichs Theater und Drama ist es kein Wunder, daß fast alle Elisabethaner die Gemeinsamkeiten von Theaterereignissen deutlicher sahen als die Differenzierungen, auf die es modernen Kritikern ankommt, und daß sie, obwohl ihre generelle Einstufung der zeitgenössischen Stückeschreiber gar nicht so schlecht war, doch oft zwischen einem zukünftigen Klassiker und einem banalen Machwerk keinen Unterschied sahen. Shakespeare war populär genug, aber sein *Hamlet* wurde nicht so häufig zitiert wie Thomas Kyds *Spanish Tragedy*, und der Erfolg von *A Midsummer Night's Dream* und *The Tempest* verblaßte vor der Beliebtheit der anonymen *Most Pleasant Comedy of Mucedorus, the King's Son of Valencia, and Amadine, the King's Daughter of Aragon* (nach 1588), eines Stücks, das in kunstloser Mischung alles enthält, was den Elisabethanern lieb war: Königskinder, ganz hohe und ganz irdische Liebe, Abenteuer im wilden Wald, Kämpfe gegen Bären und Bösewichter, Allegorie und Spiel im Spiel. Daß dieser dauerhafte Renner in der Mehrzahl der 18 Buchauflagen Shakespeare zugeschrieben wurde, ist zwar falsch, aber nicht abwegig.

Gattungen

Für die Elisabethaner – wie für uns – bildet das Gattungssystem das wichtigste Rahmenwerk für die Gestaltung und Einteilung des Theaterangebots. Grundlegend sind dabei jene drei Gattungen, die auch im Titel der berühmtesten Gesamtausgabe der Zeit erscheinen, *Mr. William Shakespeares Comedies, Histories, & Tragedies*. Wie in anderen Fragen des Theaters nimmt man es auch mit den Gattungen nicht so genau; es gibt alle möglichen Zusatz-, Teil- und Mischgattungen. Der pedantische Polonius zählt einen ganzen Katalog von Gattungen auf, »tragedy, comedy, history, pastoral, pastoral-comical, historical-pastoral, tragical-historical, tragical-comical-historical-pastoral« (*Hamlet* II,2,396–399), und selbst der ernster zu nehmende Hof nennt in den Lizenzverfügungen mindestens ein halbes Dutzend Gattungen um sicherzustellen, daß die Truppe alles Übliche spielen darf; Shakespeares Leute beispielsweise werden von König Jakob zur Aufführung von »comedies, tragedies, histories, interludes, morals, pastorals, stage-plays and such like« ermächtigt. Diese Bezeichnungspotpourris zeigen schon, daß man nicht an präzisen Abgrenzungen und Kriterien interessiert ist. Vom Stückeschreiber bis zum Theaterbesucher verbindet fast jedermann mit den Gattungsbegriffen nur unpräzise und flexible Vorstellungen und Erwartungen.

Tragödie

Nach modernen Vorstellungen ist die Tragödie eine Gattung, deren Wesen besonders schwer zu begreifen und zu definieren ist. Für die Engländer der Shakespearezeit ist die Tragödie im Prinzip eine einfache und klar umrissene Sache: ein Drama vom *Fall of Princes*.

Dieser Tragödienbegriff geht auf das Mittelalter zurück, auf eine Zeit, in der die Tragödie in England noch gar nicht als Drama, sondern nur als eine bestimmte Art von Geschichten existierte. Tragödien sind danach Geschichten *De Casibus Virorum Illustrium*, von Personen an der Spitze der Hierarchie, die zu Fall kommen und ein elendes Ende nehmen. Beispiele für solche *casus* sind die Schicksale von Luzifer und Adam, von Alexander und Caesar, aber auch von Figuren der jüngeren Geschichte. Verursacherin des Sturzes ist die launische Göttin Fortuna, deren Symbol und Werkzeug das Rad ist – *wheel of fortune* –, das den einen unversehens nach oben trägt und den anderen zu Fall bringt. Manche der zu Fall Kommenden sind schuldig, andere nicht.[9]

Es ist offensichtlich, daß diese Tragödienkonzeption in einer engen Beziehung zum Weltbild steht. Thema ist ja der Fall eines Menschen von seinem Platz in der Seinswelt, der noch zu Shakespeares Zeit als besonders faszinierend und furchterregend betrachtet wird, durch die seit dem Sündenfall die Beständigkeit der Ordnung bedrohende, das Gefühl der Sicherheit zerstörende *instability* und *mutability*. Jeder Fall eines Mächtigen erteilt Lehren: an jedermann, nicht mit Dauer zu rechnen und irdische Glücksgüter nur als geliehen zu betrachten, an die Mächtigen, nicht dem Hochmut zu verfallen, an die Niedrigen, nicht neidisch zu sein auf hohen Rang, der mit der Gefahr des tiefen Falls so eng verbunden ist.

Grundstruktur und Varianten

Nach den Maßstäben anderer Poetiken, beispielsweise der aristotelischen, ist der elisabethanische Tragödienbegriff unzulässig weit und offen: Jeder Todesfall einer hochstehenden Person kann als Tragödie ausgelegt werden. Die Elisabethaner gewinnen jedoch mit der Beibehaltung und Ausgestaltung des *Fall of Princes*-Konzepts einen Gattungsbegriff, der die Tragödie in einem zentralen Vorstellungs- und Interessenbereich der Zuschauer ansiedelt und der eine große Flexibilität bei der Gestaltung erlaubt.

Bei der Dramatisierung dieses Konzepts ergeben sich Strukturen, die uns von den Tragödien Shakespeares her vertraut sind: Bühnengesellschaften, in denen die tragische Figur hohen oder beherrschenden Rang hat und durch eine Hierarchie von Untergebenen Stellung und Fallhöhe erhält; Handlungen, bei denen mit dem Fall des Individuums ein ganzes Gemeinwesen erschüttert wird; Kombination einzelmenschlicher und staatlich-gesellschaftlicher Aspekte; Ausnutzung des individuellen Falles für die Zwecke allgemeingültiger Aussagen.

Die elisabethanische Tragödie ist ein Grundtyp, der neben mehreren Konstanten – Sturz aus sozialer Höhe, tödliches Ende, universelle Bedeutung – drei variable dramaturgische Elemente enthält. Von diesen sind zwei begrenzt variabel: höhere oder tiefere gesellschaftliche Situierung der Hauptfiguren, private und öffentliche Dimensionen der Handlung. Die dritte, der moralische Status des schuldigen oder unschuldigen Helden, läßt sich fast unbegrenzt abwandeln.

Im Laufe der elisabethanischen Zeit wird die Schuld oder Mitschuld der tragischen Figur zur Regel, aber es wird weiterhin die volle Breite der Möglichkeiten genutzt. Neben Tragödienhelden, die ihren Fall verdient und verursacht haben wie Marlowes Tamburlaine oder Shakespeares Macbeth, gibt es Fallende, die so frei von Schuld sind wie Romeo, der sich »fortune's fool« nennt (*Romeo and Juliet* III,1,136), und Julia.

Nur sehr zögernd wird dagegen die Möglichkeit genutzt, der Tragödie Helden zu geben, die nicht Könige oder Fürsten sind und die private Konflikte auszutragen haben. Shakespeares *Othello* ist eine der ersten Tragödien, in der die Titelfigur kein Herrschender ist und das Problem auf Beziehungen innerhalb der Familie beruht, aber Othello ist immerhin Heerführer aus königlichem Geblüt, und sein Fall hat auch eine gesellschaftlich-politische Dimension. Stücke über den Fall bürgerlicher Personen wie die anonyme Tragödie *Arden of Feversham*, in der eine Frau aus Kent und ihr Liebhaber den Ehemann ermorden, oder wie Thomas Heywoods *A Woman Killed With Kindness*, eine Ehebruchsgeschichte, bleiben Ausnahmen.

Im übrigen fallen in dem vielgestaltigen Feld der Tragödie nur wenige geschlossene Gruppen auf. Am schärfsten ausgeprägt ist der (von Thomas Kyd begründete) Typus der Rachetragödie, in der ein Privatmensch beauftragt wird, Rache für ein Verbrechen zu üben, das von der öffentlichen Ordnung sonst nicht gesühnt würde. Nach Shakespeare wenden sich einige der begabtesten Dramatiker des frühen 17. Jahrhunderts, George Chapman (*The Revenge of Bussy D'Ambois*), Cyril Tourneur (*The Revenger's Tragedy*, *The Atheist's Tragedy*) und John Webster (*The White Devil*) dem Rachethema zu. Eine andere Gruppe sind die Tragödien mit römischen Helden wie Ben Jonsons *Sejanus His Fall* und *Catiline His Conspiracy* oder Shakespeares *Julius Caesar*, *Coriolanus* und *Antony and Cleopatra*. Die römische Geschichte ist für die Elisabethaner bekannter als die englische; die römische Welt hat Modellcharakter; die römische Staatsform der Republik hat den Reiz des Anderen und erlaubt die Dramatisierung von politischen Problemen, die sonst nicht vorkommen oder tabu sind.

Die Historie ist die jüngste, kleinste und kurzlebigste unter den drei elisabethanischen Gattungen. Historien (*histories, history plays, chronicle plays*) sind Stoffe aus der nationalen englischen Geschichte. Shakespeares *Richard II* ist eine Historie, weil die Titelfigur König von England ist, *Macbeth* ist keine Historie, weil es um schottische Geschichte geht. Das Beispielpaar weist schon darauf hin, daß es trotz der Klarheit und Einfachheit der Definition Überschneidungen der Gattungsbegriffe gibt. Historien, in denen der Herrscher zu Fall kommt, sind zugleich Tragödien in der elisabethanischen Bedeutung des Begriffs. Daß sich für die Dramen über englische Geschichte ein besonderer Gattungsbegriff durchgesetzt hat, ist historisch wohlbegründet. Die meisten dieser Dramen verdanken ihre Entstehung einem genau umreißbaren historischen Phänomen, nämlich dem heftigen Nationalismus, der sich in den letzten Jahrzehnten der Regierungszeit Elisabeths allenthalben zeigt. In welchem Maße diese Erscheinung geschichtlich fixiert ist, zeigt sich schon daran, daß das Historiendrama erst gegen 1580 als geschlossene Gattung in Erscheinung tritt und nach dem Tode Elisabeths in einem schnellen Niedergang zerfällt.

Die Historien dienen der Feier der eigenen Nation und der Festigung des nationalen Selbstbildes. Da die Autoren aber, dem allgemeinen Welt- und Geschichtsbild der Zeit entsprechend, gerade die Störungen der gottgegebenen staatlichen Ordnung durch Aufruhr, Krieg und Schuld der Herrschenden als die dramatischen, lehrreichen und darstellenswerten Phasen der Geschichte betrachten, zeigt sich das Interesse für vaterländische Geschichte nicht – wie in neueren Zeiten üblich – in einer Verherrlichung der glorreichen Phasen der Vergangenheit, sondern in einer Vergegenwärtigung der überstandenen Notzeiten und Katastrophen. Christopher Marlowes *Edward the Second*, ein frühes Beispiel der Gattung, handelt von einem Versager auf dem Thron, und Shakespeare, der Hauptvertreter des nationalen Historienstücks, sucht vornehmlich die düsteren Perioden der englischen Geschichte zur Dramatisierung aus. Auch seine Könige, die Hauptfiguren, stellen eine Negativauslese dar. Mit Ausnahme von Heinrich V. und Heinrich VIII. sind es schwache (Richard II., Heinrich VI.) oder schuldiggewordene (Heinrich IV.) oder schurkische (Richard III.) Monarchen. Durch diese Stoffwahl rücken automatisch auch die negativen Aspekte der eigenen Nation in das Gesichtsfeld, und bei aller Betonung des glücklichen und gesegneten Ausgangs ist die Geschichtsdarstellung nie ohne einen starken Faktor nationaler Selbstkritik.

An Unterhaltungselementen bieten die Historien eine bunte Menge: Schlachten, Intrigen, prunkvolle Aufzüge und Zeremonien. Manchmal wird eigens eine sozial niedere, komische Ebene eingebaut, um Lustigkeit einzubringen. Falstaff und seine Kumpane, die beliebtesten komischen Figuren des elisabethanischen Theaters, kommen aus dem Historiendrama.

Komödie

Die Komödie ist die Gattung mit dem lockersten Zusammenhang. Anders als *tragedy* und *history* deutet die Bezeichnung *comedy* erst in dritter Linie auf eine fester umrissene Gattungskonzeption.

Der Begriff der Komödie ist zunächst einmal ein Oberbegriff für alle Stücke, die nicht unter die Kategorien Tragödie oder Historie fallen. Die Komödie ist also eine Sammelgattung. Ihr Name kann, ähnlich dem deutschen ›Schauspiel‹, ein neutraler Terminus sein. Komödien sollen immer *pleasant* sein und *mirth and merriment* bringen, so wie man von Tragödien erwartet, daß sie vor allem *passion*, Leidenschaft, große Gefühle und psychische Extremzustände bieten. Die Erwartung ist ganz unspezifisch. *Mirth* kann aus deftigen Witzen resultieren oder aus feinem sprachkünstlerischem *wit*, aus den Auftritten von clownesken Figuren oder aus Situations- und Aktionskomik, die im Verlaufe einer durchgehenden Handlung entsteht.

Von einer strafferen und durchreflektierten, dem Tragödienbegriff vergleichbaren Konzeption der Komödie kann man erst ab etwa 1580 sprechen. Die Ansätze verdichten sich bei Ben Jonson zu einer Theorie der Komödie, die sich freilich nicht alle Dramatiker zu eigen machen. Dem elisabethanischen Konsens entspricht am ehesten jene Definition, die Jonson in *Every Man Out of His Humour* durch seine Kritikerfigur Cordatus vortragen läßt (III,6,204–209):

»Cicero [...] would have a *Comoedie* to be *Imitatio vitae*, *Speculum consuetudinis*, *Imago veritatis*; a thing throughout pleasant, and ridiculous, and accommodated to the correction of manners.«[10]

»Cicero [...] fordert, daß eine Komödie eine Nachahmung des Lebens, ein Spiegel der Sitten, ein Abbild der Wahrheit sein solle; eine durchaus vergnügenbringende, zum Lachen reizende und zur Verbesserung der Sitten geeignete Angelegenheit.«

Mit der Wirklichkeit und den Sitten, die in der Komödie gespiegelt werden sollen, ist nach einhelliger Auffassung der Renaissance nicht das hohe Leben gemeint, das Tragödie und Historie vorbehalten ist, sondern das normale, gemeine Leben, und diese Verschiebung des sozialen Bereichs bedeutet zugleich eine Verschiebung der Handlungen vom öffentlich-politischen in den privaten Raum. Die Komödie, so sagt schon Sidney, behandelt »our private and domestical matters«.[11] Ihr Spielraum ist lokal, nicht national; ihre Stoffe sind in der Gegenwart, nicht in der Historie angesiedelt.

In der Praxis des elisabethanischen Theaters kann jedes Stück als Komödie auf die Bühne kommen, in dem am Schluß alle Personen noch am Leben sind. Die Ziele der Dramatiker variieren von der Produktion von Gelächter um jeden Preis über das Lächerlichmachen von Unsitten und Torheiten bis zur Vermittlung von Einsichten in die Komik der menschlichen Natur und menschlicher Verhaltensweisen. Von der Möglichkeit, zeitgenössisches und normales Leben auf die Bühne zu bringen, machen die Theaterleute wenig Gebrauch.

Das Lieblingsmilieu der elisabethanischen Komödie sind die Höfe von Herzögen und Königen in mediterranen Märchenländern, die Bohemia oder Navarra oder Milan heißen und mit wirklichen Ländern ähnlichen Namens nichts zu tun haben. Wenn Komödien in England spielen, zeigen sie meist das Bürgerleben in romantischer Verklärung, oder sie konzentrieren sich auf soziale Bereiche, die für den normalen Theaterbesucher so fern sind wie Cappadocia oder Syracuse, die Unterwelt beispielsweise. Für uns ist Ben Jonsons *Bartholomew Fair* eine herrlich realistische und pralle Schilderung des großen Londoner Jahrmarkts mit Buden und Marktschreiern, vergnügten Besuchern und einem ganzen Puppenspiel; für die zeitgenössischen Besucher zeigt die Komödie den Markt, den sie kennen, aus einer unvertrauten und zum Teil unwirklichen Perspektive: Man schaut hinter den Kulissen den Schaustellern und Gaunern zu, und man lacht über die Erlebnisse von Jahrmarktbesuchern, vergnügensfeindlichen Puritanern beispielsweise, die man in Wirklichkeit dort nicht finden würde.

Wandelbarkeit

Das elisabethanische Theaterwesen ist ein unfestes Gebilde, das sich dauernd in hektischer und unregelmäßiger Bewegung befindet. Ein Querschnitt würde alle zehn Jahre, in manchen Phasen alle fünf Jahre, ein gewandeltes Bild ergeben: andere Theater, die in Mode sind; neue oder reorganisierte Truppen; andere Autoren; anders zusammengesetztes Publikum mit anderen Präferenzen. Es gibt Jahre, in denen die Theater fast ungestört durchspielen können, und Jahre mit langen und wiederholten Schließungen.

Für die Stückeschreiber geht vor allem von der Gefräßigkeit des Theaters ein ständiger Druck aus. Wenn eine Truppe etwa zwanzig neue Stücke pro Saison braucht, können die Theater den Autoren, die freie Mitarbeiter sind, keine großen Honorare zahlen, und die Autoren können ihre Stücke nicht in Ruhe ausarbeiten. Sie schreiben hastig und viel (Shakespeares durchschnittlich zwei Stücke pro Jahr stellen nach zeitgenössischen Maßstäben ein eher bedächtiges Tempo dar; seine Gesamtproduktion von unter 40 Stücken nimmt sich neben den 220, die sein Kollege Thomas Heywood allein oder mit anderen schrieb, eher bescheiden aus). Man tut sich zu Teams zusammen, um Schnellaufträge zu erledigen; es wird viel geschludert und noch mehr aus anderen (insbesondere älteren) Stücken abgeschrieben.

Die Theater, die kein Stück en suite spielen, sondern täglich wechselnde Programme bieten, durchsetzen den

Spielplan mit Stücken aus dem Repertoire. Auch das Repertoire besteht aber mit wenigen Ausnahmen aus jüngeren, in den letzten Jahren entstandenen Stücken. Die elisabethanische Zeit ist eine Epoche kurzlebiger kultureller Moden. Dramen veralten schnell. Gerade die anspruchsvollen Häuser müssen stets auf der Höhe des Geschmacks sein.

Die in den frühen neunziger Jahren bejubelte Historie ist nach 1600 tot. Die Ende der achtziger Jahre von John Lyly in Mode gebrachten manieristischen Sprachspiele im Dramendialog, die der junge Shakespeare in *Love's Labour's Lost* und in *Romeo and Juliet* so virtuos handhabt, sind schon vor 1600 völlig passé, genau wie die Sonettmode, die sich auch im Drama spiegelt. Von 1608 an wird die Tragikomödie beliebt, eine Gattung, in der hochgestellte Personen in tragischen Konflikten nur in die Nähe des Bühnentodes kommen, um schließlich doch im Glück zu enden. Das Autorenteam, das sich am besten auf diesen Typus versteht, Francis Beaumont und John Fletcher, gewinnt an Popularität. Shakespeare, der schon mehrfach Stil und Dramaturgie dem vorherrschenden Geschmack angepaßt hat, stellt sich erneut um und geht in seinen späten Komödien *Cymbeline*, *A Winter's Tale* und *The Tempest* auf die neue Richtung ein. – Es hat also in der Epoche selbst nie eine Zeit gegeben, in der jenes Ensemble von Werken, das für uns das elisabethanische Drama repräsentiert, zusammen präsent oder spielbar war, und auch jenes für uns zum Bild der elisabethanischen Zeit gehörende Publikum, das die große Zeit des englischen Dramas von Marlowe über Shakespeare bis Jonson unmittelbar erlebte, hat nicht existiert.

Die im elisabethanischen England von den siebziger Jahren bis weit in das 17. Jahrhundert anhaltende Debatte um das Theater betrifft nicht nur den Bereich der zeitgenössischen Kultur, der uns heute am meisten interessiert, sondern sie illustriert auch die streitbare Art der Epoche, Kontroversen verbal auszutragen.

Phillip Stubbes, *gentleman* und Gelegenheitsschriftsteller, gehört zu den wortgewaltigsten Zeitkritikern aus dem puritanischen Lager. Sein 1583 erschienenes Buch *The Anatomie of Abuses: Contayning a Discoverie, or Briefe Summarie of such Notable Vices and Imperfections, as now raigne in many Christian Countreyes of the Worlde: but (especiallie) in a verie famous Ilande called AILGNA* [Anglia] *[...] Verie Godly, to be read of all true Christians [...]* machte Furore; es erschien in mehreren Auflagen, wurde vom Autor fortgesetzt und von Gegnern parodiert.[12] Das Theater ist nur eines der Angriffsziele; Stubbes zieht auch gegen Kleiderluxus und Völlerei, Trinksitten, Hurerei, Tanzen, Glücksspiele, Bärenhatz und Fußball am Sonntag vom Leder. Was Stubbes den Kanzelrednern mit ihrer schlichten Polemik voraushat, ist eine umfassende Kenntnis der schon seit der Antike geführten Debatte pro und contra Theater und Lustbarkeiten. – Er schreibt in der Form eines Dialogs zwischen dem Universalkritiker Philoponus und dem toleranteren, die Argumente der Gegenseite vorbringenden Spudeus:

»*Philoponus:* [...] For so often as they go to those houses where players frequent, they go to *Venus'* palace and Satan's synagogue to worship devils and betray Christ Jesus.

Spudeus: But notwithstanding I have heard some hold opinion that they be as good as sermons, and that many a good example may be learned out of them?

Philoponus: O blasphemy intolerable. Are filthy plays and bawdy interludes comparable to the word of God, the food of life and life itself? It is all one as if they had said bawdry, heathenry, paganry, scurrility, and devilry itself is equal with the word of God. Or that the Devil is equipolent with the Lord. [. . .] Besides this, there is no mischief which these plays maintain not. For do they not nourish idleness? And *otia dant vitia*, idleness is the mother of vice. Do they not draw the people from hearing the word of God, from godly lectures and sermons? For you shall have them flock thither thick and threefold when the church of God shall be bare and empty. And those that will never come at sermons will flow thither apace. [. . .]

Do they not maintain bawdry, insinuate foolery, and renew the remembrance of heathen idolatry? Do they not induce whoredom and uncleanness? Nay, are they not rather plain devourers of maidenly virginity and chastity? For proof whereof but mark the flocking and running to Theaters and Curtains, daily and hourly, night and day, time and tide, to see plays and interludes, where such wanton gestures, such bawdy speeches, such laughing and fleering, such kissing and bussing, such clipping and culling, such winking and glancing of wanton eyes, and the like is used, as is wonderful to behold. Then these goodly pageants being done, every mate sorts to his mate, every one brings another homeward of their way very friendly, and in their secret conclaves (covertly) they play the sodomites, or worse. And these be the fruits of plays and interludes, for the most part. And whereas, you say, there are good examples to be learnt in them: truly so there are; if you will learn falsehood; if you will learn cozenage; if you

will learn to deceive; if you will learn to play the hypo-
crite, to cog, to lie and falsify; if you will learn to jest,
laugh and fleer, to grin, to nod and mow; if you will learn
to play the Vice, to swear, tear and blaspheme both heaven
and earth; if you will learn to become a bawd, unclean, and
to devirginate maids, to deflower honest wives; if you will
learn to murder, flay, kill, pick, steal, rob and rove; if you
will learn to rebel against princes, to commit treasons, to
consume treasures, to practise idleness, to sing and talk of
bawdy love and venery; if you will learn to deride, scoff,
mock and flout, to flatter and smooth; if you will learn to
play the whoremaster, the glutton, drunkard, or incestu-
ous person; if you will learn to become proud, haughty
and arrogant; and finally, if you will learn to contemn
GOD and all his laws, to care neither for Heaven nor
Hell, and to commit all kind of sin and mischief, you need
to go to no other school, for all these good examples may
you see painted before your eyes in interludes and
plays.«[13]

»*Philoponus:* [...] Denn sooft sie zu jenen Häusern gehen, wo
Schauspieler aufzutreten pflegen, gehen sie zum Palast der Venus
und zur Synagoge Satans, um Teufel anzubeten und Christus
Jesus zu verraten.

Spudeus: Aber dennoch habe ich einige die Meinung vertreten
gehört, daß sie [die Theaterstücke] so gut wie Predigten seien und
daß sich manch ein gutes Exempel aus ihnen lernen ließe.

Philoponus: Welch unerträgliche Blasphemie! Sind schmutzige
Theaterstücke und zotige Interludien vergleichbar mit dem Wort
Gottes, Nahrung des Lebens und Leben selbst? Es ist genau
dasselbe, als hätten sie gesagt, daß Zoten, heidnische Lehren,
Possenreißerei und Teufelei mit dem Wort Gottes gleichzusetzen
wären. Oder daß der Teufel die gleiche Autorität habe wie der
Herr. [...] Außerdem: es gibt nichts Böses, was diese Schauspiele nicht fördern. Denn nähren sie nicht den Müßiggang? Und
otia dant vitia, Müßiggang ist die Mutter des Lasters. Halten sie

nicht das Volk davon ab, Gottes Wort, fromme Vorträge und Predigten zu hören? Denn dorthin werden sie doch noch in dicken Massen laufen, wenn die Kirche Gottes schon kahl und leer ist. Und auch die, die nie zur Predigt kommen, die strömen eilends dahin. [...]

Fördern sie nicht Unsittlichkeit, legen Torheit nahe und frischen die Erinnerung an heidnischen Götzendienst auf? Führen sie nicht Hurerei und Unanständigkeit herbei? Nein, sind sie es nicht, die mädchenhafte Jungfräulichkeit und Keuschheit direkt verschlingen? Zum Beweis dafür schaut nur das Gelaufe und Gerenne zu so einem Theatre und einem Curtain an, täglich und stündlich, bei Nacht und Tag, bei Ebbe und Flut, um Schauspiele und Interludien zu sehen, wo es dann solche lüsternen Gesten, solche zotigen Reden, ein solches Lachen und Spotten, Küssen und Kosen, Sich-Drücken und Schmusen, ein solches Blickewerfen und Hinstarren lüsterner Augen und mehr dergleichen gibt, daß es wundersam anzusehen ist. Wenn dann diese famosen Schaustellungen beendet sind, dann finden gleich und gleich zueinander, jeder bringt jemand anderen freundlich nach Hause, und bei ihrem geheimen Treffen (in Verborgenheit) betreiben sie dann Sodomie, oder Schlimmeres. Und dies ist die Frucht von Schauspielen und Interludien, zum größten Teil. Und wenn du sagst, daß man gute Exempel in ihnen lernen kann: jawohl, so ist es. Wenn du lügen lernen willst; wenn du betrügen lernen willst; wenn du Täuschung lernen willst, wenn du lernen willst, den Scheinheiligen zu spielen, zu betrügen, zu lügen und zu fälschen; wenn du lernen willst zu spaßen, zu lachen und zu höhnen, zu grinsen, zu nicken und Fratzen zu schneiden; wenn du lernen willst, das Laster zu spielen, zu fluchen und Himmel und Erde zu lästern und herunterzumachen; wenn du lernen willst, wie man ein Kuppler wird, sittenlos, und wie man Mädchen entjungfert und ehrbare Frauen schändet; wenn du lernen willst zu morden, zu schinden, zu töten, zu klauen, zu stehlen, zu rauben, zu vagabundieren; wenn du lernen willst, dich gegen Fürsten zu erheben, Verrat zu begehen, Schätze zu verschleudern, dem Müßiggang zu pflegen, von unzüchtiger Liebe und Fleischeslust zu singen und zu reden; wenn du lernen willst zu verlachen und zu verhöhnen, sich lustig zu machen und zu verspotten, zu schmei-

cheln und zufrieden zu reden; wenn du lernen willst, wie man
den Hurenbock, den Vielfraß, den Trunkenbold oder den Blut-
schänder macht; wenn du lernen willst, stolz, hochmütig und
arrogant zu werden; und schließlich, wenn du lernen willst, Gott
und all seine Gebote zu verachten, dich weder um Himmel noch
Hölle zu kümmern und alle Arten von Sünde und Bosheit zu
begehen, dann brauchst du in keine andere Schule zu gehen, denn
all diese guten Beispiele kannst du in Interludien und Schauspielen vor deinen Augen ausgemalt sehen.

Um 1600 kommt in England die kleine Gattung der *characters* für eine Reihe von Jahren in Mode, das sind kurze
Essays, in denen typische Vertreter von Berufen oder
Gruppen – der Bauer, der Gelehrte, das Kind – pointiert
und plastisch beschrieben werden. Schauspieler – positiv,
kritisch oder ambivalent gesehen – gehören zu den beliebe-
ten Objekten der Charakterisierung. Auszüge aus zwei in
der Einschätzung unterschiedlichen Beispielen:

»Whatsoever is commendable to the grave orator, is most
exquisitely perfect in him; for by a full and significant
action of body, he charms our attention: sit in a full
theatre, and you will think you see so many lines drawn
from the circumference of so many ears, whiles the actor is
the centre. He doth not strive to make nature monstrous;
she is often seen in the same scene with him, but neither on
stilts nor crutches; and for his voice, 'tis not lower than the
prompter, nor louder than the foil and target. By his
action he fortifies moral precepts with examples; for what
we see him personate, we think truly done before us: a
man of a deep thought might apprehend the ghost of our
ancient heroes walked again, and take him (at several
times) for many of them. He is much affected to painting,
and 'tis a question whether that make him an excellent
player, or his playing an exquisite painter. He adds grace

to the poet's labours: for what in the poet is but ditty, in him is both ditty and music. He entertains us in the best leisure of our life, that is between meals, the most unfit time either for study or bodily exercise. The flight of hawks and chase of wild beasts, either of them are delights noble: but some think this sport of men the worthier, despite all calumny. All men have been of his occupation; and indeed, what he doth feignedly, that do others essentially: this day one plays a monarch, the next a private person. Here one acts a tyrant, on the morrow an exile: a parasite this man to-night, to-morrow a precisian, and so of divers others. I observe, of all men living, a worthy actor in one kind is the strongest motive of affection that can be: for when he dies, we cannot be persuaded any man can do his parts like him. But to conclude, I value a worthy actor by the corruption of some few of the quality, as I would do gold in the ore; I should not mind the dross, but the purity of the metal« (Sir Thomas Overbury, *Characters*, 1614–16).[14]

»Alles was den ernsthaften Redner auszeichnet, das findet sich bei ihm in feinster Vollkommenheit; denn er fesselt unsere Aufmerksamkeit durch bedeutungsvolles Agieren mit dem ganzen Körper. Wenn du in einem vollen Theater sitzt, dann stellst du dir vor, daß vom Umkreis der vielen Ohren aus lauter gerade Linien gezogen sind, während der Schauspieler das Zentrum ist. Er ist nicht darauf aus, die Natur zu verunstalten; sie läßt sich oft mit ihm zusammen auf der Szene sehen, aber weder auf Stelzen noch auf Krücken; und was seine Stimme angeht, so ist sie nicht leiser als der Souffleur und nicht lauter als der Lärm eines Fechtkampfs. Mit seinem Agieren gibt er moralischen Lehrsätzen durch Beispiele Nachdruck; denn was wir ihn spielen sehen, das erscheint uns wirklich vor unseren Augen getan. Ein tiefsinniger Mensch könnte meinen, der Geist unserer alten Helden wandele wieder auf Erden und könnte ihn [den Schauspieler] bisweilen für manche von ihnen halten. Er hält viel vom Anmalen, und es ist die Frage, ob ihn das zu einem vorzüglichen Schauspieler macht, oder ob sein Spielen ihn zum vorzüglichen Maler macht. Er verleiht den Arbeiten des Dichters Anmut; denn was beim Dichter nur Liedertext ist, das ist bei ihm Text und Musik. Er unterhält uns während der besten Muße unseres Lebens, nämlich zwischen den Mahlzeiten, in der Zeit, die sowohl für Studien als auch für körperliche Betätigung am ungeeignetsten ist. Die Falknerei und die Jagd auf Wild, das sind edle Vergnügen, aber es gibt einige, die dieses Mußevergnügen mit Menschen für höherwertig halten, trotz aller Verunglimpfung. Alle Menschen haben schon seinen Beruf ausgeübt, in der Tat: was er nur zum Schein tut, das tun andere dem Wesen nach. Heute spielt einer den Monarchen, morgen eine Privatperson. Hier spielt einer einen Tyrannen, am nächsten Tag einen Verbannten: einen Parasiten spielt dieser heute abend, morgen einen Puritaner, und so diverse andere. Ich stelle fest, daß von allen Menschen, die es gibt, ein in einem Rollenfach guter Schauspieler der stärkste Beweggrund für Zuneigung ist, denn wenn er stirbt, kann uns niemand davon überzeugen, daß irgend jemand seine Rollen so spielen kann wie er. Aber, um zum Schluß zu kommen, ich beurteile einen guten Schauspieler angesichts der Verderbtheit einiger weniger in seinem Stande so, wie ich Gold im Roherz betrachten würde: ich würde nicht an das taube Gestein drumherum denken, sondern an die Reinheit des Metalls.«

»Players are discredited in the very subject of their profession, which is only scratching the itching humours of scabbed minds with pleasing content and profane jests; and how can he be well reputed, that employs all his time in vanity and lies, counterfeiting and practising nothing else.

Player is afraid of the plague, as much as a coward of a musket: for as death is formidable to the one, so is poverty and wants to the other.

Player is afraid of the statute, for if he have no better supportation than his profession, he is neither admitted in public, nor if he be a roamer dares justify himself in private, being a flat rogue by the statute.

Player's practices can hardly be warranted in religion: for a man to put on woman's apparel, and a woman a man's, is plain prohibition; I speak not of execrable oaths, artificial lies, discoveries of cozenage, scurrilous words, obscene discourses, corrupt courtings, licentious motions, lascivious actions, and lewd gestures: for all these are incident to other men. But here is the difference: in these they come by imperfection, in them by profession.

Player is a great spender, and indeed many resemble strumpets, who get their money filthily, and spend it profusely.
[...]
Player hath many times many excellent qualities: as dancing, activity, music, song, elocution, ability of body, memory, vigilancy, skill of weapon, pregnancy of wit, and such like: in all which he resembleth an excellent spring of water, which grows the more sweeter and the more plentiful by the often drawing out of it: so are all these the more perfect and plausible by the often practice.
[...]
Player is like a garment which the tailor maketh at the direction of the owner; so they frame their action at the disposing of the poet: so that in truth they are reciprocal helps to one another; for the one writes for money, and the other plays for money, and the spectator pays his money« (T. G., *The Rich Cabinet*, 1616).[15]

»In Mißkredit geraten Schauspieler schon durch den Gegenstand ihres Berufs, denn der besteht nur darin, die juckenden Launen räudiger Köpfe mit gefälligem Inhalt und gemeinen Witzen zu kratzen; und wie kann der einen guten Namen haben, der seine ganze Zeit mit Eitelkeit und Lügen hinbringt und nichts anderes vorspielt und praktiziert.

Der Schauspieler hat soviel Angst vor der Pest wie der Feigling vor der Muskete: denn wie für den einen der Tod schrecklich ist, so sind es für den anderen Armut und Not.

Der Schauspieler hat Angst vor dem Gesetz, denn wenn er keinen besseren Unterhalt hat als sein Metier, ist er nicht öffentlich anerkannt, und wenn er zu den Fahrenden gehört, traut er sich nicht einmal, sich im privaten Kreis zu rechtfertigen, denn nach dem Gesetz ist er ein richtiger Spitzbube.

Was der Schauspieler macht, das ist kaum mit der Religion zu vereinbaren, denn wenn ein Mann Frauenkleider anzieht und eine Frau Männerkleider, das ist ein klarer Verstoß; ich rede gar nicht von den schrecklichen Flüchen, ausgeklügelten Lügen, vom Vorführen von Betrugsmanövern, von zotigen Wörtern, obszönen Reden, sittenlosem Liebeswerben, unzüchtigen Bewegungen, lüsternen Handlungen und liederlichen Gesten, denn all dies kommt auch bei anderen Menschen vor. Allerdings mit einem Unterschied: die anderen tun es aus Schwäche, diese [die Schauspieler] von Beruf.

Der Schauspieler ist groß im Geldausgeben, und viele ähneln tatsächlich Huren, die ihr Geld schmutzig verdienen und verschwenderisch ausgeben.

[...]

Der Schauspieler hat oft viele vorzügliche Qualitäten, als da sind Tanzen, Behendigkeit, Musik, Gesang, sprachlicher Vortrag, körperliche Fähigkeiten, Gedächtnis, Aufmerksamkeit, Geschick beim Fechten, Schlagfertigkeit und dergleichen. In all diesem ähnelt er einer vorzüglichen Wasserquelle, die um so süßer und reichlicher wird, je mehr man aus ihr schöpft: so werden alle diese Qualitäten vollkommener und überzeugender durch die häufige Praxis.

[...]

Der Schauspieler ist wie ein Kleidungsstück, das der Schneider nach der Anweisung des Bestellers macht; so richten sie ihr Handeln nach der Verfügung des Dichters aus: so daß sie sich in Wahrheit gegenseitig helfen; denn der eine schreibt für Geld, und der andere spielt für Geld, und der Zuschauer zahlt sein Geld.«

Die Eingabe des *Lord Mayor* und des Rates der Stadt an das *Privy Council* vom 28. Juli 1597 ist nicht nur einer von vielen Versuchen, etwas gegen die Theater in den stadtnahen Bezirken in den umliegenden Grafschaften zu unternehmen, sondern es ist auch zum großen Teil eine wortwörtliche Wiederholung früherer Beschwerdebriefe. Die Stadtväter, deren Briefe meist nicht schriftlich beantwortet wurden, konnten diesmal einen Teilerfolg verbuchen. Die Regierung erließ noch am gleichen Tag ein Spielverbot für alle Theater im Umkreis von drei Meilen um London für die Zeit bis Allerheiligen (1. November).

»Our humble dutyes remembred to your good LL. & the rest. Wee haue signifyed to your HH. many tymes heartofore the great inconvenience which wee fynd to grow by the Common exercise of Stage Playes. Wee presumed to doo, aswell in respect of the dutie wee beare towardes her highnes for the good gouernment of this her Citie, as for conscience sake, beinge perswaded (vnder correction of your HH. iudgment) that neither in politie nor in religion they are to be suffered in a Christian Commonwealth, specially beinge of that frame & matter as vsually they are, conteining nothinge but prophane fables, lascivious matters, cozeninge devises, & scurrilus beehaviours, which are so set forth as that they move wholie to imitation & not to the auoydinge of those faults & vices which they represent. Amonge other inconveniences it is not the least that they give opportunity to the refuze sort of euill disposed & vngodly people, that are within and abowte this Cytie, to assemble themselves & to make their matches for all their lewd & vngodly practices; being as heartofore wee haue fownd by th'examination of divers apprentices & other seruantes whoe have confessed vnto vs that the said Staige playes were the very places of theire Randevous

appoynted by them to meete with such otheir as wear to
ioigne with them in theire designes & mutinus attemptes,
beeinge allso the ordinarye places for maisterles men to
come together & to recreate themselves. For avoyding
wheareof wee are now againe most humble & earnest
sutours to your honours to dirrect your lettres aswell to
our selves as to the Iustices of peace of Surrey & Midlesex
for the present staie & fynall suppressinge of the saide
Stage playes, aswell at the Theatre, Curten, and banck-
side, as in all other places in and abowt the Citie,
Wheareby wee doubt not but, th'opportunitie & the very
cause of many disorders beinge taken away, wee shalbee
more able to keepe the worse sort of such evell & disor-
dered people in better order then heartofore wee haue
been. And so most humbly wee take our leaves. From
London the xxviijth of Iulie. 1597« (*A Letter from the
Lord Mayor and Aldermen to the Privy Council*).[16]

»Wir sind Eurer Lordschaften ergebene Diener usw. Wir haben
Euren Hoheiten schon in der Vergangenheit oft Stellungnahmen
über die großen Mißhelligkeiten zugeleitet, die nach unserer Meinung aus der gemeinen [d. h. regelmäßigen und allgemein
zugänglichen] Aufführung von Bühnenstücken entstehen. Wir
haben uns das erlaubt, sowohl im Hinblick auf die Pflicht, die wir
Ihrer Königlichen Hoheit gegenüber zur guten Regierung dieser
Ihrer Stadt haben, als auch aus Gewissensgründen, da wir überzeugt sind (vorbehaltlich anderer Meinung Eurer Hoheiten), daß
sie [öffentliche Theateraufführungen] in einem christlichen
Gemeinwesen aus politischen und moralischen Gründen nicht
erlaubt werden dürfen, insonderheit deshalb, weil sie üblicherweise so geartet und beschaffen sind, daß sie ausschließlich uner-
bauliche Geschichten, unzüchtige Dinge, betrügerische Tricks
und unflätige Verhaltensweisen zum Inhalt haben und Dinge
Dinge so darstellen, daß sie gänzlich zur Nachahmung anreizen
und nicht zur Meidung jener Fehler und Laster, die sie darstellen.
Unter anderen Nachteilen ist nicht der geringste der, daß sie es

dem Abschaum an Menschen in dieser Stadt und in der Umgegend, die zum Bösen geneigt und gottlos sind, möglich machen, sich ein Stelldichein zu geben und ihre Verabredungen für all ihre unsittlichen und gottlosen Unternehmungen zu treffen. Wie wir in der Vergangenheit durch die Vernehmung von verschiedenen Lehrlingen und anderen Dienstboten herausgefunden haben, sind, wie gestanden wurde, die besagten Theaterstücke die Treffpunkte, an denen sie sich verabredet hatten, um mit denen zusammenzukommen, die bei ihren Anschlägen und aufrührerischen Unternehmungen mitmachen sollten. Die Schauspiele sind auch die normalen Orte, wo sich herrenlose Leute treffen und vergnügen. Um selbiges zu vermeiden, möchten wir zum wiederholten Male ergebenst und ernsthaft das Ersuchen an Eure Ehren richten, sowohl an uns als auch an die Friedensrichter von Surrey und Middlesex Weisungen zu schikken, die das sofortige Verbot und die endgültige Unterdrückung der besagten Theaterspiele, sowohl im Theatre, im Curtain und auf der Bankside als auch an allen anderen Plätzen in der Stadt und um sie herum, beinhalten. Wenn auf diese Weise, wie wir nicht bezweifeln, die Gelegenheit und die Ursache für viele Ordnungswidrigkeiten entfernt ist, wird es uns eher möglich sein, die schlimmere Schicht von bösen und ordnungsfeindlichen Personen in besserer Ordnung zu halten, als es uns bislang möglich gewesen ist. So empfehlen wir uns ergebenst. Gegeben in London am 28. Juli 1597.«

In einem dem Schreiben hinzugefügten Memorandum werden die wichtigsten moralischen, ordnungspolitischen und hygienischen Einwände gegen das Theater zusammengefaßt. Nach einer nochmaligen Darlegung der schon im Brief beschriebenen Gefahren der Sittengefährdung, insbesondere der jungen Generation, und des Treffpunktes der Kriminellen heißt es:

»3. They maintaine idlenes in such persons as haue no vocation & draw apprentices and other seruantes from theire ordinary workes and all sortes of people from the resort vnto sermons and other Christian exercises, to the great hinderance of traides & prophanation of religion established by her highnes within this Realm.

4. In the time of sicknes it is fownd by experience, that many hauing sores and yet not hart sicke take occasion hearby to walk abroad & to recreat themselves by heareinge a play. Whearby others are infected, and them selves also many things miscarry.«[17]

»3. Sie [die Theateraufführungen] fördern den Müßiggang bei Personen, die keine Beschäftigung haben, und halten Lehrlinge und andere Angestellte von ihrer normalen Arbeit fern und hindern Personen aller Schichten daran, an Predigten und anderen Gottesdiensten teilzunehmen. Das führt bei den Gewerben zu einer wesentlichen Behinderung und entheiligt die von Ihrer Hoheit in diesem Königreich etablierte Religion.

4. In der Zeit einer [Pest-]Seuche nehmen, wie die Erfahrung gezeigt hat, viele Erkrankte, die bereits Beulen haben, aber noch nicht schwerkrank sind, Gelegenheit, draußen herumzuspazieren und sich durch Anhören eines Theaterstücks zu vergnügen. Dadurch werden andere angesteckt, und vielfach verschlimmert sich auch ihre eigene Lage.«

Kapitel 5

Weltbild und Selbstbild

Weltbild

Wenn man sich mit dem elisabethanischen Zeitalter beschäftigt, stößt man immer wieder und in den verschie-
densten Zusammenhängen – von einem königlichen *progress* über den Kampf gegen die Armada bis zur Handhabung von Routinefragen durch den Rat der Stadt London
– auf einen Komplex von Vorstellungen, Überzeugungen
und Grundsätzen, die von den Zeitgenossen offenbar als
allgemein bekannt und akzeptiert und somit keiner besonderen Begründung bedürftig angesehen wurden. Jedermann ging zum Beispiel davon aus, daß es für alle Lebewesen, Dinge und Vorgänge in der Welt feste Ordnungen,
und zwar Hierarchien mit klarer Über- und Unterordnung, gebe und daß es bei allen Störungen oder Mißstän-
den nur darauf ankomme, die verlorene Norm zu finden
und wiederherzustellen. Jedermann war auch überzeugt,
daß die Schicht des Sichtbaren, des Meßbaren und der
Tatsachen nicht schon die ganze und eigentliche Realität
sei, sondern daß es tiefere Schichten der Wirklichkeit
gebe, auf die man durch Bilder und Zeichen, durch meta-
phorisches Sprechen und symbolisches Handeln, verweisen müsse.

Der Cambridger Literaturwissenschaftler E. M. W.
Tillyard hat mit dem Titel seiner 1943 erschienenen
grundlegenden Darstellung diesem geistigen Fundament
den heute allgemein üblichen Namen gegeben: *The Elizabethan World Picture.* Seit es das Buch und den Begriff
gibt, den Tillyard nach dem Vorbild des deutschen Wortes ›Weltbild‹ geprägt hat, wird über dieses Konzept gestritten.[1] Einige Kritiker, Experten für das Denken der
Epoche, warfen Tillyard vor, daß sein Aufriß des Weltbildes unvollständig sei, weil er das Ideengut wichtiger zeit-

genössischer Philosophen wie Francis Bacon nicht eingearbeitet habe. Andere bestritten vehement, daß das bei Tillyard Dargestellte die Meinung aller Elisabethaner gewesen sei und erklärten das Konzept eines elisabethanischen Weltbildes für eine Fiktion oder eine unzulässige Verallgemeinerung. Tillyard hat sich die Kritik zwar selbst zugezogen, weil er sein Weltbild-Konzept nicht präzis definierte und auch in seiner Darstellung nicht immer einheitlich anwendete, aber sein Ansatz hat sich nicht zu Unrecht durchgesetzt.

a)   Als Weltbild kann man einmal die Summe dessen betrachten, was eine Epoche über die Welt weiß oder zu wissen glaubt. In diesem Sinne hatten die Elisabethaner kein gemeinsames Weltbild. Es gab in dieser Zeit des Übergangs zwischen den mittelalterlichen und den modernen Methoden und Ergebnissen der einzelnen Wissenschaften erhebliche Differenzen zwischen dem, was verschiedene Individuen und Gruppen für wahr und erwiesen hielten. Manche glaubten an Hexen und schwarze Magie, andere nicht. Manche taten nichts ohne den Rat ihres Astrologen, andere hielten alle praktizierenden Astrologen für Scharlatane, wieder andere steuerten einen vorsichtigen Mittelweg (wie Königin Elisabeth bei der Festlegung des Krönungstermins). Viele hielten sich noch an das alte, auf Ptolemäus zurückgehende geozentrische Modell der Planetenbewegung; andere akzeptierten die Theorie des Kopernikus, daß die Sonne im Zentrum des Planetensystems stehe.

b)   Wenn man aber unter einem Weltbild nicht eine Kurzfassung des Wissens oder der Annahmen über Tatsachen versteht, sondern – wie es sinnvoller ist – ein System von Kategorien und Grundvorstellungen zur Erfassung der Welt, dann hatten die Elisabethaner sehr wohl ein Weltbild, das Gemeingut aller war.

Dieses Weltbild dient als Rahmen, in den der einzelne verschieden viele und verschieden differenzierte Detailkenntnisse und -meinungen einordnen kann, und es dient als Kommunikationssystem zur einvernehmlichen oder kontroversen Diskussion über den Bau und das Funktionieren der Welt und über die Handlungsweisen, die daraus abzuleiten seien. So wie sich in unserer Zeit Kernkraftgegner und Kernkraftbefürworter in dem Vorstellungsmodell einig sind, daß die Erde ein gefährdetes Ökosystem ist, das nicht aus dem Gleichgewicht gebracht werden darf – eine Vorstellung, die relativ jung ist –, so gab es auch für die Elisabethaner ein Modell, und zwar ein Gesamtmodell der Welt, das Gemeingut war.

Dieses Weltbild, das vorwiegend als ein Ensemble eingefleischter Vorstellungen und Sichtweisen bei jedem Zeitgenossen vor jeder kritischen Reflexion existierte, wurde nicht als geschlossenes Lehrgebäude vermittelt. Es gibt typischerweise keine elisabethanische Gesamtdarstellung. Die Übertragungswege waren verzweigt und partiell. Zusammenhängende Teile des Gesamtkomplexes sind in Predigten, Gesetzespräambeln und in den ins Grundsätzliche gehenden Einleitungen zu Fachbüchern zu finden.

Hauptquelle und Hauptmedium des Weltbildes ist die Sprache, die begriffliche sowohl wie die metaphorische. Man kann sich das Weltbild selbst am besten als eine Art von Sprache vorstellen, genauer gesagt: als ein semantisches System, das teils aus visuellen Vorstellungen, teils aus sprachlichen Zeichen und den ihnen zugeordneten Bedeutungen besteht. Je komplexer, bildreicher und reflektierter die Sprache ist, um so plastischer spiegelt sie auch das Weltbild. So bieten Shakespeares Texte die besten Illustrationen des zeitgenössischen Weltbildes, und sie setzen zugleich am stärksten die Kenntnis des Gemeinguts an Ideen voraus.

Ordnung durch Hierarchien

Das elisabethanische Weltbild ist erstens universalistisch: Das Weltganze wird als *frame of order*, als Bauwerk der Ordnung, aufgefaßt. Daß diese Ordnung allumfassend ist, gehört zu den ersten Axiomen. Man streitet über die Grenzen ihrer Erkennbarkeit und über den Grad ihres Zerfalls, nicht aber darüber, daß es im Prinzip eine universale Ordnung gibt, in der alle gegenwärtigen und vergangenen Phänomene ihren Platz haben und die sowohl materielle als auch geistige Wesenheiten umfaßt. Sie überspannt und vereinigt alle einzelnen Wissenschaften und Disziplinen, ist die Basis sowohl für die Naturwissenschaften als auch für die Historie und die politische Theorie.

Das Weltbild ist zweitens theologisch fundiert: Die Einheit des Universums stammt aus Gott. Seiner einen Schöpfungsintention ordnen sich das Ganze und alle Teile unter. Er erhält sein Werk und gibt dem Menschen auf, die Ordnung zu erkennen und sich ihrer zu erfreuen. An die Ordnung der Welt zu denken, hat daher stets religiöse Implikationen.

Auch für die Geschichte der Welt ist die Heilsgeschichte von der Erschaffung der Welt bis zum Kreuzestod Christi die Grundlage und das fortwirkende Modell. Wer Geschichte schreibt, beginnt meist bei Adam und Eva und betrachtet die Nationalhistorie als Fortsetzung der biblischen Geschichte.

Der Kosmos ist drittens hierarchisch geordnet, und zwar als eine Hierarchie, die wieder aus Unterhierarchien besteht. Als Gott die Welt aus dem Chaos erschuf, hat er alle Kreaturen, vom einfachsten Mineral bis zum höchsten Erzengel, nach dem Prinzip des *degree*, der Rangstufung, so gestaltet, daß jedes Wesen seinen eigenen, unverwechselbaren, durch Über- und Unterordnung definierten Platz hat. Sir John Fortescue beschreibt in einer lateinisch geschriebenen Abhandlung über das Naturrecht den Aufbau der Seinshierarchie so:

»In dieser Ordnung steht Engel über Engel und Rang über Rang im Himmelsreich; ein Mensch ist über den anderen gesetzt, Tier über Tier, Vogel über Vogel, Fisch über Fisch auf der Erde, in der Luft und im Meer; so daß es keinen Wurm gibt, der auf der Erde kriecht, keinen Vogel, der droben fliegt, und keinen Fisch, der in den Tiefen schwimmt, den nicht die Kette dieser Ordnung in höchst harmonischem Zusammenklang bindet. [. . .] Gott hat so viele verschiedene Arten von Dingen geschaffen, wie er Kreaturen geschaffen hat, so daß es keine Kreatur gibt, die sich nicht in einer Hinsicht von allen anderen Kreaturen unterscheidet und die nicht in irgendeiner Hinsicht über oder unter allen übrigen steht; so daß man vom höchsten der Engel bis zum niedrigsten keinen findet, der nicht einen über sich und einen unter sich hätte; noch gibt es vom Menschen abwärts bis zum geringsten Wurm eine Kreatur, die nicht in irgendeiner Hinsicht einer anderen über- oder untergeordnet ist; so daß es nichts gibt, was das Band der Ordnung nicht umschließt.«[2]

Die Welt unter dem Mond und der Makrokosmos

Wenn auch jedes geschaffene Einzelwesen seine eigene Stufe im Weltbau innehat, so gibt es doch auch eine umfassendere Gliederung in Bereiche, die natürlich wieder hierarchisch ist. In der sublunaren oder elementaren Welt, die dem Wandel und dem Tod unterworfen ist, weil sie aus den vier Elementen zusammengesetzt ist, steht auf der untersten Ebene das Reich der Mineralien, deren einzige Grundeigenschaft die Existenz ist. Auf der nächsten Stufe stehen die Wesen des *Vegetable Kingdom*, die Pflanzen, bei denen zum Sein noch das Leben tritt. Die Angehörigen des *Animal Kingdom* haben Gefühl und Bewegung als zusätzliche Qualitäten. Beim Menschen im nächsthöheren, dem rationalen Bereich treten Verstand und Seele hinzu.

Auf der linken Seite des Ordnungsschemas aus einer kontinentalen Darstellung, C. Bovillus' (de Bouelles) *Liber de Sapiente* (1509), sind die vier sublunaren Bezirke als Stufen einer Treppe dargestellt. Jedes der oben mit einem Namen versehenen Reiche wird durch einen Repräsentanten dargestellt – Fels, Baum, Pferd –; nur der Mensch ist die einzige Gattung auf seiner Stufe. Die Wesen jeder Stufe haben die Grundeigenschaften der tieferen Stufe und außerdem eine Zusatzqualität; der Mensch etwa ist, lebt, fühlt und erkennt.

Vom Mond an beginnt der Makrokosmos; er besteht aus den Gestirnen und ihren Sphären und aus der intelligiblen, nicht mehr mit den Sinnen wahrnehmbaren Welt des Himmels im religiösen Sinne. Die Darstellung, aus einem oft nachgedruckten kosmographischen Handbuch aus der Tudorzeit,[3] zeigt den verbreitetsten Typus der Abbildung des Kosmos als eines Systems konzentrischer Kreise (s. Abb. S. 482). Im Zentrum der elementare Bereich: die Erdkugel, aus den beiden schweren Elementen Erde und Wasser bestehend, darum die Lufthülle und der aus reinem und daher unsichtbarem Feuer bestehende Äther. Es folgen die Sphären oder Himmel der sieben Planeten: Mond, Merkur, Venus, Sonne, Mars, Jupiter und Saturn. Über dem siebten Himmel wölbt sich als achte Sphäre das Firmament, der Sternenhimmel mit den Fixsternen und den Sternbildern des Tierkreises. Der neunte Himmel heißt

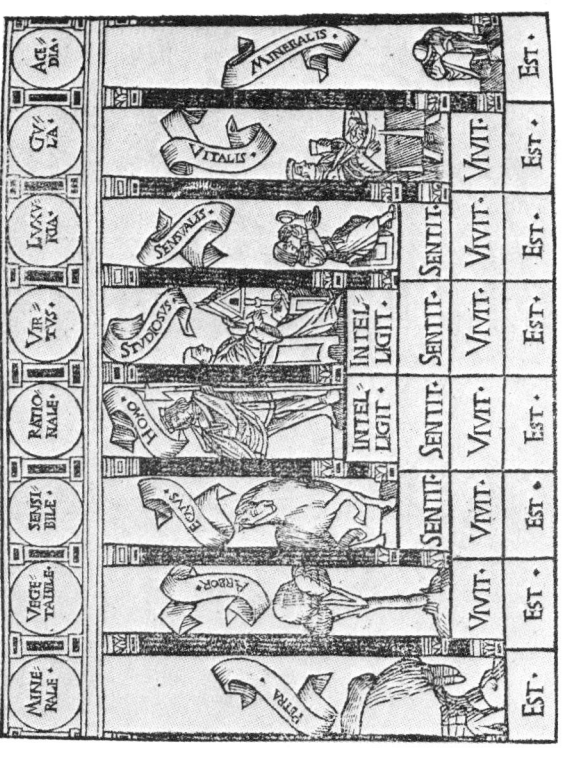

Stufen des Seins: Stein, Pflanze, Tier, Mensch
(Bovillus, 1509)

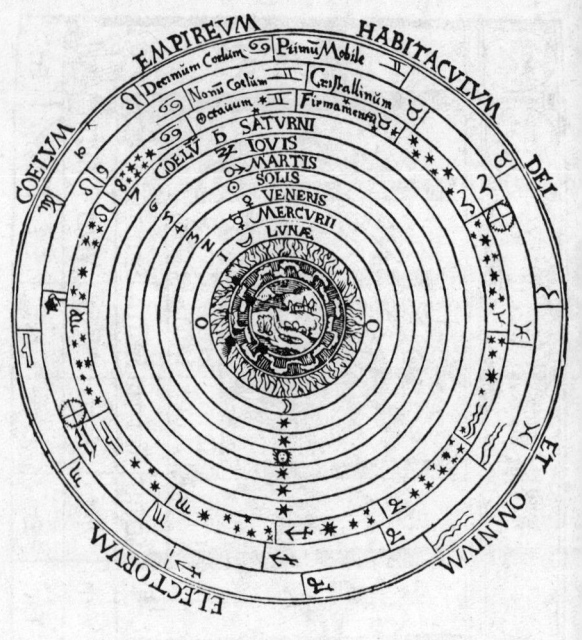

*Der Aufbau des Universums: Die alte geozentrische Version
(Petrus Apianus, zuerst 1524)*

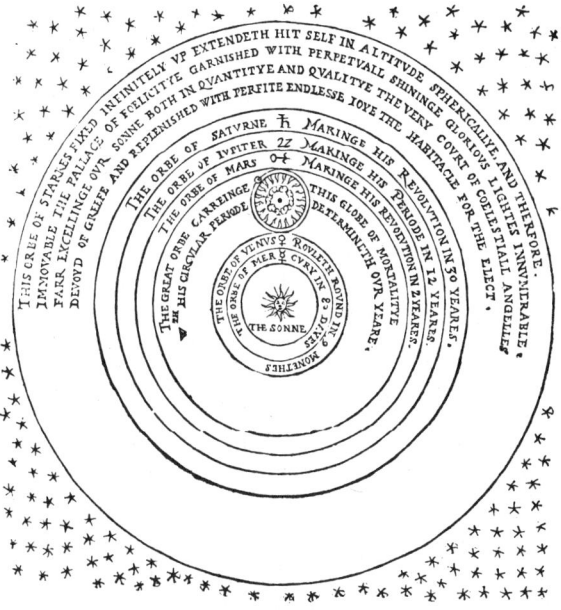

A perfit deſcription of the Cæleſtiall Orbes,
according to the moſt auncient doctrine of the
Pythagoreans, &c.

Der Aufbau des Universums: Die neue kopernikanische Version
(Thomas Digges, 1576)

Coelum Cristallinum, weil er durchscheinend ist (die Tierkreiszeichen spiegeln sich in ihm). Der zehnte Himmel, der das All zusammenhält, ist das *Primum Mobile*, über das Gott die geordnete Bewegung an das ganze System weitergibt. Die elfte, äußere, nicht mehr sphärisch dargestellte Zone, *Coelum Empyraeum*, ist der Sitz Gottes und aller Seligen sowie der neun Chöre der Engel. – Alle Gestirne zusammen erzeugen durch ihre verschiedenen, aber aufeinander abgestimmten Bewegungen die Sphärenmusik, die – für den Menschen seit dem Sündenfall nicht mehr hörbar – den Inbegriff der Harmonie ausdrückt.

Für das Weltbild bedeutet die Umstellung von einem geozentrischen auf ein heliozentrisches System keine ›kopernikanische Wende‹. In einer der ersten englischen Darstellungen mit der Sonne im Zentrum erscheint das Bild des Kosmos im ganzen kaum verändert, wie es im übrigen auch der Intention des in seiner Weltsicht konservativen Kopernikus entsprach (s. Abb. S. 483). Die Sonne, seit je als besonderer Planet betrachtet, ist das Zentrum, aber die Erde mit ihrer doppelten Hülle ist nach wie vor der Blickfang.[4]

Die größte, einer spezifisch englischen Tendenz entsprechende Neuerung betrifft den äußeren Rand, den achten bis elften Himmel des alten Systems. Dieser spekulativ-metaphysische Teil hat gegenüber der sichtbaren Welt an Interesse verloren. Es gibt nur noch einen ungeteilten Raum, der zugleich Sternenhimmel und Wohnstatt der Seligen ist.

Das elisabethanische Weltbild ist nicht nur ein Ideengebäude, sondern auch ein Komplex von Bildvorstellungen und Metaphern, von denen die meisten aus der Antike stammen. Am wichtigsten sind die Verbildlichungen der hierarchischen Ordnung als einer Treppe oder Leiter, *scale of degree* (wie auf dem Bild von Bouelles), oder als einer Kette, *chain of being*, in der alle Kreaturen Glieder sind (wie im Text von Sir John Fortescue).

Ein wichtiges visuelles Konzept ist auch die den Gesamtbildern des Kosmos zugrundeliegende Vorstellung der Welt als eines Systems konzentrischer Kreise oder Kugelschalen. Der Hinweis auf die Harmonie der Welt bei Fortescue erinnert – wie die Vorstellung der Sphärenmusik – an eine weitere Leitmetapher, die Welt als musikalische Komposition oder als Musikinstrument (sie wird oft als Orgel mit vielen Registern oder als Saiteninstrument bildlich dargestellt).

Analogie, Korrespondenz, Spiegel

Beim Blick auf die Weltordnung fällt bei allen sprachlichen oder bildlichen Darstellungen die hierarchisch-vertikale Dimension am stärksten ins Auge. Ob eine Kreatur oder eine Teilhierarchie weiter oben oder weiter unten steht, das bestimmt nicht nur die Position im lokalen Sinne, sondern auch den Rang in der Wertordnung und das Verhältnis von Herrschaft und Darüberstehen zu Gehorsam und Untertansein.

Zur Ordnung gehört aber neben der Dimension der Verschiedenheit auch die der Ähnlichkeit. Hierarchie und Analogie sind komplementäre Prinzipien. Jede Kreatur wird nicht nur durch den einen Punkt der Verschiedenheit vom Nachbarwesen definiert, sondern auch durch die Arten und Grade der Verwandtschaft mit anderen Schöpfungsgliedern. Die Welt ist zugleich hierarchisches System und ein System von *correspondences*, von Entsprechungen und Übereinstimmungen.

Die Bilder der Kette und der Leiter oder Treppe drükken neben Hierarchie auch Analogie aus. Das Kettenglied oder die Stufe ist durch den Platz in der Reihe einmalig, aber als Glied oder Stufe ist es vielen anderen ähnlich oder gleich. Jeder einzelne Bestandteil, selbst der niedrigste, ist allen anderen auch in seiner Bedeutung für das Ganze gleich: Wenn ein Glied oder eine Stufe fehlt, sind Kette und Treppe nicht mehr voll existent.

Das besondere Bild für die Korrespondenzen in der Ordnung ist der Spiegel, die beliebteste und markanteste Metapher in der elisabethanischen Zeit. In zahllosen Kontexten, beispielsweise im Titel von lehrhaften Werken, kommen die Begriffe *mirror* und *glass* vor. Die Welt besteht aus Spiegeln. Benachbarte Kreaturen spiegeln einander. Jedes Wesen spiegelt in erhöhter, reinerer Form die Eigenarten der rangniederen Wesen, in verblaßter, schwächerer Form die Eigenschaften höherer Wesen. Korrespondenzen können auch Teile der Schöpfung miteinander verbinden, die ihrem *degree* nach weit auseinanderliegen.

Kein Aspekt der Weltordnung wird so häufig beredet und beschrieben wie die Korrespondenzen. Mit Akribie, Spitzfindigkeit und Phantasie wird aufgezeigt, daß die Ordnung ein Muster an Symmetrie ist und daß alles zu allem in Beziehungen der Analogie steht.

So gibt sich zum Beispiel Bouelles nicht damit zufrieden, die aufwärts führenden Seinsstufen vom Stein zum Menschen zu illustrieren; er zeigt in der rechten Bildhälfte auch eine analoge Stufenleiter abwärts. Sie demonstriert, daß der Mensch keinen Anlaß hat, ob seiner Seinsposition hoffärtig zu sein, weil er durch eigene Schuld von seiner Höhe wieder herabsteigen kann.

Den Gipfel des Menschseins repräsentiert der fleißige und gelehrte *studiosus*. Abgesunken auf die gleiche Stufe mit den Tieren ist der eitle, sich bespiegelnde, als *sensua-*

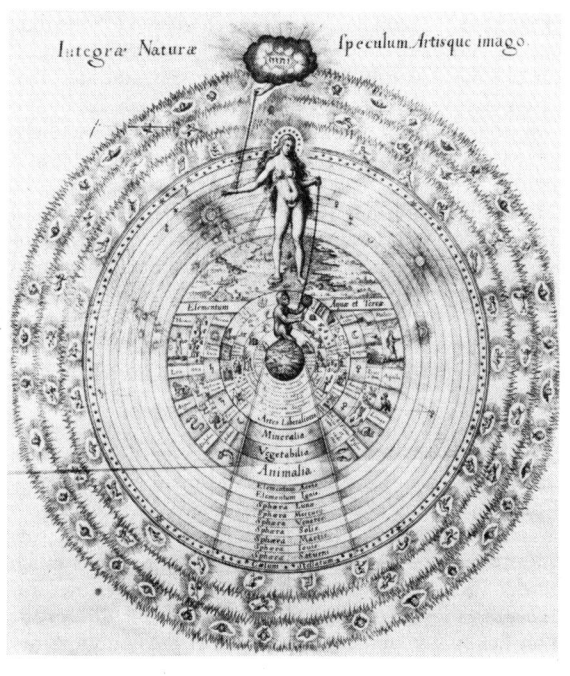

*Die ganze Welt: Der Korrespondenzbau des Universums
(Schautafel aus der Enzyklopädie von Robert Fludd, 1617–21)*

lis, sinnlich, gekennzeichnete Mensch, dem die Todsünde *luxuria*, Wollust, zugeordnet wird. Der Prasser, dem es nur um die Erhaltung seiner Vitalität geht und der dem Laster der Völlerei, *gula*, ergeben ist, ist ein Analogon zum pflanzlichen Leben. Der untätig Kauernde schließlich ist der Todsünde der Trägheit, *acedia*, schuldig und steht in Korrespondenz zu den leblosen Mineralien.

Die Illustration aus Robert Fludds *Utriusque Cosmi Historia* (1617–21) ist ein ehrgeiziger und graphisch besonders schöner Versuch, möglichst viele Hierarchien und Korrespondenzen in einem Schaubild zusammenzufassen (s. Abb. S. 487, 490/491).[5] Wie der Titel »Spiegel der ganzen Natur und Bild der Kunst« schon andeutet, geht es vor allem darum, den Platz der menschlichen Künste und Fertigkeiten in der Ordnung der Welt darzustellen.

Auffälligstes Bildelement sind drei Schöpferwesen, die durch die Kette des Seins miteinander verbunden sind: Oben Gott, wie auf der Armada-Münze in der Jehova-Wolke verborgen und nur als Schöpferhand sichtbar; als zweite Instanz die als bestirnte Göttin dargestellte Natur, die im Auftrage Gottes erschafft und waltet; schließlich auf der Erde hockend der Mensch als »Affe der Natur«, als ein tertiärer Schöpfer, der durch seine Künste die große Welt der Natur imitiert und nachäfft; als Symbol seiner Kunst hat er ein Abbild der Welt in der Hand, das er mit dem Zirkel vermißt.

Das ungemein detailreiche Schema der irdischen Welt legt zwischen den Erdball und die Lufthülle sieben Ringe, in denen Lebens- und Tätigkeitsbereiche als Hierarchien dargestellt werden. Die inneren vier Ringe illustrieren Künste und Fertigkeiten des Menschen, und zwar (1) Kunst, die im Reich der Mineralien die Natur korrigiert, zum Beispiel die (alchimistische) Destillation, (2) Kunst, die im Pflanzenreich die Natur unterstützt, zum Beispiel durch Ackerbau, (3) Kunst, die im Reich der Tiere die Natur ergänzt, zum Beispiel durch Medizin oder Bienenzucht. Den höchsten Rang unter den *artes* nehmen die freieren Künste ein, nicht mehr in der mittelalterlichen Siebenzahl, sondern durch modernere Disziplinen ergänzt: Neben die klassischen Künste des Quadriviums Arithmetik, Astronomie, Geometrie und Musik treten Kosmographie, Uhrmacherei, Maschinenbau, Festungsbau, Perspektive und Malerei. Bei den Naturreichen in den äußeren Ringen wird ausgewählt, was mit dem Menschen und seinen Künsten in Beziehung steht, bei den Mineralien die Metalle, bei den Pflanzen zum Beispiel Korn, Wein und Wald. Unter »Animalia« wird hier auch der Mensch, und zwar der Mensch als nacktes Wesen, aufgeführt.

Besonders betont werden die Analogien und Korrespondenzen. So korrespondieren beispielsweise die Siebenzahl der Planeten und der Planetensphären mit den sieben Ringen um die Erde. Sieben Metalle sind den sieben Planeten (jeweils mit gemeinsamem Symbol) zugeordnet, das Gold zum Beispiel der Sonne und das Silber dem Mond. Bei den sublunaren Reichen gibt es eine männliche Seite (links) und eine weibliche (rechts), die einander spiegelbildlich entsprechen. Der Mann ist der Sonne, dem Mars (dessen Symbol, das Speer und Schild darstellt, für Männlichkeit steht) und dem Saturn zugeordnet, die Frau dem Mond und der Venus (deren Symbol, ein stilisierter Spiegel, auch das ihre ist). Die männliche Seite ist dabei der weiblichen bei völliger Parallelität immer um einen Grad überlegen. Wie die Sonne und das Gold über dem wandelbaren Mond und dem Silber stehen, so steht der Mann in der animalischen Hierarchie über dem Delphin, dem König des Meergetiers, der Schlange, dem obersten Kriechtier, und dem Löwen, dem Herrscher im gesam-

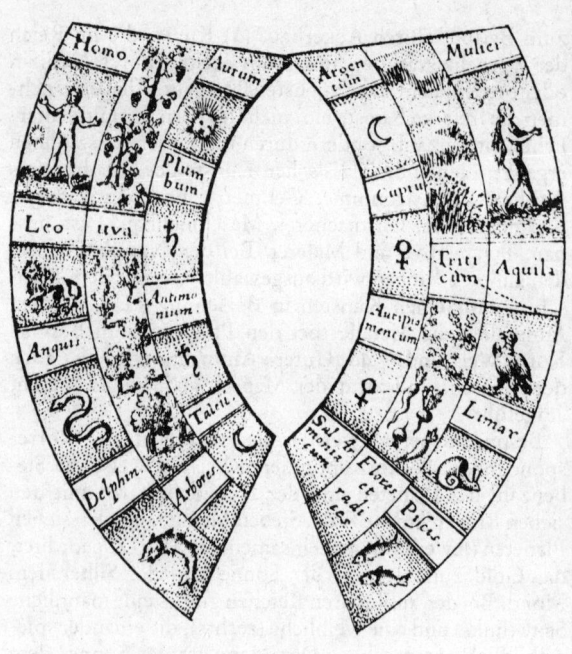

Hierarchien in den Reichen der Natur
Mineralien (innen), Pflanzen (Mitte), Lebewesen (außen)
(Detail aus Fludds Weltschema)

Die Künste des Menschen als Zentrum der Welt. Die menschliche
Kunst korrigiert die Natur im Mineralienreich (Alchemie, innen),
unterstützt sie im Pflanzenreich durch Landwirtschaft (zweiter
Kreis), ergänzt und kuriert sie im Tierreich durch Viehzucht und
Medizin (dritter Kreis). Den Gipfel bilden die Freien Künste –
alte wie Grammatik und Musik und moderne wie Maschinenbau
(motus) und Zeitmessung (tempus)
(Detail aus Fludds Weltschema)

ten Tierreich, während die Frau schlichte Fische, eine Schnecke und den Adler, König der Vögel, unter sich hat.

Mit ihren elf Himmeln und der Erde im Mittelpunkt ist die Darstellung in der Grundanlage konventioneller als das kosmische Schema von Digges. Auch dieses Bild zeigt aber, daß die oft anzutreffende Auffassung, das Weltbild der englischen Renaissance habe sich gegenüber dem Mittelalter nicht geändert, unzutreffend ist. Der Rahmen ist geblieben, aber der Fokus des Interesses hat sich verlagert. Während im Mittelalter und in der frühen Neuzeit die differenzierte und ausmalende Darstellung des Himmelreiches im Vordergrund steht, sind hier die vielen Engelchen nur dekoratives Beiwerk. Am überirdischen Bereich interessiert nur die göttliche Legitimation des irdischen Tuns. Die irdischen Bereiche haben sich im Bildfeld räumlich ausgedehnt und sind ungleich differenzierter und reflektierter. Bis auf die Betonung der Göttlichkeit ihres Ursprungs und ihrer Ordnung ist das Bild der Welt säkularisiert.

Der Mensch

Der Mensch hat eine zentrale Position im Universum. Durch die rationalen Fähigkeiten, die nur ihm eigen sind, ist er von allen anderen Kreaturen unterschieden; durch seinen Leib ist er das höchste der Körperwesen, durch seine Seele das unterste der Geistwesen. Somit verbindet und verklammert er die beiden großen Bereiche des Kosmos, die sensible und die intelligible Welt.

Sir Walter Ralegh erläutert die Position des Menschen in seiner *History of the World* (1614) anläßlich des Berichts über die Erschaffung der Welt:

»And whereas God created three sorts of living natures, to wit, angelical, rational, and brutal; giving to angels an intellectual, and to beasts a sensual nature, he vouchsafed unto man both the intellectual of angels, the sensitive of beasts, and the proper rational belonging unto man, and therefore, saith *Gregory Nazianzene, Homo est utriusque naturae vinculum*; ›Man is the bond and chain which tieth together both natures.‹«[6]

»Gott hat drei Arten von lebenden Kreaturen geschaffen, nämlich engelhafte, rationale und animalische. Er gab den Engeln eine intellektuelle und den Tieren eine sensuelle Natur, dem Menschen verlieh er sowohl die Intellektualität der Engel als auch die Sensitivität von Tieren und die Rationalität, die in besonderem Maße dem Menschen zugehört, und deshalb gilt (wie Gregor von Nazianz sagt): *Homo est utriusque naturae vinculum*; ›der Mensch ist das Band und die Kette zur Verbindung der beiden Naturen‹.«

Die herausgehobene Stellung des Menschen ergibt sich nicht nur aus der Struktur des Universums, sondern auch aus einer besonderen Absicht Gottes. Er hat den Menschen nach seinem Bilde als letzte und vollendetste unter seinen Kreaturen geschaffen, damit er die Erde und alle Wesen auf ihr beherrsche und seinen Schöpfer betrachte und verherrliche. Er hat den Menschen im Spiegel- und Korrespondenzbau des Universums zum Spiegel schlechthin gemacht. Im Menschen wird die ganze Schöpfung gespiegelt. Er ist ein Überblick, ein Modell, eine Kurzfassung des Universums: »Man, thus compounded and formed by God, was an abstract or model, or brief story of the universal [...]« (S. 58). Daß die Beziehung zwischen Vorbild und Abbild eine Leitvorstellung der Elisabethaner ist, drückt sich nicht nur in der Spiegelmetapher, sondern auch in Begriffen wie ›Modell‹, ›Muster‹ (*pattern*), ›Form‹ (*mould*), ›Abbreviatur‹, ›Schema‹ und ›Buch‹ – als Abbild der Wirklichkeit – aus.

Da der Mensch alle Aspekte des Kosmos repräsentiert und in sich enthält, heißt er – als Gegenpol zum Makrokosmos – die kleine Welt, der Mikrokosmos:

»[. . .] and because in the little frame of man's body there is a representation of the universal, and (by allusion) a kind of participation of all the parts thereof, therefore was man called *microcosm*, or the little world« (S. 58).

»[. . .] und weil in dem kleinen Rahmen des menschlichen Körpers das ganze Universum repräsentiert ist und eine Art Teilhabe durch Anspielung an all dessen Teilen stattfindet, deshalb hat man den Menschen ›Mikrokosmos‹ oder die ›kleine Welt‹ genannt.«

Die Autoren der Zeit werden nicht müde, auf die Korrespondenzen zwischen Mensch und Kosmos hinzuweisen. Der Mensch spiegelt Gott, die Engel, die Gestirne und die irdische Welt. Sein Körper setzt sich, wie alles unter dem Mond, aus den vier Elementen zusammen. Seine vier Lebenssäfte (*humours*) sind ebenfalls den vier Elementen zugeordnet und enthalten die vier Grundeigenschaften der Materie: die schwarze Galle, *melancholy*, ist erdhaft, kalt und trocken, das Phlegma, *phlegm*, ist wäßrig, kalt und feucht, das rote Blut, *sanguis*, ist luftig, heiß und feucht, die rote Galle, *choler*, feurig, heiß und trocken. (Die vier Temperamente entstehen durch das Vorherrschen eines dieser Säfte in der Konstitution eines Menschen.)

Die Aufzählung der Korrespondenzen, spitzfindig oder naheliegend, läßt keinen Körperteil und keine Eigenschaft aus. Ein Auszug aus Raleghs langer Liste:

»His blood, which disperseth itself by the branches of veins through all the body, may be resembled to those waters which are carried by brooks and rivers over all the earth; his breath to the air, his natural heat to the enclosed warmth which the earth hath in itself [...] the hairs of man's body, which adorns, or overshadows it, to the grass, which covereth the upper face and skin of the earth; our generative power, to nature, which produceth all things [...]« (S. 59).

»Sein Blut, das sich durch die verzweigten Adern im ganzen Körper verteilt, kann mit jenen Wassern verglichen werden, die durch Bäche und Flüsse über die Erde transportiert werden; sein Atem mit der Luft, seine Körperhitze mit der eingeschlossenen Wärme, die die Erde in sich enthält; [...] die Haare auf dem Körper des Menschen, die ihn zieren und ihm Schatten geben, mit dem Gras, welches das obere Antlitz und die Haut der Erde bedeckt; unsere Zeugungskraft mit der Natur, die alle Dinge hervorbringt [...].«

Zu den Hauptzielen all derer, die in Texten oder in Schaubildern die Natur des Menschen erfassen wollen, gehört es, die Analogie zwischen ihm und dem System des Makrokosmos einsichtig zu machen. Die Abbildung S. 497 aus Fludds *Historia* entspricht einem verbreiteten Typus. Der Mensch ist wie eine geometrische Figur einem System von konzentrischen Kreisen einbeschrieben. Sein eigenes System mit seinen 12 Sphären entspricht genau dem der Himmelskörper mit seinen 4 Elementarsphären (denen beim Menschen die 4 Körpersäfte zugeordnet sind), 7 Planetensphären (von denen jede in Verbindung zu bestimmten Organen des Menschen steht) und dem Fixsternhimmel mit dem Tierkreis (der auf Charakter, Konstitution und Schicksal Einfluß nimmt).

Ralegh hebt in seinem Text eine andere Form der Analogie zwischen Mikrokosmos und Makrokosmos hervor, die Analogie zwischen den sieben Lebensabschnitten des Menschen und den sieben Planeten:

»[...] the seven ages of man [resemble] the seven planets; whereof our infancy is compared to the moon, in which we seem only to live and grow, as plants; the second age to Mercury, wherein we are taught and instructed; our third age to Venus, the days of love, desire, and vanity; the fourth to the sun, the strong, flourishing, and beautiful age of man's life; the fifth to Mars, in which we seek honour and victory, and in which our thoughts travel to ambitious ends; the sixth age is ascribed to Jupiter, in which we begin to take account of our times, judge of ourselves, and grow to the perfection of our understanding; the last and seventh to Saturn, wherein our days are sad, and overcast [...]« (S. 60).

»[...] die sieben Lebensalter des Menschen sind den sieben Planeten ähnlich; und zwar wird unsere frühe Kindheit, in der wir lediglich zu leben und zu wachsen scheinen, mit dem Mond verglichen; die zweite Stufe, auf der wir unterrichtet und erzogen werden, mit Merkur; unser dritter Lebensabschnitt, die Zeit von Liebe, Sehnen und Eitelkeit, mit Venus; der vierte, die starke, blühende und schöne Altersstufe des menschlichen Lebens, ist der Sonne vergleichbar; der fünfte, in dem wir nach Ehre und Sieg streben und in dem unsere Gedanken zu ehrgeizigen Zielen schweifen, mit dem Mars. Die sechste Altersstufe, auf der wir beginnen, uns über unser Leben Rechenschaft zu geben, uns zu beurteilen und zur Vollendung unseres Verstandes zu gelangen, wird dem Jupiter zugeordnet; das letzte und siebte Alter, in dem unsere Tage traurig und trübe sind, entspricht dem Saturn [...].«

Die Stelle zeigt einmal, wie fest eingewurzelt das analogische Denken zu Anfang des 17. Jahrhunderts selbst bei einem gebildeten, weltläufigen und für Neues aufgeschlossenen Menschen wie Ralegh noch ist. Sie zeigt aber auch, daß das Schwelgen in Korrespondenzen und der virtuose Aufweis von Seinsparallelen nicht zuletzt ein Spiel des *wit* ist. Ein geistreicher Kopf wetteifert mit

Mikrokosmos: Der Mensch im Zentrum des Kosmos
(Fludd, 1617–21)

anderen in der variierenden Ausfüllung gegebener Schemata, hier des Schemas *Seven Ages of Man*, das Shakespeare in *As You Like It* durchspielt – ganz anders, aber auch mit dem Aufweis einer Korrespondenz als Pointe: die Lebensalter entsprechen sieben Rollen eines Schauspielers.

Der König

Wie in der gesamten Schöpfung der Mensch eine bevorzugte Stellung einnimmt, so ist es innerhalb der menschlichen Gesellschaft mit dem König, dem Stellvertreter Gottes, der Spitze aller irdischen Hierarchien. Die elisabethanischen Weltvorstellungen sind durch und durch monarchistisch. Auch wenn Staatstheoretiker und Historiker lehren, daß es noch andere »commendable sorts of government« gebe und daß das Königreich nicht die ursprüngliche Organisationsform der Menschheit sei, so gilt doch die Monarchie als natürlich, gottgesetzt und der allgemeinen Ordnung entsprechend.

Das kommt nicht nur bei Darstellungen der menschlichen Gesellschaft zum Ausdruck. König und Königreich sind vielmehr Modelle, die auch auf andere Bereiche des Kosmos übertragen werden. Nicht nur die Mineralien, Pflanzen und Tiere bilden ein Königreich mit dem höchsten Vertreter als König, sondern Teile dieser Reiche bilden wieder in sich eine Monarchie, wie der Bienenstaat, und jede Familie von Wesen hat ihren König, die Steine zum Beispiel den Diamanten und die Bäume die Eiche.

Selbst für die überirdischen Bereiche, die theoretisch die Modelle für alles Irdische sind, liefert in Wirklichkeit das Menschenreich die Begriffe. Gott herrscht als König der Könige über das Königreich des Himmels. Die Plane-

ten haben souveräne Gewalt. Über sie wieder herrscht als
König die Sonne. Shakespeare schildert den Sternenherr-
scher Sol in *Troilus and Cressida* mit allen Attributen eines
Königs (I,3,85–94):

The heavens themselves, the planets, and this centre
Observe degree, priority, and place [. . .].
[. . .]
And therefore is the glorious planet Sol
In noble eminence enthron'd and spher'd
Amidst the other; whose med'cinable eye
Corrects the [ill aspects] of [planets evil],
And posts like the commandment of a king,
Sans check, to good and bad.

»Die Himmel selbst, die Planeten und dieses Zentrum [die
Erde] halten Rangordnung, Priorität [in der Hierarchie] und
gebührenden Rang ein [. . .]. Und deshalb ist der glorreiche
Planet Sonne in edler Vorrangstellung inthronisiert und mit
einer Sphäre versehen inmitten der anderen; sein heilbringen-
des Auge korrigiert die schlimmen Auswirkungen der bösen
Planeten und eilt wie die Befehle eines Königs ohne Aufenthalt oder Widerspruch zu Guten und Schlechten hin.«

Das Gemeinwesen, dem der König vorsteht, heißt *body
politic*. Hinter diesem Begriff steht nicht die abstrakte
Vorstellung einer Körperschaft oder juristischen Person,
sondern das konkrete Bild einer exakten Parallele zwischen dem menschlichen Körper und dem Staat. Neben
der Auffassung des Menschen als eines Spiegels der Ster-
nenwelt ist die Vorstellung des Staates (und der Familie)
als Körper das wichtigste Analogiekonzept. Die Punkte,
auf die es bei dieser Ineinssetzung besonders ankommt,
sind einmal die Unterordnung aller Organe unter den
Willen eines Hauptes und zum anderen das Zusammenwirken vieler Organe zu einem Organismus, wobei nach

allgemeiner Ansicht *proportion*, das richtige Verhältnis zwischen den Funktionen der Teilorgane, Voraussetzung für das Funktionieren des Gesamtkörpers ist.

Pierre de la Primaudaye legt in einer 1586 in englischer Übersetzung erschienenen Schrift dar, welche Bedeutung dem *body politic* als Kardinalbeispiel für das Wirken der Prinzipien Analogie und Proportion zukommt:

»As we see [. . .] that the whole world being compounded of unlike elements, of earth, water, air and fire, is notwithstanding preserved by an analogy and proportion, which they have together: and as we see in a man's body, head, hands, feet, eyes, nose, ears: in a house, the husband, wife, children, master, servants: in a politic body, magistrates, nobles, common people, artificers: and that every body mingled with heat, cold, dry and moist, is preserved by the same reason of analogy and proportion which they have together: So is it in every commonwealth well appointed and ordered [. . .].«[7]

»So wie wir sehen [. . .], daß die ganze Welt, obwohl sie aus ungleichen Elementen besteht, nämlich aus Erde, Wasser, Luft und Feuer, dennoch aufrechterhalten wird durch eine Analogie und Proportion, die alle [ungleichen Teile] miteinander verbindet; und wie wir im Körper eines Menschen Haupt, Hände, Füße, Augen, Nase, Ohren haben, in einem Haushalt den Mann, die Frau, die Kinder, Herrn und Diener, in einem politischen Körper Magistrate, Adlige, Gemeine, Handwerker, und daß jedes Wesen aus einer Mischung von heißen, kalten, trockenen und feuchten Bestandteilen besteht und durch dieselbe Analogie und Proportion zusammengehalten wird: so ist es auch in jedem Gemeinwesen, das wohlgegliedert und wohlgeordnet ist [. . .].«

Auch die Vorstellungen von den Aufgaben des Königs werden durch das Bild seiner kosmischen Position bestimmt. Wenn der König wie Gott oder die Sonne an der Spitze einer als statisch konzipierten Hierarchie steht, dann kann es nicht seine erste Funktion sein, Pläne politischen Handelns zu entwerfen und zu verfolgen. Er muß vor allem die Ordnung sichtbar repräsentieren und sie – wie die Sonne – durch sein überall präsentes Auge vor Unordnung schützen.

Diese Konzeption liegt auch dem berühmten Bienengleichnis aus Shakespeares Geschichtsdrama *Henry V* zugrunde, einer Stelle, die uns zugleich zeigt, für wie konkret und politisch relevant man in elisabethanischer Zeit die Korrespondenzen zwischen Teilen des Kosmos hält. – Der englische König berät mit seinen Großen über die Rechtmäßigkeit und Zweckmäßigkeit eines Krieges gegen Frankreich. Als es um die Frage geht, wie man die unterschiedlichen Kräfte im Lande für die eine nationale Sache einsetzen kann, erläutert der Erzbischof von Canterbury die Arbeitsweise im Bienenstaat als Beispiel für das gottgewollte Zusammenwirken verschiedener Funktionen unter dem einigenden Prinzip des gemeinsamen Gehorsams gegenüber einem Herrscher (I,2,187–204):

> [...] for so work the honey-bees,
> Creatures that by a rule in nature teach
> The act of order to a peopled kingdom.
> They have a king, and officers of sorts,
> Where some, like magistrates, correct at home;
> Others, like merchants, venter trade abroad;
> Others, like soldiers, armed in their stings,
> Make boot upon the summer's velvet buds,
> Which pillage they with merry march bring home
> To the tent-royal of their emperor;
> Who busied in his [majesty] surveys
> The singing masons building roofs of gold,
> The civil citizens kneading up the honey,
> The poor mechanic porters crowding in

Their heavy burthens at his narrow gate,
The sad-ey'd justice, with his surly hum,
Delivering o'er to executors pale
The lazy yawning drone.

»[...] denn so arbeiten (funktionieren) die Honigbienen,
Kreaturen, die gemäß einer Regel der Natur einem vom Menschen bevölkerten Königreich das Gesetz der Ordnung beibringen. Sie haben einen König und Amtsträger verschiedener Art, wobei einige, wie Magistrate, zu Haus für Ordnung sorgen; andere, wie Kaufleute, wagen Handel weit draußen; andere, wie Soldaten, mit ihren Stacheln bewaffnet, machen Beute von den samtenen Blüten des Sommers, Beute,
die sie mit fröhlichem Marsch heimbringen zu dem königlichen Zelt ihres Herrschers, der, geschäftig in seiner Majestät,
[alle] von oben überschaut: die singenden Bauleute, die goldene Dächer bauen, die zivilen Bürger, die den Honig kneten,
die armen körperlich arbeitenden Träger, die ihre schweren Lasten in sein enges Tor mit Mühe einbringen, den Richter mit traurigen Augen, mit seinem übellaunigen Summen,
der die faule, gähnende Drohne bleichen Scharfrichtern
übergibt.«

Nach dem Prinzip der *unity in diversity*, der Zusammensetzung der Gesamtfunktion des Gemeinwesens aus weitgehend selbständigen und verschiedenartigen Teilfunk-
tionen, müssen alle rastlos tätig sein; nur der König ist
eine Kraft, die nicht aktiv zu handeln braucht. Der
Monarch der Bienen ist Spitze und Mittelpunkt des Staates (was auch im Satzbau zum Ausdruck kommt: Spitzen-
stellung von »king«; das Wort »emperor«, Z. 196, ist der
syntaktische Angelpunkt der ganzen Stelle). Die Untertanen schulden ihm Gehorsam. Er greift jedoch nicht tätig
in das staatliche Geschehen ein. Sein Amtsgeschäft besteht
darin, Majestät zu sein (»busied in his majesty«, Z. 197),
als oberste Instanz anwesend zu sein und die Aktivität der
verschiedenen Stände ›von oben zu überschauen‹ und ›zu

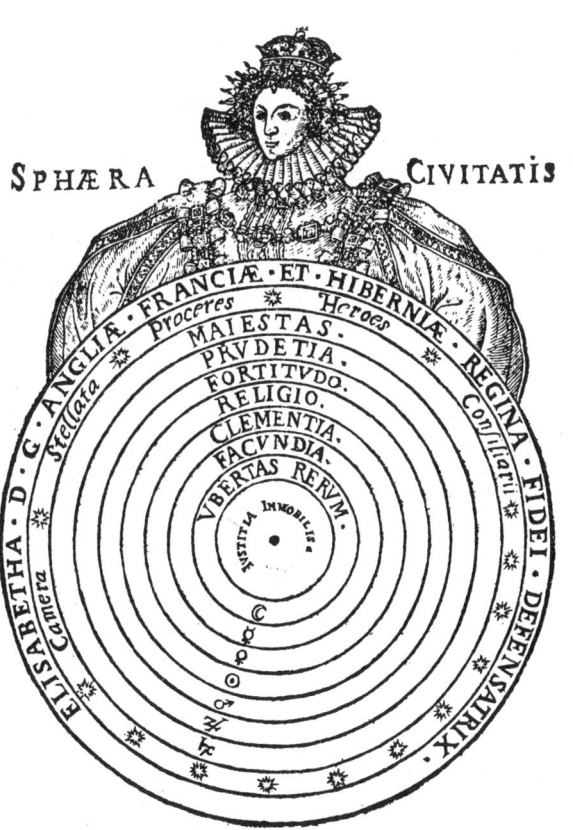

SPHÆRA CIVITATIS

ELISABETHA · D · G · ANGLIÆ · FRANCIÆ · ET · HIBERNIÆ · REGINA · FIDEI · DEFENSATRIX

Stellata · Proceres · Heroes · Consiliarii
Camera

MAIESTAS ·
PRVDETIA ·
FORTITVDO ·
RELIGIO ·
CLEMENTIA ·
FACVNDIA ·
VBERTAS RERVM ·
IVSTITIA IMMOBILIS ·

Elisabeths Staat als Kosmos
Herrschertugenden als Planeten
und die Königin als Allherrscher

überwachen‹ – das ist der Doppelsinn von »surveys«,
Z. 197.

Die Tendenz zur Verweltlichung des Weltbildes zeigt
sich gerade bei der Diskussion des Königs und des Königtums sehr deutlich. Gott ist in den meisten Diskussionen
zu einer die Königsherrschaft legitimierenden, aber sehr
fernen Größe reduziert. Mitunter verdrängt das Bild des
Monarchen das des göttlichen Herrschers, wie auf dem
S. 503 wiedergegebenen Schema der geistigen und personalen Grundlagen des Staates. Der Aufbau des Staates
entspricht dem des Kosmos. Der Erde als dem Fundament
entspricht *Justitia immobilis*, die Gerechtigkeit, die sich
nicht aus der Bahn bringen läßt. Den Planeten (unten
durch ihre Symbole repräsentiert) sind sieben Landes-
oder Herrscherqualitäten zugeordnet: Reichtum an Gütern (Mond), Beredsamkeit (Merkur), Milde (Venus),
Religiosität (Sonne), Tapferkeit (Mars), Klugheit (Jupiter), Majestät (Saturn). Mit dem Sternenhimmel korrespondieren neben den Vorfahren und Heroen die Sternkammer als juristisches und die Mitglieder des *Council* als
ziviles Firmament. Darüber, wo in der konventionellen
Ikonographie der Platz Jehovas ist, thront Elisabeth,
»durch Gottes Gnade Königin von England, Frankreich
und Irland, Verteidigerin des Glaubens«.

Sünde und Zerfall

Die Elisabethaner glauben an eine ewige kosmische Ordnung, aber nicht an eine heile Welt. Das ganze riesige
Ordnungsgefüge war zwar am letzten Tage der Schöpfung
perfekt und stabil, aber dann erschütterte der Fall der
Engel und der Sündenfall der ersten Menschen die Ordnung nachhaltig und trug ein Element der Unsicherheit

und Unbeständigkeit (*mutability*) in sie hinein. Der Mensch übt seither nur noch im Ausnahmefall der absoluten Tugendhaftigkeit jene Vorbildfunktion aus, die ihm nach dem Schöpfungsplan zugedacht war. Er kann das Abbild Gottes, das er in sich trägt, verzerren. Seit er nicht mehr nur Musterspiegel für die Vorzüge der Erde ist, treten auch die Korrespondenzen mit den schlechten Eigenschaften der niederen Wesen – mit der Grausamkeit des Wolfes und der Verschlagenheit des Fuchses – bei ihm hervor. Er erkennt oft die Ordnung nicht mehr an, verläßt seinen Platz und strebt nach Umsturz. Der Platz des Einzelnen, insbesondere des Mächtigen, in der Ordnung ist labil, dem Einfluß der Fortuna ausgeliefert.

Über Bedeutung und Ausmaß von *mutability* und *decay* in der jetzigen, gealterten Welt gab es im 16. und 17. Jahrhundert eine lange Kontroverse. Der Mensch war unbestritten seit der Ursünde Adams korrumpierbar und zum Bösen geneigt. Unterlag damit nicht die ganze Welt einem Prozeß des Verfalls, wie eine Gruppe von Autoren meinte, deren Argumente 1616 Godfrey Goodman in seiner Abhandlung *The Fall of Man, or the Corruption of Nature* sammelte? Mußte bei der Bedeutung, die dem Menschen als Mikrokosmos zukam, sein Fall nicht den ganzen Kosmos anstecken? War vielleicht die Welt doch nicht stabil angelegt, so daß man mit Donne sagen mußte:

> Then, as mankinde, so is the worlds whole frame
> Quite out of joynt, almost created lame:
> For, before God had made up all the rest,
> Corruption entred, and deprav'd the best:
> It seis'd the Angels, and then first of all
> The world did in her cradle take a fall,
> And turn'd her braines, and tooke a generall maime,
> Wronging each joynt of th' universall frame.

The noblest part, man, felt it first; and than
Both beasts and plants, curst in the curse of man.
So did the world from the first houre decay, [. . .].

(»An Anatomie of the World.
The First Anniversary«)[8]

»Wie der Mensch, so ist dann auch der ganze Bau der Welt
völlig aus den Fugen, fast von der Erschaffung an lahm. Denn
ehe Gott den ganzen Rest geschaffen hatte, setzte schon der
Verfall ein und ließ die Besten verderben. Er ergriff die Engel,
und dann tat zuerst die Erde in ihrer Wiege einen Fall
und verletzte sich das Hirn und nahm einen generellen Schaden, wobei jedes einzelne Teil der universalen Ordnung aus
dem Lot kam. Der edelste Teil, der Mensch, bekam es zuerst
zu fühlen; und dann Tiere und Pflanzen, verflucht in dem
Fluch des Menschen. So zerfiel die Welt von der ersten Stunde
an [. . .].«

Waren nicht die Zeichen des Verfalls allenthalben greif-
bar, im Makrokosmos in der Erschütterung der alten pto-
lemäischen, erdbezogenen Ordnung durch die Entdek-
kung des heliozentrischen Systems, auf Erden durch Sit-
tenverfall, widrige Zeitläufe, physische Dekadenz?
Konnte man noch von einer Ordnung reden, wenn keiner
sich mehr in seinen Relationen sehen wollte, vielmehr
jeder sich selbst absolut setzte und für einzig in seiner Art
hielt?

'Tis all in peeces, all cohaerence gone;
All just supply, and all Relation:
Prince, Subject, Father, Sonne, are things forgot,
For every man alone thinkes he hath got
To be a Phoenix, and that then can bee
None of that kinde, of which he is, but hee.

(Donne, »Anatomie«)[9]

»Es ist alles in Stücken, aller Zusammenhalt verloren, alle
rechte Regeneration und jede Proportion: Fürst, Untertan,

Vater, Sohn sind Dinge, die man vergessen hat, denn jeder
Mensch für sich allein glaubt, daß er ein Phoenix sein müsse
und daß dann niemand der Art zugehören kann, der er ange-
hört, außer ihm selbst.«

Die Optimisten, deren Tradition 1627 in George Hake-
wills *Apologie of the Power and Providence of God* gip-
felte, sahen dagegen die Korruption im Universum auf
den Menschen beschränkt. Wie hätte der gerechte Gott
auch den am Sündenfall unschuldigen Teil der Natur mit-
leiden lassen können? Seine Ordnung war im Wesen noch
so stabil wie von Anbeginn. *Mutability* bedeutete keinen
Verfall der Welt, sondern einen Kreislauf: was sich hier
zum Schlechten ändert, wird dort durch eine Wendung
zum Besseren kompensiert.

Alle vermeintlichen Zeichen des Verfalls ließen sich
auch anders deuten. Die Welt würde so lange intakt bleiben, bis Gott, der sie in einer Woche schuf, ihr am Jüngsten Tag ein plötzliches Ende bereitet.

Weltbild, Denken und Handeln

Das Weltbild beeinflußt die Denkgewohnheiten, die
Sprache und die Verfahrensweisen beim Handeln. Die
elisabethanische Art zu denken ist aus den Textbeispielen
deutlich geworden. Man denkt in Analogien. Man versucht immer, ein Phänomen nicht so sehr für sich zu
begreifen als vielmehr in seinen Relationen und Parallelen
zu benachbarten Phänomenen oder auch zu entfernten,
aber analogen Seinsbereichen zu erfassen. Der Blickpunkt
liegt zwischen den Dingen, nicht in ihnen. Die Welt wird
von der Korrespondenz ihrer Teile her erfaßt.

Dadurch wird auch die Art der Sprachverwendung affi-
ziert. Die Bildersprache (*imagery*), also jene Formen der

Sprachverwendung wie Metapher, Vergleich und Gleichnis, die mehrere Seinsbereiche zusammenschließen, erhält erhöhte Bedeutung. Für uns sind Metaphern Formen des uneigentlichen Redens. Wenn ich sage ›Er war ein Löwe in der Schlacht‹, so ist die in diesem Satz angesprochene Identifizierung von ›Kämpfer‹ und ›Löwe‹ nicht eigentlich gemeint; eine gewisse Vergleichsbeziehung, ›Tapferkeit‹, zwischen dem Uneigentlichen (*vehicle*) ›Löwe‹ und dem Eigentlichen (*tenor*) ›Kämpfer‹ berechtigt zu der Redeweise. Für Elisabethaner existieren die Analogien wirklich. Seinsverwandte Wesen sind der Identität näher. Der Kosmos besteht aus einer Serie von Metaphern. Auch wer metaphorisch redet, der redet eigentlich, nicht nur bildlich, übertreibend, dekorativ. – Das erklärt (zusammen mit der rhetorischen Tradition), warum in allen elisabethanischen Texten die Metaphorik eine so prominente Rolle spielt, daß die Reden Elisabeths ebenso wie die Dialoge der dramatischen Charaktere Shakespeares durch ihre Bildersprache gekennzeichnet werden.

Das mit dem Stichwort ›Weltbild‹ bezeichnete Ensemble von Axiomen, Sichtweisen und Denkgewohnheiten prägt auch die Handlungswelt, von der hier zwei uns besonders interessierende Bereiche, die Literatur und die Politik, erörtert werden sollen.

Die zeitgenössische Poetik rechtfertigt die Dichtung – eine Kunst, die damals ja noch umstritten ist – durch Ableitung ihrer Aufgabe aus der universalen Ordnung und ihren Eigenarten. Dem Menschen ist die Betrachtung der Ordnung Gottes, ihrer Korrespondenzen und Stufen aufgegeben, und zwar als Quelle der Freude über die Schönheit und Zweckmäßigkeit des Kosmos und als Quelle der Erkenntnis: Erkenntnis der Werke Gottes, der Position und der Pflichten des Menschen und Erkenntnis Gottes, den man in dieser Welt nur *per speculum crea-*

turarum sehen kann. Gerade die Dichtung vermag durch die Darstellung der Weltordnung zu erfreuen und zu belehren, weil sie durch ihre Kunstsprache und durch ihre Metaphern Ordnungszusammenhänge zu illustrieren vermag und weil ihre fiktiven Welten die Struktur des Seins mitunter deutlicher erkennen lassen als die reale Welt, deren Ordnung hinter der Oberfläche des Sichtbaren verborgen ist.

Auf die Art und Weise, wie der Autor seine Aufgabe erfüllt, nehmen das Weltbild und die von ihm generierten Denkgewohnheiten in mehrfacher Hinsicht Einfluß. Der Dichter fühlt sich zur Darstellung des Exemplarischen und Modellhaften, des für die Seinsordnung Wichtigen, verpflichtet. Daraus resultieren unter anderem die Besonderheiten der Stoffwahl, die bei Shakespeare und anderen zeitgenössischen Dramatikern zu beobachten sind. Die Hauptfiguren des Stücks sind in aller Regel hierarchisch wichtige Personen: Könige, Fürsten, mindestens königliche Kaufleute. Die Handlungen gehen nie im Einmaligen und Privaten auf. Die meist einer Quelle entnommenen Fälle, mit denen sich der Autor beschäftigt, werden so ausgestaltet und durchgespielt, daß die Korrespondenz mit einer Vielzahl anderer Fälle (und damit auch die Relevanz für den Zuschauer) durchsichtig wird.

Weltordnung und Politik

Elisabethanische Politik ist immer Ordnungspolitik im volleren und komplexeren Sinne des Wortes. Eines ihrer Hauptziele ist das Sichtbarmachen und Demonstrieren von Ordnung und Hierarchie. Das geschieht hauptsächlich durch die Zelebration von königlicher Majestät und Standesordnung bei den regulären Gelegenheiten, die das

Hofleben bietet, und bei besonderen Anlässen wie Krönung, Staatsbesuch oder Staatsbegräbnis. Hierhin gehört es auch, wenn politische Aktionen zugleich als reale und symbolische Handlungen angelegt werden oder wenn bereits Geschehenes wie der Sieg über die Armada nachträglich in Ordnungszusammenhänge hineininterpretiert wird.

Das Sichtbarmachen der hierarchischen Ordnungen wird von den politisch Tätigen nicht nur im eigenen, höfischen Bereich betrieben. Manifestationen gesellschaftlicher Hierarchien wie das Londoner Zunftwesen mit seinen Ämtern, Trachten und Ritualen werden vom Hof nicht als Konkurrenz betrachtet, sondern gefördert. Das Ideal ist eine Gesellschaft, in der jedes Individuum schon durch seine Kleidung genau zu erkennen gibt, wohin es gehört. Da dieses Ideal nicht erreichbar ist, erlassen alle Tudormonarchen, auch Elisabeth, Kleidergesetze, die in umfangreichen Listen und Tabellen bestimmen, von welchem Stand an aufwärts bestimmte Stoffarten und Acces-

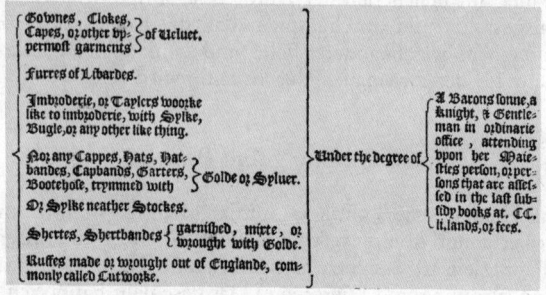

Kleidung nach Rang
Auszug aus der gesetzlichen Kleiderordnung

soires zulässig sind. So sind zum Beispiel purpurfarbene Seide und Zobelpelz der königlichen Familie und rangnahen Gruppen vorbehalten. Hüte, Gürtel und Schuhe oder Pantoffeln aus Samt dürfen nur Personen mit einem nachweislichen Einkommen von mehr als £ 100 und die ältesten Söhne von Rittern tragen. Unterröcke aus Damast, Taft oder anderen Seidenstoffen sind den Frauen und Töchtern des mittleren und höheren Adels vorbehalten.

Wenn die englische Monarchin – wie die Sonne und die Bienenkönigin – die Ordnung nur zu repräsentieren und wachsamen Auges zu überblicken brauchte, wäre Regieren ein leichtes Geschäft für die unter ihr tätigen Politiker. Aber das Herrschen ohne Eingriffe ist zwar ein elisabethanisches Ideal, da jeder an der Regierung Beteiligte, auch der Aktivist, sein Tun auf Störfälle begrenzen möchte. Elisabethanische Behörden haben jedoch die Gepflogenheit, den Störfall geradezu zwanghaft als eingetreten oder unmittelbar bevorstehend anzusehen. Die Kehrseite des allgemeinen Ordnungsglaubens ist eine panische Angst vor einem Verfall der öffentlichen Ordnung. Die Gefährdung der Ordnung durch menschliche Auflehnung gegen das Ranggefüge ist, solange das alte Weltbild gilt, das Schrecknis der Schrecknisse. Gerade weil man die überkommene Ordnung für göttlich und unveränderlich hält, fürchtet man – wie schon die ordnungspolitischen Widerstände gegen das Theater und die Diskussion um die Beständigkeit des Weltbaus zeigten – jedes Streben nach Veränderung, denn ein Umsturz des Alten kann ja nicht zu einer neuen und besseren Ordnung, sondern nur zum negativen und destruktiven Ziel des Rückfalls in das Chaos führen. Denn mag auch das Prinzip der Ordnung stabil und zeitlos sein und nicht untergehen können, so kann es doch durch den vom Sündenfall verderbten Menschen in seiner zeitlichen Verwirklichung in Frage gestellt und sogar für eine Weile aufgehoben werden. Die Kernzone der Ordnungsstörungen liegt im staatlich-politischen Bereich mit Rebellionen der Untertanen, pflichtvergessenen Herrschern, Bürgerkriegen und Kämpfen zwischen den Nationen. Allerwärts wiederholen sich die beiden großen Ereignisse der Heilsgeschichte: der Fall der ersten Menschen und der Engel, aber auch die Restitution durch die Erlösung. Obrigkeiten müssen wachsam sein und den Anfängen wehren. Sie tun es, indem sie mit Inbrunst den Teufel *Disorder* an die Wand malen.

Als Organ staatlicher Direktiven und Mahnungen dient vor allem die Kirche, die unter anderem im Laufe jedes Jahres die in einem offiziellen *Book of Homilies* zusammengefaßten Predigten über grundlegende Bürger- und Christenpflichten von allen Kanzeln verlesen läßt. Die Predigt über den Gehorsam, »An Exhoration concerning good Order, and obedience *to Rulers and Magistrates*«, beginnt mit einer begeisterten Laudatio auf die Schönheit und Zweckmäßigkeit der vielfach gestuften kosmischen Ordnung, um dann zu zeigen, daß die Stabilität des Weltgebäudes einzig vom Gehorsam abhängt; dann schließt sich die beschwörende Mahnung an, die rechte Ordnung nicht durch Insurrektion gegen die Obrigkeit zu gefährden. Wenn die Kette der Über- und Unterordnung im staatlichen Bereich reißt, dann ist die ganze Welt zerrüttet; Sicherheit und Besitz, die höchsten irdischen Güter, sind dahin. Es heißt:

»Almighty God hath created and appointed all things in heaven, earth, and waters in a most excellent and perfect order. In heaven he hath appointed distinct or several orders and states of archangels and angels. In earth he hath assigned and appointed kings, princes, with other governors under them, all in good and necessary order. The water above is kept and raineth down in due time and season. The sun, moon, stars, rainbow, thunder, lightning, clouds, and all birds of the air do keep their order. The earth trees, seeds, plants, herbs, corn, grass, and all manner of beasts keep themselves in their order: all the parts of the whole year, as winter, summer, months, nights and days, continue in their order. All kinds of fishes in the sea, rivers, and waters, with all fountains, springs, yea, the seas themselves keep their comely course and order: and man himself also hath all his parts both within and without, as soul, heart, mind, memory, understanding, reason, speech, with all and singular corporal members of his body in a profitable, necessary, and pleasant order. Every degree of people, in their vocation, calling and office, hath appointed to them their duty and order: some are in high degree, some in low, some kings and princes, some inferiors and subjects, priests and laymen, masters and servants, fathers and children, husbands and wives, rich and poor, and every one have need of other: so that in all things is to be lauded and praised the goodly order of God, without the which no house, no city, no commonwealth can continue and endure, or last. For where there is no right order, there reigneth all abuse, carnal liberty, enormity, sin, and babylonical confusion. Take away kings, princes, rulers, magistrates, judges, and such estates of God's order, no man shall ride or go by the highway unrobbed, no man shall sleep in his own house or bed unkilled, no man shall keep his wife, children and possession in quietness: all things shall be common and there must needs follow all mischief, and utter destruction both of souls, bodies, goods, and common wealths. But blessed be God that we in this realm of England feel not the horrible calamities, miseries, and wretchedness which all they undoubtedly feel and suffer that lack this godly order. And praised be God that we know the great excellent benefit of God shewed towards us in this behalf. God hath sent us his high gift, our most dear sovereign Lady, Queen Elizabeth, with a godly, wise and honourable council, with other superiors and inferiors, in a beautiful order, and godly. Wherefore let us subjects do our bounden duties, giving hearty thanks to God, and praying for the preservation of this godly order.«[10]

»Der allmächtige Gott hat alle Dinge im Himmel, auf Erden und in den Wassern in der vorzüglichsten und vollkommensten Ordnung geschaffen und an ihren Platz gesetzt. Im Himmel hat er verschiedene und besondere Klassen und Ränge von Erzengeln und Engeln eingesetzt. Auf Erden hat er Könige und Fürsten, mit anderen Lenkern unter ihnen, in aller guten und notwendigen Ordnung bestimmt und eingesetzt. Das Wasser droben wird bewahrt und regnet nieder, alles zu gehöriger Zeit und Stunde. Die Sonne, der Mond, die Sterne, der Regenbogen, Donner und Blitz, die Wolken und alle Vögel in den Lüften halten ihre Ordnung ein. Die Erde, die Bäume, die Samen, die Pflanzen, die Kräuter, das Korn, das Gras und alle Arten von Tieren halten sich in ihrer Ordnung. Alle Teile des ganzen Jahres, wie Winter, Sommer, Monate, Nächte und Tage, verbleiben in ihrer Ordnung. Alle Arten von Fischen im Meer, in Flüssen und Gewässern, mit allen Quellen und Brunnen, ja sogar die Meere selbst befolgen ihren geziemenden Lauf und ihre Ordnung. Und auch beim Menschen selbst befinden sich alle Teile und Vermögen sowohl innen wie außen, als da sind Seele, Herz, Bewußtsein, Gedächtnis, Verstand, Intelligenz und Sprache, zusammen mit jedem einzelnen Glied seines Körpers, in einer nützlichen, notwendigen und gefälligen Ordnung. Jede Rangstufe der Menschen hat in ihrem Beruf, Gewerbe und Amt ihre festgelegte Pflicht und Ordnung: Einige haben hohen Rang, andere niederen, einige sind Könige und Fürsten, andere Untergebene und Untertanen; es gibt Priester und Laien, Herren und Bedienstete, Väter und Kinder, Ehemänner und Ehefrauen, Reiche und Arme, und jeder ist auf andere angewiesen, so daß in allen Dingen die gute

Ordnung Gottes zu loben und zu preisen ist, eine Ordnung, ohne die kein Haus, keine Stadt, kein Gemeinwesen fortbestehen und dauern kann; denn wo keine rechte Ordnung ist, da herrschen Unrecht jeder Art, fleischliche Unzucht, Perversität, Sünde und babylonische Verwirrung. Beseitige Könige, Fürsten, Herrscher, Obrigkeiten, Richter und dergleichen Ränge der Ordnung Gottes, und niemand wird auf der Landstraße reiten oder gehen können, ohne beraubt zu werden, niemand wird in seinem eigenen Hause oder Bette schlafen, ohne getötet zu werden, kein Mann wird seine Frau, seine Kinder und seinen Besitz in Ruhe behalten, alles wird allen gehören, und daraus muß sich mit Notwendigkeit alles Übel und die völlige Zerstörung von Seelen, Körpern, Gütern und Gemeinwesen ergeben. Aber gesegnet sei Gott, daß wir in diesem Königreich England nicht die fürchterlichen Kalamitäten und das Elend und den Jammer spüren, den ohne Zweifel all die fühlen und erleiden, denen diese göttliche Ordnung abgeht. Und gelobt sei Gott, daß wir diese vorzügliche Güte Gottes erfahren, die er uns in dieser Hinsicht erweist. Gott hat uns seine hohe Gabe gesandt, unsere teuerste Königliche Herrin, Königin Elisabeth, mit einem gottesfürchtigen, weisen und ehrenhaften Kronrat und mit anderen Vorgesetzten und Untergebenen, in schöner und gottgefälliger Ordnung. Daher laßt uns Untertanen unsere Pflicht und Schuldigkeit tun und Gott von Herzen danken und für die Bewahrung dieser Gottesordnung beten.«

Unter den Dichtern der Epoche sind es besonders die Dramatiker, die an der intakten Ordnung, die ja undramatisch ist, wenig Interesse zeigen und sich auf Abweichungen von der statischen Norm konzentrieren. Für Shakespeare insbesondere sind Gefährdungen und Störungen der Ordnung der Stoff, mit dem sich die allermeisten seiner Dramen befassen: alle Tragödien und Historien und auch ein Teil der Komödien. Die Aktualität des Generalthemas ist zeitlos; es spielt daher keine Rolle, in welcher historischen Epoche der Stoff angesiedelt ist. Die elementare Dynamik der Stücke erwächst aus dem Konflikt zwischen der Ordnung und den sie bewahrenden Kräften einerseits und dem Gegenprinzip des Chaos und dessen Repräsentanten andererseits. Die Entwicklung des Dramas läuft stets auf die Wiederherstellung der Ordnung als Zielpunkt hin, auch wenn der Dramatiker nicht den kruden Optimismus der staatlichen Propagandisten teilt, für die alles wieder in Ordnung ist, sobald jeder Untertan brav der Obrigkeit gehorcht.

Eine intakte Weltordnung kommt bei Shakespeare kaum vor. An den vielen Stellen, an denen er zeitgenössische Ordnungsvorstellungen durch Anspielung abruft oder im Text darstellt, geht es fast ausnahmslos um Funktionsstörungen. Kosmische Korrespondenzen sind solche des Unheils, wie die zwischen moralischer und makrokosmischer Unnatur im *Macbeth* oder die zwischen psychischer Verstörung und Gewitter in den Heideszenen des *Lear*. Bei der berühmtesten Weltbild-Darlegung Shakespeares, der *degree*-Rede des Odysseus in *Troilus and Cressida*, klagt der Sprecher die eigene Partei wegen »neglection of degree« an (I,3,101–115. 125 f.):

> [. . .] O, when degree is shak'd,
> Which is the ladder of all high designs,
> The enterprise is sick. How could communities,
> Degrees in schools, and brotherhoods in cities,
> Peaceful commerce from dividable shores,
> The primogenity and due of birth,
> Prerogative of age, crowns, sceptres, laurels,
> But by degree stand in authentic place?
> Take but degree away, untune that string,
> And hark what discord follows. Each thing [meets]
> In mere oppugnancy: the bounded waters
> Should lift their bosoms higher than the shores,
> And make a sop of all this solid globe;

Strength should be lord of imbecility,
And the rude son should strike his father dead;
[...].
This chaos, when degree is suffocate,
Follows the choking,
[...].

»[...] Oh, wenn die Rangstufung erschüttert ist, welche die
Leiter zu allen hohen Zielen ist, dann ist die Unternehmung
krank. Wie könnten Kommunen, Grade an hohen Schulen
und Bruderschaften (Gilden) in Städten, friedlicher Handel
von trennenden Küsten, das Recht der Erstgeburt und Anspruch aus Abstammung, das Privileg des Alters, Kronen,
Szepter, Lorbeer den ihnen zukommenden Platz einnehmen,
wenn nicht durch [das Prinzip der] Rangordnung? Nimm nur
die Stufung weg, verstimme diese Saite und höre, welche Dis-
sonanz folgt. Alle Dinge stießen in schierer Gegnerschaft aufeinander: die vom Land eingegrenzten Wasser würden ihren
Busen höher heben als die Küsten und aus dieser ganzen festen Erdkugel einen Suppenkloß machen; die Stärke würde
Herr über die Schwachheit sein, und der rohe Sohn würde
seinen Vater totschlagen; [...]. Wenn der Rang erstickt ist,
dann folgt dieses Chaos dem Erdrosseln [...].«

Wie Odysseus sind sich alle dramatischen Figuren, die
von der göttlichen Ordnung der Welt sprechen, darüber
einig, daß diese Ordnung nur als gedachte Norm und
nicht als Realität existiert und daß politisches Handeln nur
in einer Wiederannäherung an ein verlorenes Ideal bestehen kann.

Leistungsfähigkeit und Grenzen des Denksystems

Das elisabethanische Weltbild steht dem des Mittelalters
näher als irgendeinem der heute vertretbaren Weltbilder.
Seine naturwissenschaftlichen Annahmen sind, wie schon

im Verlauf des 17. Jahrhunderts allen Gebildeten klar wird, nicht haltbar. Der Glaube an die Vereinbarkeit von Naturwissenschaften und Theologie im Rahmen eines gemeinsamen Systems schwindet ebenfalls im Lauf der nächsten Generationen.

Dennoch übt das Weltbild der Elisabethaner in seiner Symmetrie und Geschlossenheit auf die meisten modernen Betrachter eine eigenartige Faszination aus, nicht zuletzt deshalb, weil es die letzte allgemein akzeptierte Universalerklärung des Weltzusammenhanges gewesen ist und weil wir, die wir nach den einzelnen Wissenschaften nur über verschiedene Teilbilder der Welt verfügen, den Mangel an etwas Vergleichbarem empfinden. Erstaunlich große Teile dienen noch immer als Vorstellungsmodelle, so zum Beispiel die Unterscheidung von Charaktertypen wie Melancholikern, Sanguinikern, Phlegmatikern und Cholerikern oder die geozentrische Betrachtung des Laufs der Gestirne und der Tages- und Jahreszeiten.

Auf die elisabethanische Zeit bezogen ist das Weltbild als ein Ensemble von Tatsachenbehauptungen über Zusammenhänge der Natur bereits teilweise rückständig und nur noch schwer zu halten. Als Erklärungs- und Kommunikationsgerüst, das heißt als ein Mittel, die Phänomene der individuellen und gesellschaftlichen Erfahrung in einen Zusammenhang zu bringen und sich über sie zu verständigen, ist das lockere System jedoch von großer Leistungsfähigkeit und Nützlichkeit.

Alles hat seine Ordnung und paßt zusammen; die Verstöße gegen Augenschein und besseres Wissen halten sich noch in erträglichen Grenzen. Das System ist einfach und auch für Laien plausibel genug, um von jedermann akzeptiert und verstanden zu werden. Die historische Rarität des weitgehenden Zusammenfalls von hoher und populärer Kultur in der elisabethanischen Zeit geht nicht zuletzt auf diese Gemeinsamkeit zurück. Auch der politisch-gesellschaftliche Konsens der Epoche hat dem Konsens in der Weltsicht viel zu verdanken.

Mit seiner Konzeption einer auf ewig fixierten Ordnung erscheint das Weltbild als rigide; es fördert den Konservatismus, der zu den Grundzügen der Tudorzeit gehört. Es weist aber zugleich eine erstaunliche Flexibilität auf und trägt dazu bei, daß in der Tudorzeit ohne große Kontroversen größere Veränderungen des Denkens und der sozialen Wirklichkeit bewerkstelligt werden können, als in den Jahrhunderten vorher. Die Vorstellung der Statik der Ordnung läßt sich durch die Konzepte von Sündenfall und Erlösung, Zerfall oder Störung und Wiederherstellung modifizieren und dynamisieren. (Der sogenannte Tudormythos ist ein Beispiel für eine zyklische und dynamische Geschichtsinterpretation.) Die Konzeption von Hierarchien mit starren Über- und Unterordnungen wird durch die komplementäre Konzeption von Analogien, Parallelen und Spiegelungen modifiziert. Wenn alle Dinge einander ähneln, können überkommene Hierarchien auf Irrtümern beruhen und der Korrektur bedürfen. Die Korrespondenz zwischen den kosmischen Bereichen läßt es zu, daß man sich ohne Vernachlässigung des Erkenntnisauftrags auf einen Bereich konzentriert, beispielsweise auf den der weltlichen Ordnung des Staates. Das Axiom vom göttlichen Ursprung der Ordnung kann von einer Bevölkerungsgruppe als fromme Floskel und von einer anderen als wichtigste Wahrheit aufgefaßt werden.

Nationales Selbstbild

Zu den Beispielen für die Flexibilität des Weltbildes gehört auch die Ausbildung eines deutlich konturierten nationalen Selbstbildes der Engländer im Rahmen eines universalistischen Begriffs- und Vorstellungssystems.

Wie die Bild- und Textbeispiele gezeigt haben, ist das Weltbild im wesentlichen international. Engländer unterrichten sich aus den Werken kontinentaler Autoren und umgekehrt. Unter den vielen Unterscheidungen und Einteilungen spielt die nach Ländern oder Nationalität in der alten Tradition kaum eine Rolle. Gottes Ordnung gilt überall; alle Monarchen sind Brüder und Schwestern; der vorbildliche Engländer unterliegt den gleichen Normen wie der vorbildliche Franzose.

Zur Zeit Elisabeths ist jedoch die Nationalstaatlichkeit bereits so weit entwickelt, daß man das englische Gemeinwesen nicht mehr als ein Königreich wie alle anderen beschreiben kann und auch für die Zusammengehörigkeit aller Engländer nach Begriffen und Formulierungen sucht.

Versuche, die Beschaffenheit und Besonderheit des Landes zu erfassen, gibt es in der elisabethanischen Zeit auf vielen Ebenen. England wird von Autoren, die das ganze Land bereist haben, Grafschaft um Grafschaft und Aspekt neben Aspekt – von der Kirchenorganisation bis zur Wasserqualität – akribisch beschrieben (am ausführlichsten: William Harrison, *Description of the Island of Britain*, 1577–87). Das ganze Land und die einzelnen Grafschaften werden vermessen und kartographiert. Historische Monumente werden dokumentiert, insbesondere die Relikte der Römerzeit, die das Prestige der Antike mit sich bringen.

Signifikant für die Entwicklung eines nationalstaatlichen Bewußtseins ist die Hinwendung zur vaterländischen Geschichte nach 1570, wie sie sich beispielsweise in Raphael Holinsheds mächtigem Kompendium *The Chronicles of England, Scotland, and Ireland* (1577) zeigt. Die Nationalgeschichte beginnt, sich aus der Universalgeschichte als einer Sammlung zeitloser Exempla für das Walten der Vorsehung und das Verhalten von Menschen zu lösen. Beim Drama zum Beispiel bilden die *history plays*, in denen es um englische Geschichte geht, eine von anderen Stücken über historische Stoffe deutlich unterscheidbare Gattung.

De Republica Anglorum: Englands Besonderheit

In jedem europäischen Land nahm man im 16. Jahrhundert die Besonderheiten der eigenen Nation und die der Nachbarn deutlicher wahr als zuvor. England war dabei das Land, dessen Andersartigkeit am stärksten empfunden wurde; es erschien Ausländern als zugleich faszinierend und fremd, in mancher Hinsicht bewundernswert, in mancher aber auch kurios und unverständlich. Unter den Schriften, in denen Engländer das elisabethanische England beschreiben und analysieren, ist *De Republica Anglorum: The Manner of Government or Policy of the Realm of England* von Thomas Smith, 1583 erschienen, aber schon etwa zwanzig Jahre früher verfaßt und im Manuskript verbreitet, von besonderem Interesse.[11] Der Autor war ein Mann von hoher Kompetenz, ein angesehener Professor des Staats- und Zivilrechts in Cambridge, der dann im Staatsdienst tätig war und unter Elisabeth als einer der *Secretaries of State* zu den führenden Regierungsmitgliedern gehörte. Smith hat die Abhandlung, die

wohl hauptsächlich als Lehrbuch und Argumentations-
hilfe für junge Diplomaten gedacht war, während seiner
Tätigkeit als Botschafter am französischen Hof verfaßt;
sein Hauptziel ist es, die Besonderheiten des Staatswesens, der Gesellschaftsstruktur und der Rechtsprechung
Englands mit dem Blick auf ausländische Staatsmänner
zu erklären und zu rechtfertigen.

Auch für einen Meister der präzisen und knappen Erklärung wie Smith ist diese Aufgabe nicht leicht. Die Abweichungen von den Verhältnissen auf dem Kontinent
sind so erheblich, daß der Autor nicht das zeitgenössische
Staatswesen, sondern die Klassen und Institutionen der
Römischen Republik als Referenzschema benutzt.

Ohne Parallele in der zeitgenössischen Welt ist schon
der Aufbau der englischen Gesellschaft. Es läßt sich
zwar eine musterhaft vielstufige Hierarchie vorweisen,
aber nur ein Teil der Positionen wird vom König als
ordnender Instanz zugewiesen. Ein großer Teil der
Staatsbürger hat den sozialen Aufstieg und die Bestimmung des Ranges selbst in der Hand.

Smith teilt die Gesellschaft nicht nach Ständen ein, sondern bündelt Bevölkerungsgruppen lockerer nach »Sorten von Menschen«. Es heißt: »We in England divide our
men commonly into four sortes, [1] gentlemen, [2] citi-
zens and [3] yeomen, [4] artificers and labourers« (S. 20;
»Wir in England teilen unsere Leute gewöhnlich in vier
Kategorien ein: 1. Edelleute, 2. Bürger, 3. *yeomen* [Defini-
tion s. S. 524], 4. Handwerker und Arbeiter«.) Die *gentlemen* bilden die komplexeste und wichtigste Gruppe, die in
zwei Teile untergliedert ist. Zur *nobilitas maior* gehören
»the King, the Prince [of Wales], dukes, marquises, earls,
viscounts, barons, and these are called κατ' ἐξοχὴν the nobility, and all these are called Lords and noblemen« (S. 20).
Die zweite, sehr viel zahlreichere Gruppe hat drei Ränge:

»Knights, esquires and simple gentlemen« (S. 21 f.). Nur in der oberen Gruppe, bei den *Lords*, werden die Titel durchgehend vom König verliehen und nach festen Regeln vererbt. Bei der »second sort of gentlemen« wird nur der *Knight* (Anrede: Sir) ernannt, und zwar ad personam und auf Lebenszeit. Ein *Esquire* oder *Squire* ist eigentlich ein Herr aus alter, wappenführender Familie, aber niemand überwacht, ob jemand diesen Titel zu Recht führt.

Die einfachen *gentlemen* bilden die offenste Kategorie. »Gentlemen be those whom their blood and race doth make noble and known« (S. 26; »Edelleute sind jene, die ihr Blut und ihre Rasse vornehm und bekannt macht«), heißt die Definition, aber das ist reine Theorie:

»[…] for as for gentlemen, they be made good cheap in England. For whosoever studieth the laws of the realm, who studieth in the universities, who professeth liberal sciences, and to be shorte, who can live idly and without manual labour, and will bear the port, charge and countenance of a gentleman, he shall be called master, for that is the title which men give to esquires and other gentlemen, and shall be taken for a gentleman« (S. 27).

»[…] denn was Edelleute angeht, die werden in England auf ganz billige Weise gemacht. Denn jedermann, der die Gesetze des Reiches studiert, der an den Universitäten studiert, der eine der freien Künste und Wissenschaften beruflich betreibt und – um mich kurz zu fassen – der in der Lage ist, in Muße und ohne körperliche Arbeit zu leben, und der das Verhalten und den Habitus eines Edelmannes vorzeigen und die Kosten bestreiten kann, der wird mit *Master* angeredet werden, denn das ist der Titel, den man *Esquires* und anderen Edelleuten gibt, und er wird als ein Edelmann angesehen werden.«

Jedermann kann sich, wie Smith sagt (und wie wir es bei Shakespeare gesehen haben), beim Heroldsamt für gutes

Geld ein nagelneues Wappen machen lassen, dessen Ansprüche dann mit vorgeblich alten Unterlagen oder neueren Verdiensten begründet werden. Smith verteidigt in einem eigenen Kapitel halbherzig die »englische Art, auf so leichte Weise *gentlemen* zu machen« – es schade nichts und führe in vielen Fällen dazu, daß selbsternannte *gentlemen* sich wie echte aufführten –, aber hier ist doch der einzige Punkt, an dem Smith Zweifel an den Verhältnissen in seinem Heimatland aufkommen läßt.

Die freien Bürger der Städte bieten keine Probleme der Abgrenzung oder der Beschreibung. Die Schicht der *yeomen* ist schwer zu definieren; es sind Leute, Farmer zumeist, die unter den *gentlemen* stehen, obwohl ihre Kinder oft in die *gentry* aufsteigen, und die über der arbeitenden Bevölkerung stehen, obwohl sie ihr Gut selbst bestellen. Sie bilden aber doch eine Gruppe mit eigenem Charakter, die einzige Gruppe, die in sich als spezifisch englisch bezeichnet werden kann, weil es sie anderswo nicht gibt und weil gerade die *yeomen* in den Schlachten in Frankreich eine neue, nationale Kampfweise etabliert haben. Zu der vierten und untersten Schicht gehören Arbeiter im Tagelohn, arme Landarbeiter, kleine Kaufleute ohne Grundbesitz und unselbständige Handwerker.

Neben der Gesellschaftsstruktur rechnet Smith die Breite der Mitwirkung an der Regierung zu den Besonderheiten und Vorzügen des englischen Königreichs. Drei der vier Großgruppen bestehen aus Staatsbürgern, die regelmäßig Ämter übernehmen oder durch Delegierte im Parlament mitbestimmen. Nur die unterste Gruppe wird als »men which do not rule« (S. 33) definiert, und selbst aus diesem Kreis werden oft Jurymitglieder oder Kirchenvorsteher rekrutiert.

Smith betont die Mitregierung der Staatsbürger nicht etwa, um England der demokratischen Staatsform zuzurechnen oder dem König die oberste Gewalt abzusprechen. Im Gegenteil: »The Prince is the life, the head, and the authority of all things that be done in the realm of England. And to no prince is done more honour and reverence than to the King and Queen of England« (S. 47; »Der Fürst ist das Leben, das Haupt und die Autorität all dessen, was im Königreich England getan wird. Und keinem Fürsten wird mehr Ehre und Reverenz erwiesen als dem König und der Königin von England«.) Die Eigenart liegt darin, daß bei dieser politischen Körperschaft, »the commonwealth of the politic body of England« (S. 47), der Kopf im Einklang mit den Gliedern regiert. *Consent* heißt der Leitbegriff des Regierens auf englische Art. Die höchste Gewalt liegt beim Parlament, aber dieses Parlament ist keine Versammlung neben dem König; es ist der Zusammentritt von Haupt und Gliedern zur Entscheidung im Konsens:

»That which is done by this consent is called firm, stable and *sanctum*, and is taken for law. [...] The parliament of England [...] representeth and hath the power of the whole realm both the head and the body. For every Englishman is intended to be there present, either in person or by procuration and attornies, of what preeminence, state, dignity or quality soever he be, from the Prince (be he King or Queen) to the lowest person of England. And the consent of the Parliament is taken to be every man's consent« (S. 35).

»Was in diesem Konsens getan wird, das wird als fest, auf Dauer gültig und unumstößlich beschlossen bezeichnet und als Gesetz aufgefaßt. [...] Das Parlament von England [...] repräsentiert das ganze Reich, sowohl das Haupt als auch den Körper, und hat dessen ganze Macht. Denn der Konzeption nach ist jeder Engländer dort präsent, entweder in eigener Person oder durch Vertretung und Bevollmächtigte, von welchem Rang oder Status, von welcher Würde oder Qualität er auch sein mag, vom Fürsten (sei er König oder Königin) bis hin zur niedrigsten Person in England. Und der Konsens des Parlaments gilt als jedermanns Zustimmung.«

Die letzte unter den wesentlichen Besonderheiten ist das Rechtssystem. Smith widmet ihm den längsten Teil seiner Abhandlung, und zwar einmal, weil er als Jurist hier auf seinem ureigenen Feld ist, und zum anderen, weil das englische System des *common law*, einer auf der Basis des Gewohnheitsrechts beruhenden und durch die Rechtsprechung in einzelnen Fällen weiterentwickelten Rechtsordnung, für die Kontinentaleuropäer mit ihren aus dem römischen Recht entwickelten kodifizierten Rechtsordnungen etwas sehr Fremdes und Erklärungsbedürftiges ist. Auch hier läßt Smith keinen Zweifel daran, daß das englische System, insbesondere in der Entscheidung über schwerwiegende Fälle durch eine zwölfköpfige Jury und in den Berufungsinstanzen, unerreichte Vorzüge hat.

Smith betrachtet sich in seinem Nachwort als einen Kartographen, der objektiv und zuverlässig die Umrisse des englischen Staatswesens nachzeichnen und die Unterschiede im Vergleich zu Frankreich, Italien, Spanien und Deutschland aufzeigen möchte. Er vermeidet in der Tat explizites Lob Englands und jeden Tadel für Besonderheiten anderer Nationen. Aber aus seiner Darstellung spricht ein massives Selbstbewußtsein des politischen England, und sein implizites Fazit ist jedem Gebildeten deutlich: Das Königreich England ist in seiner politischen und gesellschaftlichen Struktur eine Wiedergeburt des bedeutendsten Staatswesens der Geschichte, des antiken Rom.

Das Bild Englands als eines Landes mit besonderen gesellschaftlichen und politischen Strukturen und Institutionen entwickelt sich schneller als das Bild des typischen Engländers und das Gefühl der nationalen Identität als Einzelperson und als Gemeinschaft. Das Land ist immer schon als etwas Spezielles, nicht mit Italien oder Spanien Verwechselbares, betrachtet worden, auch in den Zeiten, als die Christenheit und nicht die Nation der politische Oberbegriff war. Bei den Menschen, insbesondere bei den Menschen der oberen Ränge, war das anders. Sie bezogen das Gefühl ihrer Identität eher aus ihrem Stand als aus ihrer nationalen Zugehörigkeit.

Der Ritter in Chaucers *Canterbury Tales* zum Beispiel, einem poetischen Erzählwerk, das Ende des 14. Jahrhunderts entstand, ist als englische Idealfigur angelegt. Dieser Ritter hat jedoch keine Eigenschaft, die man als englisch beschreiben könnte, und er hat sich nicht durch den Einsatz für sein Land hervorgetan. Seine Idealität besteht vielmehr darin, daß er die Tugenden seines Standes wie Loyalität, Mut, Selbstdisziplin und Großzügigkeit am reinsten verkörpert. Er hat sich außerhalb Englands in Gemeinschaftsunternehmungen der Ritterschaft so bewährt, daß er im fernen Preußen vor allen Rittern aus anderen *natiouns* (was nur Landsmannschaften, Regionen der Christenheit, bedeutet) auserkoren wird, den Ehrenplatz am Kopf der Tafel einzunehmen.[12]

Englische Idealfiguren der elisabethanischen Zeit, reale wie das Nationalidol Sir Philip Sidney oder fiktionale wie Shakespeares Heldenkönig Heinrich V., haben schon ausgeprägtere englische Züge und zeichnen sich durch den Einsatz für ihr Land aus, aber sie haben noch viel mit Chaucers englisch-universaleuropäischem Ritter zu tun.

Eine Königin hat ihresgleichen nicht im Lande, sondern nur auf ausländischen Thronen. Ein Tuchhändler ist ein Kaufmann und hat seinesgleichen in seiner Vaterstadt, in Antwerpen und in Hamburg. Natürlich sind alle Bürger Englands gemeinsam Untertanen der englischen Krone, aber dieses Verhältnis ist nicht primär national und spezifisch englisch; wäre Elisabeth 1565 gestorben, wären alle Engländer mutmaßlich Untertanen Maria Stuarts, einer sprachlich und kulturell fremdländischen Person, geworden.

Langsam und zunächst von den Zeitgenossen unbemerkt entstehen in England unter Elisabeth ein nationales Selbstbild von einem einmaligen, unverwechselbaren und unübertrefflichen England und ein Gefühl einer nationalen Identität als einer Zusammengehörigkeit, die enger ist als die der Untertanen anderer Monarchen.

Im Zentrum dieses Prozesses der Nationalisierung der politisch-gesellschaftlichen Vorstellungen steht die Königin. Die nicht nationalspezifische Hierarchie des Königreichs wird zu einem spezifisch englischen und spezifisch elisabethanischen Beziehungssystem umgedeutet.

Die Verehrung Elisabeths als *Virgin Queen* trägt immer auch nationale Züge, da nur England eine Königin wie diese aufzuweisen hat. Die Tatsache, daß nur England unter den größeren Ländern eine Nationalkirche hat und daß die Königin deren *Supreme Governor* ist, trägt dazu bei, sie zu einer religiös-nationalen Kultfigur zu machen. Die Nationalisierung der Krone bekommt auch eine historische Dimension. Das Haus Tudor, dem es ja an internationalen Verbindungen mangelte, hatte immer schon seine rein britische Herkunft glorifiziert. Nach den schlechten Erfahrungen mit der halb spanischen und mit einem Spanier verheirateten Maria hatten die Anhänger Elisabeths schon vor der Thronbesteigung immer betont, daß sie glücklicherweise »all English« sei. Sie selbst verstärkte die national-historische Komponente durch ihre Selbstdarstellung als Tochter und geistige Erbin Heinrichs VIII.

Elisabeth selbst war es auch, die durch ihre Stilisierung als Mutter ihrer Untertanen und Gemahlin des Landes die Nationalisierung der Beziehung zwischen Souverän und Untertanen am eifrigsten und erfolgreichsten betrieb. (In gewisser Weise wurde Elisabeth eine Gefangene ihrer eigenen Bemühungen. Während es zu Anfang ihrer Regierungszeit nur wenige Gemeine gestört hatte, daß der Hof mit dem Haus Habsburg über eine Ehe der Monarchin verhandelte, wurde ihr in den achtziger Jahren von den *Commons* vorgehalten, daß sie als Mutter der Nation es England nicht antun dürfe, den fremdländischen »Mounsieur« – wie man Alençon typischerweise allgemein nannte – zu heiraten.)

Zu den Gegenständen einer Glorifizierung unter nationalen Aspekten gehörten auch das Land und seine Insellage. Traditionellerweise hatte man in England die Lage auf einer Insel am Rande der bekannten Welt als nicht besonders günstig empfunden. Nun (nachdem mit zunehmender Bedeutung der atlantischen Seewege sich auch die tatsächliche Bedeutung der geographischen Lage verändert hatte) begann man, die Einmaligkeit der Insellage als Glücksfall auszulegen: Das reiche und stolze Albion ist *fortunata insula* und Schauplatz des neuen Goldenen Zeitalters; es ist – wie es im Wasserfestspiel von Elvetham zu sehen und zu hören war – eine unbezwingliche und von den Göttern des Meeres gesicherte Festung.

»This sceptred isle«: Literatur und nationale Identität

An der Ausformung und Propagierung des Selbstbildes der Nation und des Gefühls der nationalen Zusammengehörigkeit ist die Literatur maßgeblich beteiligt. Hier soll als Beispiel eine Stelle aus Shakespeares *Richard II* betrachtet werden, die jedermann zumindest in einzelnen Formulierungen kennt, die Sterberede des alten Gaunt. [13]

Alle *history plays* haben mit England und mit nationaler Identität zu tun, aber die meisten sind, wie wir schon bei der Betrachtung der Dramengattungen sahen, keine kritiklosen Lobpreisungen des eigenen Landes und keine Heldenlieder, sondern sie konzentrieren sich auf Zeiten des Niedergangs und des Ordnungszerfalls.

Die Blickrichtung auf das Unglück beeinflußt auch die Art und Weise, wie gerade Shakespeare die nationale Identität im positiven Sinne ausprägt. England ist das Land der großen Heimsuchungen, eben deshalb von seinen Bewohnern geliebt und loyal verteidigt. Die Engländer werden sich erst bewußt, was sie an ihrem Lande haben, wenn es nicht mehr intakt ist, wenn es von seiner Norm und idealen Struktur abgewichen ist. Die Nation ist vor allem eine Krisengemeinschaft, und die Zusammengehörigkeit der verschiedenen Stände beruht auf der Gemeinsamkeit des Durchhaltens in der Bedrängnis.

In *Richard II* wird als Auftakt einer Serie von Dramen über die Zwiste zwischen den Häusern York und Lancaster der Niedergang der unter dem Vorgänger, Eduard III., noch intakten staatlichen Ordnung gezeigt. Der junge König Richard hört nur auf seine Günstlinge und läßt das Reich verkommen, dessen Steuereinnahmen er für ein Schleudergeld verpachtet hat. Vergeblich hofft der greise John of Gaunt, Herzog von Lancaster, daß Richard

Inselherrschaft als Weltregiment
Elisabeth dominiert den Erdball, auf der britischen Insel
stehend, das Unwetter im Rücken und die Sonne vor sich
(›Ditchley Portrait‹, um 1592)

ihn auf dem Sterbebett besuchen und seine letzten Worte
anhören möge. Er muß seine Sterberede in den Wind sprechen. Der Mittelteil der Rede besteht aus einem überlan-
gen und mächtigen Satz (II,1,40–60):

> This royal throne of kings, this sceptred isle,
> This earth of majesty, this seat of Mars,
> This other Eden, demi-paradise,
> This fortress built by Nature for herself
> Against infection and the hand of war,
> This happy breed of men, this little world,
> This precious stone set in the silver sea,
> Which serves it in the office of a wall,
> Or as [a] moat defensive to a house,
> Against the envy of less happier lands;
> This blessed plot, this earth, this realm, this England,
> This nurse, this teeming womb of royal kings,
> Fear'd by their breed, and famous by their birth,
> Renowned for their deeds as far from home,
> For Christian service and true chivalry,
> As is the sepulchre in stubborn Jewry
> Of the world's ransom, blessed Mary's Son;
> This land of such dear souls, this dear dear land,
> Dear for her reputation through the world,
> Is now leas'd out – I die pronouncing it –
> Like to a tenement or pelting farm.

»Dieser königliche Thron von Königen, diese zeptertragen-
de Insel, diese Erde von Majestät, dieser Sitz des Mars,
dies zweite Eden, Halbparadies, diese Festung, die die Natur
für sich selbst gebaut hat gegen Ansteckung und die Hand des
Krieges, diese glückliche Rasse von Menschen, diese kleine
Welt, dieser kostbare Stein, gefaßt in die silberne See, die
ihm in der Funktion einer Mauer dient oder eines Wassergra-
bens, der ein Haus verteidigt, gegen den Neid weniger glück-
licher Länder; dies gesegnete Stück Boden, diese Erde, dies

Königreich, dies England, diese Amme, dieser fruchtbare
Schoß königlicher Könige, gefürchtet wegen ihrer Herkunft
und berühmt wegen ihrer Geburt, namhaft wegen ihrer Taten;
wegen ihres christlichen Dienstes und echter Ritterschaft, so
weit von der Heimat wie in der verstockten Judenschaft das
Grab des Erlösers [Lösegeldes] der Welt, des Sohnes der seligen Maria, dieses Land so teurer Seelen, dies teure, teure
Land, teuer wegen seines Rufes in aller Welt, ist nun vermie-
tet – ich sterbe, indem ich es ausspreche – wie ein Pachtgut
oder ein kümmerlicher Bauernhof.

Dies ist einer der berühmtesten und folgenreichsten Sätze
der Weltliteratur. Gaunts Worte sind schon zu Shakespeares Lebzeiten als Prunkstück der dramatisch-rhetori-
schen Poesie gefeiert und kanonisiert worden. Die Stelle,
nach Coleridge »the most magnificent and, at the same
time, the truest eulogium of our native country that the
English language can boast«,[14] hat nicht nur das nationale
Selbstbild der Zeitgenossen mitgeprägt, sondern auch –
ungezählte Male wiederholt, angeeignet und abgewandelt
– bei Engländern und Nicht-Engländern späterer Epochen wesentlich dazu beigetragen, daß sich die hier formulierte Konzeption Englands durchgesetzt und durch-
gehalten hat. Uns interessiert in unserem Zusammenhang
vor allem das Englandbild, aber da dieses Bild nicht
zuletzt durch seine sprachlich-poetische Machart bestimmt wird, soll diese Seite zuerst betrachtet werden.

Der Satz nimmt sich auf den ersten Blick zwiespältig
aus. Auf der einen Seite hat man den Eindruck einer vir-
tuosen Spracharie, eines Textes von großer Schönheit und
extremer Geformtheit. Auf der anderen Seite wirkt der
Satz, der kein Ende finden kann und scheinbar auf der
Stelle tritt, auch merkwürdig und irregulär, um nicht zu
sagen monströs. Es handelt sich ja fast nur um Wiederho-
lungen – um einen Katalog, der immer wieder das gleiche

Objekt aufführt: Achtzehnmal wird der Ausdruck »this England« abgewandelt.

In der Tat beruht die Struktur der Stelle auf dem Prinzip der Ambivalenz; der Satz ist ein Musterbeispiel für die elisabethanische Tendenz, einer Aussage (oder einer Handlung) mehrere Ebenen der Bedeutung zu geben. Die Rede erhält eben dadurch ihre Komplexität und Spannung – Spannung zwischen Unregelmäßigkeit und Regelmäßigkeit, Natürlichkeit und Künstlichkeit, angeblicher Sprachnot und wirklicher Effizienz der Sprache.

Die gezielte Zwiespältigkeit beginnt bei der Situation des Sprechenden. Gaunt kann, wie es aussieht, keine normale, gelingende Aussage mehr machen, weil er dem Tode nahe ist; er spricht mit versagendem Atem und unter Schmerzen; was er sagt, ist Sprache vor dem Ende, Vorstufe der Sprachlosigkeit. Er ist erregt; was der König mit dem Land gemacht hat, ist so unerhört, daß ihm die rechten Worte fehlen. Er zögert den Abschluß des Satzes immer wieder hinaus, um noch nicht aussprechen zu müssen, was seinen Tod bedeuten müßte (»I die pronouncing it«, Z. 59).

Diese Situation führt dazu, daß Gaunts Aussage scheinbar eine defekte Grammatik aufweist und die Regeln des Satzbaus nicht einhält. Normalerweise herrscht in der Sprache das Kombinationsgesetz der Syntax: verschiedene Satzteile werden in sprachlogischer Folge aneinandergehängt; zuerst Subjekt, dann Prädikat, dann Objekt beispielsweise. Hier scheint die Syntax außer Funktion zu sein. Der Satz bewegt sich auf der Stelle; die Progression bleibt aus.

Statt der Syntax herrscht das Lexikon. Was sonst nur im Kopf existiert, ein breites Spektrum an Synonymen, an Ausdrucksmöglichkeiten für eine Sache, ist hier komplett in den Text geraten. Der für das reguläre Sprechen maßgebende Akt der Auswahl, der Entscheidung für die treffendste Formulierung, ist – wie es scheint – unterblieben. Der Sprecher schüttet einfach aus, was ihm zum Stichwort »this England« alles durch den Kopf geht.

Sprachstörung und Wahllosigkeit herrschen aber nur scheinbar vor, sowohl auf der psychologischen wie auf der sprachlichen Ebene. Gaunt, dem die Sprache versagt, weiß und sagt zugleich, daß seine letzten Worte etwas Außerordentliches sind: »music at the close«, eine Coda als krönender Abschluß einer Komposition, ein Testament, eine inspirierte Prophezeiung.

Der Ordnungsmangel der Aufzählungsglieder ist eine Fiktion. Sie werden in Wirklichkeit durch ein System von sprachlichen Maßnahmen, besonders durch Parallelstrukturen, in strikter und sinnvoller Ordnung gehalten. Alle Glieder sind nach der gleichen grammatischen Formel ›*this* + Nominalphrase‹ konstruiert. Die Verszeilen dienen als Ordnungsgerüst für den Katalog (ohne daß je einer der 18 Teile genau mit einer Verszeile zusammenfiele).

Auch die scheinbar gestörte Syntax tritt nicht wirklich außer Funktion; sie hört nicht auf, den sprachlichen Prozeß zu ordnen und zu regieren. Bei den *this*-Phrasen handelt es sich unverkennbar um Subjekte, Satzanfänge. Auch während der Phase des Stillstands und der Wiederholung bleibt die Erwartung des Fortgangs und Abschlusses durchgehend in Kraft. Die Erwartung wird schließlich triumphierend bestätigt. In der 59. und 60. Zeile erscheint der Restsatz. Das Gebilde erweist sich in der Rückschau als perfekter Satz mit abgezirkeltem und durchsichtigem Aufbau. Der Kernsatz lautet: Dieses England (achtzehnmal) ist verpachtet wie ein wertloses Anwesen (zweimal).

Vom Ende her gesehen ist der Satz regelrecht, aber asymmetrisch. Vom Inhalt her erscheint auch die Asymmetrie angemessen. Der Satz drückt ja eine Paradoxie und

eine Ungleichung aus: Dies große, unermeßlich wertvolle
England ist klein und armselig. Diesem Mißverhältnis
entspricht die asymmetrische Relation zwischen riesigem
Anfangsteil und winzigem Schlußteil.

Das angemessene Mißverhältnis bewirkt auch eine vom
Autor geplante Doppeldeutigkeit des Sinnverständnisses
als Loblied und Klage. Der Aussage des abgeschlossenen
Satzes nach wird die Größe Englands verneint: Das Land
ist nichts mehr wert. Das Übergewicht des Anfangsteils
ist aber so groß, daß die Qualifizierung des positiven Sub-
jekts durch das negative Prädikat nicht durchgreift. Der
Satz wird mit Notwendigkeit als positive Aussage, als
Preis Englands, verstanden; er taucht schon in Shakespeares eigener Zeit in einer Anthologie unter den Elogen »Of
Albion« auf.[15]

Auch die Komposition des Englandbildes, das hier vor
Augen gestellt wird, zeigt ein Doppelgesicht: auf einer
Ebene scheinbare Systemlosigkeit und Spontaneität, auf
einer anderen straffe Planung und Unterordnung aller
Teile unter eine geschlossene Konzeption. Die Stelle
wirkt wie ein Mosaik. Die achtzehn Umschreibungen
sind eine Mischung von naheliegenden und ungewöhnlichen, eigentlichen und uneigentlichen (metaphorischen
und metonymischen) Ausdrücken. Hinter dieser Buntheit verbirgt sich eine sprachliche Strategie, die auf eine
neue Definition, inhaltliche Füllung und Bewertung des
Begriffsfelds ›England‹ abzielt.

Trotz der Vielteiligkeit der Aufzählung werden nur drei
Aspekte des Landes zur Sprache gebracht: Es geht immer
wieder um die Insellage als einziges essentielles Unter-
scheidungsmerkmal, um die enge Beziehung zwischen
Land und Herrschern und um das besondere Verhältnis
zur übrigen Welt. Diese drei Kennzeichen Englands be-
dingen einander und machen das Land einzigartig.

*Das königliche Land. Britannia, mit ihrem Land bekleidet und
mit den Symbolen von Macht, Wohlstand und Ruhm geschmückt,
auf ihrem Thron im Meer*

Grundlage der sprachlichen Strategie ist die Vergrößerung durch Verkleinerung. Die bildlichen Bezeichnungen
machen das Land kleiner: es ist Thron, Sitz, Festung,
Stein, Haus, Grundstück, Schoß. Die Verkleinerung
macht das Land zu einem Ensemble von Symbolen und
zieht es auf eine einzige Funktion zusammen, die in dieser
kontrahierten Form perfekt erfüllt werden kann: Insel-
Festung, Insel-Stein und Insel-Schoß beispielsweise
repräsentieren das Höchste an Sicherheit, Kostbarkeit
und Fruchtbarkeit. Die Verkleinerung erlaubt es, die Insel
und die auf ihr Herrschenden – die Könige, den Kriegsgott, die Natur, die Majestät schlechthin – eng aufeinander zu beziehen. Das Land ist Sitz, Wohnstatt, Burg,
Boden; es geht darin auf, ein Herrschaftssymbol zu sein
(»throne«) oder zu tragen (»sceptred isle«). Die Zuordnung des Landes als einer Sache zur Herrscherperson steigert sich zu einem innigen Verhältnis zwischen zwei Personen: England ist seinen Königen »nurse« und »teeming
womb«. Schließlich wird das personale Verhältnis des
Landes zu seinen Herrschern sogar assoziativ neben das
größte aller Mutter-Kind-Verhältnisse, das der Gottesmutter zu Christus, »blessed Mary's Son«, gestellt. Das
abseitsliegende England rückt damit in die Nähe des Heiligen Landes, des Zentrums der Welt.

In der Vorstellungswelt der Zeit spielen, wie wir aus
bildlichen und sprachlichen Darstellungen wissen, jene
»abstracts or models«, die der Schöpfer als anschauliche
Miniaturen und Vorbilder in den Gesamtbau seines Universums eingelassen hat, eine zentrale Rolle. Shakespeare
stellt die königliche Insel so dar, daß er für sie eine ganze
Serie solcher Modellkonzepte in Anspruch nehmen kann:
England ist die Welt im kleinen, ein Mikrokosmos (»this
little world«, Z. 45), ist Abbild des Gartens Eden und des
himmlischen Paradieses (Z. 42), ist die Erde, Zentrum des

Kosmos, schlechthin (Z. 50), ist das Königreich *par excellence* (Z. 40 f., 50), ist das Musterland der Natur, der Stellvertreterin Gottes (Z. 43 f.). Die Augen der Welt sind auf dieses Modell gerichtet; das Land und seine Könige werden beneidet (Z. 49), gefürchtet (Z. 52), gerühmt (Z. 52 f.) und hochgeschätzt (Z. 58).

England wird schließlich auch als ein Land dargestellt, mit dem sich seine Bewohner in einem besonderen Maße identifizieren, das sie lieben und wertschätzen können. Diese Komponente wird vor allem dadurch zum Ausdruck gebracht, daß das Allerweltswort »dear« in einem mehrstufigen Prozeß semantisch und emotional aufgefüllt wird. Die wiederholten Hinweise auf die innige Beziehung zwischen Land und Herrschern aktivieren und konkretisieren die Bedeutung ›lieb, teuer‹; die Folge von Wertmaßstäben – Königsinsignien, Juwel, Edelmetall, Lösegeld der Welt – belebt die Bedeutung ›kostbar, teuer‹. Der Rückzug in die Floskel »this dear dear land« ist also zugleich die inhaltsreiche Summe der Aufzählung.

Wenn man die komplizierte Künstlichkeit des Satzes betrachtet, ist man geneigt, den Text für etwas rein Literarisches, ein Spiel mit Sprache zu halten. Das ist auch richtig; die Rede Gaunts dokumentiert die elisabethanische Leidenschaft für sprachliche Kunststücke und die Tendenz, die Erklärung der Welt als Spiel mit Korrespondenzen zu betreiben.

Shakespeares Englanddarstellung demonstriert aber auch etwas, was der gesamten Selbstauffassung und Selbstdarstellung des elisabethanischen Zeitalters eigen ist, nämlich eine von kaum einer anderen Epoche erreichte Kraft, die Wirklichkeit zu deuten und zu überformen oder sich sogar gegen die Realität durchzusetzen.

Das elisabethanische Englandbild wird noch heute weithin akzeptiert. England wird noch immer als ein Land betrachtet, für das die enge Verbindung zwischen Monarchie und Bevölkerung prägend ist. Seine Insellage und seine Inselmentalität werden eher bewundert als abgewertet. Wir glauben mit den Elisabethanern und den heutigen Engländern noch immer daran, daß die unerschütterliche Stärke des Landes gerade in Krisen zutage tritt. Wir schreiben englischen Institutionen, Lebensformen und Spielregeln eine Vorbildlichkeit und Modellhaftigkeit zu, die sie ohne die Prägung der Ikonographie des Nationalbildes durch die Elisabethaner kaum beanspruchen könnten.

Anmerkungen

Die Anmerkungen beschränken sich im wesentlichen auf den Nachweis der Zitatquellen. Zum Stand der Forschung und der Diskussion auf den einzelnen Gebieten s. die kommentierte Auswahlbibliographie. – Um die elisabethanischen Texte leichter lesbar zu machen, wurden Schreibweise und Zeichensetzung (außer in einigen Beispielfällen) dem heutigen Englisch angepaßt. – Übersetzungen fremdsprachiger Zitate stammen, wenn nicht anders angegeben, vom Verfasser.

Einführung

1 Boswell Taylor (Hrsg.), *Elizabethans to Georgians: 1558–1837*, Leicester 1971, S. 5.

Kapitel 1

1 R. J. Unstead, *Tudors and Stuarts*, London o. J. [1953] (Looking at History. 3).
2 Ebd., S. 2: »This book is about the life of ordinary people three and four hundred years ago. It tells how they lived, worked and enjoyed themselves, how they dressed, built their homes, travelled on land and voyaged by sea.«
3 Ebd., S. 93 f.
4 Ebd., S. 7.
5 Erste Darlegung in E. M. W. Tillyard, *Shakespeare's History Plays*, London 1944, S. 29–32. Zur Diskussion um die Gültigkeit des Konzepts s. Irving Ribner, *The English History Play in the Age of Shakespeare*, verb. Aufl. London 1965, S. 9–11, und F. Smith Fussner, *Tudor History and the Historians*, New York 1970, S. 228–231.
6 Alle Shakespeare-Zitate nach: G. Blakemore Evans (Hrsg.), *The Riverside Shakespeare*, Boston 1974.

7 Pasqualigos Bericht ist abgedruckt bei: S. Reed Brett, *The Tudor Century: 1485–1603*, London 1962, S. 50.

8 Eberhard Jacobs / Eva de Vitray (Hrsg.), *Heinrich VIII. von England in Augenzeugenberichten*, Düsseldorf 1969, S. 74 f. (Schilderung nach den Memoiren von Martin Du Bellay.)

9 Die offizielle lateinische Fassung: »Henricus Octavus, Dei Gratia Angliae et Franciae Rex, Fidei Defensor et Dominus Hiberniae, et in Terra Supremum Caput Anglicanae Ecclesiae«, John Bowle, *Henry VIII*, London 1964, S. 176 f.

10 Zit. nach: J. E. Neale, *Queen Elizabeth I*, London 1934, Nachdr. London 1988, S. 22.

11 Zit. bei: Conrad Russell, *The Crisis of Parliaments: English History 1509–1660*, London 1971, S. 132.

12 Wortlaut des in verschiedenen Fassungen überlieferten Ausspruchs nach: Russell, S. 142.

Kapitel 2

1 G. R. Elton, *England under the Tudors*, London 1955, verb. Aufl. 1983, S. 262 f.

2 Zur Ikonographie der Porträts der Königin s. Roy Strong, *Portraits of Queen Elizabeth I*, Oxford 1963; ders., *The English Icon: Elizabethan and Jacobean Portraiture*, London 1969; ders., *The Cult of Elizabeth: Elizabethan Portraiture and Pageantry*, London 1977. Speziell zum Krönungsporträt und seinen Varianten s. *Portraits*, S. 54–56.

3 Der Bericht des Vertreters von Mantua, Il Schifanoya, ist abgedruckt in: Alan Glover (Hrsg.), *Gloriana's Glass*, London 1953, S. 11–23. Gesamtüberblick über die (zum großen Teil ungedruckten) Berichte und Quellen zu den Krönungsfeierlichkeiten bei: Neville Williams, »The Coronation of Queen Elizabeth I.«, in: *Quarterly Review* 291 (1953) S. 397–410, bes. S. 409 f.

4 *The Passage of our most drad Soveraigne Lady Quene ELYZABETH through the Citie of LONDON* (London 1559), zitiert nach dem Abdruck bei John Nichols (Hrsg.), *The Pro-*

gresses and Public Processions of Queen Elizabeth, Bd. 1, London 1823, Nachdr. New York 1965, S. 38–60; hier: S. 38.

5 Gedicht: *The Passage*, S. 39 f. Lateinischer Text: Ebd., S. 52.

6 Beschreibung der fünf Ehrenpforten: Ebd., S. 41–55, die erste S. 41–44.

7 Ebd., S. 49.

8 »Newceyeur's Gyftes gevon to the Quene«, Nichols (Hrsg.), *Progresses*, Bd. 1, S. 108–119. Die Königin erwiderte die Neujahrsgeschenke mit genau abgewogenen Gegengaben aus dem Silberschatz der Krone; die Liste für das gleiche Jahr s. Nichols, Bd. 1, S. 120–128.

9 Wichtigster Vertreter einer von der Deutung Neales abweichenden Position: Norman L. Jones, *Faith by Statute: Parliament and the Settlement of Religion 1559*, London 1982.

10 Zum historischen Hintergrund der Einigung über den Titel s. Elton, *England under the Tudors*, S. 273 ff.

11 Zum Originalwortlaut und zu den verschiedenen überlieferten Versionen von Bacons Dictum s. Russell, *Crisis of Parliaments*, S. 149.

12 Memorandum von Armagil Waad, zit. nach: Paul Johnson, *Elizabeth I: A Study in Power and Intellect*, London 1974, S. 63.

13 Typische parlamentarische Tiraden gegen Maria Stuart s. J. E. Neale, *Elizabeth I and Her Parliaments: 1584–1601*, London 1957, S. 103 f., 107, 110.

14 Ebd., S. 117.

15 Ebd., S. 130.

16 Zit. nach: Antonia Fraser, *Mary Queen of Scots*, London 1969, S. 507.

17 Ebd., S. 516.

18 Ebd., S. 521.

19 Elisabeth in einem Brief an den für die Bewachung Maria Stuarts verantwortlichen Sir Amyas Paulet, abgedruckt in: G. B. Harrison (Hrsg.), *The Letters of Queen Elizabeth I*, London 1968, S. 180.

20 Neale, *Parliaments: 1584–1601*, S. 116.

21 Ebd., S. 119.

22 Ebd., S. 129.

23 »A most choice courtier, exquisitely skilled in love-toys, pleasant conceits and court dalliance«, William Camden, zit. bei: Johnson, *Elizabeth I*, S. 255.

24 Nachdr. London 1988, S. 240–259.

25 S. 255–261.

26 New York 1983, S. 323–330.

27 J. E. Neale, *Elizabeth I and Her Parliaments: 1559–1581*, London 1953, S. 149.

28 Glover (Hrsg.), *Gloriana's Glass*, S. 28 f.

29 Vivian de Sola Pinto / Allan Edwin Rodway (Hrsg.), *The Common Muse: An Anthology of Popular British Ballad Poetry 15th–20th Century*, London 1957, verb. Aufl. 1965, S. 60–63.

30 *The Poems of Sir John Davies*, hrsg. von Robert Krueger, Oxford 1975, S. 71 f.

31 Zum Regenbogen-Porträt s. Strong, *The Cult of Elizabeth*, S. 50–52.

32 Zu den Turnieren am Gedenktag der Krönung s. Strong, *The Cult of Elizabeth*, S. 129–162.

33 De Sola Pinto / Rodway (Hrsg.), *The Common Muse*, S. 68.

34 Ebd., S. 69.

35 Die Gedenkmünze entstand im verbündeten Holland, s. M. J. Rodriguez-Salgado [u. a.], *Armada 1588–1988*, London 1988, S. 276.

36 De Sola Pinto / Rodway (Hrsg.), *The Common Muse*, S. 73.

37 Diese Fassung der Rede (abgedr. bei: Johnson, *Elizabeth I*, S. 320) geht auf eine Mitschrift des Hofkaplans Dr. Lionel Sharp zurück.

38 Zum Armada-Porträt s. Strong, *Portraits*, S. 72–75, und Rodriguez-Salgado [u. a.], *Armada*, S. 274.

39 Bd. 2: *The New World*, London 1956, Nachdr. 1962, S. 106.

40 London 1984, Nachdr. 1985, S. 180.

41 Neale, *Parliaments: 1584–1601*, S. 389.
42 Ebd., S. 389.
43 Ebd., S. 389.
44 Ebd., S. 390.
45 Ebd., S. 391.

Kapitel 3

1 Ausgabe (mit Informationen über den Autor und seine Reisen): Thomas Platter d. J., *Beschreibung der Reisen durch Frankreich, Spanien, England und die Niederlande 1595 bis 1600*, hrsg. von Rut Keiser, 2 Bde., Basel 1968. Die Englandreise: Bd. 2, S. 773–872.
2 Nachdr. New York 1965. Neben Reisen und Prozessionen dokumentiert Nichols auch zahlreiche andere Begebenheiten bei Hofe.
3 *The Honorable Entertainment gieven to the Quene's Majestie, in Progresse, at Elvetham in Hampshire* (London 1591), zitiert nach dem Abdruck bei: Nichols (Hrsg.), *Progresses*, Bd. 3, S. 101–121.
4 Die grundlegende Studie zum Unton-Porträt: Roy Strong, »The Ambassador: Sir Henry Unton and his Portrait«, in: R. S., *The Cult of Elizabeth*, S. 84–110. Vgl. ferner: Angela Cox, *Sir Henry Unton: Elizabethan Gentleman*, Cambridge 1982.
5 Strong, *The Cult of Elizabeth*, S. 85.
6 Ebd., S. 93.
7 Cox, *Sir Henry Unton*, S. 28.
8 Strong, *The Cult of Elizabeth*, S. 100.
9 John Stow, *A Survey of London* (1603), mit einer Einl. von H. B. Wheatley, verb. Aufl. 1956, S. 55.
10 Ebd., S. 308.
11 Die Transkription der biographischen Texte folgt – wo nicht anders angegeben – der kompakten Dokumentation in Karl J. Holzknecht, *The Backgrounds of Shakespeare's Plays*, New York 1950, S. 3–32. Faksimiles oder Photographien der

Dokumente vollständig bei: Samuel Schoenbaum, *William Shakespeare: A Documentary Life*, Oxford 1975.

12 In seinem für die Folioausgabe der Werke geschriebenen Erinnerungsgedicht, Evans (Hrsg.), *The Riverside Shakespeare*, S. 65.

13 Text (in originaler Schreibweise) abgedruckt in: Ebd., S. 1835 f.

14 Widmung, ebd., S. 1705.

15 »[...] all fencers, bearwards, common players in interludes and minstrels, not belonging to any baron of this realm or toward any other honourable personage of greater degree [...] shall be taken adjudged and deemed rogues, vagabonds [...]«, zit. nach: E. K. Chambers, *The Elizabethan Stage*, Bd. 4, Oxford 1923, S. 270.

16 Zit. nach: *The Riverside Shakespeare*, S. 1851.

17 Transkription des Entwurfs der Verleihungsurkunde – das Original ist verloren – in: Ebd., S. 1829–31.

18 Ebd., S. 1830.

19 Abraham Sturley am 24. 1. 1598, Holzknecht, *Backgrounds*, S. 10 f.

20 Zit. nach: *The Riverside Shakespeare*, S. 1844.

21 Holzknecht, *Backgrounds*, S. 31.

22 Vollständiger Text des Testaments: *The Riverside Shakespeare*, S. 1832–34.

23 »IVDICIO PYLIVM, GENIO SOCRATEM, ARTE MARONEM«, ebd., S. 1834.

24 John Heminge und Henry Condell in der Widmung der Folioausgabe, ebd., S. 62.

25 Zitiert und diskutiert bei: Diarmaid MacCulloch, »Crown and Communities«, in: Simon Adams (Hrsg.), *Queen Elizabeth I: Most Politick Princess*, London 1984, S. 20.

Kapitel 4

1 Übers. nach: *Calendar of State Papers, Venetian*, Bd. 15 (1617–19), hrsg. von Allen B. Hinds, London 1909, S. 110. Busino war Kaplan der Botschaft von Venedig.

2 Zit. nach: E. K. Chambers, *William Shakespeare: A Study of Facts and Problems*, Bd. 2, Oxford 1930, S. 335.

3 Erwähnung der Gondel: II,8,8; des Rialto: I,3,19.38.107; III,1,1.46.

4 Thomas Dekker, *The Wonderful Year, The Gull's Horn-Book* [u. a. Werke], hrsg. von E. D. Pendry, London 1967, S. 98 (The Stratford-upon-Avon Library, 4).

5 London 1578, S. 46 f. Die fast 100 Seiten lange Schrift ist die Ausarbeitung einer im November 1577 zur Pestzeit gehaltenen Sonntagspredigt.

6 London 1603, sig. Qr.

7 London [1578], S. 23 f.

8 Text des Patents: *The Riverside Shakespeare*, S. 1851.

9 Ein Abriß dieser Konzeption bei: Geoffrey Chaucer, *Canterbury Tales*, Prolog und Geschichte des Mönchs, in: G. C., *Works*, hrsg. von F. N. Robinson, verb. Aufl. Boston 1957, S. 188–198, Fragm. VII, Z. 1889–2766.

10 *Works*, hrsg. von C. H. Herford und Percy Simpson, Bd. 3, Oxford 1927, S. 515.

11 Sir Philip Sidney, *Apologie for Poetrie*, hrsg. von J. Churton Collins, Oxford 1907, S. 30.

12 Zur Publikationsgeschichte s. das »Preface« von Arthur Freeman zu dem im folgenden zitierten Faksimile-Nachdruck von Stubbes' *Anatomie*, 2 Bde., New York 1973 (The English Stage: Attack and Defense 1577–1730).

13 Ebd., sig. L7ᵛ–M1ʳ.

14 *The Miscellaneous Works in Prose and Verse*, hrsg. von Edward F. Rimbault, London 1890, S. 147 f.

15 Zit. nach: John Dover Wilson (Hrsg.), *Life in Shakespeare's England: A Book of Elizabethan Prose*, London 1911, Nachdr. Harmondsworth 1949, S. 224 f.

16 Zit. nach: Chambers, *Elizabethan Stage*, Bd. 4, S. 321 f. Zur Illustration der elisabethanischen Orthographie wurde in diesem Text die zeitgenössische Schreibweise beibehalten.

17 Zit. nach: Ebd., S. 322 (in zeitgenössischer Schreibweise).

Kapitel 5

1 Überblick über die Diskussion bei Ulrich Suerbaum, *Shake-speares Dramen*, Tübingen ²2001, S. 102–106.

2 *Works*, hrsg. von Lord Clermont, Bd. 1, London 1869, S. 322; Original lateinisch; Übers. zit. nach: Tillyard, *World Picture*, S. 24 f.

3 Petrus Apianus, *Cosmographia*, London 1584, S. 6.

4 Leonard Digges, *A Prognostication*, London 1576, fol. 43. Diese Ausgabe eines seit der frühen Tudorzeit beliebten Buches enthält sowohl ptolemäische als auch kopernikanische Schemata.

5 Der Engländer Dr. Robert Fludd ließ seine umfassende, in Latein geschriebene Darstellung aller Wissensbereiche und Künste 1617–21 in vier Teilbänden in Oppenheim und Frankfurt erscheinen. Das Weltschema, ein großformatiges Faltblatt, stellt das programmatische Titelbild dar; Legende dazu: Bd. 1, S. 7 f.

6 *Works*, Bd. 2, London 1829, Nachdr. New York o. J., S. 58.

7 *The French Academie* [...]. *Newly translated into English by T. B.*, London 1586, S. 744.

8 John Donne, *Poems*, hrsg. von Herbert J. C. Grierson, Bd. 1, Oxford 1912, S. 237, Z. 191–201.

9 Ebd., S. 237, Z. 213–218.

10 *Certain Sermons Appointed by the Queen's Majesty*, London 1563, sig. R4^{r-v}.

11 Ich zitiere nach der Faksimile-Ausgabe der Scolar Press, Menston 1970.

12 *Canterbury Tales*, Allgemeiner Prolog, in: G. C., *Works*, hrsg. von F. N. Robinson, S. 17 f., Z. 43–78.

13 Ausführlicher bei Ulrich Suerbaum, »›This royal throne of kings, this sceptred isle ...‹: Struktur und Wirkungsweise von Gaunts England-Variationen«, in: *Shakespeare-Jahrbuch* (West) 1983, S. 73–88.

14 *Coleridge on Shakespeare*, hrsg. von T. Hawkes, Harmondsworth 1969, S. 252; vgl. auch S. 244.

15 *Englands Parnassus* (1600), hrsg. von J. Payne Collier, London 1867, S. 409 f.

Ausgewählte Literatur

Sammlungen elisabethanischer Texte
(Einzelausgaben s. Anmerkungen)

Nichols, John (Hrsg.), *The Progresses and Public Processions of Queen Elizabeth*, 3 Bde., London 1823, Nachdr. New York 1965.

Furnivall, Frederick J. (Hrsg.), *Harrison's Description of England in Shakespeare's Youth*, London 1877.
[Druckt neben Harrison auch zahlreiche andere Texte, Karten und Bilder ab.]

Wilson, John Dover (Hrsg.), *Life in Shakespeare's England: A Book of Elizabethan Prose*, London 1911.

Tawney, R. H. / Power, Eileen (Hrsg.), *Tudor Economic Documents*, 3 Bde., London 1924.

Adams, Joseph Quincey (Hrsg.), *Chief Pre-Shakespearean Dramas: A Selection of Plays Illustrating the History of the English Drama from its Origin down to Shakespeare*, London o. J. [1924].

Hebel, J. William / Hudson, Hoyt H. (Hrsg.), *Poetry of the English Renaissance 1500–1660: Selected from Early Editions and Manuscripts*, New York [1]1929.

Brooke, C. F. Tucker / Paradise, Nathaniel Burton (Hrsg.), *English Drama 1580–1642*, New York 1933.
[30 Dramen von Zeitgenossen und Nachfolgern Shakespeares.]

Byrne, M. St. Clare (Hrsg.), *The Elizabethan Home: Discovered in Two Dialogues by Claudius Hollyband and Peter Erondell*, London 1949.
[Szenen aus dem Alltagsleben in Texten aus Lehrbüchern des Französischen.]

Glover, Alan (Hrsg.), *Gloriana's Glass*, London 1953.

Bradbrook, M. C. (Hrsg.), *The Queen's Garland: Verses Made by her Subjects for Elizabeth I*, London 1953.

Routh, C. R. N. (Hrsg.), *They Saw It Happen: An Anthology of Eye-Witnesses' Accounts of Events in British History*, Bd. 2: *1485-1688*, Oxford 1956.

Elton, G. R. (Hrsg.), *The Tudor Constitution: Documents and Commentary*, Cambridge 1960.

Williams, E. N. (Hrsg.), *A Documentary History of England*, Bd. 2: *1559-1931*, Harmondsworth 1965.

Hurstfield, Joel / Smith, Alan G. R. (Hrsg.), *Elizabethan People: State and Society*, London 1972 (Documents of Modern History).

Hollander, John / Kermode, Frank (Hrsg.), *The Literature of Renaissance England*, New York 1973 (The Oxford Anthology of English Literature).

Kinney, Arthur F. (Hrsg.), *Elizabethan Backgrounds: Historical Documents of the Age of Elizabeth I*, Hamden (Conn.) 1975.

Weinstock, Horst (Hrsg.), *Die englische Literatur in Text und Darstellung*, Bd. 2: *16. Jahrhundert*, Stuttgart 1984.

Aughterson, Kate (Hrsg.), *The English Renaissance: An Anthology of Sources and Documents*, London 2001.

Price, Douglas F. / Archer, Ian W. (Hrsg.), *English Historical Documents 1558–1603*, London 2007.

Geschichte

Bindoff, S. T., *Tudor England*, Harmondsworth 1950.

Williamson, James A., *The Tudor Age*, London 1953.

Elton, G. R., *England under the Tudors*, London 1955, verb. Aufl. 1974.

Rowse, A. L., *The Expansion of Elizabethan England*, London 1955.

Wernham, R. B., *Before the Armada: The Growth of English Foreign Policy, 1485–1588*, London 1966.

MacCaffrey, Wallace T., *The Shaping of the Elizabethan Regime*, Princeton (N. J.) 1968.

Russell, Conrad, *The Crisis of Parliaments: English History 1509–1660*, London 1971.

MacCaffrey, Wallace T., *Queen Elizabeth and the Making of Policy 1572–1588*, Princeton (N. J.) 1981.

Ashton, Robert, *Reformation and Revolution 1558–1660*, London 1984.

Wernham, R. B., *After the Armada: Elizabethan England and the Struggle for Western Europe, 1588-1595*, Oxford 1984.

Adams, Simon (Hrsg.), *Queen Elizabeth I: Most Politick Princess*, London 1984.

Haigh, Christopher (Hrsg.), *The Reign of Elizabeth I*, London 1984.

Guy, John, *Tudor England*, Oxford 1988.

Lotherington, John (Hrsg.), *The Tudor Years*, London 1994.

Guy, John (Hrsg.), *The Reign of Elizabeth I: Court and Culture in the Last Decade*, Cambridge 1995.

Morril, John (Hrsg.), *The Oxford Illustrated History of Tudor and Stuart Britain*, Oxford 1996.

McGurk, John, *The Tudor Monarchies, 1485–1603*, Cambridge 1999.

Thomas, Paul, *Authority and Disorder in Tudor Times 1485–1603*, Cambridge 1999.

McLaren, A. N., *Political Culture in the Reign of Elizabeth: Queen and Commonwealth 1558–1585*, Cambridge 1999.

Maurer, Michael, *Geschichte Englands*, Stuttgart 2000.

Kinney, Arthur F. / Swain, David M. / Hill, Eugene D. (Hrsg.), *Tudor England: An Encyclopedia*, New York 2001.

Collinson, Patrick (Hrsg.), *The Sixteenth Century 1485–1603*, Oxford 2001.

Tittler, Robert / Jones, Norman (Hrsg.), *Companion to Tudor Britain*, Oxford 2004.

Richardson, Glenn / Doran, Susan (Hrsg.), *Tudor England and its Neighbours*, London 2005.

Armada

Mattingly, Garrett, *The Defeat of the Spanish Armada*, London 1959, verb. Aufl. 1988; dt. Übers. der Erstausgabe: *Die Armada*, München 1960.

Martin, Colin / Parker, Geoffrey, *The Spanish Armada*, London 1988.

Rodriguez-Salgado, M. J. [u. a.], *Armada 1588–1988*, London 1988.

Religion

Dickens, A. G., *The English Reformation*, London 1964.

Haugaard, William P., *Elizabeth and the English Reformation: The Struggle for a Stable Settlement of Religion*, Cambridge 1968.

Jones, Norman L., *Faith by Statute: Parliament and the Settlement of Religion 1559*, London 1982.

Loades, David, *Revolution in Religion: The English Reformation 1530–1570*, Cardiff 1992.

Haigh, Christopher, *English Reformations: Religion, Politics and Society under the Tudors*, Oxford 1993.

Doran, Susan, *Elizabeth I and Religion 1558–1603*, London 1994.

Rosman, Doreen, *From Catholic to Protestant: Religion and the People in Tudor England*, London 1996.

Tyacke, Nicholas (Hrsg.), *England's Long Reformation 1500–1800*, London 1997.

Archer, Ian W. / Adams, Simon / Bernard, G. W. (Hrsg.), *Religion, Politics, and Society in Sixteenth-Century England*, Cambridge 2003.

Regierung und Parlament

Neale, J. E., *The Elizabethan House of Commons*, London 1949.

Elton, G. R., *The Tudor Revolution in Government: Administrative Changes in the Reign of Henry VIII*, Cambridge 1953.

Neale, J. E., *Elizabeth I and Her Parliaments: 1559–1581*, London 1953.

Neale, J. E., *Elizabeth I and Her Parliaments: 1584–1601*, London 1957.

Smith, A. Hassell, *County and Court: Government and Politics in Norfolk, 1558–1603*, Oxford 1974.

Williams, Penry, *The Tudor Regime*, Oxford 1979.

Hasler, P. W. (Hrsg.), *The History of Parliament: The House of Commons, 1558–1603*, London 1981.

Elton, G. R., *The Parliament of England 1559–1581*, Cambridge 1986.

Dean, D. M. / Jones, N. L. (Hrsg.), *The Parliaments of Elizabethan England*, Oxford 1990.

Loach, Jennifer, *Parliament under the Tudors*, Oxford 1991.

Dean, David, *Law-Making and Society in Late Elizabethan England: The Parliament of England 1584–1601*, Cambridge 1996.

Sozial- und Wirtschaftsgeschichte

Stone, Lawrence, *The Crisis of the Aristocracy 1558–1641*, Oxford 1965.

Stone, Lawrence, *The Family, Sex and Marriage in England 1500–1800*, London 1977.

Coleman, D. C., *The Economy of England 1450–1750*, Oxford 1977.

Wrightson, Keith, *English Society 1580–1680*, London 1982.

Palliser, D. M., *The Age of Elizabeth: England Under the Later Tudors 1547–1603*, London 1983.

Youings, Joyce, *Sixteenth-Century England*, Harmondsworth 1984.

Coss, Peter, *The Origins of the English Gentry*, Cambridge 2003.

Einzelne Bereiche

Fincham, Paul, *Tudor Town and Court Life*, London 1968.

Smith, Alan G. R., *Science and Society in the Sixteenth and Seventeenth Centuries*, London 1972.

Clark, Peter / Slack, Paul, *English Towns in Transition 1500–1700*, London 1976.

Salgado, Gamini, *The Elizabethan Underworld*, London 1977.

Patten, John, *English Towns 1500–1700*, Folkestone (Kent) 1978.

Strong, Roy, *The Renaissance Garden in England*, London 1979.

Wilson, Jean, *Entertainments for Elizabeth I*, Woodbridge (Suffolk) 1980.

Personen und Gruppen

Elisabeth

Neale, J. E., *Queen Elizabeth I*, London 1934; dt.: *Königin Elisabeth*, Hamburg/Leipzig 1936.

Williams, Neville, *The Life and Times of Elizabeth I*, London 1972.

Johnson, Paul, *Elizabeth I: A Study in Power and Intellect*, London 1974.

Woodward, G. W. O., *Queen Elizabeth I*, London 1975.

Erickson, Carolly, *The First Elizabeth*, New York 1983.

Frye, Susan, *Elizabeth I: The Competition for Representation*, Oxford 1993.

MacCaffrey, Wallace T., *Elizabeth I*, London 1994.

Machoczek, Ursula, *Die regierende Königin - Elisabeth I. von England: Aspekte weiblicher Herrschaft im 16. Jahrhundert*, Pfaffenweiler 1996.

Elizabeth I, *Collected Works*, hrsg. von Leah S. Marcus, Chicago 2000.

Doran, Susan / Freeman, Thomas S. (Hrsg.), *The Myth of Elizabeth*, London 2003.

Maria Stuart

Fraser, Antonia, *Mary Queen of Scots*, London 1969.

Plowden, Alison, *Two Queens in One Isle: The Deadly Relationship of Elizabeth I and Mary Queen of Scots*, Brighton (Sussex) 1984.

Wormald, Jenny, *Maria Stuart*, Freiburg i. Br. 1992.

Lewis, Jayne Elizabeth, *The Trial of Mary Queen of Scots: Sixteenth Century Crisis of Female Sovereignty*, London 1999.

Watkins, Susan / Fiennes, Mark, *Mary Queen of Scots*, London 2001.

Warnicke, Retha M., *Mary Queen of Scots*, London 2006.

Hof

Read, Conyers, *Mr. Secretary Cecil and Queen Elizabeth*, London 1955.

Read, Conyers, *Lord Burghley and Queen Elizabeth*, London 1960.

Williams, Neville, *All the Queen's Men: Elizabeth I and her Courtiers*, London 1972.

Percival, Rachel und Allen, *The Court of Elizabeth the First*, London 1976.

Cox, Angela, *Sir Henry Unton: Elizabethan Gentleman*, Cambridge 1982.

Hopkins, Liza, *Queen Elizabeth I and her Court*, London 1990.

Frauen

Keeble, N. H. (Hrsg.), *The Cultural Identity of Seventeenth-Century Woman: A Reader*, London 1994.

Aughterson, Kate (Hrsg.), *Renaissance Woman: A Sourcebook. Constructions of Femininity in England*, London 1995.

Mendelson, Sara / Crawford, Patricia, *Women in Early Modern England 1550–1720*, Oxford 1998.

McIntosh, Marjorie Keniston, *Working Women in English Society 1300–1620*, Cambridge 2005.

Daybell, James, *Women Letter-Writers in Tudor England*, Oxford 2006.

Shakespeare: Biographie

Schoenbaum, Samuel, *William Shakespeare: A Documentary Life*, Oxford 1975.

Thomson, Peter, *Shakespeare's Professional Career*, Cambridge 1992.

Wilson, Ian, *Shakespeare: The Evidence*, London 1993.

Honan, Park, *Shakespeare: A Life*, Oxford 1998.

Holden, Anthony, *William Shakespeare: His Life and Work*, London 1999.

Hammerschmidt-Hummel, Hildegard, *William Shakespeare: Seine Zeit – sein Leben – sein Werk*, Mainz 2003.

Dutton, Richard / Findlay, Alison / Wilson, Richard (Hrsg.), *Theatre and Religion: Lancastrian Shakespeare*, Manchester 2003.

Dutton, Richard / Findlay, Alison / Wilson, Richard (Hrsg.), *Region, Religion and Patronage: Lancastrian Shakespeare*, Manchester 2003.

Greenblatt, Stephen, *Will in the World: How Shakespeare Became Shakespeare*, New York 2004.

Hammerschmidt-Hummel, Hildegard, *The True Face of William Shakespeare*, London 2006.

Shakespeare: Handbücher

Chambers, Edmund K., *William Shakespeare: A Study of Facts and Problems*, 2 Bde., Oxford 1930.

Schoenbaum, Samuel, *Shakespeare: The Globe and the World*, Oxford 1979.

Wells, Stanley, *A Dictionary of Shakespeare*, Oxford 1998.

Kastan, David Scott (Hrsg.), *A Companion to Shakespeare*, Oxford 1999.

Schabert, Ina (Hrsg.), *Shakespeare-Handbuch: Die Zeit. Der Mensch. Das Werk. Die Nachwelt*, Stuttgart ⁴2000.

Suerbaum, Ulrich, *Shakespeares Dramen*, Tübingen ²2001.

McDonald, Russ, *The Bedford Companion to Shakespeare: An Introduction with Documents*, Boston 2001.

DeGrazia, Margreta (Hrsg.), *The Cambridge Companion to Shakespeare*, Cambridge 2001.

Dobson, Michael (Hrsg.), *The Oxford Companion to Shakespeare*, Oxford 2001.

Suerbaum, Ulrich, *Der Shakespeare-Führer*, Stuttgart ²2006.

Leben und Kultur im elisabethanischen England

Gesamtdarstellungen

Shakespeare's England: An Account of the Life and Manners of his Age, 2 Bde., Oxford 1917.

Byrne, M. St. Clare, *Elizabethan Life in Town and Country*, London 1925, verb. Aufl. 1961.

Holzknecht, Karl J., *The Backgrounds of Shakespeare's Plays*, New York 1950.

Rowse, A. L., *The England of Elizabeth: The Structure of Society*, London 1950.

Wright, Louis B. / LaMar, Virginia A. (Hrsg.), *Life and Letters in Tudor and Stuart England*, Ithaca (N. Y.) 1958.

Dodd, A. H., *Life in Elizabethan England*, London 1961.

Williams, Penry, *Life in Tudor England*, London 1964.

Rowse, A. L., *The Elizabethan Renaissance: The Cultural Achievement*, London 1972.

Plowden, Alison, *Elizabethan England. Life in an Age of Adventure*, London 1982.

Ridley, Jasper, *The Tudor Age*, London 1988.

Schwanitz, Dietrich, *Englische Kulturgeschichte*, 2 Bde., Tübingen 1995.

Künste

Boyd, Morrison C., *Elizabethan Music and Musical Criticism*, Philadelphia 1940, verb. Aufl. 1962.

Waterhouse, Ellis, *Painting in Britain 1530 to 1790*, Harmondsworth 1953.

Summerson, John, *Architecture in Britain 1530 to 1830*, Harmondsworth 1954.

Strong, Roy, *Portraits of Queen Elizabeth I*, Oxford 1963.

Strong, Roy, *The English Icon: Elizabethan and Jacobean Portraiture*, London 1969.

Strong, Roy, *The Cult of Elizabeth: Elizabethan Portraiture and Pageantry*, London 1977.

London

Glanville, Philippa, *Tudor London*, London 1979.

Manley, L. (Hrsg.), *London in the Age of Shakespeare: An Anthology*, London 1986.

Archer, I. W., *The Pursuit of Stability: Social Relations in Elizabethan London*, Cambridge 1991.

Manley, L., *Literature and Culture in Early Modern London*, Cambridge 1995.

Picard, Liza, *Elizabeth's London: Everyday Life in Elizabethan London*, London 2004.

Theater

Chambers, E. K., *The Elizabethan Stage*, 4 Bde., Oxford 1923.

Welsford, Enid, *The Court Masque: A Study in the Relationship beween Poetry and the Revels*, Cambridge 1927, Nachdr. New York 1962.

Wickham, Glynne, *Early English Stages*, Bd. 2: *1576–1660*, 2 Tle., London 1963–72.

Gurr, Andrew, *The Shakespearean Stage 1574–1642*, Cambridge 1970, verb. Aufl. 1980.

Leech, Clifford / Craik, T. W. (Hrsg.), *The Revels History of Drama in English*, Bd. 3: *1576–1613*, London 1975.

Orrell, John, *The Quest for Shakespeare's Globe*, Cambridge 1983.

Foakes, R. A., *Illustrations of the English Stage: 1580–1642*, London 1985.

Gurr, Andrew, *Playgoing in Shakespeare's London*, Cambridge 1987.

Thomson, Peter, *Shakespeare's Theatre*, London ²1992.

Howard, Jean E., *The Stage and Social Struggle in Early Modern England*, London 1994.

Smith, David L. / Strier, Richard / Bevington, David (Hrsg.), *The Theatrical City: Culture, Theatre and Politics in London 1576–1649*, Cambridge 1995.

Gurr, Andrew, *The Shakespearian Playing Companies*, Oxford 1996.

Mulryne, J. R. / Shewring, Margaret, *Shakespeare's Globe Rebuilt*, Cambridge 1997.

Wells, Stanley (Hrsg.), *Shakespeare and the Globe*, Oxford 1999.

Gurr, Andrew / Ichikawa, Mariko, *Staging in Shakespeare's Theatres*, Oxford 2000 (Shakespeare Survey, 52).

Richmond, Hugh Macrae, *Shakespeare's Theatre: A Dictionary*, London 2000.

Schormann, Vanessa, *Shakespeares Globe: Repliken, Rekonstruktionen und Bespielbarkeit*, Heidelberg 2002.

Nationale Identität

Helgerson, Richard, *Forms of Nationhood: The Elizabethan Writing of England*, Chicago 1992.

Hadfield, Andrew, *Literature, Politics and National Identity: Reformation to Renaissance*, Cambridge 1994.

Bradshaw, Brendan / Roberts, Peter (Hrsg.), *British Consciousness and Identity: The Making of Britain 1533–1707*, Cambridge 1998.

Weltbild und Denken

Lovejoy, A. O., *The Great Chain of Being: A Study in the History of an Idea*, Cambridge (Mass.) 1936.

Spencer, Theodore, *Shakespeare and the Nature of Man*, New York 1942.

Tillyard, E. M. W, *The Elizabethan World Picture*, London 1943.

Harris, Victor, *All Coherence Gone*, Chicago 1949.

Bamborough, J. B., *The Little World of Man*, London 1952.

Morris, C., *Political Thought in England: Tyndale to Hooker*, London 1953.

Winny, James (Hrsg.), *The Frame of Order: An Outline of Elizabethan Belief Taken from Treatises of the Late Sixteenth Century*, London 1957.

Jones, Whitney R. D., *The Tudor Commonwealth 1529-1559*, London 1970.

Hussey, Maurice, *The World of Shakespeare and his Contemporaries: A Visual Approach*, London 1971.

Barkan, Leonard, *Nature's Work of Art: The Human Body as Image of the World*, New Haven 1975.

Heninger, S. K., Jr., *The Cosmographical Glass: Renaissance Diagrams of the Universe*, San Marino (Cal.) 1977.

Ryan, Kiernan (Hrsg.), *New Historicism and Cultural Materialism: A Reader*, London 1996.

Armitage, David (Hrsg.), *British Political Thought in History, Literature and Theory 1500–1800*, Cambridge 2006.

Register

William Shakespeare

EINZELAUSGABEN
IN RECLAMS UNIVERSAL-BIBLIOTHEK

Philipp Reclam jun. Stuttgart

Der Neue Reclam Shakespeare

ZWEISPRACHIG

Philipp Reclam jun. Stuttgart

William Shakespeare

SEKUNDÄRLITERATUR
IN RECLAMS UNIVERSAL-BIBLIOTHEK

Interpretationen

Shakespeares Dramen. (The Taming of the Shrew, King Richard III, A Midsummer Night's Dream, Romeo and Juliet, The Merchant of Venice, Much Ado Abouth Nothing, Julius Caesar, As You Like It, Hamlet, Twelfth Night, Othello, King Lear, Macbeth, The Tempest). 402 S. UB 17513

Erläuterungen und Dokumente

Hamlet. 264 S. UB 8116
Macbeth. 126 S. UB 16043
Romeo and Julia. 182 S. UB 16029
Ein Sommernachtstraum. 153 S. UB 16041

Literaturwissen

William Shakespeare. 240 S. UB 15224

Darstellungen

Ulrich Suerbaum: *Das elisabethanische Zeitalter.* 583 S. UB 8622
Ulrich Suerbaum: *Der Shakespeare-Führer.* Mit 49 Abbildungen. 468 S. UB 17663

Philipp Reclam jun. Stuttgart